U0881976

21·世·纪·经·济·学·系·列·教·材

宏观经济学案例集

主编 武拉平

副主编 郭俊芳 沙敏 王晓蜀

中国人民大学出版社

·北京·

作者简介

武拉平，山西文水人，管理学博士，中国农业大学经济管理学院教授、博士生导师，教育部新世纪优秀人才（2012）。对外经济贸易大学国际农业合作与发展研究中心特聘教授，日本富山大学远东地域研究中心（CFES）客座研究员，中国经济信息网特聘教授。1995年以来一直从事宏观经济学和国际贸易的教学和科研工作，为本科生、硕士和博士研究生分别讲授初级、中级和高级宏观经济学。

武拉平教授曾任国家开发银行咨询专家，世界银行TCC5项目专家，联合国粮农组织TCP项目国家顾问，国家《粮食法》起草工作专家组专家、农业部市场预警专家委员会委员；国家自然科学基金、哲学社会科学基金以及多个省市自然基金项目评审专家；科技部、美国农业部、福特基金会等项目评审咨询专家。曾赴10多个国家从事学术交流，对国内外宏观经济有深入的思考。

郭俊芳、沙敏和王晓蜀分别为中北大学经济管理学院、山西农业大学经济贸易学院和新疆石河子大学商学院青年教师。王文智、顾蕊、宋雨河、田甜、余水琴和徐上分别为中国农业大学经济管理学院博士生和硕士生，在编写中也付出了辛勤的劳动。

前 言

宏观经济学是一门比较抽象但又和每个人生活密切相关的学科，因此学习宏观经济学时需要参照有关鲜活的素材和案例进行学习，才能较好地掌握有关理论。实际上，多年来我国政府成功的宏观调控为宏观经济学的教学提供了很多积极的、直观形象的素材。1992年我国提出了建立社会主义市场经济体制，政府的宏观调控也逐步由计划手段向市场化过渡，特别是1997年亚洲金融危机以来，中央政府果断采取市场化的调控手段，实施了积极的财政政策和稳健的货币政策，很好地应对了亚洲金融危机，积累了宝贵的宏观调控经验。

2006年美国次贷危机引发了全球的金融和经济危机，我国所受的冲击相对较小，同时，我国政府又积极采取科学的宏观调控措施，从而很好地应对了经济危机的冲击。这些也都是宏观经济学教学的鲜活案例。

现代市场经济条件下，宏观经济学与我们每个人的生活密切相关，这也就要求每个人都应在不同程度上关注宏观经济现象、关注政府的宏观调控、了解有关宏观经济知识。因而，我们编写了这本《宏观经济学案例集》，本书适合于每个对宏观经济问题感兴趣的读者，只要具备初步的经济学知识，即可读懂本书。当然，本书主要是针对本科生和硕士生的学习而配套设计的，对于要求实战经验较多的MBA学生，本书更是一本难得的参考书。

本书是集体合作的结晶，全书由武拉平教授提供相关已有的案例手稿，并负责设计以及最后的统稿。具体各个案例的编写分工如下：案例1～10由郭俊芳和沙敏编写，案例11～20由宋雨河和徐上编写，案例21～25由田甜编写，案例26～35由王文智和王晓蜀编写，案例36～50由顾蕊和余水琴编写。

本书是在中国人民大学出版社高晓斐先生的策划下撰写的，特别感谢高先生对本书编写给予的帮助。

编者

2012年10月

前言

目　录

第一部分　有趣的宏观经济现象

第二部分　国民收入核算

第三部分　总供给与总需求

第四部分　失业与就业

第五部分 通货膨胀与通货紧缩

第六部分 经济周期和经济增长

第七部分 开放经济

第八部分 宏观经济政策

第九部分　外部冲击与宏观经济调控

第一部分

有趣的宏观经济现象

案例 01

不能输在起跑线上：疯狂的选择？

一、概要

亚当·斯密在《国富论》中提出了著名的“看不见的手”的理论，他认为一个理性的、自利的个体在追求自身利益的过程中，会受到“看不见的手”的引导，在增加个人利益的时候也会促进社会福利的增加。然而，在现实生活中，个体理性选择可能会导致集体的“非理性”——一种无效的结果。本案例针对个体理性和群体理性进行分析。

二、案例内容

法国哲学家勒庞曾说过：很多时候群体积累的不是智慧，而是愚蠢。这样的话听起来似乎让大家觉得无法理解，但博弈论中大家熟知的“囚徒博弈”就是对这句话最好的佐证。

“囚徒博弈”说的是两个囚犯由于缺少指控的证据被分开审问。如果两个囚犯都招认了犯罪事实，就会分别被处以 5 年刑期；如果其中一个招认了另一个却没有，那么招认的无罪释放，不招认的处以 10 年刑期；而如果两个都不招认，则由于缺乏指控证据，只能分别处以 6 个月监禁。对两个囚犯来说，最好的选择当然是都不招供，但是由于两个囚徒都不知道对方的选择（即信息不对称），则在自身利益最大化的原则下，只有选择招供，结果却形成了一个对两个囚犯整体来说并不是最优的选择。

（一）大家都站着

大家观赏球赛或明星演唱会时，可能有这样的体会：如果前排中间有一个观众想看得更清楚，那么他可以从座位上站起来；刚开始时，他当然会有一种一览无遗的快乐。但是，如果其他观众也都效仿其站起来看，最后视野将和原来大家都坐着时事实上没有两样，反而要牺牲掉原来坐着看球的舒适与自在。

当然在这种大家都站着、都扯着脖子往前看的情况下，如果有少数人先知先觉地意识到这种景象的荒谬或者站得腿酸了就先坐下来，也许其他的人也会依样画葫芦，开始慢慢地坐下来。可是大家都站着的现象不仅仅限于看球赛，而且有人先坐下来的调整也不一定行得通。

社会科学家在研究家庭时，发现了一个有趣的现象，天下父母都望子成龙、望女成凤，因此，对子女的教育非常重视。然而，城市的教育资源要比农村的优越，所以最好住在大城市，让自己的子女从小就能受到很好的教育。可是城市的房子较贵、物价水平较高，如果家里只有一份薪水，确实很难在城市里生存。基于这种考虑，一些原来在家里操持家务、照顾子女的妇女开始在外面工作，赚取第二份薪水，这样做才能住进大城市，才能让自己的子女享受比较丰富的教育资源。

随着城市人口的增加，城市的房价开始上升，最后房价和生活水准的上升可能完全抵消了额外的第二份薪水。可是，城市中的教育机会并没有改变，还是只能有一部分人的子女可以在城市接受教育，完全和以前一样，而且现在父母双方都忙于工作，能花在子女身上的时间事实上比以前少，所以赚到的第二份薪水刚好应付高涨的物价，但对子女的照顾却少于以往。

仔细想想“大家都站着”的现象，在现代社会其实非常普遍，课外辅导班热度不减，学生负担加重，在本质上不都是一样吗？

在我国尽管教育主管部门明令禁止，但各色各样的辅导班填充了中小学生的大部分假期生活，成了不争的事实。这些辅导班包括：各种少年宫组织的奥数班、音乐美术兴趣班、写作班等，也有私人组织的作业辅导班、一对一名师辅导、小升初、初升高辅导班。在街上、居民区到处可见这些辅导班的广告，甚至手机也时不时地会接收到众多辅导班的短信。周围只要是有孩子的家庭，跟他们聊天，从三岁到十六七岁几乎没有不上辅导班的。辅导班似乎已经成为人们日常生活不可缺少的一部分。

现在孩子课程负担重，本来假期是给孩子放松、休息的时间，可一到假期孩子比上课时还要忙碌，奔波于各种辅导班之间。面对早出晚归上辅导班的孩子，家长是既心疼又无奈，心疼自己的孩子早出晚归，心疼自己的工资哗哗流向了辅导班。现在辅导班的价格一路见涨，可涨价归涨价，辅导班该报还是要报。为什么会有这样的现象呢？从单个家庭及个体来讲，让自己的孩子上辅导班，可以多掌握一门技艺如画画、唱歌，可以多懂得一些知识，可以让自己的孩子学习成绩优秀，可以考上好大学，可以找到好工作。从这个角度来讲，个体选择辅导班是理性的选择。但是当所有孩子都牺牲掉本应属于儿童时期的性格培养、素质提升、童真快乐，而都转向沉重的课程作业、不感兴趣的各类辅导班时，对于升学或高考成绩又有多少帮助呢？

（二）谁愿意先坐下来

在球场上或演唱会的现场可以通过广播让大家坐下来，观众看到有人先坐下来之后也可能慢慢效仿。可是对于往城市里搬、辅导班热等显然没有类似的条件解决。这是一个较为普遍的问题，人类在众多的领域中都会遇到，体现了个人理性和集体非理性的悖论：个体理性是基于个人利益的最大化，而集体是众多个体组成的，当集体利益不能包容个体利益时，尤其是个体成员多到无法协调而导致获取信息的成本太大，那么，个体的理性往往很可能导致集体的非理性。譬如说修路，每一户人家都很理性，知道路修好了对所有的人都有利，但人人都想搭别人的便车，因为别人出钱修好了，自己也可以走。这样，路永远也修不起来，从而人们陷入集体非理性。这种现象也称为集体行动的困境。

集体行动的困境是一种客观存在的社会现象，是各个个体理性行为的非合作博弈结果。个人自私的行为并不一定能够（而且在许多情况下显然不能够）在斯密的“看不见的手”的指引下产生最佳的社会共同结果，个人理性并不能保证集体理性，于是危机便在所难免。

集体行动困境的博弈结果通常都是非常可怕的，那么我们应该如何走出这样的困境呢？其实很简单，因为导致集体非理性博弈结果的原因是很浅显的，集体非理性的克服更多地要依赖于制度的安排。因为制度是行动个体由不合作走向合作的规范，因此解决该问题的核心是在现实的约束下，找到一些途径或者设计机制使个体理性得以实现，同时也能使集体理性得到塑造，在满足个体理性的前提下实现集体理性，即要设计能使大家获得想要的利益的同时又能保证有集体利益制度的规范。

现实生活中，制度的出现的确减少了许多由个体非理性所导致的集体非理性，例如学生在食堂排队买饭、红绿灯减少了交通事故等等。

（三）几点有趣的启示

第一，不论是看球赛、上辅导班、往城市里搬等都是总体现象，而这些总体现象都是由许多个别的个人行为汇总之后才呈现出来的。对于每一个单独的个人而言，所选择的都是合情合理的行为，可是个别看来合乎情理的选择，汇总之后却形成了不好的结果。

第二，要避免大家都站着的现象，必须仔细探究手上是否有充分的资源。除非能使众多的个人所面对的诱因改变，从而诱发其行为上自然而然的调整；否则，一相情愿的主张或道德上的呼吁往往无济于事。

第三，小团体人数少、彼此观察约束比较容易，所以每个人都比较容易有礼有节，但当团体变大时，个人的重要性下降，责任感因而降低，最后呈现出来的往往就是一盘散沙的现象，这也就是人性自然的显现。

第四，要同时实现个体理性选择和集体理性选择，关键靠制度。

三、使用说明

本案例配合对于宏观经济学中总体和个体、微观和宏观的关系的理解，同时说明宏观经济运行中必须有制度，必须有政府的调控或监管。2008 年美国爆发金融危机的一个很重要的原因，就是缺乏对金融机构的监管。本案例也涉及经济学中理性选择的理论设计，通过该案例的学习，使读者对于个体理性选择和集体理性选择也会有更深刻的认识。

思考题

1. 个体的理性选择为什么会造成集体的非理性选择?

2. 目前家家户户装空调，汽车的普及率也快速提高，每到夏天，大家都为了自己能够凉快一些而打开空调，家里空调开着，行车或乘车时的空调开着，商场超市的空调开着。这样，每个人凉快了，但是室外的气温不断升高。试想，如果每个人都不开空调，恐怕夏天的温度会降低一些。

这种现象应该如何解决呢？请列出你认为的可能解决或缓解的办法。

参考文献

1. 邓聿文．公务员报考热：个体理性下的集体非理性．国际金融报，2005-11-25
2. 刁文淇，曹丽娟．从个体理性到集体理性．科学与管理，2008（4）
3. 郭谦．理性选择如何导致非理性的结果．科技信息，2009（35）

案例 02

蜜蜂的寓言：一定要消费拉动经济增长吗?

一、概要

一直以来，投资、消费和出口被称为拉动经济增长的“三驾马车”。在发达国家的经济增长中，消费发挥着重要的作用，平均消费率（即消费除以 GDP）达到 70%以上。而多年来，我国一直依靠投资和出口拉动经济增长，投资所占 GDP 的比重达 40%左右。居民消费率从 1991 年的 48.8%下降到 2010 年的 35%左右，处于世界偏低水平①，由此表现出我国内需严重不足。本案例通过《蜜蜂的寓言》分析凯恩斯的需求决定论及消费对经济增长的推动作用，论述我国扩内需、促增长经济政策的意义。

二、案例内容

（一）《蜜蜂的寓言》

德国《柏林日报》于 2011 年 6 月 11 日引用世界奢侈品协会的最新报告称，中国 2010 年的奢侈品市场消费总额已经达到 107 亿美元，占全球份额的 1/4。预计中国将在 2012 年超过日本，成为全球第一大奢侈品消费国。亚洲国际豪华旅游博览与胡润百富也共同发布报告称，2010 年中国旅游者的购物花费首次成为全球第一，占全球跨国消费的 17%。英国《卫报》引述研究机构的预测称，到 2020 年，中国的名牌时装购买能力预计将占世界的 44%。② 在引来恶批如潮的同时，也有另一种声音出现，那就是借《蜜蜂的寓言》大加赞赏的人。

18 世纪初，一个名叫曼德维尔的英国医生写了一首题为《蜜蜂的寓言》的讽喻诗，这首诗描述了一群蜜蜂的兴衰史。最初，蜜蜂们追求豪华的生活，采的蜜都消费掉，然后再去劳动、再去采蜜，结果整个蜂群兴旺发达。后来，这个蜂群改变了生活方式，开始崇

① 参见汝信等主编：《社会蓝皮书：2011 年中国社会形势分析与预测》，北京，社会科学文献出版社，2001。

② 参见李珍等：《中国奢侈品消费称王令西方兴奋，日本庆幸失第一》，载《环球时报》，2011-06-18。

尚节约，大家消费少了，浪费少了，当然消费不掉的蜜也多了，进一步采蜜的积极性也没有了，结果反而导致社会衰落，被另一个蜂群消灭。这首诗因为宣扬“浪费有功”，当时被英国一个郡大陪审团判定为败类作品。但在200多年后，这部作品却启发凯恩斯建立了以需求为中心的宏观经济理论。

（二）凯恩斯的需求决定论

凯恩斯认为，在短期中决定经济状况的是总需求而不是总供给。也就是说，由劳动、资本和技术所决定的总供给，在短期中是既定的，这样，决定经济的就是总需求。总需求决定了短期中国民收入的水平。总需求增加，国民收入增加；总需求减少，国民收入减少。

与凯恩斯不同，在20世纪30年代之前，经济学家信奉的是供给决定需求（即萨伊定律）。萨伊是18世纪法国经济学家，他提出供给决定需求，有供给就必然创造出需求，所以，不会存在生产过剩的经济危机。但20世纪20年代英国经济停滞及30年代全世界普遍的生产过剩和严重失业打破了萨伊定律的神话。凯恩斯在批判萨伊定律中建立了以总需求分析为中心的宏观经济学。

凯恩斯认为，在短期中决定经济状况的是总需求而不是总供给。总需求增加，国民收入增加；总需求减少，国民收入减少。引起20世纪30年代大危机的正是有效需求不足，政府通过经济政策刺激总需求，包括增加政府支出的财政政策和降低利率的货币政策，凯恩斯强调的是财政政策。

在凯恩斯主义经济学中，总需求分析是中心。总需求包括消费、投资、政府购买和净出口（出口减进口）。短期中，国民收入水平由总需求决定。通货膨胀、失业、经济周期都是由总需求的变动所引起的。当总需求不足时就出现失业与衰退。当总需求过大时就出现通货膨胀与扩张。其政策工具是财政政策与货币政策。当总需求不足时，采用扩张性财政政策与货币政策来刺激总需求。当总需求过大时，采用紧缩性财政政策与货币政策来抑制总需求。

总需求理论的提出在经济学中被称为一场革命（即凯恩斯革命），它改变了人们的传统观念。例如，如何看待节俭。在传统观念中，节俭是一种美德。但根据总需求理论，节俭就是减少消费。消费是总需求的一个重要组成部分，消费减少就是总需求减少。总需求减少则使国民收入减少，经济衰退。由此看来，对个人是美德的节俭，对社会却是恶行。这就是经济学家经常说的“节约的悖论”。当然，这种悖论只是因为时间关系造成的，是一种假象。如果我们区分短期与长期，这个悖论就不存在了。在短期中，总供给能力是固定的（资源与技术不变），因此，总需求大小决定了国民收入水平。按照该说法，对于20世纪30年代西方经济萧条时期，刺激总需求的确是重要的。但在长期中，一个经济的总供给还取决于资源与技术，这就要增加储蓄。凯恩斯认为“在长期中我们都要死”，而没有考虑长期问题，仅进行短期分析，所以，节约的悖论就变得“似非而是”了。《蜜蜂的寓言》所讲的也是这个道理。

1933年当英国经济处于萧条时，凯恩斯曾在英国BBC电台号召家庭主妇多购物，称她们此举是在“拯救英国”。在《就业、利息和货币通论》中他甚至还开玩笑地建议，如果实在没有支出的方法，可以把钱埋入废弃的矿井中，然后让人去挖出来。

那么，这种对传统节俭思想的否定正确与否呢？这要具体分析。生产的目的是消费，消费对生产有促进作用，这是人所共知的。凯恩斯主义的总需求分析是针对短期内总需求不足的情况，在这种情况下刺激总需求当然是正确的。一味提倡节俭，穿衣服都“新三年，旧三年，缝缝补补又三年”，纺织工业就不会更快地发展。这些年当我国经济面临需求不足时政府也在努力寻求新的消费热点，说明这种理论有一定的现实基础。

（三）面对两次金融危机，中国采取的拉动经济增长的经济政策

1997 年 7 月亚洲金融危机爆发，2008 年 9 月全球金融危机爆发。在两次经济危机中，我国都采取了扩内需的政策。1997 年亚洲金融危机爆发，我国刚实现经济“软着陆”，经济形势一片大好，当时采取适度从紧的经济政策，并且因为该经济危机是区域性的，起先对我国没有造成多大影响。随着 1998 年亚洲金融危机对我国经济的影响越来越明显，我国政府开始实行扩大投资、启动内需的调控政策。财政政策方面，1998 年我国发行了 1 000亿元长期建设国债，1999 年发行了 1 100 亿元，2000 年到 2003 年分别发行了 1 500 亿元；税收方面也有调整，停征固定资产投资方向调节税，提高出口退税率，从 1999 年 11 月份开始征收利息税。执行稳健的货币政策，为了拉动消费需求，1997 年 3 月、7 月、12 月三次下调人民币存贷款利率。

2008 年由美国次贷危机演化而来的金融危机来势汹汹，迅速蔓延到世界各个国家。中国经济增速骤然下滑，成为进入新世纪以来最为困难的一年。面对金融危机的严峻挑战，2008 年 11 月 5 日党中央、国务院把保持经济平稳较快发展作为经济工作的首要任务，及时出台了扩大内需促进经济增长的十项措施。落实这些措施的投资额达到 4 万亿元。实行适度宽松的货币政策，2008 年 9 月、10 月、12 月四次下调人民币存款准备金率，9 月、10 月、11 月、12 月连续五次下调人民币存贷款基准利率，以期达到拉动经济增长的目的。

1998 年增发的国债主要用于我国基础设施建设，如各省的高速公路、南水北调、三峡大坝等工程，这对投资需求起到了明显的拉动作用，而投资需求属于中间需求，它最终能否引起产出增加，还需要看消费需求的状况。因为国债投向的局限性，行业产业关联性差，使得民间投资和消费需求拉动作用不明显。消费需求是最终需求，当时也配套了相应的体制改革，如住房、教育、医疗和养老等，在一定程度上拉动了公众的消费需求，最终经济走出了低迷。

2008 年为应对金融危机出台的财政政策，主要用于改善民生问题（如保障性住房）以及基础设施建设方面，既要启动投资需求也要启动消费需求。而启动需求最明显的是房地产业。房地产业的关联带动效应很强，因此加大保障性住房的支出，能有效拉动消费和投资需求增长。同时，国家也注重提高低收入群体的可支配收入，通过免税、农产品支持价格、国家补贴等方式提高农民收入，增加农村卫生、道路、通信、教育等基础设施建设，开展家电下乡活动等。

随着我国拉动内需的政策逐渐发挥作用，2009 年和 2010 年我国经济运行整体平稳，尤其是 2010 年逐步摆脱国际金融危机的影响，经济运行步入常规的增长渠道。与应对金融危机初期相比，我国经济增长的动力结构发生了明显变化，形成了市场推动的投资、消

费和出口共同拉动的良好局面。消费增长强劲，政府实施的多项刺激消费的政策效果显著。在汽车、家具、家电和旅游的带动下，2009 年社会消费品零售总额增长幅度达到15.5%，2010 年进一步提高到 18.3%，这足以证明我国采取的扩内需政策促进了我国经济的发展。

（四）启示

从理论上看，由古典和新古典经济学传承而来的主流经济学认为，消费是最重要的，从而无论是对经济危机的解释，还是对经济繁荣的分析，都是以消费需求为龙头。消费需求不足成为经济危机的根本原因；消费需求过剩，则是经济过热的根本原因。从实际中我国应对两次经济危机的政策来看，消费确实拉动了我国经济的增长，那么我们不禁要问：消费是拉动经济增长的唯一要素吗？

从理论上来讲，这种刺激总需求的理论与政策并不是普遍真理。至少在两种情况下，这种理论并不适用。其一是短期中当总需求已等于甚至大于总供给时再增加总需求会引发需求拉动的通货膨胀。其二是在长期中，资本积累是经济增长的基本条件，资本来自储蓄，要储蓄就要减少消费，并把储蓄变为投资需求，这时提倡节俭就有意义了。

世界上没有放之四海而皆准的真理。一切真理都是具体的、相对的、有条件的。只有从这个角度去认识凯恩斯主义的总需求理论才能得出正确的结论。

在实际生活中，能够令大多数人信服的观点是：经济增长是多因素共同作用的结果，只是在一定条件下某个因素起到了主要作用而已。概括地讲，拉动经济增长包括需求拉动和供给推动。需求拉动，就是我们熟知的“三驾马车”，包括消费、投资和出口。供给推动，包括要素供给、制度供给和供给结构，它不单单是产品和服务的供给，是要能为这三驾马车保驾护航的供给，制度供给是为了马车能沿着正确的方向顺利前行，要素供给是保证马车有足够的能源和动力，结构供给侧重于马车的整体结构的调整。因此，我们要关注供给对经济的推动和间接拉动作用，使之更好地服务于三驾马车。目前，我国推动经济增长的供给非常薄弱，制度的创新和发展、能源环境问题、要素市场完善、产业结构升级等方面大有文章可做。因此，协调的三驾马车加上供给的有力保障，才能够促进我国经济的持续、稳定增长。

三、使用说明

本案例配合总需求和总供给理论的教学内容设计，通过该案例的学习，使读者对于拉动经济增长的因素有更深刻的理解和认识。

思考题

1. 怎样看待节俭与浪费？
2. 如何理解以需求为中心的国民收入决定理论？

参考文献

1. 张国锋，吕占岭．金融危机下我国启动拉动内需政策的分析．知识经济，2010（2）

2. 李珍等. 中国奢侈品称王令西方兴奋，日本庆幸失第一. 环球时报，2011-06-18

3. 谭旭东. 两次金融危机下中国宏观调控比较分析及启示. 经济学动态，2009（5）

4. 刘振，赖于民. 中国GDP高速增长的背后——基于需求拉动与供给拉动的综合视角分析. 全国商情：经济理论研究，2007（1）

案例 03

有趣的宏观经济学：意见相反的两位经济学家都可获得诺贝尔奖

一、概要

宏观经济学许多新古典综合派的代表人物获得了诺贝尔经济学奖，如萨缪尔森、莫迪里安尼、托宾、索洛等，但宏观经济学也并不是新古典综合派一统天下。与新古典综合派（凯恩斯主义的国家干预想法）相反，强调自由放任的货币主义者和理性预期学派的弗里德曼和卢卡斯也分别获得了诺贝尔经济学奖。还有研究国民收入体系的库兹涅茨和斯通也分别于 1971 年和 1984 年获奖。近年来，更是多位新古典学派的代表人物获得诺贝尔经济学奖。为什么这些经济学家研究观点完全相反，但都可以获得诺贝尔奖呢？本案例分析宏观经济学的“科学主义特性”以及不同于一般科学的特点。

二、案例内容

在日常生活中我们知道，“一张桌子是方的就是方的，不能够说成圆的”，这是物理科学，很多自然科学都是这样的，是黑的就是黑的，是白的就是白的。如果白的是对的，那么黑的就是错的。而经济学，特别是宏观经济学则不完全是这样，“持不同观点”的两位宏观经济学家，可能都会获得诺贝尔经济学奖，或者说两位诺贝尔经济学奖得主其关于某宏观经济现象的观点可能完全相反。比如，关于 2009 年次贷危机引起的经济危机将持续多久的问题，2009 年诺贝尔经济学奖得主克鲁格曼认为将持续很长时间，而在 2008 年底的时候，1996 年诺贝尔经济学奖得主莫里斯则认为经济危机估计两年就会过去。

宏观经济学就是这样一门门派林立、观点多样、争论不断的发展中的经济科学。

（一）宏观经济学中的“革命”和“反革命”

宏观经济学中的“革命”和“反革命”不断循环上演。[①] 1936 年以凯恩斯为代表的有

---

① 参见黄志贤、郭其友：《20 世纪西方宏观经济学的演变与发展趋势》，载《厦门大学学报》（哲学社会科学版），2000（2）。

效需求不足理论标志着宏观经济学的开始，并指导西方资本主义国家成功摆脱了20世纪30年代经济危机的困扰，由此奠定了其不可动摇的经济学地位。但是20世纪50年代之后，这种牢固不移的新信仰迅速成为过时的谈资，以希克斯、汉森以及萨缪尔森为代表的新古典综合派推出了 $IS-LM$ 模型，试图调和凯恩斯主义和古典经济学之间的分歧。但是新古典综合派的统治并没有维持多久，由于菲利普斯曲线对于20世纪70年代西方经济“滞胀”的解释乏力，新古典综合派又遭受了来自弗里德曼和费尔普斯的猛烈抨击。到20世纪70年代中期，凯恩斯主义遭到第二波攻击，这就是以卢卡斯（Robert E. Lucas, Jr.）等人为代表的新古典主义宏观经济学家发动的“理性预期革命”。进入20世纪80年代后，大多数经验证据并不支持货币的经济周期理论。基德兰德和普雷斯科特等人提出了真实经济周期理论。真实经济周期理论的出现在现代西方宏观经济学中掀起了一场“革命”。

面对如此反复循环的经济学“革命”和“反革命”，有些理论一脉相承，有些理论截然相反，并且自从诺贝尔经济学奖创立以来，这其中不少经济学家获得过该奖，无论他们持有什么样的观点，提出什么样的理论。面对这样的情况，许多人迷惑不解：持有相反观点的两位经济学家为什么都能获得诺贝尔奖？这有悖常理，于是人们不禁要问宏观经济学还是一门科学吗？

（二）宏观经济学是科学吗？

宏观经济学是不是科学的问题，在经济学界一直争论不休，也没有明确的界定，可谓仁者见仁、智者见智。

对于持否定意见的学者来讲，归纳起来，他们的观点如下：

第一，西方宏观经济学缺乏科学所应有的内在一致性，即在科学体系中，不能同时存在两种或两种以上的相互抵触的说法。而在西方宏观经济学中，相互矛盾的说法大量存在，例如自由放任和国家干预的争论。

第二，在科学研究中，不同学说的暂时存在是允许的，随着分析的深入最终能对正确和错误加以判断。然而，宏观经济学中长期存在的大量而又无法消除的理论矛盾却不是科学研究中的正常现象。例如就造成经济波动的原因而言，凯恩斯和货币主义理论都从实践和理论上进行了详细认真的分析，但直到今天争论似乎也没有结束，因为最终没有证明谁是谁非。

第三，科学研究具有累积性的特点，而西方宏观经济学却不是如此。随着历史条件的变迁，新的理论往往完全排斥旧的学说，新旧之间的关系不是相互补充而是相互排斥。在1936年出现的凯恩斯主义压倒了原有的古典宏观经济学，而1995年诺贝尔经济学奖获得者卢卡斯提出的观点和凯恩斯是相反的。也就是说，宏观经济学说的流行并不取决于其内在的正确性，而是由历史条件的变迁所决定的。可见，这种随历史条件的变迁而改变其基本内容的理论体系总是有些让人难以接受其为一门科学。

基于以上原因，有些人把宏观经济学称为“伪科学”，但大多数人还是持肯定态度的，例如著名的经济学家熊彼特曾经也讨论过这个问题。他拓展了科学的内涵，最终把宏观经济学作为科学来看待。也有学者认为经济发展不是完全随机的，在一定条件下，总是遵循一些规律。对于这些规律的研究就形成了经济学。要发现经济规律，也要用严谨的探索和论证方法进行实践，这是一个求实创新的思维和行为模式。当代经济学已经形成了系统的经济理论体系，影响甚至决定了人类社会的经济框架和经济制度。这些特征表明，经济学明显具有科学的特征。

事实上，因为经济学的发展和纯粹科学的发展存在着根本的区分，导致我们不能拿自然科学的特点来判断经济学是否属于科学。对于此论述，瑞典著名的经济学家缪尔达尔（Gunnar Myrdal，1898—1987）在一本对于“经济学主流”的尖锐批判的论文集中谈到，社会科学与自然科学的真正重大的区别在于，社会科学的研究者永远也得不到常数和普遍适用的自然法则——即在我们的社会领域中，对事实以及事实和事实之间的关系的研究所涉及的事物，比物质的宇宙间的事实和事实之间的关系要复杂得多，而且变化多端并充满流动性和不确定性。社会科学所研究的问题是关于人的行为的问题，而人的行为不像自然物质一样具有永恒不变的性质，人的行为有赖于并取决于生存其中的生活条件和组织机构形成的错综复杂的复合体；人类的行为现象表现为不同的、千变万化的可变性与僵化的东西的各种组合，因而即使是在时间的某一点上和在某种特殊情况下，这些现象确实难以把它们作为事实而定义、观察和衡量。

（三）不奇怪的宏观经济学

人们经常就经济学家作为一个群体为决策者提出不同的建议（甚至是相互矛盾的建议）进行批评。为什么经济学家会给决策者提供看起来相互矛盾的建议呢？为什么经济学家对于同样的经济现象会有不同的解释呢？

1. 科学判断的基础不同

几个世纪前，天文学家为太阳系的中心是地球还是太阳而争论不休。最近，气象学家也在争论地球是否正在经历着“全球变暖”。因为对真理孜孜不倦的追求，科学家对同样的现象有不同的认知毫不奇怪。同理，经济学家通常也会由于同样的原因对同样的经济现象存在分歧。经济学中有许多问题需要探讨。经济学家有时意见不一致，是因为他们对不同理论的正确性或重要参数的大小有不同的预感。例如，经济学家对于政府是应该根据家庭收入还是消费支出来征税的看法就不一致。支持把现行所得税改为消费税的人认为，这种变化会鼓励家庭更多地储蓄，因为用于储蓄的收入并不征税。高储蓄又会引起生产率和生活水平更快地增长。支持现行所得税的人认为，家庭储蓄并不会对税法的改变作出多大反应。这两派经济学家对税制具有不同的观点，是因为他们关于储蓄对税收激励反应程度的实证观点不同。

2. 价值观的不同

经济学家有时提出了不一致的建议是因为他们有不同的价值观。不能只根据科学来判断政策。假设张先生和李女士从镇上的水井中取得等量的水。为了支付维修水井的费用，镇里向其居民征税。张先生收入为 5 万元，征税 5 000 元，即他收入的 10%。李女士收入为 1 万元，征税 2 000 元，即其收入的 20%。这种政策公平吗？如果不公平的话，谁支付得太多了，而谁支付得少了？如果镇里聘请两个专家来研究该镇为维修水井应该向居民征收多少税的问题，如果这两个专家提出不一致的建议，我们不会感到奇怪。

3. 经济学范式不同

由于每个经济学家从属于不同的经济学范式，基于不同的经济学原理，拥有不同的经济学背景知识，所以每个经济学家对同一经济现象会有不同的解释。那么由于经济现象的复杂性，对同一个经济现象的解释将会无限多样，这也就不足为怪了。

综上所述，或许对于宏观经济学是否属于科学我们还是无法定论，或许对于意见不同的宏观经济学家都能获诺贝尔奖还是疑惑不解。但不可否认，宏观经济学仍以其独特的魅力吸引着众多的人不断去研究、去探索。

三、使用说明

本案例配合宏观经济学的发展和演变、经济学流派等部分而设计，通过该案例的学习，使读者对于宏观经济学的“科学性”有更深刻的理解。

思考题

1. 宏观经济学和自然科学一样吗？为什么？

2. 为什么面对同样的经济现象，不同的人会提出不同的观点？

3. 多数人认为，微观经济学是一门体系完善、基础扎实、与其他学科联系密切的科学，具备成为一门学科的主要特点。如果宏观经济学能够与微观经济学建立密切的联系，将宏观经济学基于微观经济学的基本假设和基本逻辑之上，那么宏观经济学将与微观经济学进一步融合，真正成为一门科学，即宏观经济学应该有其微观基础。请思考：宏观经济学是一门科学吗？

参考文献

1. 范存会. 经济学是一门科学吗？人大经济论坛，2011-10-19

2. 黄志贤，郭其友. 20 世纪西方宏观经济学的演变与发展趋势. 厦门大学学报（哲学社会科学版），2000（2）

案例 04

披着羊皮的羊：经济学模型的尴尬

一、概要

对于研究经济学的人来讲，让人眼花缭乱的、各种各样的经济学模型相信大家都不陌生。总结这些模型，有一个共同点：都是首先要设置严格的假设，在此前提下，对经济问题进行分析，得出结论。但如果突破了这些假设，经济学模型还一样有效吗？在现实生活中，我们碰到的经济学问题，往往并不能满足那些严格的限定条件，致使许多问题暂时找不到解决的路径。本案例分析了经济学模型有时不能很好地解决实际经济问题的原因。

二、案例内容

（一）尴尬的赫克曼（Heckman）模型

赫克曼荣获2000年诺贝尔经济学奖，是计量经济学界的一件盛事，但他的获奖代表作——赫克曼模型（Heckman model或Heckman two-step model）所面对的批判和困境，也道出了微观计量经济学处境的尴尬。

自选择（self selection）是信息经济学中的概念。我上网，因为我愿意，这就是自选择。论坛上有很多考研的同学，大家都想知道上网对考研有没有帮助、效果多大。回答类似的问题，是微观计量经济学的基本任务，也是赫克曼几十年来的研究主题。

赫克曼模型的核心是如何校正由不可观测的因素引起的自选择性偏差。变量观测不到，怎么办？其解决的思路很简单，用假设代替数据，假设不可观测的变量呈正态分布，因而计量经济学家由凡人变成了上帝，顺理成章得出了“正确”的估计。不同的是上帝是真的知道，计量经济学家只是假设知道，假设错了，结果自然不会正确。事实上赫克曼模型中二元正态分布的假设一直是统计学家和部分经济学家批判的重点，如果此假设不成立，由赫克曼模型得出的估计既不是无偏的（unbiased），也不是一致的（consistent）。

20世纪70年代，赫克曼声名鹊起，经济学界对克服自选择性偏差一片乐观。三十年后，微观计量经济学发展成了一个庞大的体系，赫克曼模型也变得更复杂、更精巧了，但当时的乐观气氛已荡然无存。实际上在赫克曼的贡献中，实证研究比赫克曼模型更重要。他指出了自选择存在的普遍性，唤起了人们对自选择导致的估计偏差的重视，但如何校正这一偏差，却是远远未完成也不可能完成的课题。

（二）经济学模型华丽的外表

1997 年美国经济学家默顿和斯科尔斯以期权定价理论获得诺贝尔经济学奖，但他们此后经营的投资公司却失败了，这使得大家对他们的理论保持怀疑的态度，自己的理论不支持自己的实体事业发展，被人怀疑很正常。为什么会出现这样的现象呢？关于此问题，托马斯·萨金特（Thomas Sargent）教授进行过分析。

萨金特教授 2011 年获得诺贝尔经济学奖。他在 1976 年发表了一篇论文，文章的主要论点为：经济学者往往以简单的数学模型来描绘人类的经济活动；因此，经济学者所设计的基本模型通常就是提纲挈领地反映出经济学者的理论。但是基本模型通常很简要，为了进一步地以实际资料来检验理论，就必须对基本模型作一些转换、加上一些相关的条件。经过这个程序，最终得到的就是可以检验运算的简化模型。

有趣的就是这个由“基本模型”调整转化成“简化模型”的过程中，可能会产生一些意想不到的结果。萨金特教授用一个很简单的例子说明，即使以完全相反的两个理论所设计的基本模型为依据，最后经过转化调整之后，最终得出的可能是完全一样的简化模型。换句话说，由不同的理论出发，最终可能得到同样的结果。

对经济学者而言，萨金特教授的见解很有启发性。一般学者在讨论现实问题时，常常自信满满地通过不断简化模型提出各种独到的解释，然后再理所当然地对自认为的问题提出对策。可是萨金特教授的论文一针见血地指出这种想当然的逻辑的危险所在：即使由两个不同的基本模型出发，也可以得到同样的简化模型。所以单单是指出一种和简化模型并不抵触的基本模型，并不表示已经找到真正的、正确的基本模型——所找到的只是好几个理论都说得通的基本经济学模型而已。

其次，目前经济学有被高度数学化的趋势，使得经济学模型披着华丽的外衣。尤其是 20 世纪后半期，经济学几乎进入了数学化阶段，有人称之为“经济学中的数学爆炸”。在这一阶段中，对经济的数学化作出突出贡献的人物当属诺贝尔奖得主。多数诺贝尔经济学奖得主提出的主要理论和模型，大都以深奥的数学为基础，不断地进行转化、推理，最后得出结论。当然我们不是对这些理论持批评和怀疑的态度，能获得诺贝尔奖的学者在经济理论方面肯定有着自己独特的观点和积极的意义。只是在这个不断“变化”的世界中，经典的理论已经离现实过于遥远了。

（三）几点启示

西方经济学家将数理工具引入经济分析是值得称道的。数理工具是科学，将它运用于经济学不仅没有什么不妥，而且应当提倡。但为了单纯地数学美感而建造数理经济模型，只追求完美的数理模型，肯定会将经济学引入歧途。这样的经济研究也会迷失方向。数理模型是分析和推理的强有力的工具，但本身并不专属经济学范畴，也不能替代经济理论及发展。

再次，经济模型是理想化的。每个经济模型都有前定的假设，而去除掉不可预知、不可量化因素或者影响较弱的细节问题。这些模型本身是对理想中的经济的定位，所以最终都与现实有偏差，不可能准确描述现实，因此经济学模型解决不了现实问题的情况是很正常的。

最后，在使用经济学理论时，还要注意活学活用、特殊情况特殊分析。中国经济建立在中国特有的传统文化与政治体制之上，有许多不同于西方的经济现象。因此，作为中国的经济学者要研究中国经济的特性，根据中国的实际情况构造经济模型，解决问题，这样做相信在一定程度上能够减少或避免模型的尴尬。

三、使用说明

通过本案例的学习，使读者对于宏观经济研究方法的理解和认识更深刻、更全面。

思考题

1. 为什么有些诺贝尔经济学奖获得者的经济理论有时候不能解决现实经济问题?
2. 不同的经济学家从不同的理论出发，却能得到同样的结果，为什么?

参考文献

1. 崔殿超. 关于经济学数学化的一点认识. http://www.gmw.cn，2009-08-29

2. 尴尬的海克曼模型——读海克曼诺贝尔经济学奖演说有感. 经济学论坛，2001-05-10

3. 方烨，金辉. 两学者获诺贝尔经济学奖与当前国际经济形势有关. 经济参考报，2011-10-11

案例 05

中国市场化改革的逻辑：摸着石头过河

一、概要

中国的改革是在社会主义条件下由计划经济向市场经济转轨，中国发展的是社会主义市场经济，这是前无古人的事业。虽然苏联也尝试实行社会主义市场经济，但没有成功，中国没有任何先例可以借鉴。因此，改革目标并非一开始就非常明确。我国的市场化改革实际上走的是一条“渐进式”的道路，在改革初期被形象地表述为“摸着石头过河”。

中国的市场化改革过程中，1984 年和 1992 年是两个很关键的年份。1978 年实行改革开放后，1982 年党的十二大提出了建设有中国特色的社会主义，明确了走自己的路。但是如何走？这需要很多战略性思考。

1984 年中央明确提出了要建立有计划的商品经济，推出了“计划”和“市场”双轨，使我国的改革迈出了重要的一步。

1992 年在国内市场化改革和对外不断开放（特别是恢复关贸总协定（GATT）地位）的要求下，中国明确提出了建立社会主义市场经济体制的要求。

但是，如何建立市场经济体制，需要探索。本案例分析了我国市场化渐进改革的逻辑及成功的经验：由外围（即非关键的产品）到中心（即关系到国计民生的产品），由点到面，从局部到整体循序渐进，先试点后推广，及时总结经验，在不断探索中确立改革目标。

二、案例内容

改革开放三十多年来，中国的经济增长速度之高、持续时间之长，是世界经济发展史上罕见的。改革开放是一次伟大的制度创新，而这一创新的核心是市场化改革。改革激发了中国经济的潜能，解放了中国的生产力，使中国成为世界上规模最大的经济体之一。然而，中国的市场化改革也不是一帆风顺，没有现成的经验可以借鉴，需要不断去摸索，在摸索中前进。

（一）中国市场化改革的发展历程

新中国成立初期，为了迅速恢复和发展生产，集中力量进行基本建设，我国经济实行指令性计划经济体制，对所有主要物资实行统购统配，市场行为受到严格限制。但随着社会经济的发展、人们需求的变化，计划经济已经越来越不能适应当时已经发展了的社会经济形势。1978年党的十一届三中全会明确提出要实行改革开放。从开放之初至今我国的市场化改革大致经历了三个发展阶段。

1. 市场化改革的第一阶段（1979—1984年）：价格改革酝酿、准备和探索阶段

根据“完善计划价格体制”的改革思路，主要是国家有计划调整消费品价格，寓改革于调整之中，侧重于理顺价格结构，使不合理的价格体系得到初步调整。国家逐步下放了价格管理权限，实行多种价格形式，采取的主要措施，一是部分农产品议购议销，对三类农产品和完成收购任务的一、二类农产品实行市场调节，允许多种价格并存①；二是部分工业品在国家定价的基础上实行浮动价格；三是部分日用小商品分期分批放开。

这一阶段的特征：改革的区域以农村为主，改革的商品以农产品为主，改革的手段以国家计划调整为主，改革的方式是“调放结合，以调为主”，大幅度提高农副产品价格，中央对地方下放了部分价格管理权限，逐步放开了小商品价格和部分农产品价格，对部分机电产品试行了浮动价。调整部分生产资料出厂价和交通运价。

在“以调为主，以放为辅”的方针指导下，据统计，1984年与1978年相比较，工农业产品交换综合比价缩小29.9%。由此可见，这一时期的价格改革取得了应有的成效，为价格形成机制的转换奠定了基础。当然，在一定程度上，它还只是在传统价格体制下的局部调整，因而不可避免地仍然存在价格改革前比价不顺等矛盾。1984年，党的十二届三中全会作出了关于经济体制改革的决定，经济体制改革的重点开始由农村转移到城市，至此我国的市场化改革进入了第二个阶段。

2. 市场化改革的第二阶段（1985—1991年）：向市场价格制度过渡阶段

根据“实行混合价格体制”的改革思路，转换价格形成机制；改革的方式是“调放结合，以放为主”，放开了除国家定购的粮食、棉花、油料、糖料等少数品种以外的绝大多数农副产品的购销价格，以及计划外生产资料价格和大部分工业消费品的价格；在大幅度放开价格的同时，还适当提高了粮食、棉花等农产品的国家定购价格。

该阶段的主要特征是：改革的区域由农村扩展到城市；改革的对象由价格体系扩展到购销体制；改革的手段由以调为主转向以放为主、调放结合。对生产资料，采用的方法是继续提高计划内生产资料价格，放开计划外生产资料价格，实行“双轨制”，最后取消计划内价格。其中，1985—1988年以改革购销体制为主；1989—1991年则以治理整顿为主。

---

① 1961年，政府将农产品按其对国计民生的重要程度分为三个类别，分别实行统购、派购和计划收购，执行国家定价。在改革开放以来的市场化改革中，也按照类似的分类方法，把农产品分为不同类，先改革三类产品（即非关键的产品），再改革二类和一类（即关系到国计民生的产品）。

主要表现为：在农产品方面，1985 年改革农产品购销体制，粮棉油统购价和超购加价改为合同定购价；在工业消费品及收费方面，1986 年放开了自行车、黑白电视机、电冰箱、洗衣机、收录机、80 支以上纯棉纱及其织品、中长纤维布等七种工业消费品销售价格；拉大部分高档衣料及鲜活商品质量差价和季节差价；在工业生产资料方面，实行价格"双轨制"。1985 年，国家物资局、国家物价局遵照国务院批示发出《关于放开工业生产资料超产自销的通知》，放开了企业属于自销的和完成计划后超产的重要工业生产资料出厂价格，从此出现了计划内和计划外生产资料价格"双轨制"。虽然这种改革引发了很多问题，如严重的通货膨胀，在相当程度上影响了人民生活，一些特权阶层曾利用价格双轨制的漏洞以权谋私等，但中国最终解决了这些难题。到了 20 世纪 90 年代中后期，随着住宅商品化的改革，中国的商品市场化的改革已经基本完成。现在，除了少数商品和服务，中国 95%以上的商品已经实现了市场定价。

1992 年邓小平同志南方谈话和党的十四大明确提出："我国经济体制改革的目标是建立社会主义市场经济体制"，"使市场在社会主义国家宏观调控下对资源配置起基础性作用"，"建立起以市场形成价格为主的价格机制"。国家和地方加快了价格改革步伐，我国的市场化改革步入第三个阶段。

3. 市场化改革的第三阶段（1992 年至今）：市场体系配套发展阶段

政府根据建立社会主义市场经济体制的要求，着力于价格机制的转换，建立以市场形成价格为主、辅以政府宏观调控的价格机制。1992 年，国家和地方相继出台了粮食购销、铁路货运、煤炭、天然气等生产资料的调价项目，大面积下放价格管理权限或放开价格，市场调节价格比重进一步扩大。1993 年，在前几年连续大力度价格改革的基础上，放开了粮食、钢铁产品及部分统配煤炭的价格，调整和提高了原木、统配水泥的出厂价格，并对部分原油价格实行"平转议"。与此同时，多数大中城市，也先后放开和多次调整肉、禽、蛋、菜和调味品等基本生活必需品价格，以及日用品和服务项目价格。1994 年，为稳定大幅度上涨的市场价格，规范价格行为，国务院对 20 种居民生活必需品和服务项目的提价行为进行监审和适度干预，防止价格暴涨。1995—1997 年，价格体系和价格管理体制的改革取得了重大进展，既改善了价格结构，促进了产业结构和产品结构的调整，也为新的经济体制建立创造了必要条件。由此可见，商品市场化改革成效显著。

市场化更为重要的内容在于生产要素的市场化，即包括劳动、资本、土地等要素的市场化，它所需要的制度变革要远远深刻于商品市场化，因而它对现实经济活动的短期和长期影响也要远远大于商品市场化。生产要素的市场化改革最早是 1987 年党的十三大报告提出：新的经济运行机制，总体上来说应当是"国家调节市场，市场引导企业"的机制。这一阶段，以所有权与经营权分离的原则推进国有企业改革，以"调放结合"的原则推进价格改革，开始把生产要素纳入市场体系建设。我国较大规模的要素市场化的改革开始于 20 世纪 90 年代初期。

党的十四届三中全会通过的《中共中央关于建立社会主义市场经济体制若干问题的决定》中，明确提出了培育和发展市场体系的任务："当前要着重发展生产要素市场，规范市场行为，打破地区、部门的分割和封锁，反对不正当竞争，创造平等竞争的环境，形成统一、开放、竞争、有序的大市场。”在这一阶段，生产要素价格的市场化改革也取得了明显进展，资本、产权、土地、技术、劳动等要素的价格形成由市场决定，通过市场价格引导和调节资源流动，使价值发挥作用，增强了市场在资源配置中的基础性作用。

从中国的改革进程来看，在各类要素市场发育中，劳动市场化速度相对较快，无论是农村劳动力还是城镇劳动力，绝大部分的工资报酬已由市场决定，尽管中国劳动力市场竞争的公平性、有序性、有效性还亟待提高，但从整体上看，全国统一的劳动力市场已经形成。1992 年党的十四大召开，使得劳动力市场得到名正言顺的培育和发展；1994 年劳动力市场的概念开始被正式使用，为劳动力资源从政府计划配置向市场配置奠定了理论基础。1998 年政府明确提出了“劳动者自主就业、市场调节就业、政府促进就业”的新时期就业方针，标志着市场化就业制度改革进入新阶段。2002 年，党的十六大提出，要健全劳动力市场。就业是民生之本，扩大就业是当前和今后长时期重大而艰巨的任务。2003 年，十六届三中全会通过了《中共中央关于完善社会主义市场经济体制若干问题的决定》，提出实施积极的就业政策，标志着过去几年中国政府宏观经济政策目标已逐渐从以追求经济增长率为主，转向以创造就业为主的目标上来。

与劳动力市场化相比较，中国土地要素市场化程度较低，包括城市土地和农村耕地，无论是在产权制度上，还是在交易制度上，无论是在价格决定上，还是在法律制度上，土地要素市场化配置的条件只是初步具备。

就农村耕地而言，从 1983 年开始在全国广大农村全面推行家庭联产承包责任制以来，到同年年底，98%的农户都实行了包干到户，家庭承包经营的土地面积占耕地总面积的 97%左右，实现了土地所有权与使用权的分离。改革开放 30 年后，2008 年 10 月 12 日，十七届三中全会通过了《中共中央关于推进农村改革发展若干重大问题的决定》，《决定》中提到“完善土地承包经营权权能，依法保障农民对承包土地的占有、使用、收益等权利。加强土地承包经营权流转管理和服务，建立健全土地承包经营权流转市场”。

对于城市用地，2001 年《国务院关于加强国有土地资产管理的通知》和 2002 年国土资源部的《招标拍卖挂牌出让国有土地使用权规定》提出，严格实行国有土地有偿使用制度，对经营性土地协议出让“叫停”，明确商业、旅游、娱乐和商品住宅用地等经营性用地使用权出让必须采用“招拍挂”方式。《关于加强国有土地资产管理的通知》同时提出，工业用地也要创造条件逐步实行“招拍挂”出让。2004 年出台的《国务院关于深化改革严格土地管理的决定》有针对性地指出，“禁止非法压低地价招商”，同时要求加快工业用地进入市场化配置。2006 年出台的《国务院关于加强土地调控有关问题的通知》，则完全把工业用地纳入了市场竞争的范围，要求“工业用地必须采用招标拍卖挂牌方式出让，其出让价格不得低于公布的最低价标准”。

由此可见，虽然我国的土地制度改革继续向纵深推进，逐步扩大各类公共社会事业用地有偿使用范围，构建城乡统一的建设用地市场，但国有土地供应仍存在“双轨制”，即政府划拨和有偿出让两种方式并存，协议出让制度与“招拍挂”出让制度并行。此外，城乡二元经济结构导致国有建设用地和集体建设用地同为建设用地但不同权、不同价。构建城乡统一的建设用地市场呼之欲出，扩大国有土地有偿使用制度的覆盖面也势在必行。

相对而言，中国资本市场化程度更加偏低，虽然在 20 世纪 90 年代初期，中国就建立了产权市场和证券市场，但无论是直接融资市场还是间接融资市场，发育速度均较为迟缓。就直接融资市场发育来看，一是规模小，在证券市场的股权分置改革之前，工商企业资本形成中来自直接融资市场的不足5%；二是秩序乱，中国股市投机性过强的局面仍然有待克服。就间接融资市场发育来看，一是利率决定基本上仍由政府行政管制，而不是市场定价；二是国有金融资本居绝对统治地位。因而，中国市场化进程面临的突出矛盾在于如何加速和深化资本市场化。尽管利率控制开始有所放松，在银行体制改革上也取得了相当显著的进展，国有大型企业通过上市进行的股份制改造也取得了重大进展，但是和市场经济发达国家相比，我们仍然还存在较大差距。

（二）市场化改革的逻辑

综上所述，中国的市场化改革走的是一条先农村后城市、先试点后推广、先微观后宏观的渐进的道路。

从市场主体和制度来看，实行的是先培育市场主体（微观），同时建立和完善市场制度的方式。从1979年起，农村实行家庭联产承包制，城市扩大企业自主权，发展个体私营经济，逐步放活微观经济主体，在此基础上，改革宏观经济管理体制，从直接管理向主要运用经济手段和法律手段的间接管理过渡。

从具体的市场改革顺序来看，先放开小商品和部分农副产品价格，然后再逐步放开其他产品，直至关系到国计民生的粮食等产品。20世纪70年代末80年代初先放开水产品、水果、蔬菜、肉禽蛋等价格和市场。到90年代初，除粮食等少数产品外，绝大部分农产品、工业消费品、工业生产资料的价格和市场已经放开，告别了短缺经济时代，买方市场格局初步形成。2001年，中国从沿海地区七个粮食主销区省市逐步放开粮食市场购销和价格，后在产销平衡区省市放开，到2004年，最后两个省份（吉林和安徽）也完全放开了粮食的购销和价格，至此中国的农产品购销已完全市场化。

总之，中国的改革是先改产品市场后改要素市场，产品市场中，先改消费品再改生产资料，消费品市场中先改三类和二类消费品市场，再改一类消费品市场（见图5—1）。

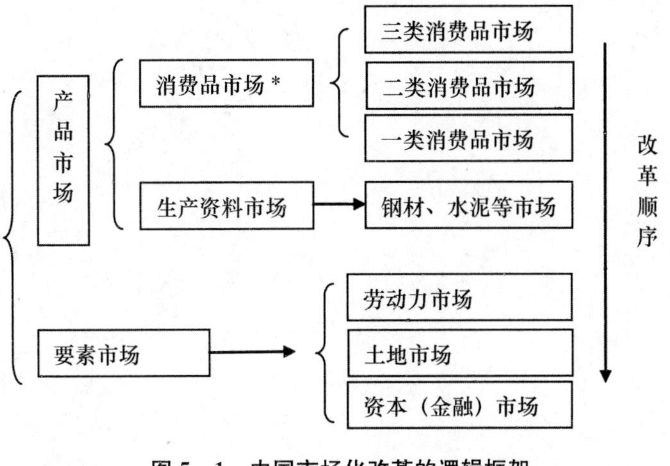

图5—1　中国市场化改革的逻辑框架

＊按其对国计民生的重要程度将消费品分为三个类别，一类消费品最重要。

三、使用说明

本案例配合经济增长理论的教学内容设计。通过该案例的学习，使读者对于我国市场化改革有更深刻的认识，也是广大读者学习后面宏观经济学各章节内容的重要的背景。

思考题

1. 中国的市场化改革有什么特点?

2. 简要分析渐进式改革和“休克疗法”改革的利弊。

参考文献

1. 邹东涛，刘欣. 中国渐进式改革的理论基础和实践方式. 云南大学学报（社会科学版），2003，2（4）

2. 李子洁. 俄罗斯“休克疗法”与中国渐进式比较. 经济论坛，2009（11）

3. 郭凯. 渐进改革的逻辑. http://guokai.blog.caixin.cn/archives/17324，2011-04-11

4. 林岗. 中国特色的渐进式改革道路，科学咨询，2005（17）

5. 张卓元. 市场化改革的特色之路. http://www.chinareform.org.cn/cirdbbs/，2007-07-11

第二部分

国民收入核算

案例 06

理性看待 GDP 数据

一、概要

国内生产总值（GDP）在宏观经济中发挥着重要作用，它是制定经济发展战略目标和宏观经济政策的重要工具和重要依据，也是检验宏观经济政策科学性和有效性的重要手段之一，在对外交往中 GDP 代表一国综合实力。然而，GDP 并不是万能的。GDP 既不能全面反映经济增长的结构问题，也不能反映经济发展的质量。首先，GDP 反映的是在一定时期内新增加的最终产品和服务，对过去的财富没有反映，不能涵盖经济、社会、环境各个方面。其次，GDP 不能完全反映经济增长的社会成本，如自然资源的利用以及对环境的破坏和污染，也就不能准确地反映经济增长的质量、经济结构的变化。第三，GDP 不能完全反映一个地区或者是一个国家的社会福利水平，比如收入分配或者收入差距以及人们生活休闲的问题等等。尽管 GDP 有诸多弊端，但是没有比 GDP 更简单适用的指标用来衡量一个国家的经济发展状况，因此现在各个国家主要还是运用 GDP 衡量其经济增长的规模和速度，GDP 也被称为 20 世纪以来最重要的发明之一，有必要理性看待 GDP 和合理使用 GDP 指标。

二、案例内容

国内生产总值（gross domestic product，GDP），指在一定时期（通常为一年），一个国家或地区范围内生产的最终产品和劳务的市场价值的总和，是反映一国经济规模的基础性指标，也是国际上普遍应用的考察国民经济发展变化的重要工具。

（一）GDP 的优点

GDP 的最大的优点是简单、可比，因而被各国用以衡量一国的经济活动实力。

首先，GDP 是制定经济发展战略目标和宏观经济政策的重要工具和重要依据。GDP 是制定经济发展战略和规划目标的重要工具。例如，“十二五”规划关于经济社会发展的主要经济指标有 25 个，其中和 GDP 有关的 6 个，包括一个经济增长指标、一个经济结构指标、一个教育指标、三个资源环境指标。经济增长指标是GDP年均增长7%。经济结构指标是指服务业增加值占GDP比重提高4个百分点。教育指标是研究与试验发展经费支出占GDP比重达到2.2%。三个资源环境指标，分别是单位工业增加值用水量降低30%、单位GDP能源消耗降低16%、单位GDP二氧化碳排放降低17%。上述目标是“十二五”规划确定的目标，特别是单位GDP能耗，是约束性指标。

其次，GDP能够反映一国的总体经济实力，目前还没有其他的经济指标能够取代GDP的核心地位。改革开放以来，在以“经济建设为中心”的路线指引下，我国经济保持高速增长，人民的物质财富和生活水平不断提高。GDP的变化反映了我国经济的总体发展情况。2005年底，中国GDP增加16.8%，超过意大利，成为世界第六大经济体。2006年，中国经济规模超过英国，成为仅次于美国、日本和德国的世界第四大经济体。2007年，中国GDP增速为13%，超过德国成为全球第三大经济体。仅仅3年之后，2010年中国的GDP便超越日本，成为“世界第二”。

另外，在对外经贸交往中GDP扮演着重要的角色，是一国综合国力和经济实力的重要参考指标。例如，GDP和人均GDP是联合国确定其成员国承担联合国费用、维和费用的重要依据之一，也是世界银行确定其成员国享受优惠待遇的重要指标。同时，国际货币基金组织在确定其成员国发言权时也要重点考察这一指标。此外，GDP所代表的经济实力的提高，在对外交往中有利于增强一国的国际形象，提高国家的自信和民族凝聚力，有利于在国际事务的处理中获得更多的空间和话语权。

（二）GDP的不足

GDP被美国经济学家萨缪尔森誉为20世纪最伟大的发明之一，它在经济活动中发挥着举足轻重的作用，但是GDP仍然存在着许多缺陷。

第一，GDP不能反映财富的分配情况。由美国加州大学和Syracuse大学的三位教授合作撰写的研究报告《捕捉苹果全球供应网络利润》显示，2010年每销售一台iPhone，苹果公司获得58.5%的利润，塑胶、金属等原料供应国占21.9%，作为屏幕、电子元件主要供应商的韩国，分得了4.7%的利润，其他利润分配依次是：未归类项目占4.4%，非中国劳工占3.5%，苹果公司以外的美国从业者获得2.4%，中国大陆劳工获得1.8%，欧洲获得1.8%，日本和中国台湾各获得0.5%。由于iPhone是在中国大陆组装，最后计入GDP的是生产一台iPhone的总价值，而实际上中国大陆的劳工得到的利润仅为1.8%。因此，在光鲜亮丽的GDP数据背后，实际上得到的利润微乎其微。

第二，GDP不能反映资源的使用情况和对环境的破坏程度。2010年，中国的发电量为42 065亿度，同比增长13.2%，占世界总发电量的22%，超过美国（约41 100亿度），成为发电量最多的国家；2010年中国一次能源消费量为32.5亿吨标准煤，同比增长6%，也超过美国，成为世界消耗标准煤最多的国家。中国2010年的多项资源使用均超过美国，而据国际货币基金组织发布的数据显示，中国2010年的GDP总量大约为美国的三分之一，人均GDP不足美国的十分之一。中国GDP的高速增长以资源的过度使用为代价。

对于环境而言，以水资源为例，2009 年全国废污水排放量 747 亿立方米，地表水水功能区达标率 47%，562 眼监测井中水质在四类和五类的占 72%，这说明地下水的污染也很严重。主要原因是排污量增加与水体纳污能力降低的结果。可以看到，GDP 的高速增长是以牺牲环境效益为代价的。

与此相反的是，2011 年北京的汽车限购措施至少导致上半年经济增幅下降 1%。2011 年北京上半年经济增长 8%，排全国倒数第一，如果往下分析的话，一个汽车产业的限购措施至少跌幅 1%，房地产行业跌幅 0.7%，再加上首钢搬迁等因素的影响，将搬迁成本等等加在一起，整个经济增幅下降了两个百分点。可是从环保的角度看，无论是机动车排放绝对的减少还是相对的减少，都会对环境质量、人们居住环境的改善有作用，所以，汽车限购的环境意义是积极的。空气质量的改善、环境的可持续发展等积极作用都没有在 GDP 中反映出来。

第三，GDP 不能全面反映实际的生产生活。家务劳动是人们日常生活中不可缺少的一部分。对于经济发展程度不同的国家来说，其家务劳动的市场化程度也不同。一般来说，发达国家的家务劳动市场化程度较高，而发展中国家家务劳动市场化程度相对较低。然而，不管家务劳动市场化程度高低，这些劳动本身都是必定存在的，但由于 GDP 只计算市场化的家务劳动，不计算非市场化的家务劳动，从而导致经济发展程度不同的国家，其 GDP 具有一定程度的不可比性。例如，在家吃饭和在外吃饭都进行了实际的生产劳动，但是却只有在外吃饭消费才计入 GDP。再比如台风和洪水会推高某地的 GDP，人们获得了 GDP 的增长，但自然灾害带来的心理伤害却是难以估量的，灾后重建工作不仅加重了人们的负担，而且往往难以恢复到灾前的生活质量。

第四，GDP 不能反映社会贫富差距。基尼系数是国际上用来综合考察收入分配公平程度的一个重要指标。中国的基尼系数在 1994 年超过 0.4 的警戒水平后，1998 年达到 0.456，1999 年达到 0.457，2001 年达到了 0.459。中国社科院一份报告称，2006 年中国的基尼系数已经达到了 0.496。国家统计局公布的 2012 年我国基尼系数为 0.474。由此可见，中国在工业化和城市化快速发展的时候，贫富差距是较大的。

第五，GDP 不能反映居民收入的增长和社会福利。目前，我国经济总量、财政收入位居世界前列，但居民收入水平及增长速度却不能与之匹配。数据显示，1978—2007 年间，我国工资总额占 GDP 的比重从 15.65%下降到 11.15%；全国劳动者报酬占 GDP 的比重从 62.34%下降到 42.60%。与此同时，1978—2007 年间的 GDP 年均增长速度是 9.8%，居民收入年均增长速度是 7%，居民消费支出年均增长 8.8%。居民收入增速不仅低于 GDP 增速，还低于消费支出增速。在“十一五”期间，我国 GDP 增速超过 10%，远远高于同期居民收入增速。党的十八大明确提出未来十年城乡居民收入和 GDP 将实现倍增。

第六，GDP 不能反映人们的幸福感。根据盖洛普公司自 1994 年开始在中国进行的消费者调查，在 1994—2004 年的十年间，中国消费者的总体满意度先升后降，与 GDP 的增长变化并不同步。这就是所谓的“幸福悖论”现象，它引起了人们对经济与幸福之间关系的反思。2010 年 2 月 20 日，人民网就“哪些因素影响幸福感”推出的调查结果显示，34.4%的网友（3 957 票）认为“经济状况、生活质量”是影响幸福的首要因素，31.4%

的网友（3 612 票）认为“权力规范、公共服务”是影响幸福感的主要因素，27.7%的网友（3 194 票）认为“社会保障、体面尊重”与生活幸福感关系最紧密。这说明经济状况是影响幸福感的因素之一，但并不是唯一因素。2010 年 1 月 12 日，“CCTV 2010 经济生活大调查”的调查结果显示：家庭收入越高，幸福感越强；低收入家庭的幸福感明显降低（我国目前低收入群体人数较多）；收入对居民个体主观幸福感影响明显。这些案例都说明了，在注重经济发展的同时，也要注重提高人们的幸福感。

第七，GDP 不能反映就业情况。GDP 在一定程度上能够反映经济的增长，在一定程度上讲 GDP 的增长会带动就业率的提高。根据古典经济学理论，经济增长将带动就业，奥肯法则也指出了实际 GDP 的短期变动与失业率变动的联系，即 GDP 每下降 2%，失业率上升 1%。然而，在我国的实际情况却是经济增长与就业率增长表现出了不一致性，其表现在：自 2000 年以后我国经济进入新一轮的高增长阶段，但 GDP 的高增长并没有带动就业率的同步提高，相反就业率呈现回落势头。出现偏差的原因是：一方面，投资构成发生变化。投资主要的方向有劳动密集型投资及资本密集型投资，近年来投资主要以资本密集型为主，而资本密集型的投资直接影响的是固定资本的增加，其所带动的就业数额有限。另一方面，我国的产业结构也是产生这种不一致性的原因。

第八，GDP 不能反映经济结构的调整和变化。在经济社会的发展中，新兴产业和夕阳产业每生产 1 万美元的产品或服务，计入 GDP 的数额是一样的。同理，在高污染、高耗能、低效率的企业和高新技术企业中每生产 1 万美元的产品或服务，计入 GDP 的数额也是一样的。在资源使用方面，传统石油化工行业和新能源行业每生产 1 万美元的产品，在资源的使用上是截然不同的。国家在“十二五”规划中提出“结构调整取得重大进展。居民消费率上升。农业基础进一步巩固，工业结构继续优化，战略性新兴产业发展取得突破，服务业增加值占国内生产总值比重提高 4 个百分点。城镇化率提高 4 个百分点，城乡区域发展的协调性进一步增强”。这些结构性指标，GDP 都很难反映出来。

（三）从 GDP 到 GNH（国民幸福指数）

综上可知，对于 GDP，要一分为二看待。GDP 既有其优势所在，也有其不足。但 GDP 在国民经济中的核心地位，到目前为止，还没有其他指标能够完全替代。不过目前人们正在不断淡化 GDP 的使用，并对 GDP 进行不同程度的改进。

首先，提出了绿色 GDP，即总的 GDP 中扣除自然资产损失后新创造的真实国民财富的总量核算指标。简单地讲，就是从现行统计的 GDP 中，扣除由于环境污染、自然资源退化、教育低下、人口数量失控、管理不善等因素引起的经济损失成本，从而得出真实的国民财富总量。

其次，人们在多年的探索和实践中，试图通过其他指标来补充和完善 GDP，使其能够更好地为国民经济服务。诺贝尔经济学奖得主、哈佛大学经济学与哲学教授阿马蒂亚·森和另一位诺奖得主斯蒂格利茨联合经合组织发布了一份报告，其中建议以幸福程度、生活质量及收入分配等指标来衡量经济发展。他们指出，衡量整体经济表现时，应考虑到人民生活品质及幸福程度，尤其是当前发达国家失业等社会问题突出。他们认为，纳入此类指标，而非单单盯紧 GDP 数据，有助于决策者在全球金融危机后对各种经济问题作出更有效的回应。报告显示，以美国当前的情况为例，GDP已停止下滑、开始增长，但只要失业状况继续恶化，很多美国人的生活仍岌岌可危。因此，必须减少对GDP的关注，转向其他对民众失业等困境更敏感的指标。

另外，在国际上，新出现了一个标准叫国民幸福指数（GNH）。GNH由政府善治、经济增长、文化发展和环境保护四级组成。GNH最早是由不丹王国的国王提出的，他认为政策应该关注幸福，并应以实现幸福为目标。幸福感是一种心理体验，它表现为在生活满意度基础上产生的一种积极心理体验，幸福指数就是衡量这种感受具体程度的主观指标数值。

总之，GDP是一把双刃剑，在合理的使用范围内用好了，能加快国民经济的发展，促进产业结构的优化升级，当然，这需要其他的各项经济指标和非经济指标的相互配合。通过其他数据的配合使用，弥补GDP的使用缺陷，使之发挥更大的作用。在2011年初的重庆市两会上，重庆在全国率先将基尼系数写入“十二五”规划，明确提出将衡量社会贫富差距的指标基尼系数由0.42降到0.35。这就是一种新的尝试。

三、使用说明

本案例适用于国民收入决定理论部分的国民经济核算，便于读者对GDP有一个客观科学的认识。

思考题

1. 有哪些类似的经济指标能够部分替代GDP？它们分别能起到什么作用？

2. 除了GNH（国民幸福指数），有哪些指标能够既衡量居民的幸福感，也能衡量经济活动？

3. 网络上有一些关于GDP的形象比喻：“GDP是什么？好比我们讲一个人花100万美元盖一栋房子，另一个人花100万美元买导弹，导弹一放，什么都没有了。所以GDP是个非常错误的概念。”请对此观点进行评价。

参考文献

1. 孙涛. 萧规曹随还是另辟蹊径——评中国经济赶日超美. 金融评论，2011（1）

2. 于文瑞，程雅利. 理性看待中国GDP. 商品与质量，2011（8）

3. 古晓宇. 美研究显示大陆相关业者仅得iPhone 1.8%利润. 金华时报，2011-11-21

4. 许宪春. GDP：作用与局限. 求是，2010（9）

5. 王进雨，林晨音. 诺奖得主质疑GDP数据重要性，称幸福指数更重要. 法制晚报，2009-11-25

6. 刘戈. 中国陷入“发展魔咒”，应向日本学习均富策略. 环球时报，2011-01-23

案例 07

中国超越日本成为世界第二大经济体

一、概要

2011 年 2 月 14 日，日本内阁府发布的数据显示，2010 年日本名义 GDP 为54 742 亿美元，比中国少 4 421 亿美元，排名成为全球第三。至此，中国正式超越日本，成为世界第二大经济体。2010 年第二季度中国曾以微弱优势超越日本，尽管日本宣称按照以美元计算的名义 GDP，日本仍然高于中国，但在 2010 年第三季度，中国 GDP 再次超越日本。也就是从那时开始，中国在 GDP 总量上超越日本从而跃居为世界第二大经济体。面对成为世界第二大经济体的事实，中国国内上下表现冷静而理性。中国外交部发言人表示："尽管中国的经济发展取得显著成就，但中国仍然是发展中国家的特点没有变，中国仍处于并将长期处于社会主义初级阶段的基本国情没有变，我们对此有清醒的认识。"中国有专家指出，"按照人均 GDP 计算，中国这个世界第二大经济体，仅是日本的十分之一、美国的十一分之一，其人均 GDP 的世界排名在 100 位之外"。尽管日本国内的舆论表现较为悲观，各大主流媒体纷纷以日本沦为世界第三作为标题，日本的官员也客观地指出，"应该欢迎中国的经济发展，近邻的经济发展对下一代保持富裕很重要。尽管中日 GDP 发生了逆转，但国民人均 GDP 日本还是中国的 10 倍"。对于中国经济总量超过日本这一事实，要有清醒的认识。

二、案例内容

2011 年 2 月 14 日，日本公布了 2010 年 GDP 值为 5.47 万亿美元，以 4 421 亿美元的差距落后于中国。至此，中国的经济总量超越日本，成为世界第二大经济体。近十年来，中国的经济总量在世界上的排名一直在向前追赶。2005 年底，超过意大利，成为世界第六大经济体。2006 年，超过英国，成为仅次于美国、日本和德国的世界第四大经济体。2007 年，超过德国成为全球第三大经济体。仅仅 3 年之后，中国 GDP 超越日本，成为"世界第二"。

改革开放30多年以来，中国抓住机遇，通过吸引外资和扩大出口，经济保持高速增长，取得了举世瞩目的成就。中国的综合国力不断增强，人民的生活水平不断提高，在国际上的话语权提升和影响力增大。2011年2月14日，美国哥伦比亚广播公司网站消息显示，根据最新的盖洛普民调结果，有52%的受访美国人认为中国是世界头号经济体，认为是美国的有32%，认为是日本的只有7%；而在2009年盖洛普民调的相关调查中，认为中国和美国是世界主导经济力量的人比例相差不多，分别为39%和37%；但是在2000年，有65%的人认为美国是头号经济强国，选择中国的则只有10%。这充分说明了随着中国经济持续稳定增长，国外对中国经济实力的认同在不断加强。

（一）中国综合经济实力比日本更强大吗？

GDP只是经济增长的一个核心指标，并不是全部。从人均GDP来看，根据国际货币基金组织等国际机构的数据，中国人均GDP在世界排名第100位左右，不到世界平均水平的一半。按照贫困人口来看，根据每人每天1美元的联合国标准，中国仍有1.5亿贫困人口，中国的贫困人口远多于其他国家。

按照GNP来看，从1983年到2007年，日本海外企业的销售收入由零增长到20 903亿美元；海外总资产由2 720亿美元增加到54 025亿美元，增长近19倍；海外纯资产由373亿美元增加到22 143亿美元，增长近59倍；日本的海外经济的规模相当于国内经济的1.58倍。联合国贸易和发展会议（UNCTAD）有关专家指出，“以2010年为例，虽然中国国内GDP超过日本，但是日本在海外创造的价值并没有算进去，如果都算进去，中国的整体GNP只相当于日本的一半”。因此，中国超越日本成为世界第二大经济体，单纯意义上只是数量的超越，并没有质的超越。

从GDP的质的角度来看，中国的GDP主要是由投资和出口拉动所创造的，投资主要是房地产，出口主要是服装、鞋帽等劳动密集型产品，因此中国的GDP的质量（或产品结构）是较低的，而日美欧等国的GDP主要是由高科技的产业或高技术服务业构成，从质上来看，实际上中国离欧美还相差很远。

另外，不可忽视的还有，中国在获得光鲜亮丽的GDP指标的同时，也付出了较大的代价。从20世纪90年代以来，各地政府在GDP竞赛中纷纷以超低的能源价格、水价、环保标准、土地价格、税收标准、劳动标准等所谓优惠措施竞相吸引外资，结果付出了高昂的代价——环境破坏、资源消耗，使经济增长的福利效果受到严重扭曲，并且高增长的成本一再被隐藏、转移，直至积累到难以负荷的地步。改革开放以来的30多年间，我国被污染的湖泊面积已从最初的135平方公里暴增了103.7倍；而在这30多年间，中国的GDP增速仅为22倍左右。显然，中国的污染速度和污染指数远超过GDP的增速，中国平均每年9%以上的GDP增速背后伴随的是高污染和高消耗。中国能源研究会2011年2月公布，2011年我国全年一次能源消费量为32.5亿吨标准煤，同比增长了6%。不过能耗强度进一步降低，单位产值能源消费量下降4%。即便在如此形势下，我国能源消耗强度仍偏高，是美国的3倍、日本的5倍。2011年，我国GDP总量首次超过日本，但日本2010年的能源消费总量仅为6.6亿吨标准煤。

此外，中国的GDP是没有“自主动力”增长的GDP，是在经济全球化背景下，全球产业大迁移的结果。在全球一体化时代，资本已超越国界，在全球范围内对资源加以整合、配置以求资源的最有效利用和利润的最大化，导致了产前研发与产品的营销在欧美，这两者都属高利润，主要由跨国公司控制，而处于中间的生产加工程序在发展中国家（主要在中国），由此形成两端高利润、中间低利润的U形生产配置曲线（也被形象地称为“微笑曲线”）。

由于中国有充足的廉价劳动力、具有吸引力的投资环境、稳定的国内政治、完善的配套设施以及潜在的巨大消费市场，这些因素均促使外商涌入中国市场。特别是2001年中国加入WTO后，国外资本大量进入，中国抓住了全球化的机会，成为全球最有活力的投资中心，同时它反过来又促进了全球劳动和产业分工，越来越多的全球公司希望抓住中国发展的机会，利用中国廉价的劳动力和广阔的市场以免被边缘化。正是这种互动和涟漪效应，使中国用30年走过了世界工业化200多年的历程。

在全球经济一体化的今天，各国经济高度依存、紧密联系，单以国家为单位来判断经济发展已经显得不合时宜。美国经济学家萨缪尔森曾说，GDP是20世纪最伟大的发明之一，它反映了一个国家经济实力的状况，但中国的GDP反映的却不是中国一国的经济实力，而是一种合力，即中国加上在中国投资的跨国公司共同创造的GDP总量。因此，真正反映中国自身实力的部分，应减去在华跨国公司所创造的价值。

中国经济的高速增长大部分都来自加工制造业。中国制造业处于低端加工生产，离开了欧美日的先进科技，中国制造业无从谈起。具有竞争力的产业大部分都由跨国公司主导或有外资背景。很少有中国民族企业自己掌握核心科技或拥有自主创新、自有知识产权和自有品牌。以研发为例，根据世界银行资料，2007年日本科技研发费用占国内生产总值的3.44%，而中国仅占1.44%。美国、欧洲、日本企业的研发（R&D）支出平均占企业销售收入的4%～6%，是中国的2～3倍。尽管中国出口总量很大，但60%为跨国公司主导，跨国公司只是把中国作为廉价的生产基地，绝大部分产品最终市场是在欧美发达国家。

在民生方面，尽管中国财政收入已居世界第二，但中国医疗支出只占GDP的1.2%，基本均等的公共服务才刚刚开始发展。中国的崛起大部分是外在因素导致的，而不是内生发展的结果，国民素质和大国心态呈现不成熟的特征。整个崛起过程，中国处于被剥削的地位，一是劳动力被剥削；二是能源遭到空前透支消耗；三是环境被极大污染。中国GDP总量超过日本的奇迹，是由世界创造的，在这个利润分配链中，中国得到的分红只占小部分，而跨国公司赚取了利润的较大比例。

中国的GDP总量虽然超过了日本，但在许多方面都远远落后于日本。美国印第安纳大学中国政治与商务研究中心的主任甘思德（Scott Kennedy）在接受采访时也表示，经济规模之争并没有什么意义，一国经济的重要性和影响力并不完全由经济规模来决定。如果想从国际角度评判一国经济的重要性，应该关注生产率、技术水平、人们的教育水平、贫富差距、社会福利、这个国家在全球市场的生产力、创新能力等。从经济角度来说，这些指标应该比纯粹的经济规模更重要。从技术创新、人民的生活质量以及在全球金融市场的地位来看，中国还远远落后于日本。

从科学素养这一角度来看，据中国科学技术协会2010年11月25日对外发布的第8次中国公民科学素养调查结果，2010年中国（不含港、澳、台地区）具备基本科学素养的公民比例仅为3.27%①，目前中国公民科学素养水平相当于日本、加拿大、欧盟等主要发达国家和地区20世纪80年代末、90年代初的水平，落后日本、加拿大等国家20年。

从科研投入来看，2009年中国研发投入强度（即研发投入与GDP之比）为1.7%，与世界发达国家3%左右的水平相比仍有较大差距。研发经费支出中基础研究和应用研究支出所占比重偏低，与发达国家相比差距明显，说明了中国科技发展根基不够坚实，原始创新能力不足。

从专利转化来看，2003—2009年中国的专利数年均增加26.1%，2011年中国的专利数超过日本和美国，成为世界上最大的专利国。但这仍无法掩盖中国科研创新产出不足的现实。发达国家的高新技术的科研转化率达到60%，而中国只有20%，每年省部级科技成果奖只有10%～15%得到转化，每年7万多件专利中得到实际应用的只有10%左右。

（二）如何正视现实，走好未来之路

今天中国经济走在了全球前面，超过日本成为世界第二，但同时中国面临的困难和挑战也日益增加，包括如何进一步提高人民生活水平、如何追求民富而不仅仅是国富、如何实现共同富裕、如何共享改革发展的成果，这些关系到国计民生的核心命题，同时被提上了日程。发展经济不是为了争排名，而是为了使国民过上幸福生活。因此，要通过增加居民收入使人们享受到经济增长的成果。

在“十二五”规划建议中，政府明确提出城乡居民收入增长要与经济发展同步，劳动报酬增长要与劳动生产力的提高同步。“十二五”规划与此前的规划很重要的区别，就是过去的规划特别追求“国强”，而“十二五”规划则强调“民富”。从“藏富于国”到“还利于民”目标的提出，意味着国家将完善收入分配提升到更重要的战略高度，而从长远来看，这是促进社会公平正义、缩小区域差距、提高国家发展质量的战略转变，也是今后国家经济持续健康发展最原始的助推力。

要想实现上述目标，未来中国的经济增长将不可能再依靠低成本的制造业扩张，必须尽快改变中国在国际分工中处于产业链下游的不利地位，重要的出路就是必须发展核心科技，掌握自主知识产权，从“中国制造”向“中国创造”转变。

1. 构建一个知识产权受到保护的环境和与国际接轨的良好的竞争秩序

我国企业在知识产权方面正面临着“内忧外患”的生存危机。内忧，指中国企业在技术创新方面缺少历史积累，核心技术的知识产权依然受制于人，重大装备和基础软件仍然依靠进口，如光纤制造装备的100%、集成电缆制造装备的85%、石油化工制造装备的80%、数字机床的70%和医疗设备的95%都依赖进口。外患，在很大程度上指中国企业在加入WTO之后面临的知识产权纠纷。从DVD、手机、数码相机到轿车、摩托车、打火机，借口知识产权侵权而对中国企业提起诉讼也成为外国企业惯用的手段。

入世后，中国在世界市场上的影响越来越大，知识产权也就成为我国对外经贸摩擦的

① 国际上普遍将科学素养（scientific literacy）概括为三个组成部分，即对于科学知识达到基本的了解程度；对科学的研究过程和方法达到基本的了解程度；对于科学技术对社会和个人所产生的影响达到基本的了解程度。目前各国在测度本国公众科学素养时普遍采用这个标准。

主要问题之一。由于缺少知识产权的保护，我国常常在国际贸易中遭到国外提起的诉讼，受制于人。美国不仅将中国知识产权问题诉诸WTO争端解决机制，还频繁利用知识产权相关法律条款对我国企业提起调查和诉讼，阻止我国产品进入美国市场；欧盟也不甘落后，在欧盟的新贸易战略中，知识产权问题被视为重中之重，他们频频挥舞知识产权这个“举而不发”的贸易大棒，以此换取我国在市场准入等方面的让步；日本也充分利用知识产权问题来达到获取贸易利益的目的。

值得欣慰的是，我国正在建设符合国际通行规则、比较系统完备的知识产权法律法规体系，为保护知识产权，也颁布了一系列的政策和法规。在《国家知识产权战略纲要》和一系列政策措施的指导和推动下，我国知识产权创造、运用、保护和管理能力进一步提升，在应对国际金融危机和加快经济发展方式转变方面的作用日益显现。目前，我国创新能力进一步提升，知识产权申请量在大环境不利的情况下仍然保持快速增长。

2. 加快自主研发和加大科研投入，培养创新性人才

我国的研发投入强度与主要发达国家相比差距很大。近年来我国的R&D经费占国内生产总值的比例为小于2%，而主要发达国家都在2.5%以上，日本2006年就达到了3.39%。从企业R&D投入强度看，近年来我国规模以上工业企业R&D投入强度不到1%，而主要发达国家这一比例一般在2.5%～4%。如果不大幅度增加研发投入（尤其是企业的研发投入），从中国制造到中国创造转变就成为一句空话。这也就需要加快创新型人才的培养，使创新型人才的创造力得到发挥，从而提高生产力。从企业来看，我国企业中的科技人员占企业从业人员比重仅为5%，而日本却高达30%。科技人才与企业的脱离严重制约了我国企业技术创新能力的提高。

3. 掌握核心技术，创立和发展有自主知识产权的品牌

以格力电器为例，作为中国制冷产业的领头羊，格力电器已经成为坚持自主创新，主导国际竞争的产业典型。目前，格力电器拥有科技研发人员3 500多人，国际一流实验室300多个，获得国内外专利3 500多项，其中发明专利500多项。2010年，其自主研发的1赫兹变频技术、超高效定速压缩机、高效离心式冷水机组三大核心科技，一举超越美、日、欧等国际同类产品，被国家权威部门鉴定为国际领先水平。希望中国能出现更多具备科技创新能力的企业，共同推进国家产业形象由“中国制造”向“中国创造”转变。

总之，中国的经济总量已经超越日本成为世界第二，而中国的经济发展质量、科研实力、人均GDP等指标都超越日本，成为真正的世界第二，还有很长的路要走。

三、使用说明

本案例基于中国的经济总量超过日本，成为世界第二的现实，说明了中国超越日本，只是从总量上超越，并没有从人均GDP、GNP、创新能力和贫富差距上全面超越。本案例配合国民收入的核算和决定理论，帮助读者深入理解GDP的形成和不同国家间的比较。

思考题

1. 如何看待中国超过日本成为世界第二大经济体？
2. 除了经济指标，在经济社会发展方面，中国还需要向日本学习什么？

参考文献

1. 廖保平. GDP年内超过日本：虚空的数字幸福. 西部财会，2009（6）

2. 刘助仁. 警惕中国GDP增长的资源环境代价. 节能与环保，2007（4）

3. 吉彬彬. 韬光养晦，关于中国GDP世界第二的思索. 经营管理者，2011（6）

4. 冯昭奎. GDP接近无法掩盖中日经济巨大差距. 资源再生，2009（8）

5. 毛小红. 从“中国制造”到“中国创造”的品牌建设之路. 商场现代化，2006（20）

6. 王堃. 中国制造到中国创造的发展战略调整. 中国商贸，2011（5）

7. 孙福全. 自主创新：从中国制造到中国创造. 新浪网，2010-07-07

8. 从中国制造到中国创造：政府如何构建自主创新环境. 中国新闻网，2011-05-06

9. 首届“中国创造院士论坛”举行，打造国家产业形象. 中国新闻网，2011-03-17

10. 鲍盛刚. 中国经济成为真正的世界第二还需100年. 联合早报，2010-12-25

案例 08

地区 GDP 汇总不等于全国 GDP

一、概要

有关部门统计显示，各省份核算的 GDP 增长平均数，比国家统计局核算的全国数据高，且差距呈逐年扩大趋势。GDP 数据的汇总大于全国 GDP 的现象已司空见惯，且有愈演愈烈的趋势。分省加和的 GDP 大于全国 GDP 的现象，既有制度方面的原因，又有统计口径的原因，还有重复计算的可能，但更多的还是地方唯 GDP 论。要改变这一现象，除了在制度上改进，统一统计口径，避免重复计算外，归根结底，还是要淡化 GDP 指标在干部考核中的作用，缩小 GDP 数字对官员政绩考核好坏的影响，处理统计数据违法行为，狠抓统计质量工作，使经济统计工作更好地为国民经济服务，更好地为企业生产、人们生活服务。

二、案例内容

（一）我国 GDP 的核算及存在的问题

理论上 GDP 的核算方法有：生产法（即部门—增加值法），它是从生产的角度用总产值减去中间投入求得增加值，然后把所有行业增加值加总而得；收入法（即要素—收入法），它是从生产要素分配的角度把劳动者报酬、折旧、生产税净额和营业盈余相加求得；支出法（即产品—支出法），它是从生产成果的最终使用去向来核算 GDP 的方法，等于居民消费、政府消费、固定资本形成总额、存货变动、出口减进口之和，即消费、投资、政府支出和净出口之和。我国目前核算 GDP，主要采用生产法加部分行业的收入法。

我国 GDP 统计的具体执行机构是国家统计局国民经济核算司，核算时采取国家统计局统一制定的国家和地区分级核算的方法，即国家统计局统计全国的 GDP，各省（区、市）统计局统计本地区 GDP。各地统计局在 GDP 的核算方法方面没有错误，国家统计局在全国 GDP 核算时也没有问题，问题主要出现在全国的 GDP 统计数据和各地统计局统计的 GDP 的汇总数据之间存在的差异。

以2000—2005年为例，地方核算的GDP增长速度的平均数，比国家统计局核算的全国数，分别高出1.7、2.0、2.6、2.8、3.9和2.4个百分点。地方GDP统计汇总与全国GDP的矛盾，一方面会使民众质疑数据的准确性，动摇、降低对于地方政府的信任，另一方面会影响国家对宏观经济的准确判断，不利于国家宏观调控部门作出正确的调控政策。从地方到中央政府，对于经济统计工作都投入了大量的人力物力资金，得不出准确的统计数据，是对这些人力物力资金的浪费。

近年来，随着公众对GDP数据关心的增加，各地区GDP汇总之后大于公布的全国GDP更多地被提出来。有关部门统计显示：2000—2008年，各省核算的GDP增长平均数，比国家统计局核算的全国增速要高，并且差距呈逐年扩大趋势。2009年，全国31个省、市、自治区公布了本地区上半年的GDP。各省、市、自治区GDP之和比国家统计局发布的数据多出1.4万亿元。2010年，在29个公布第一季度GDP增速的省（区、市）中，只有新疆增速为11%，低于全国11.9%的增速水平。其他28省（区、市）都高于11.9%，其中有18省（区、市）的增速超15%。由分省GDP数据汇总而来的全国GDP数据，必然大于国家统计局统计的全国GDP数据，形成地方GDP与全国GDP数据“打架”的局面。

图8—1是我国2000—2009年各地区GDP与全国GDP差额的基本情况。从图中可以看出，地区汇总GDP与全国GDP在数量上存在较大的出入。2000—2004年，地区GDP汇总与全国GDP汇总波动较大，分别为－710.46亿元、－1 108.84亿元、238.39亿元、3 427.28亿元和－22 291.3亿元，而从2005年之后地区汇总GDP数据与全国GDP的差额基本逐年上升，且增长幅度也日益提高。

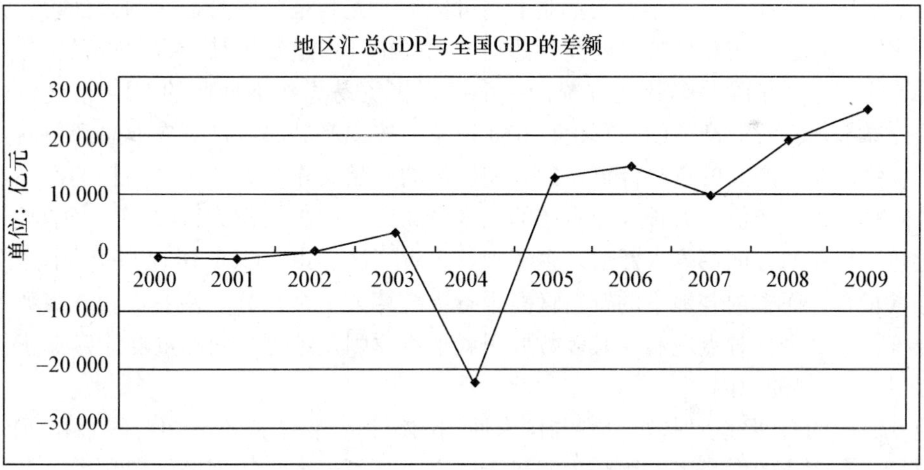

图8—1　我国2000—2009年各地区汇总GDP与全国GDP的差额

资料来源：国家统计局。

（二）地区汇总GDP与全国GDP不同的原因

地区汇总的GDP不等于全国GDP的原因有许多，主要有分级核算，也有重复统计的现象，各地与国家使用的统计资料的来源不一致，基础资料缺口较大等，还有国家核算GDP时，会对不符合实际情况的或明显异常的数据进行适当的修正（通常是下调），当然也不排除少数地方政府个别官员为升迁利益驱使，在统计数据上弄虚作假，造成地方数据往往存在高估的可能性和真实存在性。

1. 分级核算制度的原因

我国实行国家和地区各自核算本辖区范围内数据的制度。这在一定程度上兼顾了中央与地方的双重需要，有利于调动地方政府办统计的积极性。地方统计局在业务上接受上级统计机构的领导，但更多的是作为本级政府的组成部门接受本级政府的领导。地方政府对地方统计局的机构设置和人事编制有绝对的发言权，使得地方统计部门的独立性受到影响。地方领导对送审数字不表态或质疑，都会影响统计数字的准确上报。而统计局调查队实行的是国家与地方双管制，独立进行统计调查也受到来自地方的干扰，导致一些全国性抽样调查数据失真。另一方面，政府综合统计和部门统计平行运行，彼此之间联系不太密切。统计工作质量受地方和部门利益的影响较大，抗干扰能力弱，不能很好地保障统计机构、统计人员依法独立行使统计调查、统计报告的职权，不能很好地协调统计信息采集的客观性、统计信息运行高效率与满足多层次信息需求的多样性之间的关系，且运转不灵活，信息流通速度慢。政府综合统计与部门统计协调不力等，也导致数出多门、信息失实。

2. 重复统计的原因

地区经济活动的交叉和行业、部门生产的相互依赖，是统计重复计算的根本原因。在市场经济体制下，地区之间的经济贸易发展迅速，其产值的重复计算时常发生。这种情况在工业生产中表现更明显。一是由于企业之间相互提供生产资料，所以各企业总产值的总和会发生价值转移的重复计算。企业的分工越细，重复计算的越多。二是工业核算按法人属地的原则进行统计，但如今法人企业下属机构多，尤其是一些跨地区的大公司、大企业集团迅速发展，总公司和分公司的经营活动在地区统计中重复统计的现象难以避免，这些重复计算往往难以剔除。多数地方统计时都宁愿将贸易算作本地区的 GDP，这也造成了贸易的计算叠加。农业产品的核算也存在此现象，按“产品法”计算农业总产值时，在一个生产单位内允许产品的重复计算，即本期生产的产品又作为本期生产消耗的产品，它们的价值同时记入总产值。如种植业生产的玉米、高粱，期内又作为畜牧业生产消耗掉。在种植业和畜牧业两方面都算入产值。多年来，各省（区、市）GDP 增速高于全国核算数 2 个白分点左右，而省内各地市的资料又高于省级核算数 2 个百分点左右，各县级数据又高于市级核算数 2 个百分点左右。其多数原因或根本原因是地区之间的重复计算。

3. 基础资料的原因

地方使用的 GDP 统计核算资料与国家使用的统计资料来源不一样，国家和地区 GDP 核算中二、三产业的增长率差距较为明显，这主要是由于统计数据的缺口较大，尤其是服务业领域的数据残缺不全，导致服务业核算的主观估计成分较大，可靠性较差。在传统的第三产业中，个体商业、个体运输业发展很快，所占比重越来越大，但是这部分统计仍很薄弱，目前只有利用三产普查资料并结合个体工商税务等有关部门的资料加以测算，这给第三产业增加值的测算带来了困难。

房地产业已转入商业化经营，其发展速度异常快，这一行业的增加值正在迅速增长，但目前房地产业的统计资料很不健全，直接影响到对该行业核算的准确性。还有计算机软件开发、广告制作与代理、信息咨询服务业、家政服务业、旅游业等新兴行业，这些行业发展很快，但由于缺少统计资料，其增加值难以准确核算。另外，国际旅游、国际劳务输出等国际服务贸易统计不健全，因而难以得到服务贸易的进口总额和出口总额，这直接影响到国际收支平衡表编制的准确性。而第二产业统计中，规模以下工业、资质等级以下建筑施工企业统计不健全，直接影响到第二产业增加值的计算。

4. 非制度因素的干扰和斥力

这是我国管理、考核体制与统计工作的制度摩擦。在各地（省区市）统一核算中各地区存在以下几种思想顾虑：担心 GDP 增长速度最低；担心 GDP 增长速度低于各省平均水平；担心 GDP 增长速度地区排名后移；担心 GDP 增长速度与预计数据差距较大，影响声誉。归结起来，地区间攀比增长速度倾向仍存在，且存在不断扩大的趋势。除此之外，少数地方政府官员为了政绩考核和升迁利益，往 GDP 数据里面掺假。由于各级地方政府官员的组织考核和升迁与 GDP 密切相关，造成了对 GDP 数字的强烈追逐。各地方官员的考核按 GDP 排座次，实行末位淘汰制，更加强化了地方政府对地方统计局的行政压力。因此，地方的一些 GDP 数字就容易被层层“算”出来。因此，有些地方、基层单位存在虚报、浮夸的行为。这就是民间流传的“官出数字，数字出官”；“下达计划指标时，上压下，层层加码，马到成功；上报统计数据时，下骗上，层层加水，水到渠成”。如在 2004 年 12 月 31 日全国经济普查开始不久，2005 年 4 月，湖北省出现两起统计造假事件。其中湖北省汉川市脉旺镇三台村经济普查弄虚作假，竟然捏造了 9 个多亿，虚夸了 10 多倍。此案一出，引起社会广泛关注。

针对地区 GDP 汇总数据和国家数据的核算差距，国家发改委的报告显示，为缩小地区与全国 GDP 数据差距和改善统计数据质量，国家统计局已经采取了一系列措施。这些措施包括：

第一，建立了部分服务行业统计调查制度，对无主管部门的服务行业建立抽样调查制度，建立限额以下批发和零售业、住宿和餐饮业社会消费品零售总额月度抽样调查制度。

第二，对规模以上工业增加值的核算方法进行了改革。建立规模以上工业企业成本费用调查制度，废除由企业计算增加值的方式，采取企业提供基础数据，由统计部门计算增加值的方式。

第三，建筑业增加值实行统一核算。对全国和分省建筑业增加值实行统一核算，逐步缩小建筑业增加值地区和全国数据之间的差距。

第四，改进地区数据审核办法。完善地区 GDP 数据质量评估制度和地区 GDP 联审制度。特别是利用税收、用电量、货运周转量等相关指标对地区 GDP 数据进行综合评估，提高地区 GDP 数据与相关统计指标数据的协调性。

国家统计局将通过分级核算过渡到统一核算，进一步加大工作力度，采取有力措施，缩小地区与全国 GDP 的差距。

除了改善统计制度之外，改变干部考核制度，淡化 GDP 指标，把干部晋升和 GDP 增长相脱钩，也能有效避免地方汇总 GDP 数据与全国 GDP 数据出入较大的局面。2009 年 10 月，中央组织部印发和实施《关于建立促进科学发展的党政领导班子和领导干部考核评价机制的意见》指出，要完善考核内容，增强考核内容的科学性，充分体现科学发展观和正确政绩观的要求，既注重考核发展速度，又注重考核发展方式、发展质量；既注重考核经济建设情况，又注重考核经济社会协调发展、人与自然和谐发展。

实际上，在近几年干部考核中，唯 GDP 考核已经有所调整，比如说对干部考核增加了生态指标。2010 年初广东提出改变对各级干部的考核办法，在新考核办法中，经济增长指标占整个考核指标的比重不到 30%。

相信通过改善现行 GDP 统计制度，统一统计口径，避免重复统计，努力减小统计缺口，淡化 GDP 指标与干部绩效的联系，地区汇总 GDP 数据与全国数据不一致的局面将大有改善。

三、使用说明

本案例配合国民收入核算理论部分的学习，能使学生了解地区 GDP 汇总数据与全国 GDP 数据不一致的现象，引导学生关注我国 GDP 核算制度，通过学习 GDP 的现行核算方法，明白地区 GDP 汇总数据和国家统计局公布的数据不一致的主要原因，通过对解决办法的讨论，希望启发学生举一反三，提出更好的方法，从而促进我国的 GDP 核算更加科学、合理。

思考题

1. 地方 GDP 数据和国家统计局公布的国家数据不一致，对于政府的公信力和凝聚力会有怎样的影响？在国际上对国家形象有什么影响？

2. 除了文中列出的影响地区 GDP 汇总数据和全国数据不一致的因素，还有哪些你能想到的因素？

参考文献

1. 马从辉. 地方 GDP 汇总增速超过全国 3.9 个百分点的思考. 中国发展观察，2005（7）

2. 赵霞. 我国 GDP 统计缘何失真. 科学决策，2006（9）

3. 阮君. 关于国家和地区 GDP 统计差距的思考. 统计与决策，2006（11）

4. 马从辉. 科学合理核算 GDP 的理性思考. 经济管理与研究，2005（7）

5. 左南丁. 浙江省 GDP 核算方式改革与实践. 浙江统计，2007（12）

6. 王如心. 切实加强 GDP 的统一核算. 统计研究，2007，24（12）

7. 邹声文，周婷玉. 地方 GDP 之和为何高于全国. 河南日报，2010-02-27

8. 王全宝. 统计局官员称统计造假现象严重：GDP 政绩化 . 中国新闻周刊，2010-06-09

9. 国家统计局公布季度 GDP 数据核算发布程序. 新华网，2010-07-30

案例 09

肯德基与中国经济

一、概要

目前很多国家都用 GDP（国内生产总值）进行经济核算而不是 GNP（国民生产总值），这与跨国公司在一地的作用有密切的关系。GDP 反映国土原则，即只要在一个国家领土范围内，新创造的价值就要算作该国的 GDP，不管是本国公司还是跨国公司；而 GNP 反映的是国民原则，只要是一国的要素（国民）新创造的价值，不论是否在其国内，都算该国的 GNP。

目前运用 GDP 进行国民经济核算，主要是由于长期以来经济全球化发展迅速，各国都不同程度地吸引了较多的跨国公司，而跨国公司对所在国的经济拉动和贡献要远大于对其母公司所属国的作用。

以肯德基为例，它要在中国经营，需要租用农民的土地种植土豆或直接从农民那里收购土豆，可以带动农民的就业和收入；需要租用门店，支付租金；需要雇用工人，拉动就业；需要交纳管理费和营业税等税收，增加政府和相关部门的收入。肯德基还带来了先进的标准化和规范化的管理经验，促进中国餐饮业的发展；为消费者提供快捷的食品，节约时间，促进快节奏的生产和生活等等。而肯德基，对于其所属国美国而言，只是每年寄回去一定的利润。而且在餐饮市场竞争日益加剧的情况下，其利润也不会很高。

本案例主要介绍了肯德基在中国的发展，探讨跨国公司对中国的作用，从而有助于读者了解多数国家都选用 GDP 而非 GNP 进行国民经济核算的原因。

二、案例内容

（一）肯德基在中国的发展

肯德基（肯塔基州炸鸡，Kentucky Fried Chicken，简称 KFC），是世界著名的炸鸡快餐连锁企业，属于全球最大的餐饮连锁企业之一的百胜餐饮集团。由哈兰·山德士上校于 1952 年创建，主要出售炸鸡、汉堡、薯条、汽水等西式快餐食品。

1987年11月12日肯德基在北京前门繁华地带设立了在中国的第一家餐厅，成为当时北京第一家经营快餐的中外合资企业。以北京作为一个发展的起点，肯德基在全国的发展就如同燎原之火。1992年时餐厅总数为11家，是当时在中国经营快餐连锁餐厅中数量最多的公司，到1995年，已发展到50家。2000年11月28日，肯德基在中国的连锁餐饮行业中领先同行，第一个突破400家，创国际快餐连锁业在中国开店数之最。2002年9月12日，中国第700家肯德基餐厅在深圳开业；2003年1月8日，中国第800家肯德基餐厅在上海浦东机场磁悬浮列车终点站正式对外营业。2004年1月，中国第1 000家肯德基连锁店在北京朝阳区樱花园东街开业。同年12月，第1 200家餐厅在海南三亚开业。到2005年10月，中国第1 500家肯德基餐厅暨第二家汽车穿梭餐厅在上海开业。这样的发展速度和规模，使肯德基成为一家在中国发展最迅速的快餐连锁企业，同时它也是率先开发乡镇一级市场的国际餐饮企业。2007年11月，肯德基在成都开出了第2 000家餐厅。2009年6月，第2 600家餐厅落户郑州。2010年6月，在上海开出第3 000家餐厅。截止到2012年底，肯德基已在800余个城市和乡镇开设了3 800余家连锁餐厅，遍及中国除西藏以外的所有省（区、市），是中国规模最大、发展最快的快餐连锁企业。

在短短的25年间，肯德基的餐厅门店从零飞速发展到3 000多家，成为占领中国快餐市场份额最大的餐饮老大，这与企业自身的本土化策略、价格策略、选址策略、经营策略、促销策略、广告策略息息相关，与其对产品质量和成本的严格控制、对员工的严格培训、对供应链的严格要求、对用餐环境和氛围的密切关注和对物流配送的密切掌握密不可分，也与中国经济的高速发展息息相关。可以说，搭乘了中国改革开放的东风，中国GDP总量高速发展，人民生活水平不断提高，居民收入逐步提高，肯德基通过“立足中国，融入生活”的策略，推行“营养均衡、健康生活”的食品健康政策，成长为中国规模最大、发展最快的快餐连锁企业。同时，肯德基在中国的发展，不仅带来了大量的财政税收和提供了大量的就业机会，也扶持了国内的供应商，带动了产业的升级。

肯德基在中国发展的25年，也是中国经济高速增长的25年。改革开放以来，中国的GDP从1978年的2 683亿美元，猛增到2010年的5.879万亿美元，30余年间增长了20余倍，平均增速接近10%，开创了中国经济发展史上前所未有的“高速”时代。当然中国经济的高速发展，也离不开像肯德基这样的跨国公司。

（二）肯德基对中国的贡献

根据北京大学中国经济研究中心课题组的调查，肯德基对中国经济的影响主要包括：对需求方面的影响、对供给状态的影响、对本国（本地）资源的利用和对市场状态的影响。而肯德基对中国经济产生的直接效应，主要由四部分组成：鸡产品与其他食品采购支出、销售费用、场地租金、营建支出。2000年，以上四项之和就占注入资金总计的68.45%之多。作为快餐行业一员的肯德基，对原材料、场地与硬件的依赖性很强。肯德基每新开一家门店，能拉动鸡肉、面粉、土豆、食用油等原材料市场的需求，也能拉动建筑装饰材料市场的需求，还能拉动纸杯、纸盒、塑料餐具等日用品的需求。

肯德基公司用于购买中间产品和投入品的每一元支出，都会对其他部门产生进一步的需求（引致需求），这样就增加了中国经济的最终产出，拉动了内需。这里还不包括对下游产业的影响。时至今日，肯德基对中国的影响力更是呈现出几何级数的增长。

1. 扶持国内供应商，带动行业产业链发展

从第一家肯德基餐厅开始，肯德基在中国共计采购鸡肉原料已超过 70 万吨。仅 2007 年，肯德基就采购了 15 万吨鸡肉原料。截至 2007 年底，肯德基共有 500 多家国内原料供应商，订购了从鸡肉、蔬菜、面包到包装箱、设备、建筑材料等原料，占肯德基中国采购总额的 90%。北京大学中国经济研究中心的一份报告称，从 1987 年开业来，肯德基在中国已经售出 24 万吨鸡类产品，这些鸡原料都产自中国本地，粗略统计，肯德基在全国售出的鸡肉总量合 6.24 亿只鸡。肯德基还积极对国内相关的供应商进行培训。肯德基在全球运用的对供应商评估的星级系统于 1997 年进入中国。这项评估系统能够科学严格、客观公正地对供应商进行评估测试，并帮助供应商提高自己产品的质量。每三个月到半年定期评估，到年底的综合评分将决定供应商在下一年度业务量中的份额。许多国内供应商将与肯德基合作视为企业发展的契机，抓住和利用好肯德基这个平台，狠抓产品质量，严格进行生产管理，在保证肯德基供应产品质量的同时，积极发展壮大自己，许多供应商都具备很强的竞争实力，成为行业中的领先者。

2. 创造就业机会，增加工人收入

肯德基创造了大量的就业机会，做到员工百分之百的本土化，而且重视人才的培养和发展。1987 年，中国肯德基的员工不到百人。截至 2007 年底，肯德基在全国的员工超过 16 万人。从中国的第 1 家餐厅到现在的 3 800 多家餐厅，肯德基一直做到员工百分之百本地化。在二十多年的发展历程中，肯德基不断投入资金和人力进行多方面多层次的培训。这些培训不仅帮助员工提高工作技能，同时还丰富和完善了员工自身的知识结构和个性发展。许多有志青年在肯德基成长，成为企业出色的管理人才。据北京大学中国经济研究中心课题组的调查，肯德基在 2000 年对上游产业平均每注入 1 万元资金，会给中国经济创造 0.7 个就业机会；为 5 201 名正式员工和 24 060 名临时工提供了就业岗位。从间接影响来看，间接提供了 16 万～23 万个就业机会。

3. 创造税收，增加政府收入

通过上交税收，增加了政府的财政收入。北京大学中国经济研究中心的报告显示，在肯德基 2000 年度新增的对上游产业的采购中，约有 12%形成了对政府的纳税，即在肯德基对上游的 19.77 亿元初始投入中，约有 2.3 亿元最终转化为政府税收收入。这不是指肯德基公司每年向中国政府所纳的税，事实上肯德基每年直接向政府缴税 4.21 亿元。2.3 亿元的新税是指由于肯德基对上游注入所导致的引致产值给中国政府所带来的税收。经过计算，肯德基对下游注入所产生的税收乘数为 0.12，即肯德基在 2000 年对下游产业每注入 1 元钱，就会对中国政府产生 0.12 元的税收收入。除了肯德基公司直接缴给政府的 4.21 亿元税收以外，其对上、下游的资金注入最终又产生了 3.25 亿元的引致税收。所以，在 2000 年，肯德基对中国财政的直接与间接贡献为 7.45 亿元。

4. 增加工人工资，提高劳动者收入

根据北京大学中国经济研究中心的报告，肯德基公司对上游的初始注入的约 56.6%最终形成了工资收入。在肯德基公司对上游注入所导致的新增的国民收入中，工资收入所占的份额最大。这一事实说明，中国的劳动者是肯德基公司在华投资的最大受益者。工资收入与就业机会的形成是同步的。实际上，按平均工资法，肯德基 2000 年在上游注入的

19.77 亿元资金，给中国劳动者提供了 18.85 万个潜在的劳动岗位。按调整后的平均岗位成本法，肯德基在 2000 年对上游产业的投入会给中国经济提供大约 14 万个潜在的就业机会。

肯德基在竞争激烈的餐饮行业一直保持着首位。对于其他的竞争对手来说，形成了“鲶鱼效应”（catfish effect）。在中国快餐业这个大生态环境中，肯德基就像远洋船队鱼舱里的鲶鱼，为当时死气沉沉的快餐业注入活力，使国营企业从没有服务意识转变到提升服务质量。是肯德基的“鲶鱼效应”给中国餐饮业打开了新的视野，让大家明白“原来餐厅还可以这样做”。

5. 发挥示范作用，促进标准化和规范化发展

肯德基对产品标准的高品质要求，迫使研究机构开发培育符合其要求的产品，使国内的生产商更新企业生产设备，提高产品生产水平，达到统一化、标准化。以土豆为例，2001 年 7 月肯德基在中国的餐厅出现了断档，原因是美国的土豆泥供应商的供货出现了问题。过去肯德基一直不选用中国土豆，主要原因是肯德基制作土豆泥采用的是专用品种的土豆（长条形，表面光滑，芽眼少，炸后不脆，成型快，而且蛋白质与淀粉的含量达到一定比例）。而中国土豆大多为农家品种，达不到要求。因此，肯德基不得不面临断货，等待国外的供货商重新供货。自 20 世纪 90 年代以来，肯德基在我国的连锁店每年土豆泥、薯条的销售额就有好几亿元。因此，我国的土豆泥原料生产企业损失了巨大的商机。

不过，善于钻研的中国人没有让这个巨大的商机白白溜走。宁波市农业科学院生物研究所科研人员花了 6 年时间开发成功“甬薯 1 号”加工型马铃薯，具有生长旺、抗病强、产量高、芽眼浅、表皮光滑、口感好等特点。2008 年肯德基正式签订合同采购“甬薯 1 号”，这标志着宁波“甬薯 1 号”土豆进入肯德基原料供应链。2009 年，甘肃农业科学院王一航专家选育的薯条及全粉加工专用型马铃薯新品种陇薯 7 号和 LK99，填补了国内空白，可代替美国的“大西洋”和加拿大的“夏波蒂”，这些国外品种在定西“水土不服”，产量很低。王一航选育的新品种质优、增产、抗病，已在甘肃定西市建立薯条原料加工基地，为对土豆泥质量要求极高的肯德基供应原料。之后，甘肃农业科学院专家又成功选育出了超高淀粉型马铃薯新品系 L0206-6，这一品系“青出于蓝”，淀粉含量高达 23%～27%，实现了我国高淀粉马铃薯选育的新突破，达到国外高淀粉育种的先进水平。这些案例都从根本上改变了我国作为年种植面积 8 000 万亩、年总产量达 4 800 万吨、在世界上排名第一的土豆大国却无法满足肯德基需求的尴尬局面。

正是因为肯德基对产品的严要求、高标准使得肯德基在中国市场上发展潜力巨大，取得了巨大的成功。不过，肯德基的成功，除了与它自身成功地运用各种策略，比如人才本土化、产品本土化、供应商本土化、健康理念本土化、企业形象本土化策略和食品品质标准化、服务质量标准化、就餐环境标准化策略之外，还与中国经济平稳较快发展，中国对外资企业的优惠政策有关。

（三）外商投资企业——中国的“国民”

凡按照中国的有关法律设立，按照中国的有关法律法规合法经营的外资企业、跨国公司，和中国的公司企业一样，都将享受国民待遇。

改革开放以来，中国经济保持较快增长，经济总量不断扩大，发展取得举世瞩目的成

就。联合国数据库数据显示，中国的 GDP 从 1978 年的 2 683 亿美元，猛增到 2010 年的 5.879 万亿美元，30 余年间增长了 20 余倍，平均增速接近 10%，是中国经济发展史上前所未有的高速时代。中国的 GDP 排名也从 1978 年的第 15 位，变为 2000 年的第六位，2010 年的第二位。

中国经济的高速发展，得益于大规模地吸引外资。而肯德基正是外资企业在中国进行直接投资并得到飞速发展和取得空前成功的典型代表。中国由于具有广阔的市场和丰富的原料、廉价的劳动力、整体充满活力的商业气氛、优惠的吸引外资政策，而成为肯德基这样的跨国公司开拓国外市场的首选地。

1978 年，中国实行改革开放，颁布了一系列吸引外资的优惠政策。为了吸引更多的外资，我国政府采取了提供优惠待遇为主的利用外资的政策，这些待遇主要体现为对外商投资的税收减免、减少土地使用费、允许外商以机器设备出资等方面，这些利用外资的优惠措施被称为超国民待遇。

2010 年 9 月 13 日在“世界经济论坛 2010 年新领军者年会”（简称“夏季达沃斯论坛”）上，国务院总理温家宝特别强调，所有依照中国法律在中国注册的企业都是中国企业，它们制造的产品都是“中国制造”，它们研发的创新产品也都是“中国创造”，在中国境内注册的外资企业都享受国民待遇。同时，中国的政府采购对于外商投资企业和中资企业在中国生产的产品一视同仁，平等对待。

中国吸引国外直接投资 30 多年来，源源不断的外资流入，拉动了中国经济的发展，提高了经济的开放度，也使中国进一步参与到国际分工中，在国际舞台上扮演更重要的角色。近些年来，中国出台了一系列利用外资的政策，包括修订外商投资产业指导目录，颁布国家反垄断法，实施两税合一，推行新的劳动合同法，出台《关于外国投资者并购境内企业的规定》、《国务院关于进一步做好利用外资工作的若干意见》等。这些政策的出台，都为了优化外资，解决了经济发展中的不平衡问题，从注重引进外资的“量”转变为注重“质”，改变了中国在国际分工中的不利局面。

颁布这些措施后，中国吸引的外资不仅没有减少，反而呈上升趋势。据联合国贸易和发展会议 2011 年 7 月在北京发布的《2011 年世界投资报告》，中国国际直接投资流入量和流出量均大幅上涨，增幅分别达到 11%和 17%。2010 年中国外资流入量上升至 1 057 亿美元，基本恢复至金融危机前的高位。此外，联合国贸易和发展会议的调查显示，中国是跨国企业在未来两年全球投资的首选地。

中国的发展离不开世界，世界的发展也离不开中国，这句话同样适用于以肯德基为代表的跨国公司。

2010 年温家宝总理在夏季达沃斯论坛上表示，中国的发展是开放的发展，中国的开放是长期的、全面的、互利的，中国始终致力于为外商投资企业创造开放、公平的良好环境，中国高度重视知识产权保护，已经将保护知识产权提高为国家战略，中国也愿意与世界各国进行知识产权的交流与对话。未来，中国将一如既往地不断促进跨国公司的发展。

三、使用说明

本案例配合 GDP 核算理论部分，了解选用 GDP 作为经济核算的原因。通过对肯德基在中国的发展，使读者了解肯德基从整个产业链的角度推动中国上游产业和下游产业的一体化发展，了解肯德基对中国经济发展的贡献。肯德基的发展对中国经济的增长推动具有直接效应和间接效应，肯德基创造了一定的税收，提供了大量的就业机会，拉动了中国经济的发展，因而GDP比GNP能够更客观地反映这一情况。

思考题

1. 肯德基在中国的成功发展给中国的餐饮业带来了哪些启示？

2. 肯德基在拉动中国经济增长方面，除了文中提到的作用，还有哪些积极作用？

3. 过去我们一直强调，“只有民族的，才是世界的”，现在我们也必须思考，“不管是民族的，还是世界的，都可以为我所用，成为自己的”。跨国公司在中国的发展和贡献充分说明了这一点。请谈谈你对这一观点的认识。

参考文献

1. 北京大学中国经济研究中心产业组织课题组. 肯德基对中国经济的影响. 开放时代，2002 (4)

2. 葛顺奇. 中国吸引外资的特点及未来前景. 百度文库，2011-05-27

3. 红月，高瑛玮. 论外资国民待遇与外资优惠措施的关系. 商场现代化，2007 (2)

4. 王凯. 肯德基给中国餐饮业发展的启示. 商场现代化，2009 (8)

5. 吴国兴. 肯德基不用中国土豆. 科学大观园，2003 (1)

6. 李玲，杨婧. 肯德基的中国发展之路及对我国餐饮行业的启示. 商品与质量，2010 (10)

7. 祝艺凌. 肯德基在中国发展的战略研究. 中国证券期货，2011 (3)

8. 卞君君. 肯德基：中国式进化. 北京：中信出版社，2009

9. 王朝霞，宋振峰. 肯德基麦当劳也用咱的土豆，“甘肃的袁隆平”功劳最大. 甘肃日报，2009-06-11

案例 10

国民经济的活动流程：政府如何进行宏观调控

一、概要

了解国民经济的运行，掌握国民经济运行的规律，是进行宏观调控的基础。凯恩斯主义学派创造性地提出了两个部门、三个部门和四个部门的经济循环，并在此基础上得出了经济均衡运行的条件：$(I-S)+(G-T)=(M-X)$。

政府的宏观调控就是要保证上述等式成立。

2011 年是“十二五”的开局之年，也是金融危机之后的第三个年头，2011 年的宏观调控对整个国民经济的均衡运行和“十二五”进一步转变经济发展方式，保持物价稳定，调整产业结构具有重要的作用。

改革开放以来，我国宏观调控经历了从以直接的行政调控手段为主到建立起较为完善的宏观调控体系的发展演变过程。三十余年的宏观调控历程取得了很多成功的经验，也为我们提供了许多重要的启示。2008 年爆发全球金融危机以来各国政府掀起了救市高潮，包括各主要央行联手降息、充当最后贷款人、向金融市场注入流动性、间接或直接介入濒临危机的金融机构的救援等。在这场金融危机中，中国政府重启积极财政政策，投入 4 万亿元实施十项扩大内需政策，加快保障性安居工程建设以及农业、教育、医疗卫生、生态环境等基础设施建设，实施增值税转型，促进企业投资和扩大内需，促进产业结构升级，支持重点节能减排工程建设。这些政策的根本依据就是国民经济均衡运行的条件。

二、案例内容

宏观调控是政府综合运用各种手段对国民经济总量进行的调节与控制，它是保证社会再生产协调发展的必要条件，也是国家管理经济的重要职能。世界各国发展的实践和经验表明，仅靠市场调节是不够的，需辅以政府的宏观调控才能实现经济的全面均衡增长。政府宏观调控的目标通常有四个：经济增长、充分就业、物价稳定和国际收支平衡。上述四项宏观调控目标之间存在着相互联系、相互制约的关系，也存在着一定的矛盾性。一国政府通常采用当前宏观经济形势下对本国经济发展最重要的宏观调控指标。

改革开放以来，我国国民经济出现了六次比较明显的波动，与此相对应，经历了六次比较大的宏观调控。我国的宏观调控在特殊的经济背景下，经历了从以直接的行政调控手段为主到建立起较为完善的宏观调控体系的发展演变过程。

1. 1978—1983 年：行政和计划为主要手段的宏观调控

1979—1980 年，全国在建大中型项目超过 2 200 多个，这一庞大的基建规模远远超过了当时国民经济的承受能力。与此同时，全社会的购买力因为收入分配关系的改善得到较大提高，社会总供给无法满足总需求，结果造成了市场物价的快速上涨，财政支出增加导致财政赤字。财政赤字又必然引起货币的超量发行，引发了改革开放后的第一次通货膨胀。面对国民经济的严重失调和宏观经济运行出现的严重混乱局面，1981 年中央采取的主要措施是大规模压缩基建投资和减少财政支出。1979—1981 年先后停建缓建了 60 多个大中型项目，投资总规模被明显地压下来。财政方面对地方实行“划分收支、分级包干”的财政体制，明确各级财政的责权关系，减少财政赤字。这些措施的采用是由当时所处的历史背景决定的，刚从传统的计划经济体制下转轨出来，经济运行的许多方面还带有浓厚的计划色彩，微观主体还没有太多的自主权，采用行政手段是非常有效的。

2. 1984—1986 年：行政计划为主与经济手段作用加大的宏观调控

1984 年第四季度再次出现经济过热，银行信贷失控、投资规模出现膨胀、消费基金增长较快和物价上涨趋势明显。面对这一严峻形势，1985 年中央提出一系列紧缩的调控措施：统一制定信贷计划和金融政策，加强中国人民银行对宏观经济的控制与调节职能，严格控制信贷总规模和现金投放；从严控制固定资产投资；坚决压缩行政开支，压缩社会集团购买力。

3. 1987—1991 年：第一次有意识地运用现代意义上的财政、货币政策

1986—1988 年按 IMF 口径计算的财政赤字累计约为 610 亿元，特别是在 1988 年财政体制实行“包干制”后，中央财政收入在整个财政收入中所占的份额继续下降，致使中央政府的宏观调控能力减弱，而地方财政收入的增长导致投资需求和消费需求迅猛扩张。为弥补财政赤字，货币连年超量发行，货币超发引发了物价猛烈上涨。从 1988 年第四季度开始，政府采取紧缩性政策来控制经济过热。由于微观主体存在对未来通货膨胀的预期，导致政府调控效果不明显。于是，政府不得不采用直接的调控手段，主要是压缩投资的各种直接的行政控制手段，包括明确规定压缩幅度、停建缓建各种项目的指令性计划等。

4. 1992—1997 年：市场化手段的宏观调控工具日益丰富

1992 年邓小平南方谈话开启了新一轮的经济增长。1993 年上半年经济运行出现了高投资、高货币投放、高物价、高进口，以及金融秩序混乱、生产资料市场混乱的现象。面对经济过热而出现的日益严重的通货膨胀和金融秩序混乱等问题，1993 年 6 月中央提出

16 条宏观调控措施。1994 年对财政、税收、银行、外汇和投资体制等实施一揽子改革措施，包括在财政体制方面全面实行分税制改革；在货币政策方面执行适度从紧的货币政策，严格控制信贷规模和货币供应的增长速度，整顿金融纪律；在投资政策方面限制新批项目等。1995 年和 1996 年继续实行财政和货币“双紧”政策。经过三年半的治理，到 1996 年底通货膨胀率成功地控制在一位数以内，经济增长恢复到正常的范围内，国际收支也趋向平衡，成功地实现了经济“软着陆”。

5. 1998—2003 年：首次应对通货紧缩的宏观调控

1996 年经济实现“软着陆”以后一路下滑，出现这一现象有对间接调控政策的时滞考虑不足以至于紧缩过度的因素，也有东南亚金融危机的影响，在宏观经济政策全面松动之后仍未有所好转，甚至出现阶段性有效需求不足和通货紧缩现象。1998 年中期，政府确立了以财政政策为主并与货币政策相互配合的积极的宏观调控政策取向。至此，通过连续发行国债和政府投资的扩张为特征的积极的财政政策开始发挥重要作用，扭转了经济下滑的局面，进一步拉动了国内需求，启动了经济增长的局面。到 2002 年为止累计发行长期建设国债 6 600 亿元，并与银行新增贷款、地方资金“捆绑”配套形成共计 3 亿元的投资规模，刺激经济，同时采取鼓励民间投资和提高收入等启动消费需求措施、提高出口退税率等鼓励出口的措施，扩大了内需，鼓励了出口，带动了经济景气回升，由此进入了新一轮的经济增长周期。这是改革开放以来持续时间最长、扩张特征最明显的一次“扩张性调控”。

6. 2004—2007 年：灵活的“双稳健政策”的宏观调控

入世以来，是我国融入全球经济并参与国际分工最快的时期。在经济全球化的国际背景下，我国国内市场国际化进程显著加快，宏观调控面临新的外部环境和体制机制基础，形势变得更为复杂。2003 年以来，我国经济在脱离通货紧缩现象后不久，出现了资源紧张、部分地区和行业固定资产投资增长过快等“局部过热”现象。为适应经济形势变化的需要，宏观经济政策取向及时进行了必要的调整，在货币政策继续保持“稳健”的同时，财政政策逐步由“积极”转向“稳健”，实行财政、货币“双稳健”政策。2007 年的宏观调控较为特殊，为应对上一年出现的局部过热，货币政策调整为适度从紧，年内 10 次调高存款准备金率，4 次提高利息率，并在年底提出“防止经济增长由偏快转为过热、防止价格由结构性上涨演变为明显通货膨胀”，最终将宏观调控的取向由“双稳健”转为“稳健的财政政策和从紧的货币政策”。

金融危机之后，为保持中国经济平稳较快发展，促进世界经济早日脱离发达国家“滞”、发展中国家“胀”的局面，中国政府及时调整宏观经济的政策取向，对内陆续制定和实施了一系列政策，形成了系统完整的促进经济平稳较快发展的一揽子计划；对外加强了国际交往与合作，为世界经济恢复贡献力所能及的力量。

2011 年实施的积极的财政政策和稳健的货币政策，是继 1998 年我国为应对亚洲金融危机之后，再现“一松一稳”的调控组合。2011 年经济工作的基调是“加强和改善宏观调控，保持经济平稳健康运行”。有效控制通货膨胀成为 2011 年宏观调控政策的首要目标。

中国人民银行行长周小川在博鳌亚洲论坛 2011 年年会上接受新华社“新华视点”

记者的采访时表示，“总体来讲，中国 CPI 目前偏高。因此，要采取各种方法来调控。未来调控要尊重市场供求关系，保持灵活性。立足于消除通货膨胀走高的货币因素，货币政策已从适度宽松转为稳健，即货币政策要适当收紧，这个趋势估计还会持续一段时间”。

国家统计局 2011 年 11 月 9 日发布的数据显示，2011 年 10 月份，全国居民消费价格总水平同比上涨 5.5%。其中，城市上涨 5.4%，农村上涨 5.9%；食品价格上涨 11.9%，非食品价格上涨 2.7%；消费品价格上涨 6.6%，服务项目价格上涨 2.8%。数据显示，物价走高的趋势明显。事实上，自从进入 2011 年以来许多数据都在显示通胀压力在加大。国家统计局发布 CPI 数据显示，从 1 月份起 CPI 增幅为 4.9%。此后 CPI 增幅逐月上升，持续在高位运行，先后在 7 月和 10 月达到了最大值 6.5%。

影响物价持续上涨的因素除了有国内供给和需求方面的原因，还有国际方面的因素。

1. 从国内供给方面来看，主要是自然灾害与用工荒的因素

(1) 自然灾害影响农产品供给。2011 年 10 月，民政部、国家减灾委办公室发布 2011 年 1—9 月份全国自然灾害灾情情况。经核定 1—9 月份，各类自然灾害共造成全国 4.8 亿人次受灾，农作物受灾面积 3 882.6 万公顷，其中绝收 380.4 万公顷；直接经济损失 3 028.1 亿元。其中，北方冬麦区出现 41 年以来最严重的秋冬连旱，长江中下游地区遭遇 60 年以来最严重的冬春连旱，内蒙古、甘肃、宁夏等地发生春夏连旱，西南地区遭受夏秋连旱。旱灾造成的直接经济损失占全部自然灾害总损失的 30%以上，饮水困难人口达 3 100 余万人次。在食品占中国 CPI 1/3 比重的情况下，其价格跟通胀关系密切，食品和与之相关的农产品价格走高意味着通胀升高的压力。

(2) 劳动力短缺拉高劳动力成本。几年前就已引起关注的“民工荒”现象，在 2011 年表现得尤其突出。据统计，现在的农民工后备力量每年比此前高峰时减少了 600 多万人，三年差不多少了 2 000 万人。同时，随着中西部地区发展，振兴东北，中部崛起，中西部地区投资条件逐渐改善，不少劳动密集型企业逐步向中西部转移，使中西部地区用工需求明显增长。中西部的劳动力输出减少，东部劳动力出现短缺。中国社会科学院发布的研究报告认为，预计在 2017 年、2018 年，中国总的劳动年龄人口将首次出现负增长。受此影响，中国的劳动力供求关系将进一步逆转，供小于求，普通劳动者尤其是农民工的工资将进入快速上升的阶段，进而抬高劳动力成本，影响物价水平。

2. 从需求方面来看，流动性依然充足

目前的通货膨胀主要是近两年来货币发行过多导致的结果。中国人民银行发布的年度《金融统计数据报告》显示，2010 年贷款增加 7.95 万亿元，超过了 7.5 万亿元的红线。我国已是世界上广义货币供应量最大的国家。虽然央行已连续多次上调准备金率回收流动性，但市场流动性依然很充足。宽裕的流动性环境明显不利于控制通货膨胀，稳定物价水平。

3. 从国际因素的角度来看，中国经济参与国际分工和合作的程度越深，受世界经济的影响越大。目前世界经济中有诸多不利因素影响我国的物价走势

(1) 全球范围内的宽松流动性。2008 年爆发金融危机以来，为了尽量少地受到危机的冲击，世界大多数经济体都实行了适度宽松的货币政策。由于经济陷入停滞的局面，美

国等发达国家还继2008年12月到2010年3月间购买价值1.725万亿美元的资产后第二次采取了量化宽松政策。从宏观经济看，采取强力政策刺激经济的结果，一方面缩短了经济复苏所需要的时间，另一方面又使得通货膨胀“相伴而来”。因此，无论是发达国家，还是发展中国家，都存在不同程度的通货膨胀。2011年5月，斯坦福大学经济系罗纳德·麦金农教授在“上海论坛2011”专题学术活动上表示中国面临的是输入性通胀，提高存款准备金率或发国债都不能从根本上控制通胀势头。

（2）全球食品价格创20年新高，原材料价格持续走高。联合国粮农组织2011年2月3日发表报告指出，全球食品价格指数已经连续7个月上涨，2011年1月全球食品价格创历史新高。世界范围内的暴风雪、洪涝、干旱等自然灾害，严重影响多个农业大国粮食生产，间接推高全球食品价格。澳大利亚昆士兰州甘蔗产区受强飓风“雅斯”影响，当地甘蔗产区一半受损，影响澳大利亚的甘蔗出口。市场对糖价看涨的忧虑已经在糖价中显示出来，全球糖价飙升至30年来最高位。美国中西部地区是粮食主产区，遭遇到严寒暴雪，严重影响冬小麦生长，对美国小麦的出口不利。印度尼西亚一些地区2009年下半年遭遇洪水，棕榈种植业受到较大的损失。国际市场马来西亚棕榈油价格已经攀升至3年来最高水平。除了粮食，包括能源、金属、矿藏在内的其他大宗商品价格也大幅上扬。进入2011年2月份以来，国际市场上铜价大幅度提升，多次刷新纪录。2011年3月份，原油价格创下近年来新高。与此同时，白银、焦煤、铁矿石等原材料价格也上蹿到高位。这些原材料价格的上涨，通过供应链的逐步传导，进一步提高了全球的通货膨胀水平。

在开放经济条件下，一国的宏观经济政策的调控往往显得较为有限。需要各国政府的配合，然而各国一般都把本国利益放在第一位，国际上的差异化的政策对国内经济的宏观调控有较大的影响。

中央政府将遏制物价上涨，稳定经济均衡发展作为2011年经济工作的重中之重。温家宝总理多次表示，政府将继续采取措施调控物价，我国现在有雄厚的物质基础，完全有条件把农副业生产搞得更好，切实保障供给，同时使价格保持在一个合理的水平。当前的物价走势较为明显，借鉴以往政策调控的经验的同时争取国际上的合作，有望使物价保持在合理水平。

三、使用说明

本案例简要分析了国民经济宏观调控的四个指标，即充分就业、物价稳定、经济持续稳定增长和国际收支平衡，使学生明白了这四个指标之间的内在含义和相互之间的关系。案例还简要分析了改革开放以来的六次宏观调控，五次针对经济过热，一次针对经济紧缩，使学生熟悉改革开放之后政府宏观调控的变化，针对不同经济情况具体采用的措施和政策。另外，本案例还详细分析了金融危机之后，国家宏观调控的重点和难点，使学生大致了解宏观调控的必要性和复杂性，以及影响宏观调控发挥效用的各种因素。

思考题

1. 除了文中提到的影响物价上涨的因素，还有哪些因素能够直接或间接地导致物价上涨？

2. 在各国政府都采取以本国利益为主的宏观调控时，如何争取国际上的合作来保证国内宏观经济的稳定发展？

参考文献

1. 和红．改革开放30年来我国宏观调控历程的回顾与展望．福建行政学院学报，2008（5）

2. 冯梅，王之泉．中国宏观调控的回顾与展望．经济问题，2010（1）

3. 中国经济增长与宏观稳定课题组．后危机时代的中国宏观调控．经济研究，2010（11）

4. 胡迟．抑制通胀，平衡增长——从物价走势看2011年宏观调控．财经界（学术版），2011（1）

5. 新华社．宏观调控尊重市场供求关系　保持灵活性．中国金融家，2011（4）

6. 民政部网站．两部门发布2011年1—9月份全国自然灾害灾情情况，2011-10-11

7. 韩洁，江国成．从四万亿元投资计划看应对国际金融危机．新华网，2008-11-13

8. 新浪财经．罗纳德-麦金农：中国无法从根本上抑制输入性通胀．http://finance.sina.com.cn/g/20110519/10459866427.shtml

9. 全球食品价格连续7个月走高．达到20年以来最高值．http://finance.eastmoney.com/news/1344,20110205118472350.html

10. 车玉明，雷敏，李克瑶．温家宝：继续采取措施调控物价．上海证券报，2011-09-17

第三部分

总供给与总需求

案例 11

经济过热与“软着陆”

一、概要

所谓“经济着陆”是指，当一国由于经济的增长速度过快而出现了严重的通货膨胀时，就需要利用紧缩性政策抑制通胀，但这时会导致社会总需求的下降，从而使经济的增长速度变缓甚至出现负增长。如果一国实行了较好的紧缩性政策，使得过快增长的经济速度能够平稳地下降到一个合适的比例，却没有出现大规模的通货紧缩和失业，就可以叫做经济“软着陆”。相反，如果实行了过于紧缩的政策，使得经济增长从峰顶跌至低谷，出现大规模的通货紧缩，导致失业增加，即为经济“硬着陆”。因此，简单而言，经济“软着陆”就是“高增长，低通胀”。对于处于发展期的中国而言，其经济增长绝对不允许出现负增长。如果中国的经济增长率可以通过一系列的宏观政策平稳地降低到8%～9%，使得通胀率降低到合适的区间，经济结构也更为合理，此时就可以说“软着陆”成功。例如20 世纪 90 年代初，中国通胀率过高，国家采取了适当的宏观经济政策，使得通胀率下降的同时，仍然保持了 8%～9%的高速经济增长，可以说比较成功地实现了“软着陆”，成就了另一个中国经济奇迹。下面介绍这次发生于 20 世纪 90 年代的经济成功“软着陆”。

二、案例内容

20 世纪 90 年代以来，随着经济的快速增长，中国经济又一次达到其运行周期的高峰，但经过三年的宏观调控，到 1996 年底既降低了通货膨胀率，又保持了国民经济的健康快速发展，成功实现了“软着陆”。

1992 年春邓小平同志南方谈话，提出了“发展才是硬道理”的重要思想，年底党的十四大明确提出建立社会主义市场经济体制，以此为契机，我国经济进入了新一轮的快速增长期。1992 年和 1993 年增速分别为 42.6%和 58.6%，大大超过以往的增长速度。然而，伴随经济的高速增长，也出现了一系列不正常的现象。高速的经济增长伴随着高投资、高货币投放、高通货膨胀以及较大的贸易赤字。到 1993 年初，经济已经明显过热，许多地方出现的“房地产热”和“开发区热”愈演愈烈。总供给和总需求严重失衡，投资规模失控，消费基金膨胀，通货膨胀压力加大，宏观经济环境日趋严峻。1993 年的几个主要指标集中反映了经济过热的程度。国内生产总值增长 13.5%，全社会固定资产投资增长 61.8%，商品零售价格指数上涨 13.2%，CPI 增幅达到 14.7%，狭义货币供应量（M1）增长 21.5%，广义货币供应量（M2）增长 26.5%，对外贸易逆差 34.5 亿美元。到 1994 年经济还在走热，CPI 增幅达到了 24.1%。

针对这些情况，中央政府决定对国民经济进行宏观调控，及时实施适度从紧的货币政策和财政政策。实际上 1993 年 6 月 24 日中央就下发了《中共中央、国务院关于当前经济情况和加强宏观调控的意见》，宏观调控的各项举措全面启动。可以说从 1995 年开始，中央开始了全范围的宏观调控。1994—1997 年间，在货币政策方面，控制货币发行，严格控制信贷的规模，大幅度提高存贷款利率，保证较高的法定存款准备金率。治理整顿违章拆借、乱集资、乱设金融机构现象，要求银行定期收回乱拆借的资金。财政政策方面，启动税制改革，实行中央地方分税制体制，强化了增值税、消费税的调控作用。合理压缩财政支出，强化计划外项目管理。特别是狠刹开发区热和房地产热，挤出房地产泡沫。这些举措使银行货币投放的势头得到遏制，开发区热和房地产热开始降温。严厉打击偷税漏税活动，清理不合理的减免税项目，以增加财政收入，并通过发行国债，引导社会资金流向，成功扭转了财政困难的局面。

经过全国各地方、各部门的共同努力，宏观经济情况逐年改善，到 1996 年已取得明显成效。1996 年国内生产总值增长 9.6%，全社会固定资产投资增长 14.8%，商品零售价格指数上涨 6.1%，狭义货币供应量（M1）增长 18.9%，广义货币供应量（M2）增长 25.3%，国际收支状况良好，对外贸易顺差 122 亿美元。物价涨幅由尖峰时期（1994 年）的 21.7%，回落到 1996 年的 6.1%，而经济增长速度仍保持在 9.7%左右，1991—1996 年经济峰谷落差仅为 4.5%，是波幅最小的一次。这种现象在我国经济发展史上尚属首次，在当今国际上也是罕见的，政府表现出相当高的政策操作水平。

1996—1997 年中国经济连续两年保持了“高增长，低通胀”的态势。表 11—1 给出了中国经济“软着陆”的主要数据。

表 11—1　　中国宏观经济“软着陆”情况

特征	指标	1993 年	1994 年	1995 年	1996 年	1997 年
1. 宏观经济稳定增长	GDP 增长率（%）	13.5	12.6	10.5	9.6	8.8
	工业产值增长率（%）	23.6	21.4	16	13.1	10.9
2. 有效控制通货膨胀	零售价格增长率（%）	13.2	21.7	14.8	6.1	0.8
	消费价格增长率（%）	14.7	24.1	17.1	8.3	2.8
3. 固定资产投资增长趋缓	固定资产投资增长率（%）	58.6	31.4	17.5	18.2	9
4. 货币供应量增长平滑下降	广义货币增长率 M2（%）	37.3	34.4	29.5	25.3	17.3
	狭义货币增长率 M1（%）	38.9	26.8	16.8	18.9	16.54
	现金货币增长率（%）	35.3	24.3	8.2	11.6	15.63
	GDP（%）	100.4	103.9	110.9	119.6	121.7
5. 国际收支状况改善	进出口总额（亿美元）	1 957.1	2 367	2 808.5	2 899	3 250.6
	出口（亿美元）	917.6	1 210	1 487	1 510.7	1 827

续前表

特征	指标	1993 年	1994 年	1995 年	1996 年	1997 年
	进口（亿美元）	1 039.5	1 157	1 320.8	1 388.3	1 423.6
	贸易差额（亿美元）	121.9	53	166.2	122.4	403.4
	外汇储备（亿美元）	212	516.2	736	1 050	1 399
6. 稳定的人民币汇率	汇率（人民币/美元）	11.9	8.7	8.4	8.3	8.279
7. 外国直接投资（FDI）	FDI 流入（亿美元）	275.15	337.67	375.21	417.26	452.78

资料来源：国家统计局：历年《中国统计年鉴》，北京，中国统计出版社。

经济运行显示，从 1995 年开始，经过两年的宏观调控，宏观经济在快车道上实现稳刹车，并最终顺利实现了“软着陆”。我国经济步入了持续、快速、健康发展的轨道，既有效地抑制了通货膨胀，又保持了经济的持续、快速增长。图 11—1 为我国 1991—2010 年的经济增长和 CPI 指数。

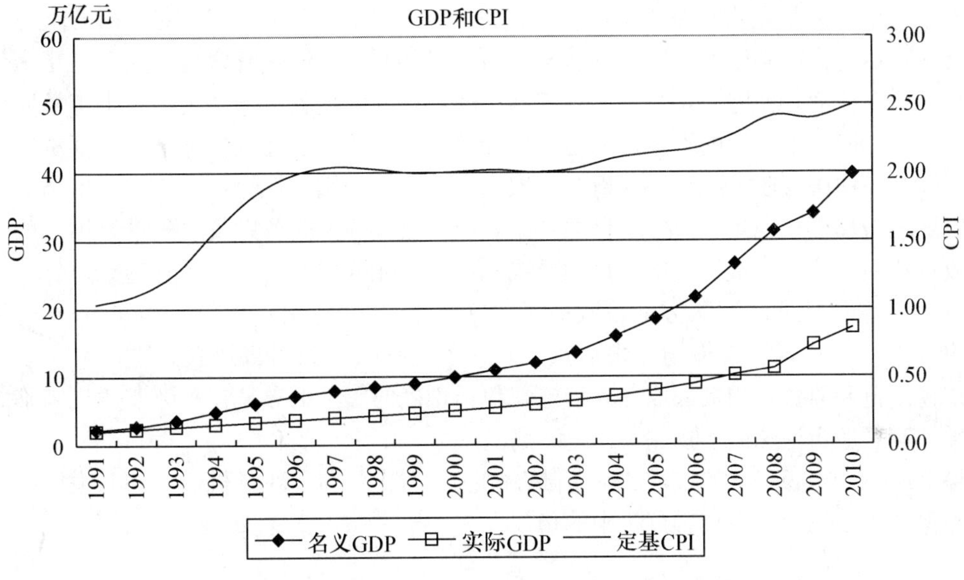

图 11—1　我国 1991 年以来的经济增长和 CPI 指数

注：1990 年为基期。

此时，中国经济的“软着陆”在国际上获得了极高评价，国内外舆论一致评述并赞扬中国经济成功实现了“软着陆”。

“软着陆”的成功主要取决于制定和执行了正确的宏观经济政策。主要包括：第一，坚持执行了适度从紧的财政、货币政策，同时注意经济运行情况，把握调控力度，进行适时适度微调，支持符合国家产业政策、有市场、有效益的生产基本建设和出口贸易，保证了经济的合理回落。在制定和执行宏观经济政策中，综合运用计划、金融、财政的功能，重点是金融手段。第二，注意总供给和总需求的平衡。在抑制过度需求的同时，强调增加有效供给。第三，加强经济结构调整。在这次宏观调控中，国家和地方都在控制投资总规模的同时，注意调整投资结构，重点加强能源交通通信等基础设施的建设。举世瞩目的长江三峡工程、黄河小浪底水利枢纽和京九铁路等项目，都是国家在实施宏观调控中着力加强的跨世纪骨干工程。

此次中国经济的成功“软着陆”，除了保证我国国民经济步入持续、快速、健康发展的轨道外，还有更为重要的意义。1997年夏爆发的亚洲金融危机，给很多国家和地区造成了严重的危害，但是，中国经济和政府却在此次事件中表现出色，中国奇迹般地置身度外，免受侵袭，这使得中国在世界经济格局中的地位大大提高。中国资本市场尚未开放是中国免受金融危机不利影响的内在原因的一般说法，其实资本市场未开放是挡住外部冲击的四道防线之一，而自1993年以来中国宏观经济的成功“软着陆”才是避免这次危机的更深层次的原因。

首先，在1992年和1993年一度出现房地产热及开发区热的情况下，如果不是在适度从紧的宏观政策下大规模清理，任由过热的态势蔓延，后果会难以设想。物价上涨率自1994年达到顶峰后逐年回落，到1996年仅为6.1%。而在亚洲金融危机最为严重的时刻，中国却出现了通货紧缩，导致了物价的负增长。1997年底至1998年初，正值人民币受到巨大贬值压力的时期，物价增长率连续5个月下降，而且下降幅度不断加大。通货紧缩本身并不是好事，但是在此时出现却是恰到好处，对于稳定人民币币值起到了积极作用。

其次，尽管当时中国的资本市场名义上尚未对外开放，但是有些地区尤其是华南已有数百亿港币在流通，而港币是与美元直接挂钩的，香港的金融市场与美国资本市场联系较紧密，所以，实际上中国的资本市场已经放开了一个口子。在这种情况下，适度从紧的宏观经济政策使中国摆脱了经济过热以及“泡沫经济”的阴影，在短短几年中，中国有了良好的宏观经济局面，积累起经常项目的高额盈余、巨额外汇储备以及名列世界第二的外国直接投资流入量这三道抵抗金融危机的防线，保证了在这样一场大风暴前免受侵袭。

再次，在抑制股市泡沫方面，政府的宏观调控力度也相对到位，1996年下半年至1997年上半年，中国股票市场异常活跃，股票价格狂升导致市场风险急剧加大，政府加强了市场规范和监督，积极采取各项措施，包括正确的舆论引导，在东南亚危机来临之前有效地抑制了股市泡沫的上扬。

综上所述，宏观经济的成功“软着陆”构成了防止亚洲金融危机输入的多道屏障，从根本上保证了中国经济在金融危机中的稳定发展。

相关链接:“软着陆”与“硬着陆”

国民经济的运行是一个动态的过程，各年度间经济增长率的运动轨迹是围绕潜在增长能力上下波动，形成扩张与回落相交替的一条曲线。当国民经济的运行经过一段时间过度扩张之后，超出了其潜在的增长能力，打破了正常的平衡，经济增长率开始回落。一般来说，当经济增长速度过快导致出现了严重的通货膨胀时，一国采取紧缩性的政策压制通胀，社会总需求的下降使得经济增长速度变缓甚至出现负增长，这种现象称为经济“着陆”。“软着陆”和“硬着陆”是两种相对的回落方式。“软着陆”意味着渐进和协调，“硬着陆”意味着剧变和统制。

“软着陆”的基本经济含义是国民经济运行在经过一段过快过热的非正常发展之后，在相对较长的时期内采用连续的政策组合，经过适当的调节，平稳地回落到适度的增长区间。简单地讲，就是“高增长，低通胀”。

“硬着陆”相对于“软着陆”而言是大起大落的方式。在国民经济过度扩张造成“大起”时，采用“急刹车”的办法（采用强力的财政和货币政策）进行“全面紧缩”，一次性在较短的时间内通过牺牲较多的国民收入将通胀率降到正常的水平。其优点是政策效果立竿见影，公众尚未来得及预期就已经达到了政策目的，缺点是在大幅度通胀之后紧接着出现大规模的通货紧缩，经济速度下滑过快，导致失业增加，经济震荡较大。

关于“软着陆”与“硬着陆”，有人曾经做过一个形象的比喻，可以很好地解释两者的差异。两个人分别从一架飞机上跳下来，目的都是着陆。一个是背着降落伞，打开之后慢慢地落在指定地点，而另一个则是在地面上做好相应的保护措施，不背降落伞直接跳下。前者渐进而平缓，称为“软着陆”；后者痛快而迅速，称为“硬着陆”。两者付出的成本不同，所引发的后果也不一样。前者在过程中相对平缓，追求渐进发展，可随时调控，但用时较长。后者能够轻易一步到位，但是所面临的风险较大，过程难以控制，后果有时会严重到难以收拾的地步。

但是，无论“软着陆”还是“硬着陆”，就是一种方式或手段。两者本质是相同的，只是方式不同。不能片面地比较两者孰优孰劣，它们在不同领域有不同的侧重和用处。一般来说，从经济体制转型和国民经济整体发展的角度看，“软着陆”比“硬着陆”更适合我国的国情。

三、使用说明

本案例适用于总供给—总需求（*AS*-*AD* 模型）的分析，特别是解释 1997 年的“软着陆”。通过本案例了解 20 世纪 90 年代初经济过热的背景和原因，以及我国政府是如何运用宏观经济政策成功实现“软着陆”的，对于目前经济过热背景下中国能否实现“软着陆”具有一定启示。

思考题

1. 从国内外环境角度分析，导致 20 世纪 90 年代初经济过热的因素主要有哪些？
2. 思考“软着陆”和凯恩斯理论的不一致性，说明凯恩斯理论的不足。
3. 在目前（2011 年初）经济过热的背景下，中国经济能否实现“软着陆”？如何实现“软着陆”？

参考文献

1. 丁然，林毅夫，许小年，易宪容．过热经济如何软着陆．中国经济周刊，2004（20）

2. 北京大学中国经济研究中心宏观组．寻求多重经济目标下的有效政策组合——1998 年中国宏观经济形势分析与建议．经济研究，1998（4）

案例 12

技术进步对经济增长的影响

一、概要

改革开放以来，技术进步对推动我国经济增长作出了巨大贡献，我国经济迅速崛起，国民收入持续增长，对外贸易不断扩大，引进外资大量增加，综合国力明显增强，我国与世界经济的联系日益密切，这又为我国技术进步提供了经济基础。理论上而言，从微观的角度，技术进步主要是通过推动生产函数和生产可能性曲线的外移而发挥作用的。而在宏观经济分析中，技术进步的贡献主要是体现在推动总供给曲线不断向右的移动。本案例主要介绍技术在中美两国以及中国东西部地区之间存在的差异对经济增长的影响，以此进一步说明技术进步对中国经济增长的贡献。

二、案例内容

技术是对生产过程的一种投入，与其他的经济物品相比，其对经济增长的作用具有特殊的性质。技术是非竞争性和非排他性产品，技术发明人或者所有者很难防范他人的模仿。技术还具有溢出效应，这使得技术对于经济增长过程有重要影响。技术包括软技术和硬技术，软技术指工艺配方、工艺设计等不具实体形态的一种思想或方法，而硬技术主要指先进的机器设备、流水线等优良品种等等。

技术进步就是技术的不断改进与提高、物质生产手段的进步以及技术知识的丰富与发展。每一次技术革命都给社会技术进步带来巨大的动力，世界经济呈现出具有规律性的周期变动，从工业化到现在已经历了五个长周期，包括“早期机械化”技术革命、“蒸汽动力和铁路”技术革命、“电子和重型工程”技术革命、“福特制和大生产”技术革命和“信息和通信”技术革命为主导的世界经济周期。

技术进步主要是通过创新来推进的。“创新”一词最早由美国经济学家熊彼特在 1912 年出版的《经济发展理论》一书中提出，认为创新是企业家努力实现生产要素的新组合。具体包括五种情况：新产品、新的生产方法、新市场、原材料和半成品的新来源、新的企业组织形式。技术创新是衡量国际竞争力的一项重要指标，是促进经济增长的原动力，与经济增长关系密切。技术创新成败的关键是能否获得商业价值和提高综合效益。在1999年出台的《中共中央、国务院关于加强技术创新，发展高科技，实现产业化的决定》文件中明确指出："技术创新，是指企业应用创新的知识和新技术、新工艺，采用新的生产方式和经营管理模式，提高产品质量，开发生产新的产品，提供新的服务，占据市场并实现市场价值。企业是技术创新的主体。技术创新是发展高科技、实现产业化的重要前提。"

技术创新能力是推动经济发展的重要因素。对于经济发达国家而言，它们积累的资金多，从而投入研发的资金也多；教育发达，科学水平高，具有取得技术进步的科学条件；社会制度成熟，可以有效地保护市场竞争和知识产权，有效地激发技术创新。技术创新对发达国家经济增长的贡献率，20世纪初只占5%左右，40—60年代占40%左右，70—80年代上升为60%左右，90年代达到80%左右，而发展中国家正好相反，发展中国家投入科研的资金相对少，教育落后，加上制度不成熟，没有取得技术创新的条件。

在知识经济条件下，技术进步的作用越来越大。技术进步对于经济增长的贡献主要有以下几个方面：

首先，技术进步优化了产业结构。生产要素在技术进步的作用和推动下，不断地由第一产业向第二产业转移，再由第二产业向第三产业转移。从要素密集程度来看，由资源密集型、劳动密集型向资本密集型转移，再由资本密集型向技术密集型产业转移，为摆脱高投入、高污染、高能耗的经济发展模式提供了可能。

其次，技术进步不断改变劳动手段。一般来说，技术进步主要体现在生产工具尤其是机器设备的变化上，由大机器代替人工劳动，自动化机器代替人工操作机器都是技术进步的结果。

最后，技术进步提高了劳动力质量。技术进步是劳动力质量不断改善和提高的结果，反过来，技术进步也会促进劳动力质量的改善和提高。由于先进的技术要求劳动者具有较高的素质，在劳动者接受教育和技术培训的过程中，其素质在不断改善和提高；劳动者在专门化的劳动分工中其劳动技能也不断提高。

对于发展中国家而言，制约经济发展的最大障碍是制度性矛盾，技术进步、生产力的发展也能够直接推动社会进步和制度建设。这对于经济增长的作用是直接的，效果也是显著的。

技术进步与经济增长互为条件，经济增长同时伴随着技术进步，而技术进步又会加速经济增长。经济增长越来越依靠技术进步，而技术进步的经济基础是经济增长，它的商业价值也体现在经济增长上。尽管经济增长越来越依靠技术进步，科学技术是第一生产力，但是技术进步不能无条件地带来经济增长。具体来说，第一，技术进步是为经济增长服务的。尽管技术进步非常重要，但是它只是实现经济增长的手段。第二，技术进步依赖于基本的支撑条件，包括经济支撑条件和技术支撑条件。第三，技术进步必须符合市场竞争的需要。如果一项技术因为不符合市场竞争而没有进入商业运用阶段，那么即使它再先进，也必将被市场所淘汰。因此，技术进步若是没有商业价值，是不可能促进经济增长的。

技术进步与经济增长属于宏观范畴的问题，微观层次上，与技术进步和经济增长相对应的概念是技术创新和产出增加。因此，要实现以技术进步为基础的经济增长，最终的落脚点是技术创新所带来的产出增加。

战后至2008年经济危机前，美国共经历了九次经济衰退，其中也经历过史上最长的和平时期的经济扩张。从表12—1可以看到，经济持续增长，通货膨胀逐年走低，失业也保持在较低的水平。关于技术创新对美国经济的促进作用，美国经济学家罗伯特·索洛和爱德华·丹尼森等人根据生产函数理论提出的经济增长核算方式，对美国1948—1981年的劳动和资本投入进行了计算，由表12—2可以发现，劳动和资本投入对于GDP增长的贡献约为34%，而技术进步的贡献达到66%。到20世纪80年代，迎来了信息技术革命，技术创新对于美国的经济增长产生了更大的正面影响。根据美国商务部公布的题为《崛起中的数字化经济》报告，信息技术对美国经济作出了巨大贡献。一是对GDP的贡献不断增加，1995—1998年间，美国经济增长的35%归功于信息技术；二是信息技术大大推动了服务业的发展，产生了许多新的服务业的领域，使得失业率明显降低；三是有效地支撑了美国经济的持续性增长。

表12—1　　1990—1999年美国主要宏观经济数据

年份	GDP增长率（%）	失业率（%）	生产率指数（%）	通货膨胀率（%）
1990	1.7	5.6	1.1	5.4
1991	−0.2	6.9	1.6	4.2
1992	3.3	7.5	4.1	3.0
1993	2.4	6.9	0.1	3.0
1994	4.0	6.1	1.3	2.6
1995	2.7	5.6	1.0	2.8
1996	3.7	5.4	2.7	3.0
1997	4.5	4.9	2.0	2.3
1998	4.3	4.5	2.8	1.6
1999	4.0	4.2	2.9	2.2

注：GDP增长率以1996年不变价格计算。

资料来源：White House Economic Statistics Briefing Room.

表12—2　　美国GDP增长源泉

<table>
<tr><th colspan="2" rowspan="2">贡献要素</th><th colspan="2">要素对实际GDP增长的贡献</th></tr>
<tr><th>%（每年）</th><th>占总体的百分比</th></tr>
<tr><td colspan="2">实际GDP</td><td>3.2</td><td>100</td></tr>
<tr><td colspan="2">投入的贡献</td><td>1.1</td><td>34</td></tr>
<tr><td rowspan="2">其中</td><td>资本</td><td>0.5</td><td>15</td></tr>
<tr><td>劳动</td><td>0.6</td><td>19</td></tr>
<tr><td colspan="2">技术进步指数</td><td>2.1</td><td>66</td></tr>
</table>

资料来源：曹兴、孟方等：《新经济：中美技术创新的差距及对策》，载《中南工业大学学报》（社会科学版），2001（4）。

在我国，虽然科技实力在近年来迅猛发展，快于大多数发展中国家，但是科技成果并没有有效地转化为经济优势和竞争优势。我国是世界上人口最多的国家，劳动力资源极其丰富，对成熟技术的模仿能力也很强，但是人均GDP很低，从这种基本国情出发，我国在经济全球化过程中的竞争优势主要是拥有丰富的廉价劳动力。因此，近年来，我国的经济增长主要是依靠廉价劳动力和大量资本换取。据测算，技术创新对于我国经济增长的贡献率不到30%，远低于美国等发达国家。主要有以下几个原因：

(1) 投入差距大。我国由于刚进入转型期不久，市场经济不够发达，相应的金融机制不够完善，不能为技术创新提供强大的资金支撑。而美国作为发达国家，资本积累多，相应的投入科研的资金也多，加之融资渠道宽阔，为其技术创新提供了坚强的资金保障。

(2) 创新主体的差别。技术创新主体是指参与技术创新活动过程，并在技术创新活动中占有主导地位，发挥主导作用的社会组织或个人。在美国，企业是创新主体，很多公司拥有自己的研发机构，进行中长期应用型或者短期开发型研究。在中国，由于长期以来处于计划经济体制下，目前的创新主体仍然是政府为主，而不是站在市场最前沿的企业，这使得企业的一些创新活动和创新成果完全是被动发生和取得的。

(3) 信息服务系统的差距。创新体系在市场经济条件下，是以市场为基础的配置体系，但是在确定创新什么、何时创新、如何创新时，市场却不能提供明确的信息。美国拥有先进的中介信息服务系统，使得企业创新与其他部门紧密联系起来，为企业的技术创新提供了广阔稳定的支撑系统。而我国对于中介信息机构的基础设施建设没有充分重视，创新企业与外界形成单向线性模式结构，企业与高校、研究机构之间没有形成直接联系。

(4) 管理体制上的差距。技术创新和管理创新是互为前提、互相促进的。成功的技术创新是多种能力有机结合而产生的综合成果。美国的创新企业在长期的技术创新过程中，形成了一系列管理创新，包括管理组织创新、管理制度创新和管理技术创新。而我国企业的管理体制与所要求进行的技术创新节奏相脱离，也是制约我国企业技术创新能力的重要原因。

技术创新的差异对经济增长的影响除了体现在世界发达国家与发展中国家之间外，在本国不同地区之间的表现也很显著。相对于中国经济增长的势头和发展潜力而言，中国的技术创新能力普遍不足，而在中西部表现更甚。改革开放以来，尽管中西部地区的经济得到了一定发展，但是与东部的差距却是越来越大，主要原因在于其经济增长主要是依靠人力、资金、能源等资源的大量投入而实现的，没有转变以粗放经营为主的传统的经济增长方式，经济的可持续发展能力较弱。长期以来，中西部地区形成了资源依赖型的发展模式，没有把技术、信息等要素作为重要投入。

由表12—3可以看出，东部地区的技术创新能力远远高于中西部地区，形成这种差距的主要原因是东西部地区经济发展不平衡。相对于东部来说，中西部很多地区地理位置偏远，交通相对落后，加之改革开放较晚，创新的观念和市场化的观念不强，只是利用旧的科研成果，而不愿意创造新成果，跟不上形势发展的迫切要求。东部地区科技人力资源比中西部丰富，这也是制约西部地区技术创新的一大障碍。除此之外，东西部地区科研开发投入差距大，研究与开发经费支出占国内生产总值的比重是衡量一个国家或地区科技投入的重要指标。东部地区的经济实力使得其有相对多的资金投入到技术创新中去，在东部，研发经费占GDP的1.70%，而中、西部分别只有0.67%和0.97%。某种技术进步是否进入商业性运用，取决于它是否符合市场竞争的需要。从本质上讲，技术创新是一种经济行为，是一种在纯粹技术意义创新基础之上的科技成果的商业化和产业化的过程。中西部地区的科技成果市场化程度与东部相比差距过大，这成为制约中西部地区技术进步和经济发展的一个重要因素。

表 12—3　　我国不同地区技术创新能力平均综合指数

区域	全国	东部地区	中部地区	西部地区
指数	37.47	53.51	30.05	24.92

资料来源：乔晶、梅洪常：《技术创新与中西部发展》，载《重庆社会科学》，2004（Z1）。

除了上述原因外，中西部地区的科技体制较东部地区而言也不尽合理，总体技术创新能力不足。一是科研与市场脱节。企业与高校、科研院所之间相互联系不够紧密，高校、科研院所的研究缺乏市场导向，在研究过程中缺乏企业、市场的实际应用，导致许多科研成果不能转化为生产力，限制了技术创新功能的有效发挥。二是创新体制僵化。我国正处于市场转型期，长时间以来的行政计划体制的影响依旧巨大，科研机构与行政体制尚未分离，行政体制的僵化性依旧牢牢影响科研机构，科研机构内条块界限明显，力量分散，人员之间、学科间的交流合作较少，严重影响了科技人员创新的积极性和创新的条件。三是企业创新主体地位尚未确立。目前政府在很大程度上代替企业的技术创新活动。我国的中小企业大多以劳动密集型为主，利润率低下，再加上私人企业主缺少创新意识，造成了中小企业在产品创新和技术改造上没有能力投入或者投入不足，导致产品开发与技术改造不力，严重制约了企业的创新。

随着知识经济和现代信息技术的发展，市场不再以地理位置为制约，所以地理位置在经济发展中已经没有过去那么重要，人员交流、货币交流均以不受时空限制的网络为基础。从长远看，处在什么地理位置并不是最重要的，关键在于能否迅速调整，不断进行技术创新，在优势互补中找到自身的突破点，求得新的可持续发展。

三、使用说明

本案例通过对技术进步在总供给中的作用的阐述，使读者加深对技术进步在促进经济增长中所起的作用的理解。

思考题

1. 如何理解技术进步对总供给的影响？

2. 技术创新与产出增长的关系是什么？

3. 研究表明，从纵向来看，一个国家或地区的经济增长很大程度上受技术进步的推动，但从横向考察，不同国家或一个国家不同地区之间经济增长的差异，则很难说主要是由于技术的差异导致。比如，我国西部地区落后，很难说是由于西部得不到像东部一样的技术。中国经济比美国落后很多年，但很难说是由于中国得不到类似于美国很多年前的技术。请思考并分析区域间经济增长差异的主要原因。

参考文献

1. 陈琳. 技术进步与经济增长. 信阳师范学院学报，2001（1）

2. 桁林．技术进步与经济增长．社会科学研究，1999（3）

3. 陈伟，罗来明．技术进步与经济增长的关系研究．社会科学研究，2002（4）

4. 曹兴，孟方等．新经济：中美技术创新的差距及对策．中南工业大学学报（社会科学版），2001（12）

5. 乔晶，梅洪常．技术创新与中西部发展．重庆社会科学，2004（Z1）

案例 13

中国居民的消费特点和消费函数的形成

一、概要

中国是一个有几千年传统文化的发展中国家，拥有世界上人数最多的消费者群体，且处于经济转型时期。这就使得中国居民的消费特点以及消费函数的形成与西方资本主义发达国家相比，具有一些自己独有的特征。本案例主要分析中国居民的消费特点，探讨消费占 GDP 比重较低的主要原因。

二、案例内容

（一）中国居民的消费特点

1. 消费市场潜力巨大

中国是一个人口大国，又处于经济快速增长阶段，居民收入持续较快增长，决定了中国消费市场的巨大潜力。自改革开放以来，中国的消费市场持续快速发展，消费结构在不断升级，这已经成为当前拉动中国经济快速增长的因素之一。

首先，消费市场的规模在不断扩大，总体空间巨大，前景广阔。经过 30 多年的改革开放，中国经济发展步入新的历史时期，2010 年中国的人均 GDP 已经达到 2 456 美元。经济发展带动了居民收入水平的提高，据统计，从 1978 年改革开放至 2007 年，城镇居民和农村居民的收入增长分别为 13.6%和 12.6%，居民的消费能力也随着收入的大幅度增加而不断加强，致使我国消费市场的规模不断扩大。中国的社会消费品零售总额从 1978 年的 1 559 亿元增加到了 2007 年的 89 210 亿元，增加了约 56 倍。目前，我国正在向消费型过渡，中国是世界第一大手机市场、汽车市场、宽带市场、国内旅游市场等。据测算，到 2014 年，中国将有可能成为最大的奢侈品市场。尽管如此，中国的消费率相对于世界平均水平还是偏低的，提升的空间很大。

其次，消费市场发展的速度快。改革开放以来，中国消费市场快速增长，年均增速达 14.4%，约为世界水平的 3 倍，成为世界上消费市场增长最快的国家之一。近年来，随着中国家庭收入的增长，家庭的消费支出激增。据统计，1990—2000 年间，中国家庭消费支出年均增长约 8.9%，比世界平均水平高 5.9 个百分点。而 2000—2005 年，中国家庭消费支出年均增长 6.9%，比世界平均水平高出 4.3 个百分点，比发展中国家高出 2.4 个百分点，比发达国家高出 4.6 个百分点。从图 13—1 中可以看到，自改革开放以来，人均生活消费支出也发生了很大的变化。其中，城镇居民和农村居民的家庭人均生活消费支出均呈上升趋势，但是城镇居民增长速度快于农村居民，使得城镇和农村居民的家庭人均生活消费支出差距越来越大。2011 年，城乡居民的人均消费支出分别为 15 161 元和 5 221 元，分别为 1990 年的 11.9 倍和 8.9 倍。

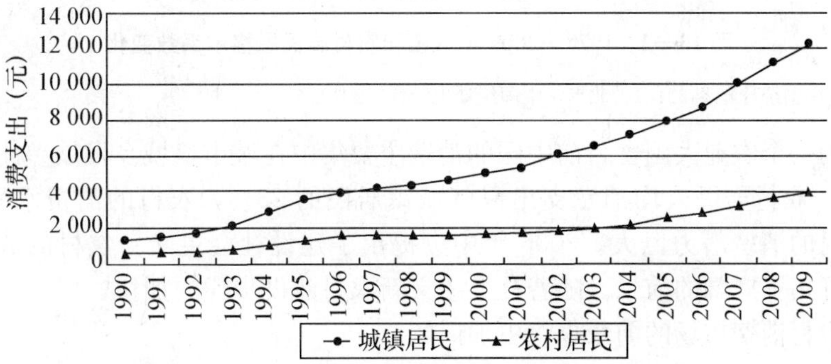

图 13—1　1990—2009 年农村和城镇家庭人均消费支出

资料来源：历年《中国统计年鉴》。

再次，消费结构升级加速。中国居民生活消费结构发生了巨大变化，经历了数次消费结构升级：第一次始于 20 世纪 80 年代初，在这一阶段，随着居民收入水平的提高，消费的重点主要以满足基本的生活需求（即解决温饱问题）为目标。食品和衣着等支出约占居民消费支出的 70%～80%，以自行车、手表、缝纫机为代表的“老三件”成为该时期的标志性商品。第二次是 80 年代中期至 90 年代初，此时期一般耐用消费品开始普及，以电视机、冰箱、洗衣机“新三大件”为代表，形成了以家用电器普及为代表的耐用消费品热潮。从 90 年代初至 2000 年，是主要以居住、家庭设备等为重点的优化生活品质阶段。在这一阶段，我国正式确立了社会主义市场经济体制，商品市场化程度迅速提高，劳动力等要素的市场化也逐步展开。随着居民的收入水平迈上新的台阶，家庭消费结构也在不断升级，呈现出新的变化：居民的住房消费支出增加，居住条件得到明显改善；消费产品如手机、电脑等更新换代加快，空调、彩电、健身器材等热点产品大量进入寻常百姓家庭。除此之外，居民用于通信、旅游和保健的支出增加。

自进入 21 世纪起为新一轮的消费结构升级阶段，此阶段是以住房、汽车、文化教育、旅游等为重点的发展型阶段。家用汽车、住房等大型耐用消费品成为居民关注和消费的热点，而教育、文化娱乐、旅游等服务类消费也大幅攀升。这些消费升级的加速，使得我国居民的生活质量不断得到改善和提高，恩格尔系数持续下降。从图 13—2 中可以看到，1978 年，中国城镇居民的恩格尔系数为 57.5，农村居民更是高达 67.7，到 2011 年，城镇居民恩格尔系数下降至 36.3，农村下降至 40.4。

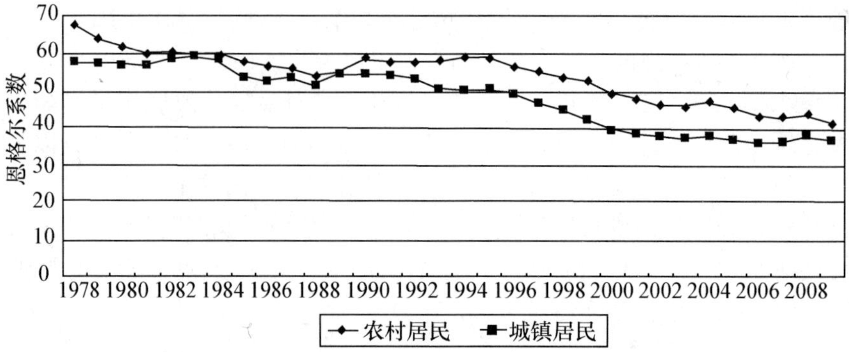

图 13—2　1978—2009 年城镇和农村居民恩格尔系数变化

资料来源：《中国统计年鉴 2012》，北京，中国统计出版社，2012。

中国作为一个农业大国，目前中国的消费主要集中在城市，城乡发展差距很大。据了解，2006 年，农村居民人均消费支出只有城镇居民的 28%，农村的消费水平相对较低，这也说明农村的消费潜力巨大。2006 年中央提出了建设社会主义新农村的战略，为农村地区的发展开拓了广阔的前景。随着社会主义新农村建设步伐的加快，城乡之间的差距会逐步缩小，农村消费市场的前景也将更加广阔。

2. 居民消费倾向呈下降趋势

随着国民经济的发展，近年来我国居民的收入水平大幅增长。然而，在居民收入保持稳定增长的同时，居民的消费倾向①出现下降。在改革开放初期，居民以解决温饱为目标，增加的收入首先是进行消费，平均消费倾向在 90%以上。20 世纪 80 年代末 90 年代初时，中国居民的消费结构又一次发生了变化，进入大规模普及耐用消费品时期。此后，居民的平均消费倾向和边际消费倾向开始明显下降，1995 年城镇居民和农村居民的平均消费倾向分别为 64%和 74%。

居民消费的形成和变动主要是消费者根据自身的经济收入和消费偏好以及商品价格自主选择的结果，影响居民消费倾向大小的因素很多，有居民收入、消费者偏好以及消费预期等。

近年来，导致消费倾向下降的因素有很多。首先，是由于预期的不确定性。我国经济社会制度处于重大改革时期，国有企业的改革、经济结构的调整伴随其中，居民收入中工资性收入的比重减少，非工资性收入比重越来越大。收入结构的变化使得居民的收入变得更加不可预期，而居民在医疗卫生、教育等方面承受着巨大的压力，除此之外，房价不断攀升，使得部分有需求的家庭不得不抑制其他消费，对未来预期不稳定，储蓄意愿变得更加强烈。其次，我国正处于全面建设小康社会的阶段，城市化进程明显加快，存在大规模的基础设施建设。大力发展外向型经济，增加投资项目以带动经济增长都导致了较高的投资率。由于居民的可支配收入中相当一部分以储蓄的形式在银行沉淀下来，导致消费倾向下降。再次，收入分配差距越来越大，整个社会消费不均衡越来越大，造成消费断层以及

① 消费倾向反映人们的消费意愿，包括平均消费倾向和边际消费倾向。平均消费倾向是指消费支出占可支配收入的比重，边际消费倾向是指消费支出增量占可支配收入增量的比重。

总体消费不足。消费环境欠佳，例如近年来食品安全方面屡屡出现问题，对居民消费也造成了一定影响。

宏观经济学对居民消费行为的研究大体上经历了三个阶段。第一阶段是凯恩斯的绝对收入理论，凯恩斯强调消费支出是实际收入的函数，其收入指的是现期绝对收入。随着收入的增加，消费也会增加，但是消费的增加不及收入增加得多。第二阶段是杜森贝利的相对收入消费理论、莫迪里安尼的生命周期消费理论和弗里德曼的永久收入消费理论。相对收入理论认为消费者会受自己过去的消费习惯以及周围消费水准的影响来决定消费，其核心是消费者易于随收入的提高增加消费，但不易随收入的降低而减少消费。生命周期理论强调理性消费者会在更长时间范围内计划他们的生活开支，以达到他们在整个生命周期内消费的最佳配置。弗里德曼认为个人收入可以分为持久收入和暂时收入，决定人们消费的是持久收入而非暂时收入。第三阶段是霍尔的随机游走假说以及流动性约束假说、预防性储蓄假说等等。

3. 消费者收入的决定方式多样化

首先，国有单位职工的收入中，虽然还存在着由国家规定的基本收入（由国家财政支出），但其所占的比重日益降低，而由奖励工资等所组成的非基本工资所占的比重不断上升，对大多数单位来说其已超过基本工资的比重。其次，在非国有经济中，无论是以利润形式存在的收入，还是以工资形式存在的收入都有了大幅度的增长，其中非国有经济的利润收入中有一部分被用来继续投资，另外一部分则形成非国有企业所有者或经营者的消费收入。最后，从农民的收入形成来看，随着农产品价格的放开，农产品的价格主要取决于其他部门对农产品的需求和农产品本身的供给弹性。近年来，农民的收入有了较大的提高，这不仅大大拓宽了农村的消费品市场，同时农民的储蓄也有较大增加。

由于多种经济成分并存，居民收入来源千差万别，收入分配机制较发达国家要复杂得多，政府与市场、国内市场与国际市场、城市与乡村、东部地区与中西部地区等因素都影响收入分配。如同样的一份工作，在东南沿海省区和外资企业，可能获得一笔相当丰厚的报酬，而在中西部省区和中资企业，获得的报酬可能就要微薄一些了。

4. 收入分配差距正在逐渐拉大

中国是一个处于经济快速成长中的发展中国家，由于多种经济成分并存，存在多种收入分配机制，目前国内居民收入差距总的趋势是在逐渐拉大。具体表现在，城乡居民之间、城市内部居民之间、农村内部居民之间、区域间以及行业间等的差距，并且这些差距越来越大。可以预见，这种状况还将持续较长时间。

（二）消费函数形成的特征

消费函数是研究消费者行为理论的基础，也是研究消费水平与国民收入之间相互关系的重要手段。它既是微观经济分析的一个重要内容，也是宏观经济分析的重要范畴。

我国无论是最终消费率还是居民消费率，都明显低于国际上相同发展阶段国家的消费率水平。消费率过低而储蓄率过高将可能导致我国经济增长在今后的一段时间内受到国内市场需求的严重约束。因此，在当前我国有效需求不足的状况下，深入研究和分析中国的消费函数及其特点，有助于我们把握消费者的行为特征及其规律，建立符合中国实际的消费理论，有助于掌握国民经济宏观运行状态，寻求克服需求不足的对策。

1. 居民消费模式复杂多样

目前，作为一个经济成长中的发展中国家，国家宏观经济整体发展不平衡具体体现在居民个人各方面发展极不平衡，包括个人收入水平、生活地区、民族文化、知识水平等都存在显著差异，由此导致居民消费模式也千差万别。如有的人由于收入水平过低，为了养家糊口，不得不举债消费；有的人处于温饱边缘，几乎全部收入都用于消费，很少储蓄；有的人收入略为宽裕，但心头仍拂不去以往家计艰难的阴影，因而有钱尽量省着花；有的人收入虽高，但考虑到未来的前景，其中相当一部分收入用于投资，生活消费仍然相当节俭；也有的人，收入提高以后，以往长期压抑的消费欲望一下子爆发出来，将增加的收入几乎统统用于改善生活消费等等。

2. 多种消费函数并存

在我国，消费者对于消费的决策受到很多因素的影响，对于一些非必需品和非高档奢侈品的消费，基本还是依赖于其当前的可支配收入（凯恩斯的绝对收入理论）。随着收入的增加，消费也会增加，但是消费的增加不及收入增加得多，即边际消费倾向是递减的。

有些消费者在做消费决策时，还受其过去的消费习惯以及周围的消费水准的影响，从而消费是相对决定的。对于高档耐用消费品的决策，通常会表现出这一特点。对于这一消费行为，增加消费容易，减少消费难。一向过着相对高的生活水准的人，即使收入降低，多半不会马上因此而降低消费水准，而会继续维持相对较高的消费（杜森贝利相对收入理论）。

对于消费者，我们认为他们都是理性的，会在较长时间范围内计划其消费，以达到他们在整个生命周期内消费的最佳配置。因此，消费者现期消费不仅与现期收入有关，而且与消费者以后各期收入的期望值、其初始资产和个人年龄以及下一代子女等有关。中国广大消费者大都有自己舍不得吃舍不得穿，而对子女则非常阔绰的消费表现，这体现了一种代际替代，符合莫迪里安尼的生命周期理论。

随着我国市场化改革和对外开放的不断深入，我国经济面临的国内外的不确定性越来越大，消费者越来越从更长的时间来考虑其消费，因此消费决策不再是由现期收入所决定，而是由其持久收入决定的。持久收入是其可以预料到的长久的、可预期的收入。弗里德曼认为，持久消费与持久收入之间存在一个固定比例，而暂时消费与暂时收入是不相关的。我国消费者的上述特点符合弗里德曼的持久收入假说。

总之，由于存在多种居民消费模式，因而也就决定了目前国内多种消费函数并存的格局，绝对收入假说、相对收入假说、永久收入假说、生命周期假说等都能在现实生活中找到其适用的平台。对于贫困地区和低收入阶层，以解决温饱为目标，消费容易随着收入的增加而增加，绝对收入假说可能比较适用，而小康阶层则可能比较适用相对收入假说，大多数工薪人员可能都比较适用永久收入假说和生命周期假说。

3. 多种消费函数模式需要多种消费调节手段

目前，消费日益成为拉动国民经济增长的一个极其重要的因素，如何有效地调控消费，值得重视。一般来说，与多种消费函数模式相适应，调节消费的政策手段也要多样化。如经济增长政策、收入分配政策、社会保障政策、教育科技和文化政策，以至公共安全政策等，都可能影响居民的消费观念和消费预期，并进而影响居民的消费倾向。具体来说，扩大内需的鼓励性措施主要有：

调整收入分配格局，努力提高城乡居民的收入水平。对于城镇居民，应根据不同消费群体的特点，采取不同的措施和手段。对于低收入群体，进一步加强城镇社会保障体系建设；对于中等收入群体，在提高其收入的同时，扩大中等收入者的比重；对于高收入群体，保护其合法收入。而对于农村居民，要采取各种有效措施努力提高农村居民的收入水平，包括调整农村经济结构，加大农村税费改革力度，加快农村医疗保障体系的建设，减轻农民的负担，促进农村剩余劳动力的转移，合理引导农民进城务工和就业等等。

加快建立社会保障新制度，增强消费者信心。首先，努力扩大就业，改善就业机制，不断提高城乡居民的收入，稳定居民收入预期。其次，对于涉及城乡居民切身利益的改革，要建立公众参与机制，提高改革的透明度，加大宣传力度，获得民众的理解和支持，从而降低人们对未来支出预期的不确定性。

切实改善消费环境，保障居民消费的有效增长。首先，取消抑制消费的政策，拓展新的消费领域；其次，加强社会信用体系建设，优化社会信用环境，积极发展消费信贷；进一步加强公共基础设施建设，尤其要积极改善和营造好农村的消费环境，鼓励农村流通网络，增加适销对路的产品，方便农民消费，以促进农民消费结构升级。

三、使用说明

本案例适用于凯恩斯消费函数以及其他相关消费函数理论的学习。

思考题

1. 根据我国城乡居民的消费特点，说明市场细分在我国消费领域的重要性。
2. 为什么我国市场上销售的汽车即使是同一品牌也会有五花八门的规格？
3. 城乡收入差距的拉大有利于刺激消费吗？

参考文献

1. 周平. 改革开放以来我国居民消费倾向分析. 消费导刊，2009（2）
2. 高鸿业. 西方经济学（宏观部分）（第五版）. 北京：中国人民大学出版社，2011

案例14

中国特色的储蓄：中国进入负利率时代了吗？

一、概要

中国是一个高储蓄率的国家，居民把收入的约40%存放在银行。根据国际货币基金组织公布的材料，中国的国民储蓄率从20世纪70年代至今一直居世界之首。由支出法的国民收入统计看，近年来我国的储蓄率一直保持在较高的水平上，而且呈现逐年上升趋势。近十年来，中国三次进入负利率时期，使得存款者的财富缩水，本案例主要探讨中国储蓄的特点以及负利率的影响等。

二、案例内容

（一）中国储蓄的特点

20世纪80年代初期，我国的储蓄率一直维持在35%左右，90年代末上升到40%以上，从2006年开始，我国的国民储蓄率开始超过50%，而且一直保持上升趋势，2008年的储蓄率达到51.4%。由于国家刺激内需的政策，2009年的储蓄率有所下降。

从储蓄的绝对量来看，我国居民的储蓄额逐年增加，而且增加幅度越来越大；从储蓄的相对量来看，各年累计储蓄额与国民收入有很明显的正相关关系，居民累计储蓄额随国民收入的增长而增加。

从城乡结构看，居民的储蓄率上升主要由城镇居民储蓄率上升拉动，而农村居民的储蓄率则呈下降趋势；从收入分配结构角度看，近年国民储蓄率提高主要是由企业和政府储蓄引起的，而居民的储蓄率在波动中有小幅度下降；从居民收入分组结构看，少数高收入户是居民储蓄的主要来源，大多数居民的储蓄并不高。

与发达国家相比，中国的高储蓄率是在平均收入水平低的基础上形成的。尽管中国是高储蓄率的国家，但对于一个人口大国来说，人均存款额却很少。人们既要承受房价的压力，又有医疗教育等费用上涨的负担，较低的人均存款数额使得普通家庭不敢轻易花费银行存款。因此，中国百姓只有银行有些存款，心里才能有些安全感。

（二）高储蓄率的形成原因以及对我国的影响

1. 高储蓄率的成因

首先，社会保障制度不健全使得居民有预防性储蓄的需求。目前我国现阶段处于经济转型期，经济体制改革的纵深发展使消费者对未来收入的不确定性预期增强。在居民收入未能大幅度提高的前提下，个人未来的预期支出也是个未知数，包括未来的养老、子女教育、医疗费用、住房等问题要依靠家庭自身的财富积累，充满各种不确定因素。因此，很多居民将收入的大部分用于储蓄而不是消费，只有积累起一定的货币资金，才能对未来有信心。

近年来我国已经陆续进行了住房、医疗、教育等制度的改革，尽管这些措施从长期来看有利于中国的发展，但从短期来看，使得居民对未来收入和支出的不确定性预期增强。有人认为，住房、教育、医疗、养老，一项项改革正把负担一层层地往个人身上加码。未来掌握在自己手里，也被赋予了更多含义，因为今天怎样储蓄，就意味着你明天怎样生活。这些都影响家庭的消费支出，促使居民更倾向于储蓄。

其次，居民的收入增加使储蓄增加。由凯恩斯的绝对收入理论可知，居民的储蓄随着收入的增加而增加，并且由于边际储蓄倾向是递增的，随着收入水平的提高，总收入中储蓄的部分是递增的。由图 14—1 可以看出，自改革开放以来，我国经济发展迅速，国内生产总值从 1979 年的 4.06 万亿元提高到 2010 年的 40.12 万亿元，同时，人均国内生产总值不断提高，由 419 元提高到 29 992 元。

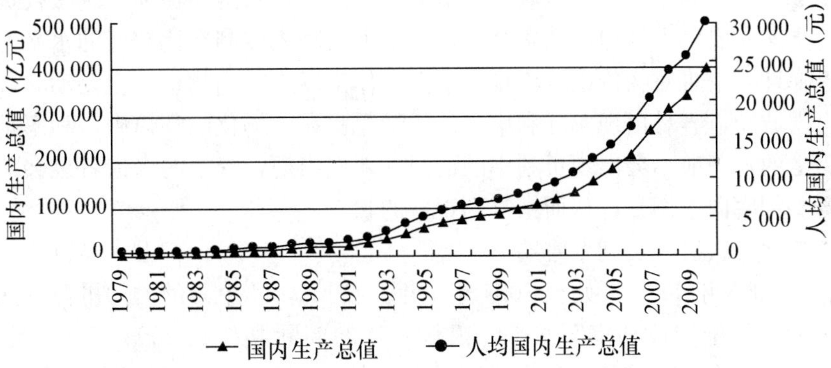

图 14—1　1979—2010 年国内生产总值和人均国内生产总值

资料来源：历年《中国统计年鉴》。

再次，收入差距的增大使得不同的收入群体的储蓄动机不同。对于中高收入者而言，没有找到合适的投资渠道之前，只能够选择储蓄来保值。而对于低收入者而言，面临着失业的风险，各方面得不到相应的社会保障，处于预期未来收入下降但是支出增加的双重压力之下，储蓄是保障未来生活的最好方式。

最后，人口年龄结构对于储蓄的增加也有影响。目前在我国，40～60 岁的消费者是储蓄人群中的主力军，并且这些人都是在人口出生的高峰期出生的。根据生命周期理论可知，随着社会上中年人口在总人口中比例的增加，会使个人储蓄增加以备将来养老，消费倾向会下降，从而导致储蓄率上升。

2. 高储蓄率的影响

高储蓄率既有正面影响也有负面影响。高储蓄率对于中国经济的发展起到了很大的促进作用。改革开放初期，在资本存量相对较低的情况下，高储蓄率有助于弥补建设资金不足，有力地支持了中国过去30多年的经济高速增长。

然而，在收入一定的情况下，储蓄增加就意味着消费的减少，高的储蓄水平必然导致低消费，这样使得消费市场供过于求，引起消费对生产的拉动作用弱化，导致生产与消费不协调差距加大，不仅抑制了合理的消费，而且限制了居民的投资方向。“十二五”规划建议中指出：投资和消费关系失衡是我国发展不平衡、不协调、不可持续问题的原因之一。消费作为拉动经济增长的“三驾马车”之一，其减少就意味着经济增长的动力不足。在国内居民有效需求不足的情况下，经济增长只能依赖于投资和出口，投资的方向只能是基础设施、重化工行业和出口行业，如此方式的高投资又会引发新一轮的高储蓄问题。

（三）中国进入负利率时代

负利率是指通货膨胀率高于银行存款利率，使实际的存款利息所得低于物价的上涨，最后带来存款得不偿失的情况。货币存在银行所得到的利息赶不上其贬值的速度，使得居民的银行存款随着时间的推移，购买力逐渐下降。在这种情况下，把钱存在银行里财富不但没有增加，反而随着通货膨胀率的不断提高而“缩水”。在负利率的条件下，相对于储蓄，居民更愿意把自己拥有的财富通过各种其他理财渠道进行保值和增值，例如购买股票、基金、外汇、黄金或房地产等保值增值的产品。

一般情况下，负利率是金融压制状态下的特殊产物，一国往往为了刺激投资增长以及国民经济的高速发展，人为地低估资金价格，把名义利率控制在比较低的水平上。受管制的利率缺乏弹性，很难对物价以及市场供求变化作出反应。当物价发生变动时，实际利率会相应地出现波动，容易出现实际利率为负的情况。在市场化的环境中，利率是由资金市场的供求决定的，一般不会出现负利率的情况，即使出现，资金的出借者也会减少资金的供给，使名义利率向上调整，从而恢复到正常的状态。

近十年中国三次进入负利率时期：

第一次从2003年11月开始至2004年全年。在长达14个月的时间里，中国的一年期存款利率实际上处于“负利率”水平，银行存款的实际利率在2004年8月达到最低为－3.32％，最高的为2004年12月，即使不算20％的利息税，实际利率也达到－0.15％。2004年同比价格上涨的递延效应为2.2％，也就是说，2004年即使没有任何新的涨价因素，全年物价上涨也会达到2.2％。而银行一年期存款利率为1.98％，考虑到20％的利息税和物价上涨因素，实际利率为－1.616％（即1.98％×0.8－3.2％）。这意味着自1996年以来，中国首次出现存款实际负利率的状况。按11万亿元银行存款计算，每年大约有200亿元的财富从存款者手中悄然流失。

第二次从2007年2月至2008年11月。2008年2月我国CPI同比涨幅最高达到8.7％，而同期一年期存款利率只有4.14％，负利率水平高达－4.56％，也即100万元存入银行，一年实际损失达到45 600元。直到2008年10月，CPI同比涨幅仍达到4％，高于同期3.87％和3.6％的一年期存款利率。

第三次从2010年3月至2011年5月。2010年3月中国CPI达到2.4％，首次超过一年期定期存款利率 2.25%，此后负利率持续至 2011 年 5 月。以 2011 年 5 月份 3.1%的 CPI 涨幅来计，负利率已扩大到−0.85%，也即居民将 100 万元存入银行，其一年的损失达到 8 500 元。

负利率对存款者和贷款者都会产生直接的影响，具体有以下几方面：

对存款者而言，存款会越来越少。由于存款者存在银行的钱所得的利息赶不上货币贬值的速度，导致其财富缩水。目前居民储蓄存款 29 万亿元，利率低于中性水平至少 3 个百分点，相当于居民每年收入少增约 9 000 亿元。因此为了减少资产损失，居民会有计划地减少存款，拿出更多的资金进行理财。这就导致了银行存款规模增长放缓甚至下降，特别是银行存款作为一种高能货币，其规模的大小直接影响我国经济的发展。为了解决这种困境，各大商业银行使出浑身解数吸收存款，甚至是变相吸储，比如各大商业银行推出短期理财产品，短短的一个月，年收益率甚至达到 5%左右。

但是尤其需要注意的是负利率对于社会弱势群体的影响，这部分群体财富的主要拥有形式就是银行存款。由于对自身福利保障和未来收入、支出的预期具有不确定性，日常存款就是为养老或应急所需而攒，不到万不得已不会动用，对于这一群体来说，不论利率高低，他们都不敢随意消费，更不会把这些储蓄转化为投资，但是长时间的负利率会使其原本就很困难的经济局面雪上加霜。尤其利率作为一种财富的再分配工具，负利率会进一步掠夺这部分群体的财富，扮演着“劫贫济富”的角色。

对贷款者（主要是投资者或投机者）而言，市场投资会较大增加。

首先，企业大规模投资。最乐意看到负利率的莫过于从银行贷款的企业，它们也是负利率的最大的获益者，负利率越高，从银行获得贷款的成本越低，企业也会更加积极地从银行贷款进行投资。从 2003 年开始，7 年来，中国 1 年期实际贷款利率为 2.6%（按官方统计数据，年均 CPI 涨幅为 2.7%），长时间以来企业贷款的成本极低。至 2009 年，中央政府为了破解经济危机采取宽松的货币和财政政策，当年银行信贷暴增 10 万亿元，创下历史最高纪录。极低的利率诱发了巨大的信贷需求和资金需求，市场上货币供应量大量增加，大量资金寻求不到合理的出口，使得部分企业和个人投机思想严重，此时，投机暴利远远超过投资回报，实业资本受到威胁。这其中的典型代表就是房地产行业。根据人民银行的数据，截至 2009 年末，年新增房地产贷款 2 万亿元，占各项贷款新增额的 21.9%，比上年提高 11 个百分点以上，同比多增 1.5 万亿元。其中，个人购房贷款新增 1.4 万亿元，约为 2008 年的 5 倍、2007 年的 2 倍。

其次，居民投资增加。对于手里有空闲资金的中产阶级及高收入者，在负利率时期，存款意味着其财富在银行蒸发缩水，因此在留有一定的保障资金的情况下，会选择把资金从存款中抽离投入到保险市场、黄金市场或者是购买更多的理财产品等。

可以看出，长时间的负利率会导致银行存款下降，企业的实际融资成本降低，这就有可能使投资进一步加速扩张，特别是在通货膨胀率已经较高的情况下，极易引发经济过热，诱发经济泡沫。例如，当 2007 年出现了物价快速上涨、负利率变得较为严重之后，中国房地产市场恰好迎来价格快速上涨时期。

最后，负利率的一个直接影响就是游资炒作。在负利率时代，货币和财政政策相对宽松，导致了社会上出现了大量闲置资本，为了让资本升值，各路游资的拥有者会费尽心机寻求各种方式进行投机行为。特别是当股市、房市比较低迷时，投资者不仅仅局限于以前单纯的股市、楼市和期货市场，将投资扩大到日常衣食住行各个领域，利用监管机制尚不健全的空子，采取各种手段炒作牟利。近年来古董、字画等都成为游资炒作的对象。另外，在政府严格控制和打击的背景下，游资也铤而走险，炒作农产品，导致相继出现"蒜你狠"、"豆你玩"、"姜你军"、"糖高宗"、"苹什么"，投机者囤积农产品低价买进高价卖出，操纵农产品价格，短短数日，大蒜等价格疯长数倍，甚至比肉、蛋等价格还贵。据统计，截至2010年7月末，21种叶类蔬菜平均价格一个月内上涨11.9%，猪肉甚至暴涨16.7%，CPI同比增长3.3%。尤其在居民收入没有明显变化的情况下，几乎所有的居民都无法接受如此疯涨的物价。疯涨的物价已经严重影响了居民的生活水平。除此以外，如此非正常的高价吸引了大量农户种植蒜、豆、姜等农产品，而待游资满载而归抽身离开，市场短时间难以消化大量的农产品，又造成了这些农产品价格的大幅度降低，"蒜你狠"变成了"蒜你贱"，农户血本无归。

（四）本案例的启示

对于消费者而言，其资产和财富主要表现为：银行存款，股票、基金或债券，黄金或外汇投机收益，房地产以及其他保值增值的产品投机或投资。对于企业而言，既可以投资于实业，也可以进入金融市场进行各种投机。在完善的资本市场的情况下，利率是资本流向的指挥棒，当银行存款利率降低时，消费者将放弃货币而持有其他资产。

一般认为，对付负利率最简单的方式就是加息，但是从宏观调控的角度而言却不是那么简单。

一方面，从国际上来看，在2009年爆发经济危机后，各国为了刺激经济迅速走出低迷，可能在较长的一段时间内都采取较低的利率。例如2010年10月，日本央行调降利率，将银行间无担保隔夜拆借利率从0.1%降到0～0.1%，这是日本央行时隔4年多来再次实施零利率政策。在世界范围采取低利率的普遍情况下，如果我国利率远高于世界平均水平，那么，外国的热钱就会大量流入我国，兑换人民币进行套利，使得人民币的需求迅速增加，使我国人民币原本就面临巨大的升值压力的情况雪上加霜，进而削弱我国尚不壮大的经济实力。

另一方面，利率调控作为一项重要的货币政策，如果要通过加息消除负利率，就必须正确地分析负利率的作用。那么负利率是不是造成众多不合理的经济现象中的主导因素？以房地产为例，负利率导致更多资金进入房地产领域，对推高房价起了一定的作用。但是我国的经济一直处于快速发展的阶段，工业化和城市化的稳步推进、中国人民自古以来安居的强大需求、人民币稳步升值的预期造成外国游资的涌入等等这些因素都在拉动着房价的增长，只要房地产市场持续获得高额的利润，就会吸引更多的资本流入这个市场，在众多因素中，不能单一地将负利率作为主导因素，一棍拍死，贸然采取加息的措施。

因此，负利率只是造成目前经济中不合理现象的众多因素之一，而且可以说并非第一位的原因，因此，利率调控应该是一个综合考虑的结果。政府在解决负利率以及相关问题时，更多地应该参考宏观经济情况和国际经济因素，要采取综合性措施调控资产价格，优化经济结构，加大对高新技术产业的投入，合理引导资本市场资金走向，不断加强市场经济建设，完善市场监控调控体制，保障、引导市场经济合理运行。同时，对于社会中的中低收入阶层，采取合理的社会保障和福利手段消除负利率的影响，提高其抗风险的能力。

作为个人来说，要想合理规避负利率带来的财产缩水的风险，就必须增加理财手段和投资渠道，优化财产配置，以投资收益弥补通货膨胀带来的损失。而私人的理财手段和投资渠道主要有以下几个方面：(1) 证券股市。证券股市风险较高，但是收益较大。在长时间负利率情况下，与其让存款缩水，还不如关注一下证券类的产品，但是购买证券产品需要一定的抗风险能力，相对来说比较适合年轻人和中年人。(2) 银行理财产品。银行理财产品相对于证券类产品而言，风险小，收益稳定，并且收益率普遍高于同期的存款利率。另外，资金完全由银行打理，在缺少相关的市场投资知识的情况下，这种理财手段是一种很好的选择。(3) 固定资产和贵重金属投资。近年来房地产市场和黄金市场的火爆已充分说明了人们对这两类市场投资强烈的欲望，房地产可以获得稳定的租金收入，贵重金属又具有很强的保值性，在目前通货膨胀的情况下，都是较好的选择。(4) 保险投资。保险对于个人的风险事故提供强大的经济保障，在保险方面进行适当的投资，在一定程度上就是为自己和家人在风险面前提供一份保障和安心。另外，目前保险公司为了适应市场都推出了分红型保险和储蓄型保险。

当然还要看到，任何投资都要适度，在投资过程中也要留有适当的储蓄供日常生活和应急所需，不可盲目投资，更忌投机，将自己全部身家投入到陌生的领域。

三、使用说明

本案例适用于宏观经济学总需求理论的学习。同时，对于利率影响资本流入和流出的开放经济理论也有一定涉及。

思考题

1. 中国储蓄的特点及形成原因是什么?

2. 负利率的影响是什么?

3. 早上，一位美国教授一到教室就对学生说："昨晚，我家被盗，电脑被偷，我很高兴。"这时，台下坐着的很多中国学生感到非常奇怪。接着，教授又说道："我那台电脑已经买了好长时间，我正想换一台，而且里面也没有什么重要的文件资料，被盗后，保险公司会赔我一台新的电脑。"讲台下面的中国学生愕然。由此可知，美国居民口袋里的钱是交过所得税、医疗保险、失业保险和家庭财产保险等以后的纯粹供消费和享受的收入。中国消费者口袋里的钱（特别是农村居民），则要为自己的失业后的生活、生病后的医疗考虑，而且还根本没有条件去购买家庭财产保险等未来预防性的需求。对比并评价中美两国消费者的储蓄和消费特点，指出它们各有哪些利弊。

参考文献

1. 赵钰. 对中国居民高储蓄率的思考. 经济论坛，2011 (1)

2. 张合金，杨充等. 我国存款负利率的经济影响及对策研究. 河北经贸大学学报，2005 (4)

3. 银行存款再次进入负利率时代. 中国经济网. http://www.ce.cn/macro/more/

201003/12/t20100312_21106225. Shtml

4. 中国步入负利率时代，11万亿百姓存款流向何方？搜狐焦点. http://house. focus. cn/msgview/40/10418875. Html

5. 近十年中国三次进入负利率时代. 网易新闻. http://news. 163. com/10/0619/15/69I68S3I000146BC. Html

案例 15

中国投资函数形成的特征

一、概要

中国目前正处于计划经济向市场经济转变的过渡时期，同时也正处于经济快速成长阶段。在消费者特有的储蓄行为和企业面临的中国特色的市场环境的背景下，中国投资函数的形成有其独特之处。本案例主要通过介绍中国的投资环境来分析中国投资函数的特点并对外商投资现状进行讨论。

二、案例内容

投资就是资本的形成，包括人力资本的投资和物质资本的投资，而人力资本和机器设备等物质资本都是技术的重要体现，对于经济增长和社会发展均发挥着重要作用。

（一）中国投资函数的特点

投资函数反映了投资和影响投资的各个因素之间的关系。中国投资函数的特点，主要体现在投资数量和结构的特点，影响投资的因素复杂性的特点以及投资量和各因素间的数理关系的特点上。

（1）投资空间巨大。中国是一个人口众多、幅员辽阔、资源丰富的大国，自改革开放以来一直维持着较高的 GDP 增长率，经济的快速成长，决定了中国投资空间极其巨大。一是体现在行业规模上，目前，相对于发达国家来说，中国的很多行业刚刚兴起，行业中企业数量少、规模小，远远不能满足国内巨大的需求缺口，行业中巨大的空白留给各个企业投资和发展的空间；二是在行业发展的质量水平上，相对于发达国家各个行业技术相对成熟的局面，中国自改革开放以来白手起家，很多行业发展的起点低、技术水平落后，各个行业之中不仅存在着经济规模的增长，更具有结构调整、技术投资的增加和经济质量水平提高的巨大空间。由此可以预见，在如此巨大的空间和利益的诱惑下，中国将在未来较长时期内继续保持投资的较快增长。

（2）投资主体多元化。经过 30 多年的改革开放，中国已经由计划经济时代几乎完全由政府包揽所有投资转变为政府投资、国内私人投资、外商投资等多元化投资格局。并且，私人投资从“资本主义的尾巴”转变为享受“国民待遇”的市场主体，再到今天私人投资对于GDP的贡献逐渐增大，私人投资对于市场投资发挥着越来越重要的作用。

但需要强调的是，不同投资主体之间，在投资方向上，具有不同的分工。首先，作为政府，一般来说，主要投资于基础设施，包括道路、信息、生态环境等方面，目的在于为国内私人投资和外商投资开拓更广阔、更优越的市场空间。原则上，政府不宜直接投资经营企业。现有国有企业，除必要保留一部分外，其他宜通过股份化等途径，逐渐加大私人投资比例，以至完全让位于私人投资。其次，不管是国内的还是国外的私人投资行为，都是为了获得更大的经济利益，私人企业的投资会带动经济发展，提高人民的收入，改善人民的生活水平。但是政府必须对不正常的私人投资行为加以引导，防止其为了追逐过高利润而损害他人的利益。比如近年房地产市场过热，政府采取了一系列措施对房地产行业进行调控。

（3）国内资本市场发育不成熟。企业的投资活动需要从资本市场上获得稳定的支持。一方面，目前除政府和外商投资以外，国内私人投资一般多依靠自有资金和银行贷款，只有一小部分通过股市筹资。国内居民个人投资股市的资金也只占一个较小的比例，整个证券市场规模还有待扩大，操作管理不够规范，内控机制不完善，抗风险能力差，再加上投机气氛浓重，导致了证券市场不健康发展，使企业难以从股市获得资金的支持，闭塞了其资金支持的渠道，使其只能更加倚重贷款。另一方面，在贷款方面，相对于国企，在同等贷款利率和担保的情况下，私人企业难以获得银行的贷款，尤以中小企业为甚，而这些企业则更需要资金的扶持，用于企业自身的发展壮大。比如央行缩紧银根，基准利率和民间借贷率普遍上扬，按照投资函数来说，企业此时应该减少投资，但是中小企业为了维持自身的发展，在难以取得银行贷款的情况下不得不向民间借入高利率的高利贷。除此以外，在住房投资方面，虽然银行针对个人的贷款逐渐增加，但目前依靠个人自有资金购房所占的比例还较大，民间持有的资金并没有很好地利用起来。总的来说，中国资本市场目前尚处于发育阶段，有待进一步完善。因此，在促进投资方面，货币政策的效应比较微弱。

（4）国内政策的变化。不同时期国内的投资政策也不相同，下面重点考察政府投资和境外投资。

1978年12月党的十一届三中全会拉开了我国经济改革的序幕，1978年至2002年10月为前转型时期，在此时期，我国主要实行的是速度型投资政策。此类政策以追求经济增长速度为主要目标，投资结构以刺激投资需求为主，以高成本、高污染、不可持续发展为代价。由于它忽视了经济与人口、资源、环境的协调发展，尽管在经济增长的过程中发挥了积极作用，也带来了很多的负面效应。首先。加剧了经济发展的不平衡，使东西部的差距越来越大。其次，对全社会资本投资的引导作用较弱，导致近年来地方财政以及民间资本只能在大致相同的几个竞争性领域进行投资，造成了低水平的重复建设。再次，速度型投资政策对于扩大就业的贡献也较小。2002年11月党的十六大和随后的十六届三中全会之后为后转型时期，我国的社会经济体制改革以建立完善的社会主义市场经济体制为目标。在此时期，政府采取效益型的投资政策，以追求高效益、低成本、可持续发展与充分就业为主要目标，稳定投资总量，优化投资结构，强化投资调控，提高投资效益。

境外投资政策由限制到鼓励和支持。改革开放初期，我国的境外投资规模一直较小，在1979年8月国务院颁布的15项经济改革措施中，第一次明确规定允许出国办企业，由此对外直接投资开始作为一项政策确定下来。1991年3月，当时的国家计划委员会向国务院报送了《关于加强海外投资项目管理的意见》，指出，“目前，我国尚不具备大规模到海外投资的条件”，上述观点成为20世纪90年代指导我国境外投资的基本政策，奠定了我国限制境外投资的基调。在1997年召开的党的十五大上，我国开始鼓励扩大境外投资，提出要“鼓励能够发挥我国比较优势的对外投资”。2000年10月，《中共中央关于制定国民经济和社会发展第十个五年计划的建议》指出，鼓励能够发挥我国比较优势的对外投资，扩大经济技术合作的领域、途径和方式，支持有竞争力的企业跨国经营，到境外开展加工贸易或开发资源，并在信贷、保险等方面给予帮助。2002年党的十六大与2007年党的十七大均着重指出，要把“引进来”和“走出去”相结合，全面提高我国的对外开放水平。与党和国家的上述发展要求相适应，我国各级政府及商务部、国家发改委、财政部、国家税务总局、外汇管理局等有关部门对于境外投资的态度也逐渐从限制转变为鼓励和支持。

（5）投资结构呈现劳动密集型特点。中国拥有世界上最丰富的人力资源，劳动供给数量极其庞大，因而中国工资总体水平显著低于一般发达国家，这已成为目前中国吸引外资的一个重要因素。由于工资相当低廉，一般企业在进行投资时，往往更多地倾向于使用劳动力资源，从而使投资总体结构呈现劳动密集型特点。这种劳动密集型投资，首先会相对减少机器设备等资本品的投资需求，不利于资本品的生产及发展。

（6）投资比较分散。目前中国投资总量比较大，但投资流量相对分散。首先，一般企业规模普遍偏小。虽然有一些企业走出国门，但相对于大型跨国企业的产业链投资和集群性投资来说，我国的企业大多是在多国多地区散点式的投资，各个投资之间关联少，难以形成规模和产业链，这样不可避免地对中国投资的整体效率带来消极的影响。其次，中国投资流量的地区布局不均衡。改革开放以来，中国东部沿海省区发展比较快，包括政府投资、国内私人投资和外商投资都大量集中于东部沿海省区，使东部沿海地区经济快速发展，而广大中西部地区投资则严重不足，整个中国经济已开始出现一定程度的地区失衡，并对未来社会经济发展形成某些消极影响。有鉴于此，中央政府于20世纪90年代末，作出了西部大开发的战略决策，促使相当比例的投资转向西部地区。

（7）教育和住房投资是拉动中国“投资”的两驾马车。经济增长需要投资的推动，投资的资金主要来自消费者的储蓄，储蓄是源泉。而企业是否要投资，关键看其产品是否有销路。因此，较好的经济模式是：消费者能够积极主动地将一定的储蓄拿出来购买衣食住行用等产品和服务，这样企业的产品和服务就能够顺畅地销售。当企业拿到销售货款后，又可以继续生产，经济会不断地循环下去，良性发展。但是，中国消费者由于勤俭节约的传统和对未来预期的不乐观，一直不愿意多消费。

为了启动我国的消费，让老百姓将储蓄拿出来转变为消费，政府采取了教育市场化（教育并轨）和房地产市场化改革，这两项政策正是抓住了中国老百姓的心理，即自己再穷再苦但为了小孩上学也愿意花钱；另外，在中国老百姓的传统中，住房有着举足轻重的作用，“安居乐业”、“有房才是家”就是很形象的说法，因此，为了能够有个稳定的家庭，消费者愿意拿出自己的全部储蓄甚至两代人或几代人的储蓄。1）教育市场化。从20世纪90年代中后期（特别是亚洲金融危机后）开始了大阔步的教育并轨，让老百姓从攥得很紧的口袋里或情愿或不情愿地拿出了其储蓄。2）住房市场化。1994年7月18日，国务院颁布了《关于深化城镇住房制度改革的决定》，标志着我国全面推进住房市场化改革的确立。但是住房市场化改革的实质性快速推进，还是始于1997年亚洲金融危机之后。1998年7月3日，国务院颁布了《国务院关于进一步深化城镇住房制度改革加快住房建设的通知》，明确废除了住房实物分配的制度，确立了商品房的市场主体地位。此文件也成为了我国房改历程上的里程碑。

（8）投资函数复杂多样。上述多方面原因，决定了中国投资函数比较复杂，不宜简单地套用西方经济学中投资函数的模式。特别是政府投资，仍然在中国“投资”中起着决定性作用。近年来，数千亿元的国债投资在拉动经济增长、促进私人投资方面所起的作用，是有目共睹的。再如中国由于资本市场发育不成熟，因而利率对投资的调节作用也比较有限，这些都不同于西方发达国家。

（二）外商直接投资

在过去的十几年中，中国凭借其较为良好的投资环境、低廉的劳动力价格以及国内市场的迅速增长，在吸引外商投资方面做得非常成功，但同时带来了正负两方面的影响。

从正面影响来看，首先，随着外商直接投资规模的不断扩大，缓解了我国国民经济发展的“瓶颈”部门和企业的制约，对我国国民经济的贡献不断增强。其次，外商对本国投资带来了国外的先进技术，弥补了我国在某些领域的技术缺口。再次，外商投资企业给我国创造了更多的就业岗位，在一定程度上缓解了社会就业压力。最后，由于我国实行鼓励出口的政策，外商投资企业中出口加工型企业占相当比重，有力地推动了我国对外经济的发展。

从负面影响来看，一是外商直接投资的产业部门的比例不协调，在第二、三产业中所占的比例大，尤其是第二产业占绝对主导地位，而这种投资结构不利于我国产业结构的调整和优化升级。二是外商直接投资区域分布严重失衡，东部地区的投资远远多于中西部地区。这种外资区域分布不合理进一步拉大了我国地区经济发展的差距，加剧了地区发展的不平衡，对于我国经济整体发展战略的实施以及构建社会主义和谐社会等均产生了不利影响。三是长远来看不利于我国经济的可持续发展。首先，外商直接投资削弱了我国增强经济自身的内生增长的能力。经济本身只有获得了持续发展的内在动力才能够实现可持续发展，而自主创新能力是影响经济增长内生动力的关键变量，尽管外商直接投资带来了一些先进的技术，但是会降低我国的自主创新能力。其次，外商投资企业以营利为目标，会将自然资源密集型及污染严重的产业转入我国，这将加重我国的生态环境问题，不利于我国经济的可持续发展。

三、使用说明

本案例适用于投资函数理论的学习，与消费函数的案例一起构成凯恩斯理论的基础。

思考题

1. 中国投资函数形成中有哪些特点?

2. 投资函数形成中的特点对企业选择经营领域有什么影响?

3. 产业资本、商业资本和金融资本是投资的重要体现，从中国的资源和经济结构的特点来看，未来投资的结构应如何引导?

参考文献

1. 马骁，范凤山. 后转型时期政府投资政策研究. 河南金融管理干部学院学报，2005 (3)

2. 于永达，钱海峰. 入世前后我国投资环境优劣势转换分析. 国际经济合作，2003 (10)

3. 姚振炎. 中国利用外商直接投资现状与展望. 中国投资，1997 (7)

4. 于文涛. 我国利用外商直接投资现状及对策建议. 中国经贸导刊，2005 (10)

第四部分

失业与就业

案例 16

中国近年来的“民工荒”：刘易斯拐点到了吗？

一、概要

1992 年中国提出了建立社会主义市场经济体制，各要素开始在全国范围内流动，在此背景下，我国大批农村剩余劳动力外出打工，掀起了“民工潮”。经过十多年农村劳动力的外出流动，农村劳动力似乎不再像过去那样“无限供给”。从 2004 年开始，我国沿海发达地区出现了很多企业找不到生产工人的现象，“民工荒”成为困扰东部地区企业发展的因素。如今，在全球金融危机过后的经济复苏过程中，我国又出现了新一轮的“民工荒”，广东、浙江等沿海发达地区的企业纷纷使出浑身解数招聘工人，却依然无法满足企业用工的需要。“民工荒”反映了我国改革开放以来经济格局的深刻变化，在“民工荒”的背后有着一系列的社会、经济问题。至此，许多学者对“刘易斯拐点是否到来”展开了激烈的讨论。本案例分析了“民工荒”的由来与发展进程，分析了“民工荒”反映的社会经济问题，并引出了对“刘易斯拐点是否到来”的思考。

二、案例内容

从 20 世纪 90 年代开始，大批农民开始到东南沿海经济发达地区寻找工作，形成了大规模潮汐式的劳动力跨省转移，被称为“民工潮”。但从 2004 年 1 月起，在珠三角、长三角、闽东南等经济发达地区又出现了企业用工短缺的现象，被称为“民工荒”。这种变化似乎预示着我国从劳动力的极大剩余跨入了劳动力短缺时代，国内一些学者和机构判断，我国经济的刘易斯拐点已经到来。中国的劳动力市场究竟发生了怎样的逆转，值得深思。

（一）“民工荒”问题的由来

2004 年初，我国沿海经济发达地区很多企业因找不到一线生产工人发愁，甚至一些工厂由于工人缺失而被迫停产，特别是在珠三角和闽南地区，一线生产工人的缺口非常大。企业为了招工，不断提高工人工资及福利，但即使待遇提高，很多民营企业的劳动力需求还是无法得到满足。针对国内一些地区出现的民工短缺现象，2004 年我国劳动和社会保障部对珠三角、长三角、闽东南、浙东南等几个主要的劳动力输入地区以及湖南、江西、安徽、四川等几个劳动力输出大省进行了重点调查，同年9月上旬发布了《关于农民工短缺的调查报告》，报告显示，企业缺工地区主要是珠三角、闽三角、浙东南等加工制造业聚集的地区，重点地区缺工10%左右，短缺工人主要是18～25岁的年轻女工以及具有一定技能的熟练工。缺工最严重的是广东省的珠三角地区，据当地劳动保障部门调查和专家估计，有近200万人的缺口，缺工比率达10%。深圳有农民工420万人，缺口40万。①

2008年以来，随着全球金融危机过后的经济复苏，继2004年之后又出现了大范围的"民工荒"，甚至蔓延至内地，不仅是技术工人短缺，而且普通劳工也开始短缺。广东、浙江等地的企业使出浑身解数招聘工人，却仍无法满足用工需求，较为明显的原因是外出务工的农民工大幅减少。根据国家统计局公布的数据，2009年我国东部地区务工的农民工为9 076万人，比上年下降了8.9%，占全国外出农民工的62.5%，比上年降低8.5%。深圳市《2009年第四季度劳动力市场供求状况分析》显示，2008年该市劳动力需求人数达到194.4万，求职人数112.5万，用工缺口为81.9万。

2011年春节过后，"民工荒"再次席卷东部沿海地区，这一轮的"民工荒"比以往来得早、来得猛，甚至蔓延到传统的劳务输出大省安徽、河南等地。新一轮的"民工荒"出现了新的表现和特点。

（二）从各地区表现看新一轮"民工荒"

1. 珠三角、长三角等沿海发达地区"民工荒"问题依旧严重

2010年春节以后，对于长三角、珠三角等沿海地区的许多企业来说，招工形势一直比较严峻，新一轮"民工荒"正随各地工厂的陆续复工而愈演愈烈。"珠三角缺工200万"，"深圳春节后缺工80万"，"广州春节后缺工20万"……诸如此类的消息不绝于耳，比过往的任何一年都更为严峻。但对于长三角和珠三角地区到底有多大的用工缺口，没有权威统计。据了解，杭州外来劳动力市场一度创下1比20的劳动力供需比纪录。在义乌等地，招工心切的企业老板甚至开着小轿车到劳务市场"抢人"——一遇到满意的工人，当即送到工厂上班。②

2011年春节后，广东东莞许多企业头件大事就是为应对"用工荒"而忙碌。东莞凤岗镇2月12日在凤岗劳务大市场举办春节后首场招聘会，提供1 000多个岗位，但整场招聘会仅吸引约200人次进场应聘，招聘会出现"粥多僧少"的现象。东莞桥头镇企业招聘处在大年初五人流就开始密集起来，该镇各家企业纷纷早早在此设点招工。这些企业招工人数少则50人，多则800人，大部分企业都要赶在年初八开工，而企业员工数量仍远远不够，企业面临"用工荒"。面对"民工荒"问题，许多企业不仅提高了员工待遇，而且更加注重员工的文化生活，以亲情留住员工，并给他们提供更多发展提升的机会。

总体来看，2011年春节过后，"民工荒"席卷东部沿海地区，上海一些传统工业聚集

---

① 参见劳动和社会保障部课题组：《关于农民工短缺的调查报告》，劳动和社会保障部网站，http://www.molss.gov.cn/news/2004/0908a.htm，2004-09。

② 参见中国评论新闻网，http://www.chinareviewnews.com。

区的部分加工企业，其生产线开工率不足一半。在这次“民工荒”的背景下，甚至一些工厂内已上工的外地工人也频遭老家企业“挖角”，让节后用工荒雪上加霜。在一封来自安徽省颍上县给上海金山工业园区工人们的“求贤信”中明确列出了当地工业园区 2011 年需要招工的企业，并列出让人心动的优厚薪资。收信对象直指在上海金山工业园区工作的安徽籍工人。据了解，金山工业园区内的不少企业，近一半的工人节后没有回来，工厂生产处于半停滞状态。不仅金山区如此，上海另一重点工业区嘉定也有九成以上企业缺工，嘉定企业不得不特地组团赴陕西招工。在金山区 2011 年 2 月 20 日的招聘会上，70 多家企业开出的薪资条件已全线上调，一般操作工薪酬从往年的 1 200 元人民币调到了 1 500 元，技术岗位则从 1 800 元调到了 2 500 元以上，甚至有的岗位开出了 5 000～8 000 元的高薪。尽管如此，与中西部地区开出的条件相比，并没有呈现出更大的优势。这也给上海方面带来很大的压力。①

2. 北京出现“用工荒”，农民工向二三线城市转移

春节过后，人才市场的招聘会一场接着一场。但前往招聘的用人单位却发现，2011 年的招工要比上年难很多。尤其是保安、保洁、保姆以及销售等行业，用人单位纷纷提高待遇，降低招聘门槛，但依然难以招到满意的人选。在海淀区总工会组织的一场招聘会上，一些岗位竟然无人问津，“这是往年没有出现过的事情”。②

天通苑物业首次上网向社会大规模招聘工作人员，招聘岗位包括保安员、收费员、巡防员、巡检员、车管员等。以保安员为例，月工资在 1 500～2 500 元之间，还有社会保险、包食宿、发工装、发劳保用品、过节费、高温补助费、年终奖等福利。并承诺为职工提供好的职业发展和培训机会以及生活、娱乐保障。用工待遇的提高并没有使它招到满意的人选。据了解，一些人选择了回家乡发展。实际上，北京出现用人单位的招工难是结构性的，在出现“民工荒”的同时还存在着大学生就业难的问题。

这是一个“资深北漂”的感受：“我认为把农民工逼走的，还是北京的高房价、高房租和高物价。目前北京远郊区县的房价已经涨到了两万多一平米，两室一厅的楼房租金也上涨到了两三千元，也就是说，如果月薪一两千元，你在北京连房子都租不起。而大多数保安、保洁、保姆及销售等行业的月薪不会超过两三千元，更多还在一千元左右徘徊，这点工资，在北京是无法生存的，苹果都要几块钱一斤，一棵大白菜都要六七块，除去吃饭和房租，不把你从家带的钱赔在这里就不错了，更别说赚钱了。”

北京市职业介绍服务中心副主任宋叶表示，目前劳动者存在从一线城市向二三线城市转移的趋势。原因一方面是国家整体在进行产业升级转移，另一方面是一线城市生活成本高的问题较突出。有些二三线城市也能提供相应的工作机会，且收入可观，生活成本又低。

3. 东西部出现“抢工”现象，“民工荒”蔓延至中西部

随着中西部地区投资条件逐渐改善，不少劳动密集型企业逐步向中西部转移，使中西部地区用工需求明显增长。以成都和重庆为例，两地 2010 年吸引外资分别达到 64.1 亿美元和 63 亿美元，这些投资项目对劳动力的需求是巨大的。中西部地区的就业机会和优化

---

① 参见中国新闻网，http://www.chinanews.com/。

② 参见《新京报》，2011-02-18。

的工作环境对于往年东迁的务工者的吸引力逐渐增大，随着“用工荒”的逐年加剧，东西部争夺劳动力的势态日趋明显。

成都锦江区人力资源市场摆出了近 10 个富士康科技集团招工摊位，招工人员皆为该市场保安，每人每天必须完成 3 个报名指标；重庆多家企业在火车站通过拉横幅、发传单以及现场咨询等方式宣传，希望返乡过春节的农民工能在春节后留在重庆上班。与中西部地区积极挽留老乡相对应的是东部地区对农民工的“求贤若渴”。在上海，近 400 辆长途大巴奔赴江苏、河南、安徽、湖北等地，到“家门口”接回农民工。广东东莞石排镇政府曾多次组织企业远赴广西、湖南等地，开辟人才招揽渠道，石排镇还与郁南、仁化等地建立友好县镇关系。许多外出打工的人认为，中西部地区如今发展较快，就业机会增多，薪水水平与东部地区差距不断缩小，而沿海发达地区、一线城市工资并不比中西部高多少，但物价、生活成本却高很多，两者对比，就会有明显的选择倾向。

在中西部招工优势不断显现的同时，中西部企业也同样经受了“招工难”。虽然已有不少人放弃东去，但西部仍然“缺人”。据安徽省人力资源和社会保障厅公布的数据显示，截至 2010 年底，安徽全省缺工超过 50 人的企业达 2 300 余家，缺工总数达到 25 万人。在成都，富士康招工点一上午只招待了 15 个有意愿者，与成都富士康 20 多万的岗位空缺相比俨然是杯水车薪，尽管薪水和深圳等发达地区相差无几，离家又近，但是路过招工点真正咨询的人很少，能登记的人少之又少。成都武侯区金花镇是中国的女鞋之都，在这里“招工难”同样也暴露无遗。金花镇貌似平静的用工市场之下，暗流汹涌，常常出现几家用人单位对同一个求职者争相游说。在甘肃省两个劳务输出大县秦安县和陇西县举行的两场劳务用工洽谈会现场，参加招工的企业月平均工资都在 2 500 元～3 000 元之间，相比往年大幅度增长，不比东部一些地区给农民工开出的工资低。尽管如此，这些企业还是受到了冷遇，部分企业竟然连一个工人都没有招到。

对于第一代农民工而言，薪水是最主要的追逐目标，对于苦累的承受能力较强，而新一代的 80、90 后农民工，已经不再将薪水作为自己工作的唯一目标，除了工资外，追求的目标更加多元化，工作环境、节假日、娱乐休闲环境以及工作上升空间等都是他们考虑的内容。

（三）“民工荒”问题简析

“民工荒”问题由来已久，该问题发展的不同阶段呈现的特点以及反映的社会、经济问题也有所不同。当前我国的“民工荒”现象具有区域结构、行业结构、企业结构、性别结构、年龄结构以及技术结构等方面的特征。首先，在区域结构上，“民工荒”最严重的地区仍然是经济发达沿海地区，如珠三角、长三角地区，尽管趋势有所蔓延，并有向中西部转移的迹象，但尚未形成全国性的普遍现象；其次，在行业结构上，“民工荒”主要集中在制衣、制鞋、电子、家具制造、餐饮服务等劳动密集型产业，技工主要是缺少高级工以上的模具、数控机床等技术人才；第三，在企业结构上，一般大型企业职工福利、保障较好，基本不存在用工短缺，而工资待遇低、福利差、劳动时间长的企业缺工较为严重；第四，在性别结构上，缺工主要缺的是女工，她们是劳动密集型企业最需要的劳动力；最后，在年龄结构上，许多企业为了自身利益一般规定用工在 18～25 岁。可见，“民工荒”并不是劳动力的全面供给不足，而是一种结构性的短缺。

关于“民工荒”的成因，目前有几个主要的论断。劳动市场机制论认为“民工荒”并不是农民工绝对人数不足，而是农村劳动力供求关系变化的结果，是劳动力市场供求机制综合作用的结果，是劳动力价格与价值偏离的结果，是劳动力市场区域性和结构性失衡的结果。民工权益保障论认为“民工荒”在一定程度上说明，农民流动越来越理性，宁愿到工资不高但社会保障较为健全的城镇生活和工作也不愿意到就业岗位较多但工作不稳定的城镇生活和工作，“民工荒”揭示了民工维权意识增强，是农民在权益得不到有效保障的情况下开始“用脚投票”的结果。民工结构性短缺论的观点是，“民工荒”并不是由于农村劳动力绝对数下降引起的，而是由特定人群短缺导致的结构性供给不足造成的。此外，由于沿海地区产业结构升级，劳动力需求结构发生变化而劳动力供给无法及时作出相应调整，致使劳动力不能有效供给，尤其是素质型的农民工满足不了劳动力需求。产业发展论认为“民工荒”是劳动力市场对廉价劳动力过分依赖的必然结果，是对以往“劳动力市场无限供给”判断的否定，“民工荒”向社会发出信号：不能依靠农民工来长久支撑中国工业化，没有一定规模的、真正意义上的产业工人队伍，中国的经济产业很难持续发展、转型和升级。

（四）刘易斯拐点是否已经到来？

刘易斯拐点是指在工业化过程中，随着农村剩余劳动力向非农产业的逐步转移，农村剩余劳动力逐渐减少，最终枯竭。与刘易斯拐点相关的概念是人口红利，即在一个时期内生育率迅速下降，少儿与老年抚养负担均相对较轻，总人口中劳动适龄人口比重上升，从而在老年人口比例达到较高水平之前，形成一个劳动力资源相对比较丰富，对经济发展十分有利的黄金时期。

随着“民工荒”问题愈发突出，有专家、学者认为，中国的人口红利期即将结束，刘易斯拐点已经到来。全国人大常委会委员、中国社会科学院人口与劳动经济研究所蔡昉研究员认为现在出现的这种劳动力短缺，以及农民工工资连续数年时间的增长，都说明刘易斯拐点已经到来。全国人大常委会委员、民建中央副主席辜胜阻认为，从局部用工荒到如今的全面用工荒，表明中国经济已经临近刘易斯拐点。而有学者认为“民工荒”的确预示着劳动力市场变化的到来，这种变化也终将导致刘易斯拐点的出现，但目前刘易斯拐点并未真的到来。中国社会科学院金融研究所中国经济评价中心主任刘煜辉认为应该站在两个角度判断刘易斯拐点是否到来：劳动力结构和工资变化，现在许多人都是站在工资变化的角度来认定刘易斯拐点的到来。虽然从2006年开始，劳动力工资上涨很快，但就人口结构而言，在2015年人口才能出现“零增长”。复旦大学经济学院院长袁志刚认为，中国大量的劳动力转移仍旧存在，刘易斯拐点并未到来，在到来之前，中国还存在一个劳动力转移的制度拐点。

三、使用说明

本案例配合宏观经济学“失业”相关理论，通过对近年来出现的“民工荒”这一典型案例的全面分析，旨在使读者更好地掌握“失业”理论以及加深对我国就业、失业问题的理解，并由此引发对刘易斯拐点的思考。

思考题

1. 分析我国“民工荒”产生的原因。

2. 思考刘易斯拐点是否已经到来。

参考文献

1. 司增绰，徐康宁．“民工荒”问题研究综述．生态经济，2006（8）

2. 王金营，顾瑶．中国劳动力供求关系形势及未来变化趋势研究．人口学刊，2011（3）

3. 许腾辉．“刘易斯拐点”难以解释“用工荒”原因探析．现代商贸工业，2010（17）

4. 蔡昉．破解农村剩余劳动力之谜．中国人口科学，2007（2）

5. 蔡昉等．“民工荒”现象的经济学分析——珠江三角洲调查研究．广东社会科学，2005（2）

案例 17

农村剩余劳动力何去何从？

一、概要

农村剩余劳动力的转移问题由来已久，从新中国成立到改革开放再到现在，我国出现了一次又一次的不同规模的农村剩余劳动力转移。如今，我国农村剩余劳动力的转移已不同于20世纪末的情况，呈现出了新的特点，农村剩余劳动力的转移在新时期遇到了新的问题和挑战。本案例通过对我国农村剩余劳动力转移的发展历程的梳理、回顾，分析其面临的问题，全面展示了我国农村剩余劳动力转移的状况。

二、案例内容

国务院发展研究中心的研究报告显示，“十二五”期间（2011—2015年），中国农业劳动力将由2.95亿人下降到2.5亿人左右，4 500万农业劳动力需要转入非农产业和城镇就业。《农民工市民化》研究报告显示，中国转移农村剩余劳动力的过程中将面临农民工年龄偏大、文化程度较低等因素的制约。中国就业增长最重要的行业是服务业，制造业在“十二五”期间吸纳的就业人数还会继续增长，但对就业的贡献将减少。农村劳动力总体过剩的同时，结构性供求矛盾开始凸显。总体来看，中国农村劳动力供求关系从长期“供过于求”转向“总量过剩、结构短缺”，“招工难”由沿海向内地扩散。“十三五”期间（2016—2020年），农村剩余劳动力将由结构性短缺变为全面短缺。

（一）我国农村剩余劳动力问题的历史回顾

我国农村剩余劳动力转移问题由来已久，从新中国成立初至今，农村剩余劳动力的转移经历了一个漫长而曲折的过程。解决农村剩余劳动力转移问题是解决我国“三农”问题的关键之一。刘易斯的“二元经济结构理论”认为随着农业剩余劳动力不断向工业部门转移，现代经济部门源源不断地获得超额利润被用于再投资，直至传统农业部门的剩余劳动力不复存在。中国长期存在的城乡二元经济结构决定了未来很长一段时期内仍将有大量的农村剩余劳动力向城市以及非农产业转移。

我国农村劳动力的转移以 1978 年为界前后分为两个阶段。改革开放以前，为摆脱贫困，实现现代化建设，我国选择了先国计后民生、先生产后生活的发展路线，确定了迅速实现工业化、优先发展重工业的国民经济发展战略，这种经济环境使得大批农村劳动力脱离了农村，进入城市，投身到社会主义工业化建设中。在此阶段，我国农村劳动力转移在不同的时期也呈现出了不同的特点：（1）1949—1957 年，由于新中国成立初期我国进行大规模的经济建设，大批农村劳动力被吸收进来，此阶段的农村劳动力转移以自发性转移为主，农村劳动力的流动基本上不受政府的限制，可以不受限制地迁往城市定居，据统计，1953—1957 年的五年间，城市全民所有制工业部门的就业人数从 510 万人猛增到 2 316 万人，平均每年增加 35.3%，这是我国城市化水平增长最快的时期之一。(2) 1958—1963 年，我国农村劳动力的转移出现了大起大落的局面，随着“大跃进”运动的展开，经济建设规模虚假的急剧膨胀造成对劳动力的过度需求，大量农业劳动力被抽调到大炼钢铁等工业建设中。1957—1960 年粮食产量大幅下降，从 1961 年起政府不得不进行经济调整，大批劳动力不得不重新回到农村务农。到 1961 年，全国减少城镇人口 1 300 万人，净减职工 950 万人，恢复到了 1957 年的水平。1963 年，农村劳动力占社会劳动力比重又陡增到 82.5%。(3) 1964—1978 年，这一阶段农村劳动力的流动基本上处于政府的严格控制下，针对大量农业劳动力进城给城镇就业和食品供给造成压力的现象，政府开始严格限制城市企业从农村招工，从 60 年代开始基本堵死了农村劳动力自由流入城市的通道，甚至在同期有数百万城市机关干部知识分子被下放农村。

我国农村劳动力的大规模转移是在改革开放以后出现的。随着农村经济体制改革的迅速推进，普遍实行家庭联产承包责任制，农产品产量大幅提高，农民开始拥有财产权和自身劳动力的自由支配权，农村劳动力的剩余问题又开始显现。但是，为了优先保障城市重工业发展，以户籍差别为标准的城乡就业和福利制度逐渐形成，迫于城镇就业压力和国内经济环境，政府对农村劳动力转移采取了严格限制、控制流动的政策。改革开放以来我国农村劳动力转移可分为三个阶段：

第一阶段：1978—1984 年。与 1978 年相比，1981 年农业劳动力增加 2 320.1 万人，农业劳动力在农村总劳动力所占份额由 1978 年的 89.7%上升到 1981 年的 90.9%。进入 80 年代中期，农村经济体制改革的进一步深化使得早已凸显的农村剩余劳动力问题更为突出。随着中国经济改革的中心向城市转移，城市第二产业的壮大以及第三产业的兴起为吸纳农村剩余劳动力提供了就业空间，在这样的时代背景下，中国政府开始放松对农村剩余劳动力转移的限制。《中国统计年鉴》数据显示，1984 年与 1981 年相比，非农产业劳动力增加 2 248.5 万人，非农劳动力占农村总劳动力的份额由 9.1%上升到 15.5%。

第二阶段：1985—1991 年。这一阶段农业剩余劳动力转移虽然仍在进行，但转移速度和规模明显下降。非农劳动力只增加 1 899 万人，仅为前四年增长额的 51%；非农产业劳动力占农村劳动力的份额由 17.7%上升到 21.4%。在这一时期，乡镇企业也成为农村剩余劳动力转移的重要渠道。随着城市经济体制改革的全面推进，新增加了大量就业机会，政府开始放松对农村剩余劳动力流动的管制，形成了大量农村剩余劳动力盲目涌向城市，给城市带来了各种社会问题，加上这一时期社会供求总量失衡，总供给不足，国家采取紧缩政策，并着力控制农村剩余劳动力的盲目流动，1988—1991 年我国农业劳动力转移出现了第一个“低潮期”。

第三阶段：1992 年以来。从 1991 年下半年开始，中国经济开始进入高速增长的新阶段，国家对农村剩余劳动力转移的政策发生了积极的变化，开始鼓励、引导农村剩余劳动力在宏观调控下有序流动。1992—1996 年，新一轮“打工潮”兴起，大批农村剩余劳动力迅速转移，1996—2000 年，由于我国出现经济过热现象，国家开始实施促进经济“软着陆”的政策，大批国有企业重组与改制，大量城镇职工下岗，使这一时期城市对农村剩余劳动力的吸纳能力下降，农村劳动力转移的步伐放慢。2000 年以来，我国经济发展速度连年攀升，社会局势稳定，为缩小城乡差距，国家更加重视“三农”问题，一系列有利于农村、农业的政策出台，我国又兴起了新一轮的劳动力转移浪潮。在良好的政策环境下，中国农村剩余劳动力外出务工人数不断增加，关于加快农村剩余劳动力转移的政策法规也较以往明显增多，同时政府越来越重视转移过程中的公平、融合问题，农村剩余劳动力转移和流动进入一个崭新的时期。

（二）我国农村剩余劳动力何去何从？

以山东省为例来看，山东是一个人口大省，也是一个农业大省。2009 年末，山东常住人口 9 470.3 万人，其中城镇人口 4 574.2 万人，占总人口的 48.3%，农村人口 4 896.1 万人，占总人口的 51.7%。因此，山东还有一多半的人口在农村。2009 年，山东全省约有2 700 万农业户籍劳动适龄人口（16～60 岁），其中约 1 000 万从事非农业劳动；约 300 万人的农业户籍劳动力离开户口登记地到其他地区从事非农业劳动，约占农业户籍劳动力的 10%。自 2004 年以来，山东连续 6 年实现农村劳动力转移数量过百万，按照这一速度，在不久的将来，山东农村剩余劳动力数量就会转移完毕，而现实情况并非如此，农村剩余劳动力虽然发生了转移，但却有着各种不同的转移方式：有的农村劳动力彻底离开农村、土地，进入城镇定居，实现了市民化；有的农民在进入城市后，并不能寻找到合适的就业职位或无法支付城市高昂的生活费用，只能回到农村或成为新的城市贫民，就业矛盾从农村转移到城市之后不仅未能缓解，反而有所加剧；有的农民则选择就近打工或者就地转移劳动产业，但是还兼营农业。从转移的不同方式来看，在转移过程中，农村劳动力考虑的除了非农部门和农业部门收入的差距外，转移成本也成为一个重要因素，如果转移成本过高，就会使其转移具有不彻底性。

从我国农村剩余劳动力的绝对量和表象来看，我国存在着大量剩余劳动力需要转移，仿佛大量的农村剩余劳动力会取之不尽、用之不竭，但事实并非如此。改革之前的 1978 年，农村劳动力占全部劳动力的比重高达 76.3%，随着非农产业化和城市化的发展，2008 年这个比重下降到 61.0%。从这个数据来看，中国经历了 30 多年的经济高速增长和快速城市化，而农村劳动力比重仅仅减少了 15.3%。事实上，该统计数据是依据劳动者的户籍所在地作出的，并没有反映真实的劳动力城乡分布。从国家统计局公布的数据来看，2008 年农村就业人员为 4.73 亿人。另根据国家统计局抽样调查，2008 年末农村外出就业人员超过 1.40 亿，加上在本地企业的从业人员 0.85 亿，在非农部门就业的农民工总量已经达到 2.25 亿，也就是说农村劳动力的 40%以上已经实现了就地或外出转移就业。因此，从 2008 年农村就业人员 4.73 亿人中，依次扣除转移就业的 2.25 亿人和农业生产所需要的

1.8亿人，实际剩余劳动力仅为6 800万人，40岁以下的只有5 000万左右，大大低于通常认为的农村剩余劳动力占农村总劳动人口的三分之一或者有1.5亿农村剩余劳动力需要转移就业的说法。我国农村剩余劳动力规模已经大幅下降，仅占农村劳动力总数的14.4%，易于转移就业的40岁以下人员仅占10%左右，农村剩余劳动力已经不再无限供给。

中国社会科学院人口与劳动经济研究所蔡昉研究员在访谈中谈到："很少有人会想到中国的农业劳动力的剩余数量越来越小了，大家长期认同的还是农村剩余劳动力的无限供给，现在要破除这个神话。目前普遍的说法是中国农村大约有三分之一以上劳动力是剩余的，绝对数大约有1.5亿～2亿。但研究证明这个数字并不准确，目前40岁以下农村剩余劳动力，绝对数量只有5 212万，这与剩余比例三分之一以上的说法差距甚大……并不是说中国农村没有劳动力可转移了，而是过去劳动力无限供给的情况会结束，不再是用低工资就可以促使农民进行转移。我们确实到了这么一个转折点，假如还要保持快速的城市化，就意味着要改善农民工的待遇，要在制度上清除各种人为障碍。这也是劳动力市场制度的转折点，要从过去的偏资本转向偏劳动。实际上，农村尚有5 212万年龄在40岁以下的剩余劳动力，更好的制度环境可以促进他们的转移。"

（三）我国农村剩余劳动力转移面临的问题

农村剩余劳动力的转移过程中面临许多阻碍转移的困难，主要表现在以下几个方面：

（1）农村剩余劳动力文化素质低。根据国家统计局农村社会经济调查总队的调查，2007年在我国转移的农村劳动力中，仅有20%左右具备高中以上文化程度。具体结构分布是：文盲劳动力占1.5%，小学程度占16.5%，初中程度占61.7%，高中程度占13.6%，中专及以上程度占6.7%。在农村劳动力中，受过专业技能培训的仅占15%。与农村劳动力文化素质偏低相对应的又恰恰是当前农民工培训机制的滞后和劳动力中介组织的缺乏，致使农民工盲目流动，同时也不能满足城镇企业对技术、专业人员的需求，这种情况使得农村劳动力将越来越不能满足非农产业的要求，极大地影响了农村剩余劳动力向城市的有效转移。

（2）不完善的制度体系制约了农村剩余劳动力的转移。我国现行的城乡分割的二元户籍制度虽然放宽了农民进城的条件，但情况并未从根本上改变，大中城市户口准入门槛仍然很高；城市中，农民与市民在身份、地位、就业、补贴、社会福利等各方面都存在明显的差异，差异与不平等构成了城市对农村劳动力的歧视和排斥。

（3）农村剩余劳动力进城就业受限。农村剩余劳动力进城就业的行业、工种受限，这种限制虽然在逐步减少，但仍然存在其他制度性的约束，对农村剩余劳动力的就业歧视还未完全消除。近几年，农村剩余劳动力的工资收入虽有所上升，但农民工在城市的生活成本也在迅速提高，在扣除住房、日常开销、子女教育等支出后所剩很少，享受不到与市民同等的公共资源和待遇，生活的高成本在一定程度上影响了农民工流动就业的积极性。

（4）农民工工资待遇和维权意识与其实现稳定就业的需求之间存在较大差异。农民工劳动权益得不到保障的问题依然存在，包括：克扣和拖欠工资，强制性加班加点，拒不支付加班工资，劳动和卫生条件恶劣，不按规定与农民工签订劳动合同等。受中国几千年传统封建思想以及较低的文化水平限制，农村劳动力法制观念淡薄，对自己的权利、义务不清楚，当他们的权益受到侵害时，不知道用法律武器保护自己，大多采取忍让态度。农民工的合法权益得不到保障，在一定程度上影响了农村剩余劳动力的转移。

(5) 劳动力市场不健全阻碍了农村剩余劳动力的转移。目前，我国大部分农村劳动力不是通过政府或职业中介组织谋职就业，而是通过亲戚、朋友等渠道求职，劳动力的无组织状态带来的主要弊端是政府不能进行宏观控制；农村劳动力在城市就业信息不透明，存在流动和转移的盲目性；政府对剩余劳动力缺乏科学规划和积极引导，剩余劳动力的流动具有无序性。市场秩序不规范导致企业和打工者的权益都缺乏保障，农民工找工作难，收入不稳定，拖欠工资情况严重，使得已转移的部分劳动力不得不返乡务农。

(四) 小结

从过去的“民工潮”到“民工荒”再到如今的“农民荒”，见证了我国农村剩余劳动力转移的发展历程及新时期劳动力转移的新特征。中国农村劳动力总体过剩，但结构性供求矛盾开始突出，中国农村劳动力供求关系从长期“供过于求”转向“总量过剩、结构短缺”，“招工难”由沿海向内地扩散。当然“民工荒”对农民来讲不是坏事。这意味着中国正在告别农村劳动力无限供给的时代，正在告别劳动力极其廉价的时代，这是国家进步的表现。过去农村是剩余劳动力的蓄水池，取之不尽，用之不竭，但这个时代已经结束了。2011 年我国国民经济和社会发展“十二五”规划中提到，“把符合落户条件的农业转移人口逐步转为城镇居民作为推进城镇化的重要任务。”“对暂时不具备在城镇落户条件的农民工，要改善公共服务，加强权益保护。以流入地全日制公办中小学为主，保证农民工随迁子女平等接受义务教育，并做好与高中阶段教育的衔接。将与企业建立稳定劳动关系的农民工纳入城镇职工基本养老和医疗保险。建立农民工基本培训补贴制度，推进农民工培训资金省级统筹。多渠道多形式改善农民工居住条件，鼓励采取多种方式将符合条件的农民工纳入城镇住房保障体系。”中央政府已将农村剩余劳动力的转移问题纳入规划，竭力保障农村剩余劳动力在转移过程中的合法权益，但剩余劳动力的转移和就业问题仍然不容忽视。

三、使用说明

本案例配合宏观经济学“失业”理论及相关内容，通过对农村剩余劳动力转移问题的分析，帮助读者更透彻地理解经济学理论以及了解我国目前劳动力的流动现状和存在的问题，并激发读者对我国农村剩余劳动力转移去向的思考。

思考题

1. 造成我国各时期农村剩余劳动力转移不同特征的原因是什么?
2. 思考我国未来农村剩余劳动力的发展方向。

参考文献

1. 赵俊超等. 农民问题新探. 北京：中国发展出版社，2005

2. 刘怀廉. 农村剩余劳动力转移新论. 北京：中国经济出版社，2004

3. 曹海英. 新形势下农村劳动力转移的制约因素和对策建议. 经济研究导刊，2010（17）

4. 司晓雪. 论我国农村剩余劳动力的转移. 巢湖学院学报，2011（1）

5. 张勇. 农村劳动力转移就业现状、问题及对策. 当代财经，2006（7）

6. 陈俊. 经济危机背景下的农村剩余劳动力转移探析. 经济与管理，2009（7）

7. 蔡昉. 破解农村剩余劳动力之谜. 中国人口科学，2007（2）

案例 18

大学生就业难：中国高素质人才过剩了吗？

一、概要

大学生就业难的问题目前已成为全社会普遍关注的热点，也是未来较长时期内还可能存在的重要社会问题之一。大学生的就业不仅关系到社会的和谐稳定以及高等教育的健康发展，而且还关系到毕业生自身价值的实现及其家庭的切身利益。我国高校自 1999 年开始大幅扩招后，大学生毕业一次性就业率越来越低，大学生毕业人数逐年增加，大学毕业生的就业形势日趋严峻。本案例回顾了大学生就业难问题的由来、发展以及变动情况，分析了大学生毕业就业难的特点和原因。

二、案例内容

从 1999 年起，高校连续扩招，导致大学毕业生人数增长超过了就业岗位的增长，大学生就业压力增大，大学生就业问题也成了社会关注的热点问题。

（一）大学生就业难问题的由来与发展

1997 年，东南亚经济危机使得亚洲的经济蒙上阴影，几乎所有国家的对外贸易都受到了影响，我国经济增长赖以生存的出口也受到了打击，政府开始制定扩大内需的政策，把国民经济从依赖“对外”调整为“内外兼顾”的模式。怎样可以让消费观念保守的老百姓把存在银行的存款拿出来消费，活跃市场、刺激经济增长，高校扩招成为了重要的方式之一。这样人们心甘情愿地拿钱投资于子女的教育，既拉动了教育投资，又可以提高整体国民的素质，为此高校开始了改革、合并、扩招。1999 年，国务院决定大幅扩大高等学校的招生规模，6 月中旬中共中央、国务院召开的全国教育工作会议正式宣布这一决定。具体来讲，大学生的扩招主要有以下几点原因：第一，我国经济的快速增长要求有更多的高素质人才；第二，老百姓希望子女能受到更好的教育，政府有责任满足这种需求；第三，大学生扩招可以增加教育消费，是拉动内需、带动相关产业发展的重要举措；此外，由于过去招生比例低，考大学难，迫使基础教育的力量难于应付高考的难度，影响了素质教育的全面推行。

从 1996—2010 年我国普通高校招生人数、毕业人数以及毕业生就业率来看（图 18—1），我国普通高校无论是招生人数还是毕业人数都经历了很大幅度的增长，这种变化发生在 1999 年高校扩招以后。

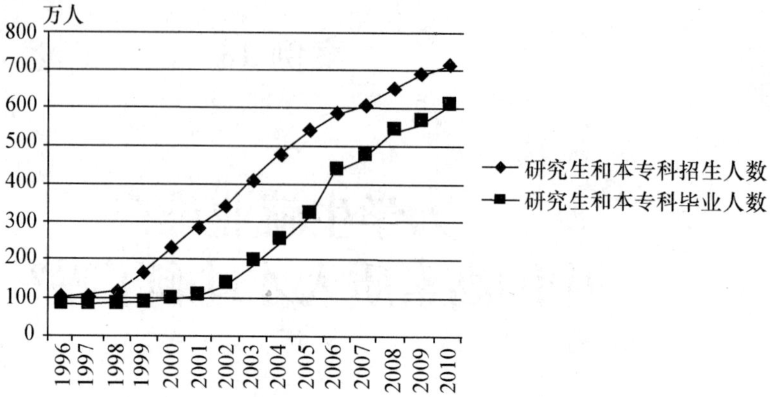

图 18—1　1996—2009 年普通高校招生、毕业人数趋势图

资料来源：《1996—2010 年全国教育事业发展统计公报》。

具体来看，我国普通高校研究生和普通本专科招生人数 1996—1998 年间基本稳定，1999 年达到 168.9 万人，比 1998 年增长了 53.29 万人，增幅 46.09%，2000 年在此基础上进一步扩招，招生人数突破 200 万人达到 233.46 万人，增长 38.22%。2001—2004 年我国普通高校研究生和本专科招生的增长率一直稳定在 20%左右，2002 年招生人数突破 300 万人，2003 年突破 400 万人。2005—2010 年招生人数增长率有所下降，高校扩招的速度有所放缓，但是 2005—2010 年间高校招生的人数仍然是不断上升的，2004 年招生人数为 479.97 万人，到 2005 年突破 500 万人，2007 年突破 600 万人，达到 607 万人，到 2010 年我国研究生和本专科招生人数已达到 715.58 万人。

从毕业人数来看，2002 年第一届扩招研究生和专科生毕业，毕业人数较以往有了大幅的增加，当年毕业人数为 141.81 万人。2003 年，1999 年扩招的本科生毕业，毕业人数的增长率创下历史之最，达到 40.23%。2004 年之后毕业生人数仍然保持着大幅增长，2005 年毕业人数突破 300 万人，2006 年研究生和本专科毕业人数增长率再次出现高点，达到 39.07%，当年毕业人数达到 453.06 万人，2007 年以后毕业人数增长率有了较大幅度的下降，2007—2010 年这一比率分别为 5.72%、14.08%、3.99%、8.02%，但是这一时期毕业生人数仍在不断增长，只是增长速度有所放慢（见表 18—1）。

表 18—1　1996—2010 年普通高校招生、毕业与就业率

年份	研究生和本专科招生人数（万人）	增长率（%）	研究生和本专科毕业人数（万人）	增长率（%）	高校毕业生平均就业率（%）
1996	102.52	—	87.83	—	93.7
1997	106.41	3.79	87.56	−0.31	97.1
1998	115.61	8.65	87.69	0.15	76.8
1999	168.9	46.09	90.23	2.9	79.3
2000	233.46	38.22	100.86	11.78	82
2001	284.8	21.99	110.41	9.47	90

续前表

年份	研究生和本专科招生人数（万人）	增长率（%）	研究生和本专科毕业人数（万人）	增长率（%）	高校毕业生平均就业率（%）
2002	340.76	19.65	141.81	28.44	80
2003	409.06	20.04	198.86	40.23	70
2004	479.97	17.33	254.2	27.83	73
2005	540.94	12.70	325.77	28.15	72.6
2006	585.84	8.30	453.06	39.07	72
2007	607.78	3.75	478.97	5.72	71
2008	652.3	7.33	546.43	14.08	76
2009	690.58	5.87	568.23	3.99	87
2010	715.58	3.62	613.78	8.02	72.2

资料来源：(1) 研究生和本专科招生人数数据来自《1996—2010年全国教育事业发展统计公报》；(2) 1996—2002年高校毕业生平均就业率来自《2003年：100万大学生待业》，载《经济参考报》，2003-01-30；2003—2010年毕业生平均就业率数据来教育部部长周济在2004—2010年全国普通高校毕业生就业会议上的讲话。

从高校毕业生的就业率来看，1998年以前，高校毕业生人数较少，且1992年以来我国经济发展较快，高校毕业生保持了极高的就业率。1996年、1997年高校毕业生平均就业率达到93.7%、97.1%。1998—2002年，由于受到亚洲金融危机和国内其他因素的影响，我国经济出现紧缩的趋势，高校毕业生就业率大幅下滑，这五年的平均就业率为81.6%。2003—2007年，由于高校毕业人数大幅增加，而我国经济增长的就业弹性不断下降，导致高校毕业生就业率降低，这一时期就业率基本稳定在72%左右，比上一时期下降了近10%。2008年全球性金融危机，使得高校毕业生的就业压力增大，很多人认为金融危机会影响到大学生的就业，而从统计数据来看，2008年以来高校毕业生的就业率非但没有下降，反而有小幅的增加，主要原因可能是面对金融危机，我国政府采取了积极的财政政策和宽松的货币政策，在国家刺激内需政策的影响下，许多企业释放了更多的就业机会，而且在金融危机的背景下大学生就业的心态放低，统计数据中的就业率反而没有受到影响。相对而言，文化素质较低的工人（包括农民工）所受的影响较大。

（二）大学毕业生就业的特点及就业难的原因

大学毕业生就业难问题在学历、地域、性别、就业意向等方面体现出结构性的特点：

1. 就业的学历结构特点

2003年北京大学"高等教育与劳动力市场"课题组对北京、广东、湖南、山西、云南和山东等7个省市的47所高校展开了多项数据调查，有效问卷18 722份，调查显示2003年专科毕业生就业落实率为34.7%，本科生就业落实率为77.9%，硕士毕业生和博士毕业生的就业落实率为90.4%和80.5%。2010年麦可思研究院（MyCOS Institute）对2009届大学生毕业半年后的就业情况进行了调查，回收有效问卷22万份，最终形成《2010年中国大学生就业报告》（就业蓝皮书）。报告显示，2009届"211"院校毕业生毕业半年后的非失业率为91.2%，比2008届（90.1%）高了1.1个百分点，这一增长来源于读研而非就业，比2007届（93.5%）低了2.3个百分点。非"211"本科院校毕业生毕业半年后的就业率为 87.4%，与2008 届（87.3%）基本持平，比 2007 届（90.4%）低了 3 个百分点。而 2009 届高职高专院校毕业生毕业半年后的就业率约为 85.2%，比 2008 届（83.5%）高 1.7 个百分点，比 2007 届（84.1%）高 1.1 个百分点。连续四年高职高专毕业半年后的就业率与非“211”本科差距缩小，在同样的经济形势下高职就业率的增长幅度大于本科。

2. 就业的学科分布特点

2005 年教育部高校学生司对 11 个一级学科本科毕业生就业率进行了统计，调查对象为教育部直属高校和中央其他部委所属院校毕业生，统计数据显示（见表 18—2），2001 年毕业生就业率较高的几个学科为工学、理学、历史学和医学，2002 年为医学、教育学、工学和理学，2003 年医学、工学和理学的毕业生就业率较高，2004 年是工学、农学、历史学和理学。可以看出 2001—2004 年理工科专业一直就业率较高，法学类、哲学类、文学类等专业的就业率较低。2004 年本科毕业生就业率最高的十个专业是：石油工程、资源勘查工程、勘查技术与工程、飞行器设计与工程、刑事科学技术、港口航道与海岸工程、油气储运工程、小学教育（英语）、航海技术、光信息科学与技术。

表 18—2　2001—2004 年普通高等学校 11 个一级学科本科毕业生就业率（%）

年份	哲学	经济学	法学	教育学	文学	历史学	理学	工学	农学	医学	管理学
2001	86.58	85.95	82.23	76.4	85.93	89.7	91.53	92.1	85.42	85.11	87.14
2002	83.92	82.02	80.01	89.37	80.06	84.53	87.7	88.59	81.74	89.62	83.19
2003	79.2	81.14	75.2	81.13	79.16	82.42	85.78	88.05	83.81	91.11	81.3
2004	85.59	85.74	79.1	81.4	87.37	89.6	88.68	91.55	91.08	86.92	86.66

资料来源：教育部高校学生司：《升学与就业：2005 年高考报志愿指南》，北京，高等教育出版社，2005。

2010 年麦可思的调查报告显示（见表 18—3），2009 届本科毕业生半年后就业率最高的专业大类是工学（90.2%），最低的是法学（82.3%），从专业小类来看，最高的专业为地质工程（100%），三年就业率平均下降最快的本科专业大类是历史学，平均下降最快的本科专业中类是统计学类，就业量排前 100 的专业小类中就业率平均下降最快的前三位是临床医学、动画、应用物理学。

表 18—3　2007—2009 届各专业大类毕业生半年后的就业率变化趋势（%）

	工学	管理学	经济学	文学	医学	理学	历史学	农学	教育学	法学
2009 届	90.2	89.2	87.8	85.9	85.4	84.9	84.6	84.3	83.4	82.3
2008 届	90.4	89.3	87.5	86.4	82.2	84.5	86.9	86.7	83.9	79.5
2007 届	94.3	93.5	92.5	90.4	90.3	90.5	90.8	88	88.6	87.7

资料来源：麦可思—中国 2007—2009 届大学毕业生求职与工作能力调查。

从图 18—2 中可以看出，2010 年我国主要本科专业就业率排在第一的是学前教育，达到 97.5%。排在前 25 位的仍然以工学专业为主，与 2004 年各专业就业率相比，审计学、会计学以及财务管理等管理类的专业异军突起，说明社会对管理类专业的需求在增大。图 18—3 显示的是 2010 届本科毕业人数最多的 100 个专业中失业率最高的 10 个专业，主要为艺术类专业、基础学科等。

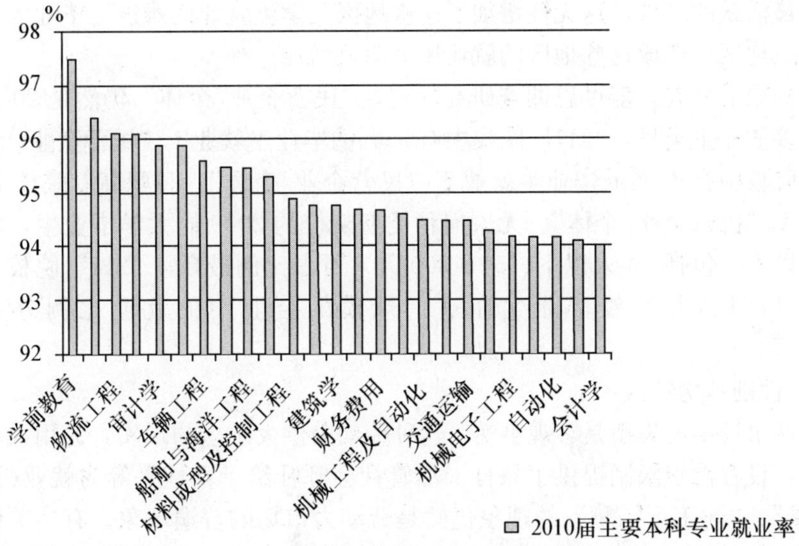

图 18—2　麦可思—2010 届主要本科专业就业率（前 25）

注：(1) 毕业生规模过小的专业不包括在此排序中。(2) 就业率：本科毕业生的就业率＝已就业本科毕业生数/需就业的本科总毕业生数；需要注意的是，按劳动经济学的就业率定义，已就业人数不包括国内外读研人数，需就业的总毕业生数也不包括国内外读研的人数。(3) 图中横轴专业名称由于空间有限，采取隔行显示。

资料来源：麦可思—中国 2010 届大学毕业生社会需求与培养质量调查。

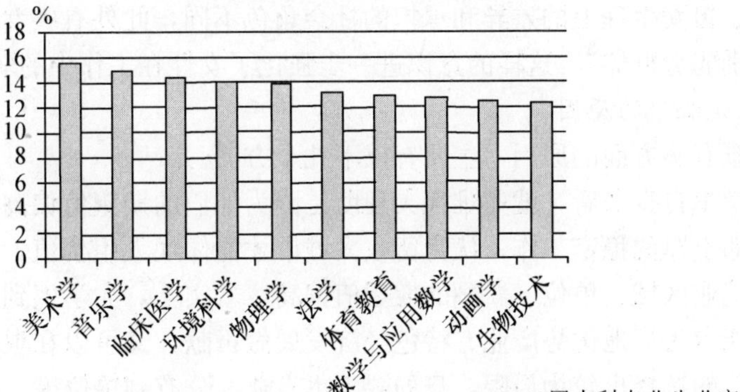

图 18—3　麦可思—2010 届失业率最高的十个专业

注：失业率＝1－就业率。

资料来源：麦可思—中国 2010 届大学毕业生社会需求与培养质量调查。

3. 就业去向分布特点

从大学生毕业就业的区域上看，中心城市和东部沿海地区，如北京、上海、广东、江苏、浙江等省市，经济发展水平高，对人才的需求也很大，吸引了大量的大学毕业生。《2010 年中国大学生就业报告》显示，从 2009 届大学毕业生分布的经济区域差别来看，泛长江三角洲区域经济体（包括上海、江苏、浙江、江西、安徽）大学毕业生总体就业率 88.7%，为最高；泛东北区域经济体（黑龙江、吉林、辽宁），毕业半年后就业率 79.5%，为最低。这说明不论是其本身的吸纳能力还是从毕业生的价值取向来看，东部沿海地区是毕业生就业最活跃的区域，这无疑增加了这些地区大学生就业的难度。毕业大学生过度集中在这些热点地区，造成这些地区的就业压力明显增加。

从就业的渠道来看，麦可思调查研究发现，“民营企业/个体”仍然是2009届大学毕业生就业最多的雇主类型，“211”院校中有35%的毕业生就业于“民营企业/个体”，而非“211”本科院校中有47%的毕业生就业于“民营企业/个体”，高职高专院校中有62%的毕业生就业于“民营企业/个体”。无论何种类型院校的2009届大学毕业生，就业的雇主规模300人以下（包括50人以下、51～300人）所占比例最高，“211”院校、非“211”本科院校、高职高专院校毕业生在这一规模的企业中的就业比例分别为38%、50%、60%。

4. 就业性别结构特点

我国就业市场供需失衡是客观事实，这种劳动力供大于求的现实，为用人单位人为抬高就业门槛，设置性别限制提供了条件。尽管社会呼吁给予女性平等的就业机会和待遇，“女性求职难”、“同工不同酬”的现象仍然是劳动力市场的普遍现象。有些单位发出的招聘信息中明确提到“限男性”、“仅招男性”、“男性优先”等，即便就业，男女的工资待遇也有差别。《2009年中国大学生就业报告》显示，虽然2008届大学毕业生男女之间的就业率没有明显差别，但即便在女性毕业生占优势的专业中，男性毕业生薪资全部高于女性，存在同工不同酬的薪资歧视。2008届大学毕业生中，同层次、同专业男女生的平均月收入最大差距接近800元。之所以会出现这种性别上的歧视，一是因为传统文化的性别歧视和偏见；二是由于男女生理上的差异和承担的社会角色不同，此外有些女性在潜意识中把自己定位为“性别弱势群体”，这样的意识进一步强化了女性在工作中的弱势地位。

（三）大学生就业难的原因

大学生就业难有多方面的原因，主要有以下几个方面。

首先，从大学生自身来看，就业难很大程度是因为他们的期望值偏高，认为读了大学就理应有一份待遇丰厚的稳定工作，认为留在大城市才能体现人生价值，才能实现理想和抱负。大学生对就业区域、单位、薪酬的期望值偏高，事实上，大学生到欠发达地区就业既可以以自己的能力为当地优势产业、特色经济发展做贡献，又可以在艰苦的环境中得到锻炼。对就业单位的选择也较为局限，只局限于本专业、公有制单位等。

其次，从高校内部的原因来看，随着高校招生规模的扩大，毕业人数增长较快，毕业人数的增长远高于职位的增长，且高等教育专业调整的滞后使得高校培养出的学生不能很好地适应用人单位的需要，从某种意义上说，大学生就业难是一个结构性的问题。

第三，用人单位在选择大学生的时候也存在一定问题。不少用人单位在选择大学生时存在一些误区，比如，过分关注文凭，认为学历越高越好；存在性别歧视，考虑到女大学生生理、婚姻因素、生育保险费和女工劳动保护等费用不愿意聘用女大学生；存在生源地域歧视，不少单位有招“本地人”或者指定生源的行为，存在较严重的地区保护主义，不利于大学生的公平竞争；此外，过分看重工作经验、企业用工不合理等都是造成大学生就业难的重要原因。

当然，大学生就业难是历史发展的产物，比如受到经济体制、技术进步以及其他制度方面的影响和制约，我国国有企业改制造成国有部门就业需求减少，技术进步使得资源配置的方式由粗放向集约转变，企业吸纳就业的能力下降等都影响着大学生的就业。

关于大学生就业难的问题，教育部原副部长吴启迪女士认为不要随便把“扩招”和“就业难”这两件事情联系在一起，“现在很多大学生找不到工作，原因怪扩招，我觉得没有太多道理。现在大学生太多，这叫结构性过剩——大家都想在大城市当公务员，有多少岗位呢？有很多地方需要他们去，他们不去。当然，不去也不能怪大学生，你为什么不增加紧缺人才岗位的吸引力呢？‘文革’前，越到西部，工资越高，比如，新疆可以拿 80 块钱，我们在北京只能拿 46 块多，现在反过来了，那谁愿意到西部去啊？”她提出大学生就业难跟我们国家城乡二元结构的关系较大，许多大学生从农村或者小城市来到北京、上海以后，就希望留下，改变他们原来的生活状态。中国社会科学院人口与劳动经济研究所所长蔡昉认为，在经济陷入低潮时，企业本身就有裁员压力，新增进入劳动力市场的肯定受到进一步挤压，大学生就业难必然会在这个时候凸显出来。不能把大学扩招与就业难画等号。全国人大代表、南京邮电大学校长杨震并不认为扩招是大学生就业难的主要原因，他认为：“首先，总量和区域的矛盾引发了就业难，大学生都集中在少数城市、少数行业；其次，有些高校的专业和课程设置不太合理，使大学生培养的方向没有完全适应社会需要；此外，大学生就业观念没有改变，有些地方，有些行业，大学生不愿意去。”

总体看来，大学生就业难这一问题的形成和发展有其必然性，同时也受到很多人为因素的影响，并不能简单归结为扩招或是大学生自身的心理因素，解决大学生就业的问题要从多方面挖掘原因，分析其症结所在，需要多方的配合与努力。

三、使用说明

本案例配合宏观经济学“失业”理论及相关内容，通过对大学生就业难这一问题的回顾和分析，帮助读者更好地理解劳动力市场理论以及了解我国大学生的就业现状和特点，对大学生的职业生涯规划也会起到一定的指导作用。

思考题

1. 大学生就业难意味着我国高素质劳动力的过剩吗？
2. 如何促进高层次人才市场的发育与完善？

参考文献

1. 岳昌君．中国高等教育与劳动力市场研究综述．北大教育经济研究（电子季刊），2004（4）

2. 麦可思研究院．2010 年中国大学生就业报告．北京：社会科学文献出版社，2010

3. 教育部高校学生司．升学与就业：2005 年高考报志愿指南．北京：高等教育出版社，2005

4. 蔡昉，杨震，王超斌，赵彩瑞．代表委员谈高校毕业生就业为大学生就业支招．中国大学生就业，2009（6）

案例 19

中国失业问题的特征、原因及对策：如何解决中国失业问题？

一、概要

中国作为一个处于经济、社会转型中的大国，人口基数庞大，二元社会结构特征明显，就业压力紧张，很长时期以来，失业问题困扰着全社会，给人们心头留下巨大的阴影，也造成对我国经济发展和社会稳定的一大挑战。如今，在全球金融危机过后，我国的失业人口又有所增加。据相关报道，我国 2010 年的失业人口保守估计约 1.3 亿，包括农村的剩余劳动力和城镇失业人口，也就是我国的失业人口占到总人口的约 10%，占总劳动力的约 16%。失业问题引起了全社会的长期关注，问题的解决涉及民生，涉及国家的安定和谐。由此来看，分析我国的失业问题，提出解决对策，具有重要的理论和现实意义。

二、案例内容

（一）我国失业问题的特征

我国面临着失业人数多、失业率高，青年失业率高，农村劳动力失业率高等特征。

（1）失业人数多、失业率高。2010 年我国城镇失业人口高达 908 万，比 2009 年略有下降，比 2006 年、2007 年、2008 年分别高了 61 万、78 万、22 万。从图 19—1 中可以看出，我国城镇登记失业率 1985 年最低，为 1.8%，之后波动上升，从 2005 年至今比较平稳，约为 4.2%，2010 年为 4.1%（见图 19—1）。与国外其他国家相比，我国是一个高失业率国家，城乡总体失业率远高于世界平均失业率。同时，我国城镇新增就业人员每年都达到 1 000 万人以上，农民工和大学生仍是近几年就业的两大群体。据中国社会科学院报告，当前大学生失业率逾 12%。总之，我国现在已经是一个失业大国，并具有失业人口基数大、失业率高、总体失业率上升的特征。

（2）青年失业率高，尤其是大学生就业难。调查显示，2011 年我国青年总体失业率

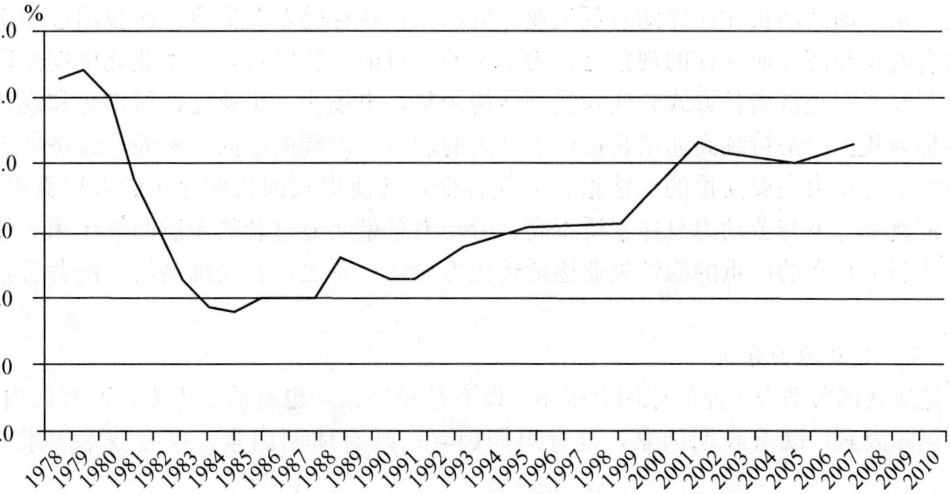

图 19—1　1978—2010 年我国城镇登记失业率走势图

远高于目前 4.1%的城镇登记失业率。因此，青年失业问题成为社会的重要问题。这些问题主要表现在以下三个方面：一是大部分失业青年长期失业；二是社会能够提供的就业岗位有限，大学生就业压力大、就业难；三是失业青年中，很大一部分处于“高不成低不就”状况。他们追求高工资，高待遇，往往错过很多机会。

（3）农村人口失业比例大，剩余劳动力转移困难。目前我国的农村劳动力约有 4.1 亿人，有约 1.5 亿～2 亿人外出就业，还有 1 亿人左右处于失业或潜在失业状态。因此，当前我国就业的另一个备受关注的问题是如何实现农村剩余劳动力的转移，但由于农民文化水平和劳动技能低，转移面临很大困难。随着入世后竞争日益加剧，我国的经济体制改革必将继续向纵深发展，经济增长方式转变也将加速进行。

（4）周期性失业。经济增长的周期性是无法回避的，我国经济增长也是如此，经济周期分为繁荣、衰退、萧条和复苏四个阶段，既有充分就业的时候，也有失业严重的时候。在萧条低谷阶段，企业投资需求和居民消费需求均有下降，导致劳动需求减少，失业增加。目前，我国经济发展受到金融危机的影响，提供的就业岗位相比前几年要少很多，难以满足现有的就业需求。

（5）“需求瓶颈”、“体制瓶颈”与“观念瓶颈”并存。我国劳动者就业难，再就业更难。主要原因是我国劳动者就业不仅受到“需求瓶颈”的制约，而且也受到“体制瓶颈”和“观念瓶颈”的制约。尤其是我国农村劳动力进城打工，除了找工作本身困难之外，还受到了户籍制度、社会保障制度、子女入学、购房限制等的不平等待遇。而“观念瓶颈”对于一部分劳动者的就业影响也是显而易见的，比如：我国城镇有相当一部分下岗失业人员并不是根本找不到工作，而是不愿意干苦活、累活、“伺候人”和收入低的活，这在一定程度上加重了失业的严重性。此外，某些专业的大学生供过于求固然是原因之一，但基本原因则是相当一部分大学生的择业标准脱离实际，陷入了“选择性失业”的怪圈。

（6）经济高增长与高失业并存。按照宏观经济学理论，经济增长率与失业率存在着替代关系，即高增长往往伴随着低失业，低增长往往伴随着高失业。而我国近年来表现出的高增长与高失业并存的现象是较为少见的。目前，我国正处于工业化中期阶段，经济体制改革、经济增长方式转变和经济结构调整，市场化、工业化、城市化和现代化进程，都为我国经济持续高速增长提供了巨大的动力和广阔的空间。然而，经济体制改革和以技术进步为主要支撑的经济增长方式转变，又使得我国长期存在的人均资源不足、居民消费率低下与劳动力总体素质不高、劳动力总量明显过剩的矛盾凸显出来，使传统经济体制下存在的严重的隐性失业逐渐转化为显性。总之，在经济高增长的背后，出现了高失业。

（二）失业原因分析

造成我国劳动力失业的原因有很多，既有数量因素，也有质量因素；既有国内因素，也有国际因素；既有长期因素，也有短期因素；既有体制因素，也有技术因素。具体如下：

（1）劳动力总量供大于求。我国的人口数量位列世界第一，虽然20世纪70年代后期加大了计划生育力度，但由于人口基数大，目前劳动力总量还是处于供大于求的状态，由此导致我国的失业问题在短期内很难解决。

（2）劳动力能力和素质有待提高。我国劳动力数量众多，总体素质差，不能满足企业的需求，尤其表现在失业人员再就业上，而造成这一现象的主要原因在于教育的不足。

（3）经济结构的调整促使了就业的变革。随着科技的进步，经济社会的发展，产业结构、所有制结构必然不断地进行调整。产业结构的快速调整，使得新的支柱产业不断涌现，老的产业不断被淘汰，且新的产业主要是非公有制经济。在这种发展环境下，国有企业里的工人就会向非公有制企业转移，使得一部分处于劳动年龄的人，因不适合或者不能进入非国有企业，而沦为失业者。

（4）传统城乡二元社会结构严重限制了农村剩余劳动力的就业。我国是一个农业大国，农村人口占总人口的比例高达80%左右，拥有约9亿农村人口（户籍人口），但目前只有19亿亩的耕地，地少人多的矛盾突出，农业部门的劳动生产率不仅低于工业部门，而且其边际生产率接近于零。因此，在这样一个二元结构的经济中，理论上而言，只要工业部门投资扩大，农村就可以源源不断地输送劳动力。但由于我国不仅存在二元经济结构，而且还存在着与这一经济结构交错在一起的“二元社会结构”。自20世纪50年代起，国家陆续建立了以户籍制度为基础的就业制度、粮食供给制度、教育制度和劳动保障制度、养老保险制度等制度，僵化的城乡格局一直延续至今，阻碍了农村剩余劳动力的转移。总之，传统的、僵化的城乡二元社会结构仍然对人们的就业问题影响很大。

（5）科技进步与就业的矛盾。相对过剩的人口是生产力发展和市场经济运行的结果，人类社会的进步必然伴随着社会生产力的进步，包括先进技术的采用，新设备和新工艺的发明创造，虽然科技的进步提高了生产效率，但也影响了人们的就业。具体来看：一方面，这些新技术、新工艺和新设备的应用，提高了生产效率，使得人们从繁重的劳役中解脱；而另一方面，科学技术的日益进步，减少了人工操作的步骤和强度，许多以前由人工完成的某些工序甚至整个工作流程都由机械来代替。各个因素都导致现代社会物质生产对劳动需求的减少，从而使一部分劳动力失去与生产资料结合的机会。这部分劳动人口在被新的部门接纳以前，便处于失业状态。对于个人来说，这种失业也许是短期的，但从全社会看，总会存在相当数量的劳动者处于失业状态。可见，生产力发展必然包含技术构成的不断提高，从而必然导致对劳动力需求的绝对减少或相对减少。

（6）市场经济体制不成熟影响了就业。处于体制转型中的发展中国家普遍存在明显的垄断性失业和非自愿性的“制度性失业”。这部分失业是在市场制度尚未成熟，特别是在政治体制和政府职能的改革尚未完成，区域发展不平衡，城乡分离的传统就业制度仍然在起作用，经济的信息透明度和激励机制尚未健全，经济开放中的劳动力输出管理体制及劳动力流入的监控体制还不完善的情况下发生的。

（三）解决我国失业问题的对策

第一，建立职业培训机构，完善职业培训体制。从目前我国的失业来看，主要是结构性失业，主要原因在于自身的知识结构和技能不能满足就业的需要，因此政府要通过建立规范的职业培训机构，对这部分技能单一的失业群体进行有效培训，帮助其实现再就业。同时，鼓励相关企业对在职职工进行定期或不定期的培训，以降低在职员工再度出现结构性失业的可能性。此外，还要完善职业培训体制，使得职业培训机构更好地发挥作用。

第二，建立规范的职业介绍中心。目前在失业群体中，部分人员在本地无法实现就业，而在另一些地方却很容易就业，这主要是由于市场信息不对称所引起的。对于这部分失业人员，应当建立规范的就业信息提供机构，帮助他们实现再就业。此外，由于目前职业介绍中心很多，但经营正规性较差，且经常发生损害就业人员利益的事情，需要对其进行合法化，以规范其经营。

第三，建立规范的失业保险制度，完善失业保障体系。政府部门建立健全职工失业保险政策，能在一定程度上缓解政府的财政压力。此外，政府应当建立完善的失业人员基本生活保障制度和城镇居民最低生活保障制度，使那些无法实现再就业的失业人员获取必要的社会救济金。

第四，提高经济活动水平，创造新的就业岗位，把经济增长和就业增长结合起来。政府应该大力发展经济，尤其是发展第三产业，因为第三产业具有劳动力素质跨度大、对劳动力的吸收能力强等特点。政府在通过积极的财政政策拉动经济发展的同时，还应当以各种优惠政策鼓励中小企业尤其是劳动密集型企业的发展。

第五，控制劳动力供给。我国的劳动力过剩严重，治理失业还要考虑如何有效地控制和减少劳动力的供给。为了达到这一目的，可采用的方法有两种：一是控制人口的增长。由于我国人口基数大，劳动力供给多，应该继续实施计划生育，控制人口增长；二是延长劳动力的受教育年龄，该措施可以推迟年轻劳动力进入市场的年龄，直接缓解就业市场的压力，提高劳动力的素质，降低出现结构性失业的可能性，同时又能增加人力资本的存量，提高自身在国际市场上的竞争力。

第六，加强劳动力市场建设，完善就业服务体系。社会主义市场经济要求建立统一、开放、竞争、有序的劳动力市场，而且劳动力市场要规范化、透明化，以有利于各种劳动力公平有序竞争，调节劳动供求。同时，还要完善就业服务体系，不仅要加强职业指导和专业转岗培训，还要建立健全就业信息传播平台。

三、使用说明

本案例配合宏观经济学“失业”理论及相关内容，通过对我国失业问题的特征、成因的分析以及总结我国解决就业的措施，对失业问题进行全面讨论，以帮助读者更好地理解失业理论。

思考题

1. 分析我国失业率高的原因。
2. 思考解决失业的对策。

参考文献

1. 金志峰，王磊．失业现状、原因以及对策的经济学分析．中国软科学，2002（7）
2. 郭飞．中国失业：特征与对策．江苏行政学院学报，2005（6）
3. 张磊．中国失业问题的原因及对策分析．商场现代化，2008（20）
4. 中国统计年鉴 2011．北京：中国统计出版社，2011

案例 20

金融危机影响下，美国的失业及政策分析

一、概要

2008 年金融危机后，美国的失业率急剧上升，达到了第二次世界大战以来的最高水平。本案例在回顾美国失业状况的基础上，分析其特征及原因，并总结美国在应对金融危机之后出现的失业问题而出台的政策。

二、案例内容

（一）美国失业概况

美国在 19 世纪后期崛起，发展较快，而且在二战后迎来了鼎盛期，但进入 21 世纪以来，美国的发展却受到了诸多因素的影响，导致其发展缓慢，并出现衰退的迹象。尤其是 2008 年的金融危机对美国的影响最大。虽然在这次全球的金融危机中美国是始作俑者，但它也最早、最深刻、最强烈地品尝到了就业危机带来的苦果，且自金融危机爆发以来，美国的失业率急剧攀高。据统计，2008 年美国失业人数总计 260 万，达到二战以来的最高水平。从 2008 年底到 2009 年前 6 个月，美国劳工部统计的本国失业率水平由 7.2%上升至 9.5%，超过了 7%的国际警戒线，并在 2009 年 8 月达到 9.7%，失业人口达到 1 490 万人。

近年来随着其一系列经济刺激计划的出台和经济的恢复，美国就业状况得到改善。根据美国劳工部 2011 年 11 月 17 日公布的报告，美国首次申请失业救济人数继续下降，截止到 2011 年 11 月 12 日的一周内，美国首次申请失业救济数比前一周减少 5 000 人，降至 38.8 万。这是该数字过去五周以来第四次下降，为 7 个月以来的最低水平。当周，更能代表趋势的首次申请失业救济人数四周移动平均值也下降 4 000 人，降至 39.7 万。这是 7 个月以来该数字首次降至 40 万整数以下。并且由于美国经济在 2011 年第三季度增速明显快于上半年，就业市场也开始出现复苏。

（二）美国失业的特征

美国的失业有失业率高、周期性失业和结构性失业并存、就业与学历呈负相关、长期

失业和非全时就业增加等特征。

一是失业率高，就业人口比例不断下降。从 2008 年金融危机爆发以来，美国的失业率一直处于上升趋势，从 2011 年下半年开始略有下降，但仍保持高位运行，9.0%的失业率远高于 7%的国际警戒线。此外，美国劳动力市场在 2007 年下半年开始下滑，并延续至今。期间，劳动力市场形势不断恶化，比前两次衰退期（1990 年和 2001 年）要严重得多。

二是周期性失业和结构性失业的问题严重。从有关经济学理论以及美国的实践看，美国的失业问题是由其经济结构的变化导致的，并伴随着经济发展的周期而发生。目前美国经济正处于低谷期，而这个时期正是失业率保持高位的时期。总之，美国的失业最主要的特征就是周期性失业和结构性失业。

三是失业与学历呈密切相关关系。从失业率来看，美国高中学历以下的失业率在 10%左右，高中学历的失业率在 8%左右，专科及以上的失业率约为 5%。由此可以看出，学历最低的，就业率波动最大。而随着学历的提升，就业率相对稳定。这说明低学历最容易受经济状况影响，相反，高学历抵御经济风险的能力最强。

四是失业的长期性。本次经济危机导致的失业主要是非自愿失业，很多失业人员为长期失业，主要原因有两个：一是失业人员素质和学历较低，难以满足现在用人单位的要求；二是各用人单位受到经济危机的影响大量缩减职位，导致失业人员长期失业。

五是与目前大部分行业失业问题严重相反，部分职位的就业有所上升，但非全时就业人员迅速增加。美国最近几年的失业中，管理专业及有关职位和服务业的就业增加，但建筑、采矿业就业急剧下降，并且非全时的工作人数迅速增长，其主要原因是没有工作的失业人员找到工作的可能性非常低，所以有些雇主倾向于缩减工时招工。

（三）美国政府解决失业的能力

美国的失业问题在金融危机之后比较严重，同时美国政府解决失业的能力明显不足，究其原因，主要为结构性失业严重，需要长时间改变；房地产市场仍旧萧条；政府政策实施效果不明显；部分职业转包海外，就业岗位减少；美国人就业观念的问题等。

一是结构性失业严重，需要长时间改变。美国的结构性失业主要缘起于经济结构的变化，但现有美国劳动力的知识、技能、观念、区域分布等不能很好地适应这种变化，与市场需求不匹配，最终引发了结构性失业。此次金融危机使美国经济结构面临重大调整，金融和汽车等传统优势产业的岗位流失严重，但与之相反的是新能源等新兴产业异军突起。因此，跨行业的再就业人数大大增加，劳动者需经历一个培训和寻职过程，这将进一步拉长就业好转的“时滞”。

二是导致金融危机的房地产市场复苏仍不见起色，吸纳就业能力明显不足。房地产行业链较长，上下游产业较多，其中包括建筑材料行业、建筑行业、房产销售行业等等，房地产业成为各国吸纳就业的重要产业之一，美国也不例外。但就目前的状况来看，美国房地产市场仍处于萧条之中，其中两个最能反映房地产行业雇佣就业人数的指标——新建住房销售套数和已开工的新建私人住宅套数均出现大幅度下滑。这表明，当前美国房地产市场信心仍然十分脆弱，房地产市场的萧条使得该行业就业岗位流失严重。

三是美国政府的扩张性财政政策的就业创造效应不佳。中国扩张性财政支出投放重点是铁路、公路、港口等基础设施建设，以及“十大产业振兴规划”中的各项减税政策，创造了大量的工作岗位。相比之下，美国创造就业的能力就显得相当疲软，美国财政支出的投放重点是拯救濒临破产的金融机构（如“两房”）等次贷危机的重灾区，以及工业部门的大规模减税、“汽车换现金计划”等。这样的救助只能消除金融系统风险，却无法创造新的工作岗位，美国政府的财政政策投放重点发生了偏差。金融危机已经重创了美国的金融机构，在各大主要银行负债累累的情况下，众多美国企业已经很难从金融机构再获得资金支持，这就使得美国企业的日子更难过，通过扩大生产增加就业在某种程度上越来越难。然而，在金融危机爆发之后，许多经济学家就建议，在政府的经济刺激政策中，不应该只专注于银行，更要拿出相当的资金扶持中小企业，以此来满足就业的需要。但是，当时的美国政府并没有采纳，而是将大量的资金用在金融机构救火上面。美国创造就业的能力远不能满足需要，失业率处于高位，由此带来了整个就业状况不佳的被动局面。

四是服务性行业外包，导致本国就业岗位减少，影响到了就业能力的增加。目前，在美国从事服务行业的就业人数已占就业人数的80%左右，然而，在目前全球化的大背景下，很多美国企业把许多业务从主要业务中分离出来，拿出去外包给其他国家的相关企业或机构，由此，全球金融危机爆发后，严重影响了美国企业所能够提供的服务外包业务，不但影响自身的就业状况，也导致大量从事外包业务的公司破产。其中，美国企业还把很多技术含量不高，但是工作量很大的业务，外包给一些发展中国家的企业，如中国等，也影响到了中国的一些企业和机构。

五是原有的福利待遇是美国就业状况不佳的主要原因之一。美国高工资、高收入的福利待遇严重影响了美国人的再就业，美国的就业制度造成了很强的工资刚性，不利于就业形势的改善。美国企业奉行高工资、高收入的模式，而且大部分行业都存在影响力巨大的工会组织，这些组织对行业工资水平的确定和改善有较强影响，使得大量的中小企业难以满足如此高的工资水平和标准，许多企业在迫不得已的情况下选择了裁员或减产的办法来维持企业运转，这样也直接导致了整个社会的就业状况不佳。金融危机爆发以来，美国平均小时工资不但没有下降，反而继续维持稳定上升。就业制度造成的工资刚性和工资稳步上升态势，使得雇主也不敢贸然增加员工，只能通过延长工作时间来控制工资成本。

（四）美国缓解失业的政策

美国总统奥巴马认为摆脱经济危机的一个重要手段就是解决人们的就业问题。危机发生后美国政府较早作出了反应，出台了以下政策缓解失业问题。

一是对失业人员进行再就业培训，增强其再就业的能力。美国的有关法律规定，尤其是《劳动力投资法》的基本理念就是通过为失业者提供核心就业服务和培训，提高就业技能，较好地解决失业问题。以该法为基础，美国建立了“一站式就业中心”，实施了社区高级就业培训项目等一系列措施，为失业者提供就业资助、就业信息等，就业设施逐渐完善。为应对此次衰退中严重的失业问题，美国为劳动力投资项目提供了救助资金，主要用于为接受社会救助及低收入人员提供培训服务、高增长新兴行业人员的培训和安置、青年人才储备项目和老年人社区服务等方面。再就业培训和服务措施的强化主要针对失业较为严重的青年人、老年人以及低收入阶层，能较好地减少摩擦性失业问题。

二是实行经济刺激政策，增加职位需求，缓解周期性失业问题。在金融危机爆发后，美国政府实施的刺激政策在一定程度上扩大了就业市场。据美国国会预算办公室估计，该政策对美国短期和长期的就业影响都较大，经济刺激方案使美国 2009 年、2010 年、2011 年的就业人数分别增加了 80 万人、120 万人、131 万人，达到 230 万人、360 万人和 490 万人。尽管在未来数年中 GDP 增速有所下降，但对就业的影响并非为负，美国国会预算办公室估计美国劳动力市场在长期将接近充分就业状态。

三是紧急情况失业补贴和联邦额外补贴项目，稳定了劳动力市场，缓解了失业人员的生活问题。一般情况下，美国的失业金平均数额为每人每周大约 300 美元，这笔钱是由企业与就业者平时交纳的各种税费积累而成的，主要就是为了应对失业。随着衰退加剧，失业人员除可以享受所在州失业救济金领取时间延长的优惠政策外，还可以享受来自联邦的紧急情况失业补贴和联邦额外补贴项目。在奥巴马的经济刺激计划中，就包括了给失业者提供额外的每周 25 美元的津贴。该计划还延长了大约 300 万人领取福利津贴的时间限制，并增加了对失业者培训的投入。这两个项目一方面有助于减少各个州失业信托基金的支付压力，另一方面延长了失业人员享受救济金的时间，此外补贴金额能较好地缓解失业人员经济困难问题，增强失业人员就业和应对经济危机的信心。

四是美国政府推行援助项目缓解就业难效果显著。在奥巴马政府“绿色能源”项目下，美国劳工部制定了绿色环保工作行动框架的决议草案，确定了劳动力市场及其客户所需的基础要素和操作要素。框架预想通过合理使用的能源投资，帮助企业改进和培训工人，在整个国家创造了 300 万个新的绿色就业机会。绿色工作计划与《贸易调整援助法案》（TAA，主要是帮助受进口产品冲击或产品生产转移到其他国家的企业及其上、下游企业的工人）一起，有助于解决美国经济结构调整引起的结构性失业矛盾。

三、使用说明

本案例配合宏观经济学“失业”理论及相关内容，通过对金融危机后美国失业问题特点、成因的分析以及对美国解决失业政策的总结，帮助读者更好地理解失业理论，并对比思考中国失业问题的解决办法。

思考题

1. 未来美国政府还应采取哪些措施降低失业率？
2. 美国解决失业问题的政策对中国有哪些启示？

参考文献

1. 张丽伟，许晓静. 21 世纪初美国经济现状的动态分析——以失业率为例. 新财经，2010（6）

2. 李艳霞，荆友奎. 金融危机背景下各国政府治理失业的对策及借鉴. 理论界，2010（3）

3. 李云鹏，程晋宽. 金融危机中美国就业状况的教育支撑. 上海教育科研，2010

（4）

4. 孙强．中美两国反失业政策的比较与启示．福建论坛（人文社会科学版），2009（4）

5. 向志容，颜蕾．经济危机时期美国就业状况、政策调整及其启示．南方金融，2009（9）

6. 中国新闻网．http://www.chinanews.com/cj/2010/08－20/2479529.shtml

第五部分

通货膨胀与通货紧缩

案例 21

20 世纪中国的通货膨胀与紧缩

一、概要

20 世纪的中国经济，经历了从传统计划经济向社会主义市场经济转轨的重大变革，在经济迅速增长的同时，也经历了通货膨胀和通货紧缩。从改革开放到现在，我国在 1985 年、1988 年、1993 年、1994 年都经历了通货膨胀率大于 9%的较为严重的通货膨胀。其中 1994 年的通货膨胀率最高，达到了 24.1%。改革开放以来的通货膨胀呈现出明显的周期性，1994 年前通货膨胀幅度有逐步加大之势，而且高通货膨胀与高经济增长相伴。而 1995 年后，通货膨胀率逐步下降，1998—2002 年我国出现了通货紧缩。上述现象既有国际原因，也有短期政策原因，还有制度原因。

二、案例内容

(一) 20 世纪我国四次通货膨胀及其特点

通货膨胀是现代经济社会普遍存在的一种经济现象，我国也不例外，特别是在我国从传统的计划经济向社会主义市场经济转轨时期，随着经济体制改革和对外开放的逐步深化，企业自主权逐步扩大，市场调节价格比重迅速上升，通货膨胀也日益显现。到 21 世纪初为止，大致经历了以下几次通货膨胀高峰。

第一次高峰在 1980 年，零售物价总指数上涨率和 GDP 折算数上涨率分别达到 6.0%和 4.8%，首次突破从 1962 年以来长期维持的 2%以下的价格总水平，形成改革开放以来通货膨胀的第一次高峰。这一年处在中国实行改革开放的初期，宏观上经济增长速度较快，投资规模有所增加、财政支出加大等导致了较高的财政赤字。所以 1978—1980 年经济出现了比较明显的上涨势头，当 1980 年出现通胀上扬的时候，经过压缩基本建设投资、收缩银根、控制物价等一系列措施，使通胀得以抑制，起于宏观政策调整，也结束于宏观政策调整。

第二次在 1985 年，零售物价总指数上涨率和 GDP 折算数上涨率分别达到 8.8%和

10.1%，再创新高，成为改革开放以来通货膨胀的第二次高峰。1982—1984年，在1980年改革氛围的延续下，投资增长有所加快，国家继续贯彻执行“调整、改革、整顿、提高”的方针。但由于价格改革引发的价格闯关，最终导致在1985年9月到达第二次高峰。这次通胀是改革开放以来首次CPI峰值出现高于10%的情况。此次通胀主要源于成本推动，作为改革内容之一的价格改革，政府提高了粮食、棉花、油脂、油料等18种主要农产品的收购价格和煤炭、铁矿石、生铁、钢锭、钢坯、有色金属、水泥等工业产品的出厂价格。各种价格之间轮番上升，价格与工资轮番上升。另外，国内物价上升迫使人民币对外贬值，这样进一步提高了进口品价格，从而进一步以成本推动方式推动国内通货膨胀。为了抑制通胀，从1984年11月到1985年10月，国务院实施了一系列宏观调控措施，控制固定资产投资规模，加强物价管理和监督检查，全面进行信贷检查。经过一系列的措施，CPI在1986年初开始回落，到8月回落到4%以下。因此，可以看出，由于固定资产投资规模过大，社会总需求过旺，工资性收入增长超过劳动生产率提高，从而引起成本上升并推动物价上涨。由于宏观调控不到位，财政赤字、货币发行、收入膨胀等未得到有效控制，1985年通胀并未得到彻底治理。经济运行中多年积累的深层次问题日益凸显，如经济结构失衡、投资规模膨胀和消费膨胀继续加剧等。CPI在1986年7—10月经过短暂的下调后在1986年下半年又开始出现爬升势头。

第三次在1988年，零售物价总指数上涨率和GDP折算数上涨率分别达到18.5%和12.1%，又创新高，成为改革开放以来通货膨胀的第三次高峰。1988年7月，CPI同比上升幅度达19.2%，而自1988年8月到1989年6月，CPI屡创历史新高。在1989年2月创下改革开放以来第一个最高纪录28.4%。从1989年开始，中国又开始实行严厉的信贷紧缩政策，但是由于市场普遍存在的通胀预期，以及通胀自身的惯性特征，通胀没有立即得到抑制，一直持续到1990年7月。

第四次在1994年，零售物价总指数上涨率和GDP折算数上涨率分别达到24.0%和16.6%，CPI达到24.7%，成为改革开放以来通货膨胀的第四次高峰。1991年底，为搞活大中型企业，国务院公布20条重要措施，包括进一步下调利率，发出放松银根的强烈信号，导致到了1993年全国信贷投放增长率达到近50%的高位。受此推动，1992—1994年间，中国出现了全国范围的房地产热、开发区热和投资热。改革开放以来各次的通货膨胀可以从图21—1中反映出来。1990—2000年国内外经济环境的特点是非国有经济得到迅速发展，同时大部分商品和生产要素价格已经放开，市场机制对经济的调节作用越来越大，外汇机制也发生了较大变化。在此后的紧缩政策的综合实施下，同时得益于1995年之后一直实行的盯住美元的固定汇率制，中国用了两年多的时间把经济增长和通货膨胀双高态势调整过来，逐渐走上了高增长、低通胀的缩长模式，实现了经济“软着陆”。

考察我国转轨时期的通货膨胀可以发现，改革开放以来的通货膨胀呈现出明显的周期性，1994年之前通货膨胀幅度有逐步加大趋势，而且高通货膨胀与高经济增长相伴。而1995年后，通货膨胀率逐步下降，直到21世纪初。但是2002年以后，通货膨胀又有逐步扩大的趋势。总体而言，21世纪以来，通货膨胀幅度较小，但是波动频率加大，这与入世以后，中国经济日益融入全球化过程、不确定因素不断增加有必然的关系。

通货膨胀的产生有需求拉动的原因，也有成本推动的原因，还有货币政策等外部环境

图 21—1　1978—2010 年我国 CPI 指数

的影响。从上述情况来看，我国产生通货膨胀具有以下几方面原因：

第一，价格上涨中食品和农产品的价格上涨幅度比较大，同时农产品是一种最基础的产品，其价格的上涨会带动其他商品价格的上涨，即所有的经济主体都会充分利用粮食等农产品价格上涨的机会提高价格，基础性产品价格的上涨对通货膨胀的传导效果最为明显。

第二，货币供给增长过快。货币供给增长过快主要是由于企业改革的滞后。改革开放之初，我国的企业以国有企业为主体，国有企业在价格改革中因成本上升，只能靠提高自己所生产商品的价格来应对。随着改革的不断深化，国有企业的困难逐渐显性化而且不断增加，为了维持生产的运转，企业不得不增加银行的贷款，中央银行放大货币供给也就不可避免。当然，企业困难越多，财政困难也就越大，财政赤字也在不断放大。这些都将通货膨胀推向新高。货币供给的增长为通货膨胀的加速传导提供了外部环境。

第三，开放过程中进口商品价格存在的刺激。由于改革前供求长期不平衡，在通货膨胀已经存在的前提下，对进口商品的需求有一种增加的趋势，导致进口成本推动的通货膨胀。

（二）我国治理通货膨胀的主要措施

由于我国是从计划经济转向市场经济，并且一直实行渐进的改革战略，而且我国通货膨胀是综合型的，既有需求因素和成本渐进因素，也有农业发展滞后、经济结构不合理的结构因素，这就决定了我国必须坚持综合治理通货膨胀，在深化改革中治理通货膨胀。

针对前两次通货膨胀（在 20 世纪 80 年代初期和 80 年代中期），我国采取了紧缩的政策，包括提高利率，实行城乡居民储蓄存款保值补贴，强化对贷款发放和投资规模的直接控制。这些政策虽然强调运用经济手段，但主要运用的却是行政手段。行政手段虽然迅速抑制了通货膨胀，但因为其手段缺乏灵活性及我国经济体制内部存在的一些矛盾仍未解决，通货膨胀被抑制的同时经济增长率也出现下降。为了促进经济增长，紧缩政策又转为放松政策。这种一控就死、一放就乱的手段，并没有从根本上消除通货膨胀的根源。

1994 年的高通货膨胀，政府运用多种手段，操作重点主要是正确和灵活运用了财政政策、货币政策以及产业政策、收入分配政策，在反复试错和微调的过程中，政策逐步到位，成功地实现了“软着陆”，实现了高增长、低通胀。首先是在整顿金融秩序过程中进一步强化企业内部管理，多次收紧银根，又适当地根据通货膨胀走势放松一些。其次在大量增加国债发行的同时加大贷款结构力度，适当扩大贷款规模，做到了“总量控制，结构调整”，从而进一步深化改革，调整产业结构，加强中央银行的货币政策的独立性。最后改革商业银行，发展金融市场，这使得微观主体对政策信号越来越敏感，政策相应也比较明显。

总之，从 1995 年开始，政府加大力度抑制经济过热、控制通货膨胀，从增加总供给、控制总需求的角度，较好地控制了经济过热，经过两年的努力，成功地实现了“软着陆”。

（三）1998—2002 年我国的通货紧缩

通货紧缩是与通货膨胀相对的，指物价普遍持续地下跌。一般认为，如果价格水平连续二到三个季度以上下降就可视作持续下降。而衡量价格水平变化的指标主要是 GDP 平减指数、生产者价格指数和消费价格指数。

通货紧缩发生的原因相对单纯，一般是由于货币供应量的减少或货币供应量的增幅滞后于生产增长的幅度，以至于引起对商品和劳务的总需求小于总供给，从而导致物价总水平下降。当然通货紧缩除了货币供应的原因以外，还包括一系列非货币的因素。例如，随着市场经济秩序的建立和市场开放度的增加，生产力的发展带来商品和服务的丰富，新技术的普及和运用的加快使得商品和劳务价格下降的压力不断增大，有可能形成物价的普遍下跌。

1997 年上半年我国成功地实现了经济“软着陆”，但同时在亚洲区域爆发了亚洲金融危机，从第四季度开始，我国物价持续下跌，有效需求不足，货币供给增速放慢，经济增长率下降，失业人数增加，出现了较为严重的通货紧缩。这是我国首次出现通货紧缩的情况。从 1997 年 10 月起到 1999 年底，我国零售价格总指数连续 27 个月下降，从 1998 年 3 月到 1999 年底，我国居民消费价格指数持续 22 个月下降。经济增长率连续两年下滑，由 1997 年的 9.3％下滑到 1998 年的 7.8％，1999 年又进一步下滑到 7.6％。2000 年开始有所上升，达到 8.4％，2001 年为 8.3％，2002 年为 9.1％，经济增速逐步回升。

导致该次通货紧缩的原因主要有以下几方面：

（1）国际原因：全球性经济紧缩和亚洲金融危机使我国承受了外需减少和进口品价格下降的双重压力。改革开放以来，我国经济与国际经济的关联度大大提高，1997 年我国进出口总额已经达到 3 250 亿美元，占国内生产总值的 36％，1986—1990 年出口需求年均增长 17.8％，1991—1997 年年均增长 16.7％，出口需求的快速增长已经成为支持我国社会总需求快速增长的重要组成部分。1998 年出口增长率为 7％～8％，影响 GDP 增长率约 0.85 个百分点，出口增长放缓。同时，金融危机后，亚洲需求减少导致国际市场多数商品（特别是原材料）价格下跌，石油等商品价格跌至近 20 年来的最低水平，国际市场商品价格的大幅下跌对我国商品价格水平产生了抑制作用。

（2）短期政策原因：对抑制通货膨胀的财政、金融“双紧”政策调整迟缓。1993 年起，为了治理高达两位数的通货膨胀，我国实行了长达 5 年的财政、金融“双紧”调控政策，严格控制固定资产投资规模，压缩财政赤字规模。1997 年，中央银行实行适度从紧的货币政策，M1 增长率降低为 16.5%，同时，为了增加流通中的货币供给，央行再次降低存、贷款利率，平均下调幅度分别为 1.1 和 1.5 个百分点。在财政政策方面，仍然偏向紧缩性的措施，全社会固定资产投资增长率下降到 8.8%。这些政策使商品零售价格指数和居民消费价格指数回落到 1997 年的 0.8%和 2.8%。但实际上，1997 年末我国宏观调控的主要矛盾已出现了一些实质性的变化，社会总供求关系发生了历史性转折，大多数商品短缺现象消失，部分工业品出现明显的生产过剩，在经济运行客观要求宏观调控方面应由约束需求转变为创造需求的新形势下，没能及时调整财政、金融“双紧”政策，使 1998 年初的客观经济政策取向仍以“双紧”为主调。如 1998 年计划继续缩小财政赤字 100 亿元，并在 1998 年 3 月仍维持金融收缩的利率体系，货币供应量增幅在 1998 年第二季度前仍继续下降，通货紧缩的压力不断增大。

（3）制度原因：微观约束机制强化使经济产生自收缩倾向，企业一时尚未建立与新增长方式、新经济体制相适应的需求扩张机制。随着近年来投融资体制、金融体制改革等方面取得实质性进展，国有商业银行和国有企业预算约束逐步“硬化”，过去那种不计投资回报、重复建设的虚假投资需求和随之派生的消费需求被有效抑制。企业在激烈竞争的市场环境中捕捉投资机会的能力很弱，在金融企业风险约束机制强化后，特别是风险责任落实到人后，银行由过去的个人利益最大化的乱贷现象转变为个人风险最小化的惜贷现象，金融机构出现强烈的信贷自紧缩趋向。总之，由于我国微观需求扩张存在严重的体制障碍，旧的虚假需求被抑制，但与新增长方式和新经济体制相适应的需求扩张机制尚未建成，新创造的有效需求尚不足以弥补被抑制的虚假需求，从而有效需求总量不足，这是当时出现通货紧缩的重要原因。

为了应对通货紧缩，政府把扩大国内需求、开拓国内市场作为我国经济发展的基本立足点和长期战略方针。

1998 年，面对内、外部平衡的双重压力，政府制定了“扩大内需、刺激总需求”的发展战略，采取了积极的财政政策和稳健的货币政策拉动经济增长，运用货币政策维持了固定汇率，同时运用财政政策刺激国内经济增长。1999 年，我国经济社会发展面临的国际国内环境更加严峻。亚洲金融危机不断蔓延，世界经济增长速度进一步放慢，我国出口产品的国际价格竞争优势降低。国内市场有效需求不足，农民收入增长减缓，就业问题日益突出。2000 年以来，国际环境趋好，我国经济逐渐摆脱亚洲金融危机的阴影，经济开始回升。但需求增长的基础仍不稳固，社会需求增长不够稳固，失业率升高，经济中的结构矛盾突出等问题也持续困扰着我国经济。1999 年，在货币政策方面，央行保持了一定的货币供给增长并再次调低存、贷款利率。M1 增长率上升到 17.7%，较上一年提高了近 6 个百分点。从 1999 年 11 月 1 日起，财政部对存款利息征收 20%的个人所得税，相当于利率下调 0.45%。在财政政策上，政府加大了扩张性财政政策的力度，在增发 600 亿元国债的基础上，特别增加财政支出，用于提高低收入人员和机关事业单位职工工资。从 2000 年开始，中央银行转向实行稳健的货币政策。在货币投放上，仅 2001 年货币供给 M1 的增长率较低，为 12.7%，2001 年底，人民币汇率较上一年升值 15 个基点。

在通货紧缩时期，实行适度扩张货币政策可以遏制通货紧缩趋势，保持币值稳定，刺激经济增长，防止经济衰退。具体治理通货紧缩的货币政策措施有：适当降低法定存款准备金率，适当调整再贴现率，通过公开市场业务增加货币供应量投入基础货币，降低存贷款利率促进投资和消费，采取灵活的汇率政策等。通货紧缩的原因之一是需求不足，努力扩张需求是治理通货紧缩的一项直接而有效的措施。削减税收、加大公共工程支出、加强各种社会保障体系都是扩大消费需求和投资需求的有效手段。货币贬值，提高出口产品的竞争力也是扩大出口需求的有效措施。需求不足与供给过剩是同一个问题的两个方面，运用供给管理，加大产业结构、产品结构调整，扩大有效供给，有利于形成社会需求。实际上，通货紧缩恰恰是调整产业、产品结构，进行资产重组的有利时机，政府鼓励企业之间的兼并、重组，提高企业技术改造的积极性，支持新兴产业尤其是高新技术产业的发展，推动产业结构的升级。对于竞争较激烈的行业，加快技术改造，增加产品技术含量，降低生产成本，以适应社会需求变动。

三、使用说明

本案例适用于通货膨胀理论的学习（包括通货膨胀的原因和治理等），以及萧条经济背景下政府刺激经济增长的分析。可与宏观经济学的 $IS-LM$ 模型配合使用。通过本案例的学习有利于同学掌握通货膨胀和通货紧缩的概念，理解政府针对不同经济状况应运用不同的经济政策。可以用 $IS-LM$ 模型解释政策含义。

思考题

1. 什么是隐蔽性通货膨胀？试分析通货膨胀的原因。
2. 试评析中国政府反通货膨胀的政策。

参考文献

1. 赵晓，陈光磊．通胀经济来了．南京：凤凰出版社，2010
2. 张允春．通货膨胀与通货紧缩的比较研究．商业文化，2011（7）
3. 尹航．党的第三代中央领导集体对治理我国首次通货紧缩的探索．毛泽东邓小平理论研究，2011（9）
4. 汪同三，李涛．中国通货紧缩的深层次原因．中国社会科学，2001（6）

案例 22

通货膨胀的原因：出现通货膨胀是必然的吗?

一、概要

1994 年的通货膨胀是改革开放以来我国发生的最严重的通货膨胀，它是 1991 年以来通货膨胀率一直上升的最高峰，也是上升趋势的终结点。

1994 年的通货膨胀呈现出以下几个特点，一是物价上涨幅度大，持续时间长，呈现日益加剧的态势。二是从居民消费品价格结构看，食品价格上涨幅度更高。三是生产资料价格猛涨的势头有所回落，但绝对价格仍在高位运行。四是农村物价涨幅高于城市，内陆地区物价涨幅高于沿海地区。1994 年我国的通货膨胀是一次全面的物价上涨，是 20 世纪 80 年代以来最严重的一次。它不仅对居民生活的冲击产生了较大影响，而且对整个国民经济的发展也带来了严重危害。

1994 年通货膨胀的主要原因有投资增长过快、基建规模过大与货币超量供应等，居民消费需求与农产品供给的矛盾日益显露，也加大了通货膨胀的压力。另外，价格改革力度加大和价格调控体系不完善，也是引发通货膨胀的重要因素。

从 1993 年下半年到 1994 年，财政政策与货币政策都实行了适度从紧的配合。财政政策方面，结合分税制改革，强化了增值税、消费税的调控作用，合理压缩财政支出，并通过发行国债，引导社会资金流向。货币政策方面，严格控制信贷规模，大幅提高存贷款利率，要求银行定期收回拆借的资金，使宏观经济在快车道上稳刹车，并最终顺利实现了“软着陆”。

二、案例内容

在 1994 年 12 月 1 日中央经济工作会议上，时任国务院副总理的朱镕基再次针对通货膨胀发表看法。这一年，全国商品零售价格指数涨幅高达 27.1%，消费价格指数涨幅达 24.1%。中央 1994 年的限制物价措施更为严厉，对部分产品实行了直接的价格管制，但通货膨胀的滞后效应依然存在。

1991年底，为搞活大中型企业，国务院公布20条重要措施，包括进一步下调利率，发出放松银根的强烈信号，导致到了1993年全国信贷投放增长率达到近50%的高位。受此推动，1992—1994年间，中国出现了全国范围的房地产热、开发区热和投资热。1993年11月份粮食价格的全面放开，带来粮食价格和棉花价格猛涨。

从图22—1可以看出，1994年全年居民消费价格指数（CPI）都大于120，呈现出先升后抑的趋势。1、2月份受销售季节影响，CPI呈上升趋势，3、4、5三个月持续下行，但是到了6月份以后，CPI持续快速上行，到10月份达到全年顶点127.7，也是20世纪的顶点，之后开始下降。

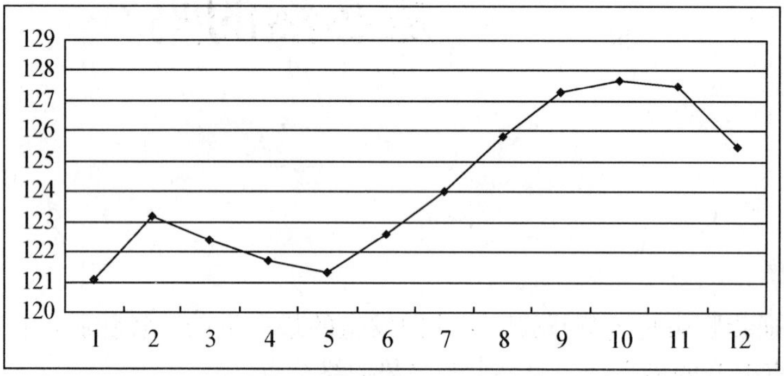

图22—1　1994年居民消费价格指数（CPI）月度数据

（一）1994年通货膨胀的特点

（1）物价上涨幅度大，持续时间长，呈现出日益加剧的态势。1993年全社会商品零售价格指数上升13%，居民消费价格指数上升14.7%。到1994年，物价上涨更猛，1—9月份，商品零售价格指数比上年同期提高20.9%，居民消费价格指数提高23.3%。

（2）从居民消费品价格结构看，食品价格上涨幅度更高。在消费品价格中，食品类价格主要是粮食和与粮食有关的副食品上涨较多。1994年，食品价格指数进一步攀升。据国家统计局对35个大中城市居民分类价格指数统计，1—7月份，食品价格指数上升了31.9%，比居民消费价格指数上升幅度24.2%高出7.7个百分点。其中粮食价格指数上升57.8%，肉禽及其制品价格上升40%，水产品价格上升17%，蔬菜价格上升29.7%，饮食业价格上升31.9%。这说明物价上涨对居民生活的影响和冲击越来越大。

（3）生产资料价格猛涨的势头有所回落，但绝对价格仍在高位运行。由于固定资产投资需求的拉动，1993年生产资料价格上涨过猛，是历史上涨幅最高的一年。1994年1—6月份，生产资料价格比上年同期上涨1.6%，其中各月涨幅分别为15.8%、10.3%、5.2%、0.4%、−2.6%、−6.2%，这与上年同期生产资料价格上涨44.4%的情况形成了鲜明的反差。但需要指出的是，当时生产资料价格回落是与1993年价格上涨过猛的状况相比较而言的，实际上生产资料的绝对价格仍然相当高，比1992年高出近40%，有的投资品价格高出50%以上。

（4）农村物价涨幅高于城市，内陆地区物价涨幅高于沿海地区。农村市场物价涨势增强，城乡物价上升趋于接近。1994 年 1—9 月份，农村消费品价格上升 22.2%，比城市的 22.4%仅低 0.2 个百分点。从 1994 年 4 月以来，农村物价涨幅已开始超出城市涨幅，成为全国物价水平持续居高不下的重要推动力。10 月份农村居民消费价格和商品零售价格分别比上月上涨 2.1%和 2%，高于城市 0.8 个百分点和 0.6 个百分点。内陆地区物价涨幅高于沿海地区与原来沿海地区的基数比较高有一定的关系。

总之，1994 年我国的通货膨胀是一次全面的物价上涨，是 20 世纪 80 年代以来最严重的一次通货膨胀，它不仅对居民生活的冲击越来越大，而且对整个国民经济的发展也带来了严重危害。

（二）1994 年通货膨胀的主要原因

1. 投资增长过快、基建规模过大与货币超量供应是造成通货膨胀状况恶化的根本原因

1993 年全社会固定资产投资完成 12 457 亿元，比上年增长 50.6%。1994 年 1—10 月份，全国国有单位完成固定资产投资比上年同期增长 40.4%，增幅虽比上年同期回落（1993 年 1—10 月增长 66.2%），但在上年高速增长的基础上继续高速增长。1—10 月份，全国固定资产投资率（全社会固定资产投资占 GDP 的比重）为 38%，如果加上工商企业每年有上千亿元流动资金被挤占到固定资产上，还有利用外资没有列入国家投资规模统计之内的情况，实际上固定资产投资率超过 40%。

货币发行量过大也造成了通货膨胀。货币增发后，并不立即反映到物价上，有一定的滞后期。首先，由于前两年的大规模投资，到 1993 年末，市场中的货币流通量达 5 865 亿元，在上年增长 36.5%的基础上，又增长 35.3%，是此前十几年中仅次于 1988 年（增长 46.7%）的又一个高峰。截至 1994 年第三季度末，流通中货币 M0 为 6 413 亿元，增长 26.4%，狭义货币 M1 为 19 009 亿元，增长 32.5%；广义货币 M2 为 43 514 亿元，增长 37.1%。尽管 1994 年货币回笼情况较好，但货币投放的指标大大超过了同期国民经济的增长幅度。其次，外汇储备增加也导致我国货币增发。1994 年我国成功地进行了汇率并轨，结果中央银行外汇占款猛增到 4 503.88 亿元，与 1993 年末相比，增幅高达 414.41%。所谓外汇占款，是指中央银行为买入外汇而投放的人民币。1994 年汇率并轨后，外汇市场供求关系改变，外汇由原来的供不应求转变为供过于求。中国人民银行为了稳定汇率，不得不被动地向外汇市场投入大量的人民币买入外汇，这就形成了巨额的外汇占款，同时也就意味着基础货币的发行失控。也就是说，引起 1994 年货币超量发行的第一位原因是外汇占款。不仅如此，问题还在于这笔巨额外汇最终将通过银行结售汇制度沉淀于企业，以现金或储蓄存款、企业存款等方式放置于银行。一方面企业对这部分资金拥有完全的支配权，不受国家信贷政策等调控手段的制约；另一方面由于银行派生存款机制，以乘数作用于贷款投资，形成国家调控能力以外的固定资产投资或社会集团购买力，从而大大增加了社会总需求，刺激通货膨胀恶性发展。所以，外汇占款对 1994 年的通货膨胀的影响是不可低估的。

2. 居民消费需求与农产品供给的矛盾日益显露，加大了通货膨胀的压力

首先，粮食供求矛盾上升，由于农业生产资料涨价，农业收益下降，农民种粮积极性

受到抑制，粮食产量增长不快。加上1994年部分地区受灾，粮食减产，供求矛盾加剧。虽然从总体上讲，农产品供给能够满足人民基本生活需要，但我国农业的生产能力进入20世纪90年代以来，粮食总产量始终在9 000亿斤左右徘徊，特别是1994年粮食比上年减产240亿斤，总产量再度降到9 000亿斤以下，约为8 900亿斤。棉花、糖料在年度之间发生波动，甚至发生了绝对数量的减少。其次，温饱之后，人们对食品的数量和质量的需求提出了新的要求，但优质农产品和高蛋白质食品满足不了居民的消费需求。我国的肉类总产量1993年末达3 841.5万吨，人均32.4公斤，比上年仅提高3公斤，比世界平均水平大约低40%。我国的奶制品1993年末达563.7万吨，人均4.7公斤，比上年有所下降，更大大低于世界平均水平。这就是说，我国的农产品在总量上没有大突破的前提下，在品种和结构上发生了一定程度的短缺。再次，受经济过热的影响，经济开发区和房地产建设占用了大量农田，菜篮子问题再度突出起来。而且南方历来是我国粮食的主产区，过去是南粮北运，现在东南沿海省份早已成为粮食净调入地区。沿海省份到内陆省份高价购粮、购肉，已成为推动粮价、肉价上涨的一个重要原因。最后，从粮食进出口贸易看，已由前几年的净进口变为净出口。1987—1991年平均每年净进口粮食665万吨，而从1992年开始，转为净出口，当年净出口粮食40万吨，1993年猛升到570万吨，这就减少了国内粮食供给。另一方面，在供给没有实质提高的基础上，伴随着居民收入水平的大幅度提高，居民消费需求却快速增长。1993年城镇居民家庭人均生活费收入2 337元，扣除物价上涨幅度，比上年净增长14.7%（1978—1992年平均递增速度为6.1%）。进入1994年，居民收入水平和消费水平继续高速增长，必然推动以农产品食品价格为基础的物价上涨。

在需求方面，还有一个很重要的原因，就是局部的市场需求的突然增加，直接推动了局部地区产品价格的上涨。1992年中央提出了建立社会主义市场经济体制的战略，此后出现了大规模的农村劳动力的跨省流动。东南沿海地区在很短时间内聚集了大量来自中西部的外来务工人员，因而给当地的消费品市场增加了很大的压力，农产品价格出现了较快增长，受其弹性较小的影响，中部地区和北方地区也逐步效仿，纷纷提价，从而价格上涨由东南沿海地区爆发，并蔓延到全国。

3. 价格改革力度加大和价格调控体系不完善，也是引发通货膨胀的重要因素

为了适应市场经济发展的要求，我国价格改革力度明显加大，对能源、交通、原材料的价格连续地做了调整，特别是1993年农产品价格放开，对物价的上涨起到了很大的推动作用。在价格调整和放开之后，我国生产资料80%以上、农产品价格90%左右、市场零售的商品90%以上都是在市场上销售，新的社会主义市场经济体制还没有建立，原有国营体系又被过早放弃，国家的市场价格法规很不健全，政府对市场的调控和价格的管理缺乏必要手段。一些企业为了本单位的利益，随意涨价，越权提价，非法收费。流通领域秩序混乱，中间环节大肆盘剥，是造成一些商品价格特别是农副产品价格猛涨的另一重要原因。

4. 在这次通货膨胀中，成本推进的因素不可忽视

主要表现在四个方面：

（1）企业工资奖金增长，导致劳动力成本提高。1994年由于受政府公务员工资调整和改革，企业工资水平进一步攀升，1—10月份从国家银行对工资及个人现金支出看，在上年增长30.2%的基础上，又增长了41.34%。这就进一步提高了企业劳动力成本，同时

助长了全社会消费基金膨胀，对通货膨胀具有双重拉动作用。

(2) 能源、交通、原材料等基础生产资料价格上涨幅度很大，导致加工企业的成本上升，如1993年原材料、燃料、动力购进价格上涨35.1%，生产资料出厂价格上升33.7%，钢材、木材、水泥出厂价格比上年分别上涨82.7%、28.5%和48%。在这种情况下，当年全国预算内工业企业产品销售成本上升28.3%，从而推动了物价的上涨。

(3) 税制改革加重了部分企业的税负，这实质上等于提高了企业的成本费用。1994年1月1日我国实行新税制。按照税制改革方案，各方面的税负是持平的，不会因新税制的实行而推动物价上涨，但实际的执行结果并非如此。

当时国家计委价格管理司的张光远对此作了分析，一是税负结构发生了变化，有1/4多的企业增加了税负，大多通过涨价转嫁出去，但税负减轻的企业一般不会因税负减轻而降价。二是税负的结构性调整，增税的大多是能源、原材料等基础产业，不仅推动了基础产品价格上涨，也推动了后续产品价格上涨。三是一些原税制中享有优惠税收政策的产品在税改初期因政策不明，实际按取消优惠政策计税，再计入成本，价格已涨上去了，后来尽管明确了优惠政策，但价格已难以下降。四是税制改革出台仓促，特别是增值税由价内税改为价外税，引起计算上的许多误解，征收消费税引起一阵抢购风，推动了物价上涨。也有人借税改之机混水摸鱼，乱涨价，乱加价，搞乱了市场秩序，推动物价上涨。因此，税制改革对物价上升必然会产生一些影响。

(4) 汇率并轨导致进口成本上升。1994年初汇率并轨后，进口商品由财政补贴的范围大幅度压缩，关税也由过去按国家牌价计征改为按市场价计征，必然使一些进口商品或以进口商品为原料的产品成本上升，推动物价上涨。

5. 前期物价上涨的滞后影响

1993年物价指数大幅度上升也必然为1994年降低物价指数平添困难。

总之，这次通货膨胀的发生是伴随着国民经济的整体快速增长而发生的，既有老因素，又有新因素，从根本上说，是社会供需总量和结构失衡所造成的。

(三) 宏观经济政策的运用

从1993年下半年到1994年，财政政策与货币政策都实行了适度从紧的配合。财政政策方面，结合分税制改革，强化了增值税、消费税的调控作用，合理压缩财政支出，并通过发行国债，引导社会资金流向。货币政策方面，严格控制信贷规模，大幅提高存贷款利率，要求银行定期收回拆借的资金，使宏观经济在快车道上稳刹车，并最终顺利实现了“软着陆”。这次宏观调控不是全面紧缩，而是结构调整。一方面，对违章拆借、乱收费、乱集资用于开发区、房地产等方面的资金，坚决清理收回；对越权减免税收的，认真清理。另一方面，对国民经济发展重点方面的资金需求及时予以保证，把宏观调控的重点放在对经济结构的调整上。随着宏观调控措施的逐步到位，金融秩序明显好转，重点建设资金得到保障；缓解了国债“低迷”现象，使经济发展基本走上了正轨，宏观调控的最大成就就是保证了1994年宏观经济改革的顺利实施和平稳过渡，保证了整个国民经济的健康运行。

总之，在市场经济下，由于供求决策分别由生产者和需求者不同的主体作出，出现市场波动、通货膨胀（供不应求）或通货紧缩（供过于求）都是不可避免的。虽然政府可以进行调控，但不可能完全弥补供求之间的不平衡，而且为了促进经济增长，政府往往还会采取刺激投资、扩大需求（从而拉动企业进一步生产）的政策，因而出现一定程度的物价上涨（甚至较小的通货膨胀）是不可避免的。

三、使用说明

本案例适用于通货膨胀理论的学习，包括通货膨胀的原因和治理等，以及政府刺激经济增长的政策分析。与宏观经济学的 $IS-LM$ 模型相配合。要求学生能够掌握通货膨胀概念、通货膨胀产生的原因，了解出现小幅度通货膨胀往往可以更好地促进经济增长，是很多国家的一种选择。

思考题

1. 1994 年的通货膨胀是可以避免的吗？
2. 引起通货膨胀的原因有哪些？哪些与经济理论相符？

参考文献

1. 苏明. 1994 年通货膨胀的特征、成因与政策建议，经济纵横，1995（4）
2. 朱镕基. 朱镕基讲话实录，第二卷. 北京：人民出版社，2011
3. 陆宁. 对我国 1994 年通货膨胀的分析. 北京科技大学学报（社会科学版），1995（2）
4. 韩文秀. 1994 年通货膨胀趋势分析. 中国工业经济，1994（9）
5. 郭代模，杨远根. 我国财政政策与金融政策配合运作的实证分析. 管理世界，1996（2）

案例 23

银本位与新中国成立前的通货膨胀

一、概要

1929年的“大萧条”给美国白银生产者带来了沉重的打击，白银价格急剧下降，由1928年的每盎司58美分下降到1930年的38美分，而到1932年下半年更是下降到了25美分。在这种情况下，白银集团游说政府抬高白银价格，要求政府按高于市场的价格购买和储备白银、铸造和发行银币等。1932年11月，民主党人罗斯福当选为总统，罗斯福总统为了通过有关新经济政策的一系列法案需要白银集团的支持，部分纵容了白银集团的活动，1934年6月通过《白银收购法案》。

这时银价上涨，导致中国国内大量白银作为商品通过各种途径流到境外；白银的大量流出，导致了挤兑和通货紧缩，给民族资产阶级带来了不可估计的损失；白银的升值也使中国国内产品的出口大大减少。面对这种情况，国民政府不得不取消银本位的中国货币制度，进而实行外汇本位制度。1937年抗日战争爆发后，法币经历了从温和的通货膨胀到恶性通货膨胀的历程。从1937年7月到1938年，是法币温和通货膨胀阶段。但是随着战争一步步深入，国民政府为应对高额的军费开支，不得不主要依靠发行货币来筹措经费，这直接导致了1939年底开始的恶性通货膨胀。抗日战争胜利后，各地物价和黄金、外汇价格普遍下跌，这给了严重的通货膨胀一个喘息的机会。但国民政府为了发动内战，解决庞大的军费开支，变本加厉地继续实行恶性通货膨胀政策。在超高速通货膨胀下，不仅人民再也不能忍受，就连国民政府的财政收支工作也很难维持。于是1948年8月20日法币被废除，政府发行金圆券。发行金圆券更重要的目的是凭恃武力掠夺金、银、外汇，在发行十个月后金圆券停止流通。1949年7月公布了银元券发行办法，但银元券实质上仍然是不兑现的纸币。银元券在短短几个月时间内就完全崩溃，成为国民政府所发行的最短命的一种纸币。

二、案例内容

（一）美国的购银法案对中国货币制度的影响

作为主要实行银本位制的旧中国，是用银国而不是产银的国家，因而银价完全操纵在他国手里。1929—1933年全球经济危机以前，英国的银市场可以左右白银价格；1933年以后，美国的白银政策取代英国，左右银价。所以中国实施银本位后，银元的对外购买力（即银元的对外汇价）是由不同国家的银市场决定的。因而，美、英、日三国，为了争夺旧中国的货币权，便展开了激烈的经济斗争。

1934年6月19日美国议会通过《白银收购法案》，授权美国财政部在国内外市场收购白银，于是银价飞涨，并对中国经济产生了极大的不良影响。首先，由于国际银价上涨很快，中外银价差距扩大，大量白银作为商品通过各种途径流到境外；其次，国际白银涨价意味着中国货币的大幅升值，导致了挤兑和通货紧缩，给民族资产阶级带来了不可估计的损失；再次，不断上涨的白银价格提高了国内产品的出口价格，严重侵蚀了中国出口产品的竞争力，大大减少了国内产品的出口。在这种情况下，国民党正因发动"剿共战争"，财源枯竭，更加依赖帝国主义，便在英国经济使节的策划下，放弃银本位制度，"废两改元"，采用外汇本位制。1935年至1942年4月实行英汇本位制，投入英镑集团。后美国利用了购银政策的王牌，在抗日战争爆发以后，独占了中国币制的控制权。自1942年4月1日起，正式改为美汇本位制（实际上的日期当然还要早得多）（吴冈，1958）。

（二）第一阶段的通货膨胀——法币

法币，在1935年起由国民政府发行，在全国各地流通。抗日战争前夕，法币流通情况尚属正常，外汇尚能按规定汇率自由买卖，一般物价也很少出现波动。抗战爆发后，华北、华中大量人口向西南迁移，法币逐渐集中于几个大中城市，因而这时的物价已有上升趋势，但是幅度不大。自抗战爆发到1938年底，法币的发行每年增加40.6%，1939年起开始迅速增加，平均每年增加87.2%，1942年以后，平均每年增加132.5%（郑起东，2011）。

抗战期间，法币经历了温和的通货膨胀到恶性通货膨胀的过程。从1937年7月到1938年，是法币温和通货膨胀阶段。主要原因有：一是虽然法币发行增加，但是由于流通区域渐渐推广，物价上涨跟不上或者是仅仅相当于法币发行的增加。二是抗日战争初期，人民支持抗战，对于国民政府发行的纸币给予信任，并且通过认购公债等方式予以支持，这对国民政府弥补财政赤字、减少法币发行起到了一定的作用。同时1938年、1939年农业收成较好，粮价较战前下跌，农产品和以农产品为原料的工业品价格上涨较慢。三是英美继续在中国倾销工业原料和工业产品，对市场物价也起了一定的影响。四是人民在战争和向西南大转移过程中，携带的现钞数量增加，货币流通速度趋于缓慢。战局展开以后，由于道路受阻，商业资本的周转速度较战前降低不少。比如战前四川商人往上海办货，其资本平均每年可周转四五次，战后，货物往返需绕道越南，运输时间往往达半年甚至七八个月之久，其资本周转每年不到两次。货币流通速度的降低，无疑需要增加筹码。商人担心银行不能保证支付，因此愿意携带现金，不愿意汇兑，这也增加了货币流通量的需要。

随着战局的发展，中国军队未能成功地抵挡日军的攻势，中国重要的农业、工业产区大部分丢失。日军占领了主要工业区，占有中国三分之一的土地。中国损失了40%的农业生产能力、92%的工业生产能力，中国与世界联系的主要通道被截断。国民政府为应对大额的军费开支，除了发行各种公债外，其余均向中央、中国、交通和农民四行押借，而四行的资金来源又主要靠货币发行。除公债外，还派募大量乡镇公益储蓄券等，以及增加各种捐税，对于农民更是采用征实和征购的方式进行盘剥。① 这种掠夺式的财政政策严重破坏了后方农业和工商业经济的再生能力，加速了通货膨胀。

自 1939 年起，法币进入恶性通货膨胀阶段。此时公债发行走入穷途，连年预算不能平衡，收支差额越来越大，再加上沿海、中原、湘桂军事屡屡失利，财源枯竭。这时的国民政府不仅没有动员四大家族或者富有者的财力，反而开动印钞机，印刷钞票，在民穷财尽、生产萎缩的基础上，竭泽而渔。1939 年 12 月，法币发行指数为 305 倍，物价指数为 355 倍。此后差距日益扩大，1945 年 6 月法币发行指数为 282 倍，物价指数为 2 133 倍，人民生活陷入极度贫困。物价飞涨，投机倒把猖獗，使得贫者愈贫、富者愈富，生产陷于停顿。

抗日战争结束时，各地物价和黄金、外汇价格普遍猛烈下跌，这给了严重的通货膨胀一个喘息的机会。此时，对于整顿金融、稳定法币都是有利条件。但是，国民政府为了发动内战，解决庞大的军费开支，变本加厉地继续实行恶性通货膨胀政策。以 1937 年 1—6 月的物价指数为基期，1948 年 8 月的上海物价指数已经涨了 500 万倍，五金器材已涨了 1 100 万倍。据统计，100 元法币的购买力，1937 年可买两头牛，1945 年可买两个鸡蛋，1946 年可买六分之一块肥皂，1947 年可买一个煤球，1948 年可买五分之一两大米，1949 年可买五十万分之一两大米。在超高速通货膨胀下，不仅人民再也不能忍受，就连国民政府的财政收支工作也很难维持，于是决定废除法币，发行金圆券。

（三）第二阶段的通货膨胀——金圆券和银圆券

1948 年 8 月 19 日，国民政府总统发布“财政经济紧急处分令”，并同时公布“金圆券发行办法”。其时正值辽沈、淮海、平津三大战役前夕，国民政府在军事、政治、经济上均已处于劣势。发行金圆券的目的是凭恃武力掠夺金、银、外汇。金圆券与黄金白银或任何金属没有丝毫联系，只是用以蒙蔽天下的耳目而已。当时的法币大钞是 500 万元，而金圆券的大钞是 100 元，折合法币 3 亿元。同时法币与东北流通券合起来的发行量，用金圆券 2 亿元即可收回，但金圆券的发行量在金圆券的发行办法上事先就规定“以 20 亿元为限”，由此可见，从一开始，金圆券就要用更大规模的通货膨胀对人民进行掠夺。从金圆券发行开始的第二阶段，通货膨胀比第一阶段更加严重。到 1949 年 6 月 22 日，从法币到金圆券，短短 10 个月，黄金上涨了 4.5 亿倍，银元涨了 5 亿倍，大米涨了 9 亿倍，其他物价上涨的幅度也与金、银、大米不相上下。金圆券 10 个月的贬值程度，超过法币 14 年的贬值程度的 100 倍。成、渝两地的公务员、教师、工人都发给米、柴、油等食物作为薪水，金圆券已经失去交换价值。6 月 22 日，金圆券停止流通。

1949 年 4 月 21 日，中国人民解放军奉命向全国进军，国民党退踞西南、西北一隅之地。1949 年 7 月由代总统李宗仁、行政院长阎锡山公布银元券发行办法，银元券实质上仍

① 所谓征实是指缴税时必须缴纳实物，而征购的价格与市场价格相差甚远，有时还不用现钱，而是搭配一部分转眼就不值钱的库券或征购代价券。

然是不兑现的纸币。银元券在短短几个月时间内就完全崩溃，成为国民政府所发行的最短命的一种纸币。银元券的崩溃，宣告了国民政府在大陆地区实行的通货膨胀政策的最后终结。

（四）通货膨胀对国家垄断资本的影响

抗日战争期间，国家垄断资本主义迅速发展。1925 年底，全国工业资本约为 2.5 亿元，其中官营资本不过 3 000 万元。1941 年国统区工业资本的总额达 16 亿元，官营事业部分约占 8 亿元，其中资源委员会所属事业部分占 6 亿元，其余各省官营事业占 2 亿元，这还不包括军需工业在内。

国家垄断资本主义资本积累的来源，一部分依靠财政拨款，更大部分依靠银行投资和放款。在通货膨胀的情况下，货币迅速贬值，低利放款就等于补贴。所以，资委会所属各事业，除创建经费由政府拨款外，所需营运资金历年都是国家“行局”贷助。而中央、中国、交通、农民四行，信托、邮汇二局的投资和放款的目的，主要在于扶植国家垄断资本主义企业。为了发展国家垄断资本主义，“四行二局”实行了信用膨胀，贷款远远超过其全部存款。

（五）通货膨胀对民族工商业的影响

1939 年国民政府确立“国营为中心”的战时经济体制后，民族工商业饱受重税、征购、限价、管制、高利贷等的盘剥，加上物价飞涨、货币贬值、投机囤积猖獗等原因，濒于崩溃边缘。

国民政府在 1946 年 3 月公布 1 美元合法币 2 020 元的汇率，在物价上涨 2 500 倍的情况下，把汇价压低到只比战前高出 600 余倍，其目的是人为地保持法币的“低汇价”来影响物价不再上涨。这样做，同时也使中国的农产品、工业品，无论在国内销售还是在国外销售，都受到了重大打击。因为以国内价格上涨 2 500 倍的商品向国外销售，然后按 600 倍的汇价向中央银行卖出外汇，蚀去了 50%以上的资金，所以种植和经营出口物资如生丝、猪鬃、茶叶、桐油、肠衣的农业、工业、商业纷纷减产改业，使国内生产受到了很大的损害。

在发行金圆券时期，国民政府迫使民族资产阶级工商业遵守“限价”抛售物资，支持金圆券。百货业的存货按照限价售出四分之三，四大公司除永安公司外，存货一空。绸布商在金圆券发行以前存绸缎呢绒 150 万匹，一个月之后消耗殆尽，棉布也只剩下十分之二；零售商十分之七无力再继续经营。

（六）通货膨胀对人民的影响

工人阶级的实际工资收入持续下降，虽然在通货膨胀的情况下按货币计算的名义工资是增加的，但落后于物价上涨的速度，造成实际工资的下降。大体上，抗日战争期间工人实际工资降到抗战以前的 20%左右，解放战争期间又再降到 15%左右。在最后金圆券临近崩溃时，物价一日数涨。广大农民在通货膨胀中也备受盘剥。不管是田赋征实、征购、征借，还是棉田征实、棉花征购，或专卖、统购统销下对蔗农及植茶、植桐、养蚕农民的压榨等等，都是对农民的直接强制剥削。即使是购买，事实上也只是以不断贬值的货币换取农民辛勤劳动所得的成果，但留在农民手中的法币却日益成为不值钱的废纸。当时军队生活也比较贫困，抗日战争开始以后，国民政府实行征兵制，据金陵大学农业经济系编著的《士兵现金真实收入》，以1937年为100，1938年降为93，1939年降为64，1940年降为29，1941年降为21，1942年降到10。到1944年2月，士兵购买力仅及战前5%。士兵的伙食还因国民政府的贪污腐化，受到克扣和剥削。公务员、知识分子和青年学生生活水平迅速下降，昆明的大学教授，甚至如闻一多等著名教授，也不得不刻图章以取得辅助收入。由表23—1可见当时公务员和教师收入的悲惨状况。

表23—1　　1937—1943年间中国实际薪金和工资指数（1937年＝100）

年份	重庆公务员	重庆教师	重庆一般服务员	一般工人	重庆工业工人	四川农业劳动者
1937	100	100	100	100	100	100
1938	77	87	93	143	124	111
1939	49	64	64	181	95	122
1940	21	32	29	147	76	63
1941	16	27	21	91	78	82
1942	11	19	10	83	75	75
1943	10	17	57	74	69	58

资料来源：张公权：《中国通货膨胀史》，北京，文史资料出版社，1986。

三、使用说明

本案例适用于通货膨胀理论部分的学习，主要了解通货膨胀对于生产、就业和经济生活的影响。通过与过去的对比，更加深刻认识到通货膨胀的严重性，严重的通货膨胀也就意味着金融体系的崩溃。

思考题

1. 什么是鞋底成本？请指出本例中的鞋底成本。
2. 通货膨胀对所有的人影响都一样吗？有什么区别？

参考文献

1. 袁水拍．马凡陀山歌．北京：人民文学出版社，1958
2. 郑起东．通货膨胀史话．北京：社会科学文献出版社，2011
3. 许梦博．被物价支配的经济史．北京：人民邮电出版社．2009
4. 吴冈．旧中国通货膨胀史料．上海：上海人民出版社，1958
5. 张公权．中国通货膨胀史．北京：文史资料出版社，1986

案例 24

农产品价格异常波动的原因：更加复杂？

一、概要

在每次通货膨胀中，食品和农产品价格都受到很大的关注，这和食品与农产品的特殊性有关。本案例将重点分析农产品价格波动及其影响因素。受全球经济危机的影响，2006—2008 年世界农产品价格持续上升。主要农产品的价格，比如玉米、大豆和小麦，在 2008 年达到历史最高水平。面对粮价上涨，各国政府出台了不同的政策，如鼓励粮食生产，加强粮食进口，限制出口甚至是禁止出口等措施，保证本国粮食安全。我国在此次粮食危机中受到的冲击不是很大，但间接影响明显。主要表现有三个方面：第一，国内粮价虽有波动，但国家层面的粮食安全状况良好；第二，粮价上涨提升通胀压力，家庭层面的粮食不安全程度有所加深；第三，保障粮食安全的国际途径代价剧增。

二、案例内容

（一）经济危机下的农产品价格

在经济危机背景下，全球的食品和农产品价格较快上涨。将 2002—2004 年平均价定为 100，2011 年食品价格指数达到 233.4，谷物类价格指数达到 249.3，肉类价格上涨较小，但指数也达到了 167.9，糖料价格上涨最大，指数达到 419.2，这些都达到了 1990 年以来的最高（见图 24—1）。

中国一向强调粮食的基本自给，力保自给率达到 95％以上。更重要的是粮食生产自 2004 年以来连续增产，为抵御粮食危机打好了物质基础。在 2007 年和 2008 年国际粮价大幅上涨的背景下，中国主要粮食产品价格也有所上涨，但总体态势相对稳定。在小麦、大米、玉米和大豆四种主要粮食产品中，小麦和大米的国内价格变动相对独立于国际市场，基本保持小幅上涨态势；大豆与国际市场的关联度最大，其价格变动基本上与国际市场价格同步，先涨后跌而且幅度较大；玉米与国际市场的关联度介于小麦和大豆之间，价格变动与国际市场价格一样，呈先涨后跌的特点。粮价的走高刺激了粮食生产，使得 2004 年

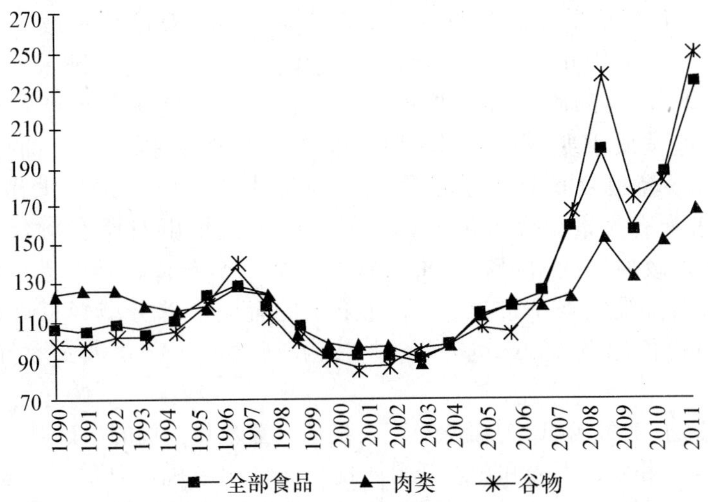

图 24—1　联合国粮农组织世界食品价格指数（以 2002—2004 年平均价为 100）

以来粮食持续增产，国家层面的粮食安全状况良好。

国内粮价的上涨使得食品价格，尤其是油脂及肉禽制品价格上涨，从而进一步推动了整体物价水平的提高。2007 年全年居民消费价格水平上涨 4.8%，其中食品价格上涨 12.3%，拉动价格总水平上涨 4.0 个百分点；在食品价格中，粮食上涨 6.3%，豆油价格上涨 38.2%。2008 年居民消费价格水平同比上涨 5.9%，其中食品类价格上涨 14.3%，拉动价格总水平上涨 4.65 个百分点。虽然国内食品价格上涨很大程度上是国内因素所致，但国际粮价上涨确实也是一个重要的外在因素。猪肉价格上涨与国际玉米价格上涨的关系十分密切，小麦和大米的国内价格一直承受着国际价格上涨带来的预期压力，而食用油的上涨却是国际大豆价格上涨直接导致的。

我国的粮食安全政策一直强调以自给为主，同时也重视利用国际市场。国际粮食价格波动使得中国粮食进口支出大幅度上涨。2008 年，中国进口谷物比 2007 年减少了 1.7%，而支出的金额却增加了 35.7%。更为显著的是大豆的进口支出的增加。大豆是中国进口量最大的粮食品种，从 2008 年看无论是按进口量还是按进口额，大豆在总粮食进口中的比重都高达 96%。2007 年大豆进口量比 2006 年增加了 9%，而支出额增加了 53%；到 2008 年，进口量虽然只同比增加了 21%，但支出额却增加了 90%。

（二）各国应对全球粮价上涨

自 2007 年初以来，国际谷物出口价格大幅上涨，同时石油价格和运费大幅提高，这使得世界各国基本食品价格急剧上涨。根据联合国的相关统计，为控制谷物价格上涨对国内粮食消费的影响，无论是谷物进口国还是出口国的政府均采取了一系列政策措施。

在北部非洲，摩洛哥政府把小麦进口关税削减至历史最低水平。政府还考虑对软粒小麦的进口实施私有化，并向以特定基准价以上的价格采购的进口商提供国家补贴。埃及政府大幅提高了粮食补贴并与哈萨克斯坦签署了 2008 年以优惠价进口 100 万吨小麦的双边协议。在西部非洲，贝宁和塞内加尔两国政府采取了一系列旨在抵消谷物价格大幅上涨影响的措施，包括价格管制和免税。在东部非洲，埃塞俄比亚政府禁止主要谷物的出口和粮食囤积，并中止了世界粮食计划署用于紧急干预的当地采购活动。政府还对奢侈品进口征收10％的临时性附加税，为粮食补贴措施提供资金，包括以补贴价向城市低收入家庭发放小麦。在南部非洲，南非计划对面向贫困人口的社会救济款数额进行调整，以减轻粮食价格上涨的影响。在赞比亚，由于发生洪涝，尽管2007/2008贸易年度玉米有大量盈余可供出口，但政府再次重申对所有新合同实行出口禁令。在津巴布韦，政府继续对以补贴价出售的玉米、小麦和高粱的进口进行管制。虽然由于下手早与马拉维签署了进口40万吨玉米的合同，部分减轻了进口价格上涨的影响，但国内消费价格膨胀（2007年11月为26 000％）大大蚕食了消费者的购买力。

在亚洲，中国于2007年12月废除小麦、稻米、玉米和大豆的出口退税之后，2008年1月1日起对小麦、荞麦、大麦和燕麦开始征收20％的出口税，对稻米、玉米、高粱、小米和大豆征收5％的出口税。同时，还宣布提高小麦和稻米的最低收购价并提高对农民的补贴，鼓励粮食生产。印度在2009年4月以前不再对小麦面粉征收36％的进口税，还允许私营贸易商进行免关税进口。印度还中止了出口禁令，但将稻米的最低出口价格从每吨425美元提高至500美元。印度尼西亚取消了小麦5％的进口税和大豆10％的进口税。巴基斯坦在2007/2008年度之初出口了大量小麦，其中主要是向阿富汗出口的小麦面粉，但后来禁止对阿富汗进行私营小麦出口，并对小麦及其产品的出口征收35％的关税。该国还从世界市场采购小麦。韩国自2008年1月起的六个月内将制粉小麦的进口关税从1％削减至0.5％；玉米从1.5％降至0.5％；大豆和饲料玉米从2％降至零。出于对粮食价格上涨的担忧，日本宣布设立专门机构负责粮食安全并宣布从世界市场拓宽采购渠道的紧急措施。蒙古政府从2008年1月1日开始取消对进口的小麦和面粉征收增值税。沙特阿拉伯政府宣布从2008年开始把小麦收购价每年下调12.5％，主要原因是水资源有限。沙特阿拉伯对小麦生产给予大量补贴，年均小麦产量260万吨，但根据新的政策，该国很可能将在今后10年内成为一个小麦进口国，进口量至少300万吨。该国政府早些时候还宣布计划从2008年4月起把当地市场销售的小麦价格提高20％～30％。土耳其把小麦进口税从130％降至8％，玉米从130％降至35％，大麦从100％降至零。约旦政府继续对小麦给予补贴，但2007年10月起对大麦的补贴已部分取消，该国还加快了从国际市场采购小麦的步伐并宣布计划将库存量增加至6个月的消费水平。

在拉丁美洲和加勒比地区，自2008年1月起，墨西哥政府根据与加拿大和美国的《北美自由贸易协定》完全取消了自1994年就开始实施的旨在保护玉米、豆类、奶类和食糖的配额和关税。阿根廷重新开放了粮食出口登记，在五个月时间内，采取每月审批的方式，最多将有40万吨小麦出口，而玉米出口商可以从2月中旬开始为出口装运进行登记。巴西当时正在考虑削减或取消对来自阿根廷以外产地的小麦10％的进口税，对阿根廷小麦已经免税。秘鲁对小麦和玉米及各种面粉的进口关税为17％～25％不等，后来取消。厄瓜多尔和玻利维亚两国政府对面包生产实施补贴。

（三）全球粮价上涨危机的根源

此次粮价上涨危机是综合因素造成的。

从供给的角度讲，首先，油价上涨致使化肥、农药等农用物资价格上涨，加上运输费用的提高，从而抬高食品生产成本与售价。其次，全球气候异常，极端天气对粮食生产的影响越来越大。再次，在追逐高利润动机的驱使下，很多发展中国家越来越忽视粮食生产与储备。比如，印度拥有亚洲面积最大的耕地，气候条件优越，“绿色革命”曾使印度在过去很长时间里粮食自给有余、储备充足。但正是由于长年丰衣足食而忽视粮食生产与储备，导致近年来印度粮食产量无法满足国内需要。严峻的现实使印度政府认识到，粮食生产低迷已经严重威胁到印度整个国民经济的健康发展，粮食安全甚至比石油、天然气等能源安全对印度普通百姓的生活更加重要。

从需求角度讲，首先，随着发展中国家的经济发展和人民生活水平的提高，人们的膳食结构变化促使饲料需求增加，从而增加了对粮食的需求。研究表明，生产1公斤牛肉大约需要8公斤谷物饲料，即1：8，猪肉约1：3，鸡肉约1：2。其次，欧美等国家为了减少对石油的依赖，大力发展生物能源，从而增加了对粮食的需求。按美国目前的技术水平，一辆最普通的家用吉普加满一箱油需耗用200公斤玉米，相当于非洲穷国布基纳法索一个成年男子一年的口粮。2007年美国所产玉米的25%变成了乙醇；2008年上升到28%，达到1.14亿吨。欧洲每年用于制造生物燃料所耗费的粮食与美国相当。再次，国际期货市场上的投机和各地的囤积无疑在粮价上涨的危机中扮演着重要角色。全球流动性过剩正在持续，能源以及农产品等大宗商品逐渐成为国际游资追逐的对象，不仅是四大粮商或明或暗的投机，还有金融大鳄的参与，加上其他金融资本，对粮价上涨起到推波助澜的作用。总之，目前对农产品的需求可以分为三大类，即传统需求（包括口粮、饲料粮、工业加工等）、新型需求（主要是生物质能源的加工原料）和投机需求。新型生物质能源加工的需求，将玉米、大豆、甘蔗、薯类等农产品的价格与石油价格密切联系起来，增加了农产品价格波动的不确定性，同时在金融危机的背景下投机需求也不断膨胀，使对农产品需求的影响因素更加复杂。

总体来看，全球粮食供给的影响因素有限，变动相对平稳，影响粮食价格的因素主要在于需求方面。而人类自身的基本粮食需求是渐进的，这并非此轮粮价持续大幅上涨的主要原因。美国地球政策研究所所长、著名粮食问题专家莱斯特·布朗指出，美国政府的错误能源政策应对此次粮价上涨负责。

（四）生物燃料或为罪魁祸首？

相关数据表明，在2000—2007年间，全球生物燃料的产量增长了2倍多，从48亿加仑增加到160亿加仑，但生物燃料仍只占运输燃料总消耗的不到3%。当前生物燃料生产主要集中在美国、巴西和欧盟，2007年全球生物燃料产量中美国占43%，巴西占32%，欧盟占15%，余下部分为中国、印度、泰国等。美国的生物燃料工业主要是利用玉米生产燃料乙醇，2007年美国燃料乙醇产量约65亿加仑。巴西是最早大规模使用生物燃料的国家，2007年生产了约50亿加仑燃料乙醇，原料主要是甘蔗；还生产了6 410万加仑生物柴油，原料主要是蓖麻籽。由于原料主要不是粮食，巴西的生物燃料工业对其农产品出口没有明显影响，但一些原本用于种植粮食和油菜的土地被转而用于种植甘蔗，对粮食供应有间接影响。欧洲国家的生物燃料工业以生物柴油为主。2007年欧盟生产了17.3亿加仑生物柴油，主要原料是油菜籽；燃料乙醇产量约6.1亿加仑，原料是小麦和其他粮食、甜菜等。

作为增强能源安全、减少温室气体排放的解决方案之一，生物燃料工业总体上仍受到推崇。不过，当前主要用粮食生产生物燃料，特别是用玉米生产燃料乙醇的方式，受到越来越多的批评。国际农业磋商研究组织的科学家建议，各国应该重新考虑“粮食（如玉米、大豆）转能源”计划，以应对愈演愈烈的世界粮食危机。而美国前总统布什却表示将加大对乙醇等生物燃料的生产使用，以应对日益攀升的国际油价。该组织的政策分支机构国际粮食政策研究所所长约阿希姆·冯·布劳恩称，如果生物燃料的主要使用国 2008 年停止生物燃料使用，那么 2009—2010 年玉米价格将下降 20%，小麦的价格将下降 10%。就在科学家们纷纷要求停止粮食转能源计划之际，布什却采取了相反的举措。他声称，基于对国家能源安全和汽油价格高涨的考虑，美国应该增加乙醇的使用量。布什在新闻发布会上强调了国家能源安全的问题，当被问到如何解决能源安全问题与世界饥饿和美国国内不断增长的食品价格问题的矛盾时，布什表示，燃油价格的不断上涨将会刺激投资流向乙醇等生物燃料的生产，用于代替汽油。布什说：“从国家利益考虑，我们应该让农民生产能源，而不是从世界上不稳定国家或者对我们不友好的国家购买能源。”

那么生物燃料对粮食价格究竟有多大影响？美国国际食品政策研究所认为，全球大宗农产品价格上涨，有四分之一到三分之一应归因于生物燃料生产。2007 年底联合国粮农组织报告表示，当时的生物燃料发展计划将使食品成本上升 10%～15%。美国国务卿赖斯承认，将玉米加工成替代燃料的政策对玉米价格暴涨“有明显的影响”、“产生了预料之外的效果”。

美国不仅是全球最大的玉米生产国，也是最大的玉米出口国。美国玉米出口量占全球市场的 60%以上，玉米价格上涨，不仅给其本国消费者带来压力，更给了依赖进口粮食国家特别是贫困国家以沉重打击。此外，由于玉米是畜牧业和养殖业最重要的饲料原料，其价格上涨也会带来肉、蛋、奶产品价格上涨的连锁反应。类似的问题也存在于欧洲。由于欧盟计划到 2020 年用粮食作物加工而成的生物柴油来满足 10%的燃油需求，这导致部分欧洲粮食产地的谷物价格高涨。国际货币基金组织认为，全球近一半的新增粮食需求与发达国家追求生物能源有关，这是推动粮食价格上涨的重要因素。

据联合国有关专家测算，50 升替代燃料能加满一辆汽车的油箱，目前需要 232 公斤玉米加工，这相当于一名儿童一年的口粮。世界银行前行长佐利克评论说，当美国和欧洲很多人担心如何填满他们油箱的时候，世界上还有很多人为如何填饱他们的肚子而苦苦挣扎，现在的日子对他们来说越来越艰难。

联合国秘书长潘基文呼吁世界各国加强合作，共同应对粮食危机。美、欧等诚然已向贫困国家提供了一定援助，但在经济危机背景下，发达国家改变自身短视政策、实现科学用粮，优先满足人类的基本需求，对缓解全球的粮食危机更具有重要意义，这既是各国加强合作的应有之义，也是负责任的表现。

三、使用说明

本案例适用于总供给、总需求以及通货膨胀理论的学习。主要目的是了解生物能源的发展，理解全球粮食危机的形成原因，探讨生物能源发展对全球粮食价格的影响。

思考题

1. 全球粮食危机的形成原因有哪些?
2. 生物能源的发展对我国农产品价格的影响如何?

参考文献

1. 江涌. 直面世界粮食危机：一场“沉默的海啸”不期而至，新华网，2008-07-04
2. 李先德，王士海. 全球粮食危机背景下的中国粮食安全政策（内部报告）
3. 联合国粮食组织. 作物前景与粮食形势，2008 年第一期
4. 直面全球粮价上涨，新华网，2008-04-11
5. 关注全球粮食市场：生物燃料发展与粮食价格，新华网，2008-04-20
6. 美国玉米价“冲高”的警示，新华网，2008-04-30
7. 食品专家呼吁停止使用生物燃料应对世界粮食危机，新华网，2008-04-30

案例 25

通货膨胀和农产品价格上涨：谁因谁果？

一、概要

农产品价格上涨与通货膨胀的关系是一个争论已久的话题。随着农产品价格的频繁波动，有关两者关系的话题再一次走进人们的视野。改革开放以来，我国经历了几次通货膨胀，每一次都伴随着粮食价格或其他农产品价格的大幅度上涨，因此有些人就认为农产品价格的上涨直接推动着物价总水平的上升，但是许多学者认为这是一种错觉，通货膨胀是农产品价格上涨的原因，而不是结果。当然，也有人认为农产品价格与通货膨胀之间是互为因果的关系。不管怎样，正确理解农产品价格上涨与通货膨胀的关系，有助于正确制定治理通货膨胀的方案。

二、案例内容

（一）农产品价格上涨引发通货膨胀？

2010 年以来，国内粮、肉、蛋、菜等农产品价格不断上涨，从居民消费价格分类指数来看，2010 年 1 月至 2011 年 7 月，食品类价格同比月均上涨 9.0%，其中粮食价格上涨 12.5%；肉禽及其制品价格上涨 9.9%；蛋价格上涨 11.8%；水产品价格上涨 9.5%；鲜菜价格上涨 12.7%；鲜果价格上涨 18.6%，面对此番情势，关于农产品价格上涨与通货膨胀孰因孰果的争论又一次走进人们的视野。

迄今为止，没有足够的研究证明粮食价格上涨领先于通货膨胀，也没有明确的证据表明食品价格的变化会给全球通货膨胀带来较大压力。2011 年，农业部农村经济研究中心分析小组对通货膨胀、农产品价格上涨以及市场调控问题进行研究，结果表明：2000 年以来，尽管从短期看，不同时期农产品价格上涨的具体原因各异，但从长期看，流动性过剩对农产品价格具有显著影响，通货膨胀是农产品价格上涨的原因，而不是结果。虽然已经有媒体开始炒作粮食价格上涨可能会导致新一轮通货膨胀，但如果仅仅把农产品价格上涨视为通货膨胀的罪魁祸首，就必然会导致把稳定甚至人为压低农产品价格作为治理通货膨胀的主要措施甚至唯一措施。如果不认真分析农产品价格上涨背后的结构性矛盾，而只是一味压低农产品价格，就会导致农民和农业利益受到损害，这必然会挫伤农民的生产积极性，从而影响供给，造成农产品供不应求，引起新一轮价格上涨。

（二）货币超发惹的祸？

货币学派代表人物弗里德曼曾经有过这样一个经典论断："通货膨胀无论何时何地都是一种货币现象。"面对物价的普遍上涨，不少学者认为货币超发是通货膨胀的根本原因。"物价总水平上涨是因为流通中钱的总量太多，超过了商品和服务供给的可能。"货币供应量的增长速度比 GDP 的增速快，时间一长就会出现资产泡沫，而资产泡沫又通过财富效应，推动消费和生产成本的上升，最终导致物价的上涨。不仅如此，货币信贷的过量投放，还会促成人们通胀预期的形成，而这对物价的上涨也起到了推波助澜的作用。据统计，2009 年全年放贷 9.6 万亿元，按照信贷资金所产生的效应有半年到一年的滞后期，2009 年的大量信贷正好在 2010 年显现其威力，从而成为物价上涨的动力。

尽管货币超发是流行于中国经济学界和金融学界多年的说法，但也有学者对此提出异议。有人认为货币超发说不论在概念的内涵把握上还是在实践成因的解释上都是缺乏科学根据的，也有人认为仅仅说印钞是通货膨胀的根本原因是一种误导，其最深层次的原因是结构的失衡，政绩推动的发展方式必然促使政策倾斜并导致少数人利益的最大化。但是不管怎样，货币供应过量都是造成通货膨胀的重要因素之一。除此之外，资源型产品价格的上调、国际联动性强的大宗商品价格、自然灾害以及游资炒作等因素都或多或少地影响着 CPI 的走势。

资源型产品价格的上调也是促成 2010—2011 年通货膨胀的原因之一。从 2009 年底开始，水、电、油、气的价格上调，最先上调的就是工业品出厂价格，也就是 PPI。PPI 上涨之后，必然是 CPI 的跟进。2010 年在 CPI 的权重中，水、电、油、气和燃料五项占比高达 40.8%。可以测算的是，如果水、电、油、气等资源性产品价格上涨 10%，大概会推动 CPI 上涨 0.5 个百分点。国际联动性强的大宗商品价格，是此次通货膨胀的重要影响因素。2010 年国际原油、铁矿石、棉花等大宗商品的价格上涨，引发国内发生输入型通货膨胀，这也是物价上涨的推动力量之一。如果大宗商品价格维持在高位运行，尤其是铁矿石和石油的价格高企，将会对下游钢铁和汽、柴油价格产生传导作用，从而推高 PPI 继而导致 CPI 升高。自然灾害频发也是 CPI 向上运行的推力之一。根据民政部等 12 部门的核定，2010 年是中国近 20 年来仅次于 2008 年的第二个重灾年份。全国各类自然灾害共造成 4.3 亿人次受灾，农作物受灾面积 3 742.6 万公顷（其中绝收面积 486.3 万公顷），倒塌房屋 273.3 万间，损坏房屋 670.1 万间，因灾直接经济损失 5 339.9 亿元。因灾直接经济损失，对城市居民意味着家庭财产损失，但对农民而言，它还应包括生产资金（含借贷资金）的损失。受此影响，2010 年 5 月份以后先是蔬菜，继之生猪，然后是瓜果和棉花等农产品的价格大幅上行，从而影响 CPI。游资炒作是 2010 年物价走势中的一个新现象。从年初炒作绿豆、大蒜和辣椒到后来炒作蔬菜、棉花、水果再到年末炒作中草药，游资都成为物价上涨的重要推手。

（三）农产品又被推向风口浪尖？

改革开放以来，我国经历了多次较严重的通胀，几乎每次都会伴随着农产品价格的上涨。1988年，物价上涨幅度达到18.6%，其中食品价格上涨占56%；1994年，物价上涨幅度达到21.7%，食品价格上涨幅度高达31.8%，当年食品价格上涨在CPI上涨中占到60%。因而，农产品也经常被指为通货膨胀的“元凶”，那么，面对来势汹汹的通货膨胀，农产品为什么一次又一次被推向风口浪尖？

首先，这与农业的基础地位有关。农业是国民经济中最基本的物质生产部门，它不仅是人类社会的衣食之源、生存之本，而且也是工业等其他物质生产部门与一切非物质生产部门存在与发展的必要条件。轻工业中的食品工业、纺织工业、皮革工业、烟酒业等行业以及重工业中的橡胶工业、化学工业等行业所用的原料均来自农业。粮食的价格变动直接牵动着众多生产部门的生产，其产品价格也会受到直接影响，从而蔓延到整个社会。

其次，这与农业抵御风险的能力弱有关。在国民经济各行业中，农业相对薄弱，容易最先展露出上涨势头而成为通货膨胀的先头兵。相比较其他生产部门，农业受到更多的自然条件约束，天气、疫情以及病虫害等因素都会对农业生产产生较大冲击，从而出现农产品价格上涨的情况。另外，农产品大多属于大宗商品，产品趋同性高，当遭遇成本上升等外部冲击时，很难通过产品差异化定价的办法化解上涨压力，消化、转化能力较弱，从而容易表现为价格上涨。

最后，这与CPI的商品构成有关。居民消费价格指数（CPI）是一个反映居民家庭一般所购买的消费商品和服务价格水平变动情况的指标，是通过一组代表性消费品及服务项目随着时间的变动，反映居民家庭购买消费品及服务价格水平变动情况的相对数。居民消费价格指数度量指定的一篮子消费商品和服务随着时间的变动，我国居民消费价格指数的商品分类按用途划分为八大类，即食品、烟酒及用品、衣着、家庭设备用品及维修服务、医疗保健及个人用品、交通和通信、娱乐教育文化用品及服务、居住，其中，食品类所占权重最高，达30%左右。由于食品价格的权重高，在其他因素不变的条件下，一旦农产品价格涨幅高，就直接表现为居民消费价格总水平涨幅的提高，这会使很多人误认为农产品价格上涨是通货膨胀的决定因素。实际上，食品（农产品）价格和通货膨胀是局部和整体的关系，都属于现象，其背后都有本质性的原因。

（四）农产品价格上涨的真正原因？

2004年以来，我国粮食总产量实现了逐年连续增产，2010年粮食总产量近5.5亿吨，比2003年新增粮食产量1.2亿吨，增产26.9%。在粮食增产的同时，粮食价格也持续多年上涨，相比2003年，2010年粮食生产价格累计上涨了81.1%，粮食消费价格累计上涨了76.8%。涨价与增产并行，这首先是由于成本的推动。根据全国农产品成本收益资料，从2003年到2009年，我国稻谷、小麦和玉米三种粮食生产投入要素中，种子和化肥代表的可变投入物单位价格以及雇工工价和土地租金价格等上涨幅度较大，最低涨幅接近90%，最高涨幅大约185%。而同期我国生产的稻谷、小麦和玉米三种粮食平均销售价格由1.1元/公斤上升到1.8元/公斤，仅上涨63.6%。其次，近年来货币超常规发行，为粮价上涨提供了必要条件。2009年，我国货币M1供给量较上年增长了32.4%，增速大约是上年的4倍，这无疑为2010年和2011年粮价过快上涨创造了宏观条件。另外，近些年来的流动性过剩，国家持续提高粮食托市价格，强化了粮食生产者、加工商和经营者对粮价上涨的预期。在粮价上涨预期影响下，一些粮食加工经营商增加储备、待价而沽，甚至在部分地区部分品种出现减产时入市抢购，人为地渲染了粮食市场供求紧张关系，加剧了部分粮食品种过快上涨。

在供给充裕背景下的粮价波动，形成机理比较复杂。具体以玉米为例，2010 年 3 月初以来，玉米价格快速上涨，每吨上涨 100～200 元，涨幅达 10%。其中，广东销区由每吨 1 900 元上涨到 2 050～2 100 元，吉林、黑龙江产区由 1 600 元涨到 1 800～1 850 元。一些研究将此轮玉米价格上涨的原因归结为主产区减产的市场效应、国家托市调控的政策效应、物流不畅以及市场预期变化等方面（程国强，2010），具体如下：

第一，主产区玉米大幅减产，市场供求预期偏紧，价格上涨压力较大。2009 年秋粮上市前，各方面均预测玉米将保持连年丰收。但 2010 年玉米收购的实际情况表明，玉米减产幅度较大，估计全国减产近 10%，东北主产区减产幅度甚至达 20%～25%。尽管国内玉米库存较多，仍然供大于求，但由于主产区大幅减产，导致玉米市场有效供给不足、供求预期偏紧，玉米价格上涨压力不断增大。

第二，国家托市收购政策作用明显，支撑玉米价格走高。在判断粮食丰收的前提下，2009 年国家继续在东北产区实行临时收储政策，并对南方 16 个饲料消费省份和中央直属粮食企业采购东北地区新产玉米给予每吨 70 元的费用补贴，对玉米价格上涨形成明显支撑作用。与此同时，由于淀粉、淀粉糖、酒精等产品价格不断上涨，粮食深加工效益好，开机率高，产区粮食深加工企业积极入市收购新粮，并通过上调收购价格与其他入市企业争夺粮源，也推动玉米价格走高。

第三，对价格预期较高，产区农民有惜售心理。2009 年秋粮上市以来，产区农民大多观望等待，惜售心理较强。一般而言，进入 2010 年 1 月份后，本应是农民集中售粮高峰期，但 2010 年农民售粮进展缓慢，导致市场有效供给明显不足。究其原因，一是 2009 年东北产区受旱灾影响，玉米减产较多，农民对价格预期较高。二是受通胀预期影响，水稻等粮价快速上涨，对玉米价格形成传导效应，加之国家实行临时收储和补贴收购等托市政策，农民预期玉米价格有进一步上涨空间，因此持粮待涨、择机而售。而加工企业抬价收购也助长了农民的惜售心理。三是农民收入持续增加，农村金融服务不断改善，农户获取备耕资金的能力显著增强，农民售粮节奏出现明显变化。

第四，粮食物流不畅，主销区供给相对紧张。导致粮食物流不畅的原因主要有两个，一是东北产区粮食入关到南方销区的铁路运力紧张，不足需求的 20%；二是中央储备粮跨省移库占用运力一半以上。据了解，到北方港口的铁路粮食专用运输车 5 000 辆，其中跨省移库占用 3 000 辆，挤占了正常的市场粮食运力，进一步加剧了运力紧张局面。运力紧张导致南方销区供货不及时，部分企业担心拿不到粮食而产生恐慌心理，加剧了价格波动，推动阶段性、区域性粮价走高。

第五，西南干旱进一步强化了市场粮价看涨预期，加剧粮价异常波动。2010 年春西南地区持续大面积干旱，对农户、加工企业、贸易商与销区市场的心理预期产生较大影响，市场粮价看涨预期普遍增强，少数地区甚至出现恐慌心理，出现抢购、囤积粮食现象，由此进一步加剧粮价的异常波动。

三、使用说明

本案例适用于通货膨胀理论的学习，深入探讨通货膨胀的成因。主要目的是了解农产品价格上涨的原因，理解农产品价格对通货膨胀的影响机理，探讨农产品价格上涨与通货膨胀之间的关系。

思考题

1. 通货膨胀与农产品价格上涨之间的关系如何?
2. 中国的小规模农户生产对农产品价格上涨的影响如何?

参考文献

1. 李国华. 农产品价格与通货膨胀的关系. 中国农资，2011 (1)
2. 程国强. 粮价异常波动，亟需综合调控. 中国发展观察，2010 (6)
3. 李国祥. 粮食增产了，粮价为啥还上涨. 新华网，2011-10-17
4. 王国刚. “货币超发说”缺乏理论和实践依据. 中国证券报，2011-09-22

第六部分

经济周期和经济增长

案例 26

全球经济危机：萧条经济学的回归？

一、概要

20 世纪以来，经济危机从未长时间地离我们远去。1929 年股市大崩盘，拉开了世纪大萧条的序幕；70 年代初，由能源危机引发了金融危机；之后的 1982 年债务危机，第三世界国家迎来了遭遇危机后的萧条；1991 年日本经济泡沫破裂，至今仍在萧条中徘徊；1997 年亚洲金融危机爆发，诸多经济体深陷衰退；2007 年美国次贷风波愈演愈烈，经济萧条再度来袭；时至今日，欧洲债务危机对经济带来的影响越来越大，欧盟欲通过 2011 年 11 月 3—4 日在法国戛纳举行的 G20 峰会来摆脱危机。本案例对经济发展过程中重大的经济危机事件进行回顾，以使读者对世界经济发展在近一个世纪的发展过程中所经历的经济危机有总体的认识，并在此基础上对经济危机的原因进行思考。

二、案例内容

2008 年诺贝尔经济学奖获得者保罗·克鲁格曼，在 1999 年写了一本书，名叫《萧条经济学的回归》，结果如石沉大海。如果这种几无反响是因为 1997—1998 年发生的东亚经济危机激烈而短暂，危机很快通过时任美国财政部长罗伯特·鲁宾把纽约的银行空降到韩国的公司里就得到化解，即使 2000—2001 年互联网泡沫的破灭带来的也只是一场产量下滑，不是萧条，程度之轻，刚够用得上“衰退”这个词，那么 2009 年克鲁格曼的经过改写扩展的新版书《萧条经济学的回归和 2008 年的经济危机》推向市场，这个时机堪称完美。萧条经济学再次回归，现在的情形比 1998 年合适得多。

（一）1929—1933 年的第一次全球经济危机

1924—1929 年，资本主义世界的经济经历了短暂的繁荣，被称为柯立芝繁荣。[①] 20

① 这一时期，恰巧在美国第三十任总统柯立芝（John Calvin Coolidge）总统任期之内（1923—1928 年），所以这一时期的经济繁荣被称为“柯立芝繁荣”。后来被证实是一种虚假繁荣。

世纪20年代，美国证券市场兴起投机狂潮，“谁想发财，就买股票”成为一句口头禅，人们像着了魔似地买股票，梦想着一夜之间成为百万富翁。疯狂的股票投机终于引发了一场经济大灾难。1929年10月24日，纽约证券交易所股票价格雪崩似地跌落，人们歇斯底里地甩卖股票，整个交易所大厅里回荡着绝望的叫喊声。这一天成为可怕的“黑色星期四”(Black Thursday)，并触发了美国经济危机。然而，这仅仅是灾难的开始。29日，交易所股价再度狂跌。一天之内1 600多万股票被抛售，50种主要股票的平均价格下跌了近40%。一夜之间，“繁荣”景象化为乌有，全面的金融危机接踵而至：大批银行倒闭，企业破产，市场萧条，生产锐减；失业人数激增，人民生活水平骤降；农产品价格下跌，很多人濒临破产。一场空前规模的经济危机终于爆发，美国历史上的“大萧条”时期到来。危机首先在美国爆发，随即席卷整个资本主义世界，形成了前所未有的、持续最久的世界经济大危机。

1929—1933年的全球经济危机，震撼了整个资本主义世界，波及所有的殖民地、半殖民地国家，被称为“三十年代的大危机”。危机使生产下降和失业增加都达到了空前猛烈的程度。整个资本主义世界的工业生产几乎下降了44%，比1913年的水平还低16%，倒退到1908—1909年的水平，失业人数达到5 000万人左右，一些国家的失业率竟高达30%～50%。资本主义世界的对外贸易总额下降了66%，倒退到1913年的水平以下。就美国来说，工业生产下降56.6%，其中生铁产量减少79.4%，钢产量减少75.8%，汽车产量减少74.4%，整个加工工业工人人数减少42.7%，支付工资总额降低57.7%，全失业人数达1 200多万人。1929—1933年的危机过去以后，转入了一个长时间的“特种萧条”阶段。

（二）20世纪1970年代的经济滞胀

1960年10月到1973年12月，美国先后发生10次美元危机，1977年10月到1978年11月，又连续发生8次美元危机。1980年1月21日，每盎司黄金兑换高达785美元，而1971年8月前1盎司黄金兑换35美元。美元危机导致美国出现贸易逆差，使得黄金和外汇储备大幅下降，再加上石油危机的冲击，使得美国在70年代发生了严重的滞胀，在滞胀阶段，美国共经历了4次经济危机。① 生产下降和失业率猛增的同时，物价不但没有下跌反而普遍大幅度上涨，成为高通货膨胀率、高失业率和低经济增长并存的独特经济现象，即“滞胀”。

在滞胀期间，美国的通货膨胀率1970年为4.5%，70年代平均为7.1%，1980年初高达18%。此外，70年代以来，西方发达国家工业结构调整过程造成了失业率的上升，以美国为例，1950年民间劳动力为6 220万人，1970年为8 270万人，1980年为10 860万人。1965—1980年有5 500万人加入了劳动大军，增加了40.5%，1950—1960年就业人数增加690万，1970—1980年增加到1 860万人。与以往不同，还增加了地区性、部门性的结构性失业现象，失业率的增加伴随着较低的经济增长率。

在美国经济滞胀期间，1973—1975年西方世界发生了全面的经济危机。这次危机

① 按照美国国家经济研究局（NBER）的统计资料，经济谷底分别为1970年11月、1975年3月、1980年7月和1982年11月。

从英国开始，扩展到美国、西欧和日本。在这期间，西方发达国家工业生产普遍持续大幅度下降，整个资本主义世界工业下降了 8.1%，其中钢下降 14.5%，小汽车下降 18.6%；企业破产严重，最初两年内西方十国资本在 100 万美元以上的企业倒闭 12 万多家；股市行情惨跌，英国股市跌幅高达 52%，超过了 30 年代大危机水平；固定资本投资减少，房屋建筑投资急剧下跌；失业人数剧增，1975 年失业人数达 1 500 万～1 800万人；物价继续上涨。1974—1975 年间，联邦德国消费价格指数上涨 11.1%，英国则高达 43.9%。滞胀的加剧、以美元为中心的资本主义货币体系的瓦解和中东石油战对发达国家的打击，使得 1973—1975 年的危机比起战后至 70 年代前的西方经济危机要严重得多（见表 26—1）。

表 26—1　　1973—1975 年西方国家的滞胀情况

	美国	日本	联邦德国	英国	法国	意大利
工业生产变化	－15.3%	－20.0%	－12.9%	－11.0%	－14.0%	－22.4%
失业率或人数	4.6%→9.1%	54 万→113 万	1%→5.3%	2.2%→4.9%	37.9 万→120 万	48.4 万→64.8 万
消费品物价变化	7.4%	18.9%	12.7%	43.9%	19.1%	24.6%
批发物价变化	9.4%	－1.1%	22.3%	51.5%	－10.4%	11.0%

（三）1997 年亚洲金融危机

从 1997 年 2 月以来，国际投机家几次大量抛售泰铢，引起泰国金融市场动荡。7 月 2 日，泰国政府抵挡不住投机家的冲击，宣布放弃实施 14 年之久的泰铢与美元挂钩的联系汇率制，改行由市场供求关系决定的浮动汇率制，当天对美元汇率贬值 20%，创泰铢汇价最低点。随之，国际投机家又转向菲律宾、印度尼西亚、马来西亚的汇市和股市，掀起阵阵波涛，后又波及新加坡、越南，甚至延伸到印度、巴基斯坦和缅甸等国。将 1997 年 8 月 1 日与危机前的 7 月 1 日相比较，泰铢贬值 18.96%，菲律宾比索贬值 9.76%，印尼盾贬值 7.05%，马来西亚林吉特贬值 4.29%。一向经济发展良好的新加坡，货币坚挺的新元也未能逃脱于危机之外，一路下跌到 1 美元兑换 1.47 新元，跌幅达 3%。一时间，整个东南亚货币市场激烈动荡，各国纷纷放弃固定汇率制或联系汇率制，转而实行浮动汇率。各国资本市场愁云笼罩，烽烟四起，投资者如惊弓之鸟，投机者欢呼雀跃，股市大跌，本币不断贬值。到 10 月更刮起了世界性金融飓风，股市、汇市一片惊慌。将 10 月 1 日各国汇率与危机爆发前的相比较，泰铢贬值 38.39%，菲律宾比索贬值 30.36%，印尼盾贬值 37.36%，马来西亚林吉特贬值 33.4%。10 月 22 日，新元汇价跌至 1.586 8 元，创三年半以来最低点。同日，新加坡工商指数下降 40 点；10 月 23 日，菲律宾股市下跌 96.06 点，都创股市最低点。马来西亚因股指下跌损失 4 000 亿林吉特。马来西亚前总理马哈蒂尔说，这场金融危机至少给东南亚各国造成 2 000 亿美元的经济损失。

国际投机家在东南亚金融市场得手后，移师北上，将矛头对准中国香港股市，掀起风浪，使该地区金融市场激烈动荡。国际投机家趁东南亚货币大幅度贬值之机，在中国香港等地外汇市场抛售港币，威胁其已实施 14 年之久的联系汇率制，但其真实意图在中国香港股市。在炒作港币之前，国际投机家已买入大量恒生指数的看跌期权的股票。与此同时，美国摩根士丹利公司声称亚洲发达市场在其全球投资组合中的投资比重将由 2%减为零，这对中国香港股市动荡起了推波助澜的作用。1997 年 10 月 28 日，中国香港恒生指数下跌 1 438 点，跌幅达 42%。据估计，国际投机家买卖汇市和炒作股票在中国香港获利超过 35 亿港币，并使中国香港社会资金损失达数千亿港币。

受东南亚金融危机和中国香港汇市及股市的影响，危机迅速波及韩国、日本金融市场。这是国际市场一体化的必然后果。从 1997 年 10 月以来，韩国金融市场出现急剧动荡，韩元下跌，股市急挫，利率猛升。从 10 月 20 日起，韩元兑美元的比价一路下跌，连创新低，从 7 月 1 日 887.9 韩元兑 1 美元，到 11 月 19 日汇价已突破 1 000 韩元大关。由于汇率下跌，使韩国企业蒙受 3 万亿韩元的兑换差额损失。东南亚金融危机也影响到日本。从 11 月份以来，日本接连发生多起银行和证券公司倒闭事件，引发了新一轮货币危机，致使日元贬值，12 月 5 日，日元兑美元汇价跌破 130 日元大关，1998 年 1 月 6 日跌至 134 日元，达到五年多来的最低点。特别是日本四大证券商之一的山一证券公司破产，预示日本金融状况还可能进一步恶化。

自 1997 年 7 月以来首先在泰国发生的金融危机，波及整个东南亚各国，随后又冲击了中国香港、韩国和日本的汇市和股市。各国、各地区政府为摆脱金融危机采取各种对策措施，东盟还开会协商提出对策，然后又谋求国际货币基金组织的援助。由于各国、各地区原有经济状况不同，特别是财政状况，外汇节余，债务状况，经济结构，经济泡沫大小及政局稳定和对策措施是否恰当、适度等方面的不同，因此，对摆脱危机、减少经济波动和损失，作出的回应及效果也就大不一样。从 1998 年 3 月初的情况来看，绝大多数货币贬值已基本停止，兑换美元的汇价略有回升。如以 1998 年 3 月 6 日与 1998 年 1 月 22 日比较，印尼盾从 13 250（盾）回升为 10 700（盾），回升率 19.2%，菲律宾比索回升 4.4%，马来西亚货币升值 13.71%，泰国货币升值 19.2%（从 53.95 铢回升到 43.6 铢），韩国货币回升 5.9%（从 1 740 元到 1 636.5 元），新加坡货币升值 5.3%，港币回升 0.02%，人民币回升 0.01%，只有日元贬值 0.66%，印度卢比贬值 1.9%，似乎亚洲金融危机已告一段落，但其对经济的影响却有半年到一年的滞后期，甚至更长时间。从对各国和各地区经济的损失和破坏来看，对中国内地、中国香港、新加坡、日本等外汇储备充足或经济平稳发展的国家和地区的影响虽然有，但直接影响不大。而对泰国、印度尼西亚、马来西亚、菲律宾、韩国却带来了巨额的经济损失，对其经济增长有十分严重的破坏作用，其中韩国、印度尼西亚、泰国简直就是遭受了一场灾难。①

（四）2006 年以来的世界金融危机

2006 年由美国首先爆发的次贷危机、信用危机，逐渐演变为金融海啸，并波及全球，实际上这是一场在 2007 年 8 月 9 日开始浮现的金融危机。自次级房屋信贷危机爆发后，投资者开始对按揭证券的价值失去信心，引发流动性危机。即使多国中央银行多次向金融市场注入巨额资金，也无法阻止这场金融危机的爆发。直到 2008 年，这场金融危机开始失控，并导致多家大型金融机构倒闭或被政府接管。

最初的流动性危机可以在事后被看作是由于早期次级房屋信贷危机所引发的，次贷危机令大量的遭法院强制拍卖的房屋被银行在市场上抛售，这些过量的房屋供应使得周边的

① 参见高鸿业：《西方经济学学习与教学手册》，北京，中国人民大学出版社，2005。

住屋价格大幅下跌。2008 年 9 月 14 日雷曼兄弟在美联储拒绝提供资金支持援助后提出破产申请，而在同一天美林证券宣布被美国银行收购。这两件事成为随后一星期全球股市大崩盘的序幕，在 9 月 15 日和 9 月 17 日全球股市发生市值暴跌的情形，拉开了全球经济危机的大幕。美国宣布 7 000 亿美元救市计划的前半段 2 900 亿美元救助金融业不理想，后续改为救助消费者，等于宣示经济衰退已经从短期风暴变成长期抗战，虚拟经济已对实体经济产生严重影响。花旗银行 2008 年 11 月 16 日宣布裁员 5 万人，IBM 公司裁员 6 万，危机使得这一时期的美国失业率达到 7.5%，为 14 年来的最高点；三大汽车巨头出现现金流危机，时任总统布什宣布以 134 亿美元紧急援助即将濒临倒闭的通用、福特、克莱斯勒等三大车厂，金融危机在全美蔓延并且波及欧洲，全球经济加速下滑，2009 年世界经济增长率为－1.4%，美国更低至－2.1%。

新兴市场也没能幸免于难。以中国为例，金融海啸使得国内金融市场信心遭受重创，雷曼兄弟公司破产消息传来的次日，正值 A 股结束中秋三天假日开市，沪深两市银行板块全线暴跌，其中工商银行跌 9.95%，建设银行跌 9.94%，中国银行跌 9.17%。在多方利空消息的打击之下，沪深两市银行股全天放量大跌超过 9.0%，多达 8 家银行股跌停。此外，由于我国的金融机构、投资者持有较多的次级债券，雷曼兄弟破产给国内金融机构带来了直接影响，据破产文件显示，雷曼兄弟前 30 大无抵押债权人主要是亚洲金融机构，包括日本的 Aozora 银行、住友三井金融、瑞穗实业银行、中国银行。雷曼对日本 Aozora 银行欠款额达 4.62 亿美元，中国银行纽约分行也曾提供给雷曼贷款 5 000 万美元，再加上中国的银行、基金公司也曾买入大量美国基金，这些都为国内金融机构带来了很大的经济损失。实体经济方面，我国宏观经济的外部环境，由于席卷华尔街的金融风暴显得异常严峻，海关总署的进出口数据显示，2008 年我国外贸出口额的增幅下行放缓的趋势明显。

金融危机带来的全球经济问题蔓延至今，欧盟主要经济体复苏依旧乏力，国际金融体系旧伤未愈，全球性经济紧缩显得不可避免，当前的世界经济正处于“危机的新阶段”。欧债危机持续发酵，美国经济复苏艰难，新兴经济体面临保增长与抑通胀的双重困境。

保罗·克鲁格曼，这个曾预言亚洲经济危机的世界著名经济学家，针对亚洲金融危机向人们发出了大萧条的警示，并且将两年来的东亚金融危机及其对全球经济的冲击，与 30 年代的大萧条相提并论。在 2008 年诺贝尔经济学奖颁奖前夕，克鲁格曼再次预言，21 世纪严重的经济衰退无法避免，世界或将遭遇“失去的十年”。

克鲁格曼在其 2009 年出版的新书《萧条经济学的回归和 2008 年的经济危机》中写道：“但凡思考过 20 世纪 30 年代‘大萧条’问题的经济学家，大都认为那是一场无妄之灾，而不是无法避免的悲剧。他们认为，假如当年赫伯特·胡佛没有在经济萧条迫在眉睫时还试图保持预算平衡，假如当年美联储没有以牺牲国内经济为代价来维护金本位，假如当年政府官员迅速向境况不妙的银行注资，以平复 1930—1931 年间蔓延开来的银行恐慌，那么 1929 年的股市崩溃将只会引发一场普普通通的、很快被人遗忘的经济衰退。他们还认为，经济学家和决策者已经汲取了教训。”①

① 保罗·克鲁格曼：《萧条经济学的回归和 2008 年的经济危机》，北京，中信出版社，2009。

真的是这样吗？1997年的亚洲金融危机使亚洲经济体遭受了一场经济萧条，这场萧条与20世纪30年代的萧条极为相似，危机的爆发犹如一声霹雳，而传统的经济药方却于事无补。克鲁格曼指出，“虽然有些人将亚洲经济危机视为一时一地的特殊现象，我却认为对整个世界而言，那场危机是一个令人不安的先兆，它警告我们，萧条经济学的种种问题在现代世界里依然存在，并未消失。”① 而由2007年美国次贷危机所带来的风波愈演愈烈，经济萧条再度来袭，目前美国、欧洲等国家正在一场金融与经济危机中挣扎；而且，相较于1997年的亚洲所陷入的经济困境，现在的危机与上个世纪的“大萧条”更为相似。

主流经济学家都同意，如果资金流动性危机不解除，全球性衰退将成定局，有许多媒体认为最佳状况下也会有5年的经济低迷。经济萧条从未远离我们，是否预示着萧条经济学重返历史舞台？

三、使用说明

本案例适用于开放经济理论的学习。案例的主要目的是明确经济萧条和金融危机对一国贸易、就业、宏观经济影响的机理；掌握世界经济周期性波动理论及其对国民总产出、总收入和总就业波动的影响，认识到经济的周期性波动是国民收入或总体经济活动扩张与紧缩的交替变化的过程。

思考题

1. 1997年东南亚的多数国家都出现了金融危机，为什么中国没有出现？
2. 对比1997年亚洲金融危机和2007年以来的全球金融经济危机的异同。

参考文献

1. 保罗·克鲁格曼. 萧条经济学的回归和2008年的经济危机. 北京：中信出版社，2009
2. 高鸿业. 西方经济学学习与教学手册. 北京：中国人民大学出版社，2005

① 保罗·克鲁格曼：《萧条经济学的回归和2008年的经济危机》，北京，中信出版社，2009。

案例 27

世界经济走势预测：未来的经济增长会一帆风顺吗？

一、概要

19 世纪上半期的工业革命期间是资本主义发展相对较快的时期，1929—1933 年的大萧条把资本主义经济带入严重的衰退，罗斯福的新政巩固了美国的资本主义制度，20 世纪 50 年代至 70 年代世界资本主义经济高速发展，美国的资本援助使西欧各国经济恢复，随后美国于 70 年代经济出现滞胀并由此导致世界性经济危机，1997 年的亚洲金融危机波及整个东南亚，2007 年的次贷危机又将世界经济带入了另一个萧条，世界经济始终在经济快速增长期和经济危机的交替中起起落落，从未间断。今天的世界经济处于相对较低潮的时期，全球金融危机带来的影响还没有消除，世界经济的未来如何？未来的增长会一帆风顺吗？这些问题也正是本案例所要关注的。

二、案例内容

在网易发布的《2011 年世界与中国经济走势预测报告》① 中，86%的经济学家认为全球经济复苏步伐已经企稳，其中 57%的经济学家认为经济将呈现 U 形复苏，29%的经济学家认为将呈现 V 形复苏。四成经济学家认为全球经济最大的风险来自欧洲债务危机，但是美国经济同样令人担心，而对新兴市场国家通胀的担心则小于预期。

对基本经济因素的分析和经济走势的判断都是通过收集、整理和分析各国反映经济发展各方面的经济指标来进行的。美元是各国外汇储备的主要货币，因此美国经济对市场的影响最大，美国的经济数字受到的关注也最多。美国国家经济研究局（NBER）确定了经济领先指标、经济同步指标和经济落后指标来进行经济周期和经济形势的监测。

---

① 详见《2011 年世界与中国经济走势预测报告》，该报告是在对包括茅于轼等在内的 40 多名经济学家调查结果的基础上形成的。见网易财经，http://money.163.com/special/2011naec_dcwj/,2011-01-12。

先行指标，又称超前指标或预兆性指标，它的作用是预示未来经济状况和可能出现的商业周期性变化，并为分析者提供未来趋势变化的早期迹象。它是对未来的经济发展进行预判的先兆性指标。NBER 确定的宏观经济走势的先行指标主要有综合股票价格指数、新收订单、商品的库存变动、工业原料价格、公司纳税后利润、新建公司数目、建筑合同与许可、制造业工人加班时间等。

同步指标是与经济发展本身一致的指标，也可以说同步指标就是可以用来反映经济走势的指标。滞后指标是经济活动已经结束，但可以用这些指标总结经验，为未来的分析提供具有规律性的长期性的因素。

滞后指标的变动则往往落后于一般经济情况的变动。同步指标和滞后指标这两类指标可以显示经济发展的总趋势，并确定或否定先行指标预示的经济发展趋势，而且通过它们还可以看出经济变化的深度。① NBER 确定的较重要的同步指标有 GDP、国民收入、工业生产指数、失业率、个人收入、工商业销售额等，滞后指标有长期失业、未清偿债务、库存总量、投资总支出、货币市场利率等。

美国 Conference Board 机构 2011 年 10 月 17 日公布的 11 月美国经济先行指标上升 1.1%，创 8 个月来最大涨幅，说明次年初美国经济复苏力量将加强，美国未来 3～6 个月的经济展望指标连续第 5 个月上升，增幅 1.1%，符合经济学家的预期，并创 3 月以来最大涨幅。而该月美国经济同步指标增幅则由前月的 0.2%降为本月的 0.1%；上个月的美国经济滞后指标，则下跌 0.1%，为 5 月以来首度下滑。TD Securities 驻纽约资深策略师米伦・马尔瑞恩（Millan Mulraine）预期，未来几季美国经济增长步伐可能加快；而尽管就业市场复苏的道路仍然漫长，但改善速度可能将加快。② 美国政府也认为，复苏很快将提速，美国总统奥巴马将复苏步伐的停滞称作是“道路上的坎坷”。

但是真的会如此吗？以往美国借以推动增长的因素——劳动力市场的灵活性以及生产率的快速增长或许已经成为问题。此外，这一次不同于以往的经济危机。由于衰退异乎寻常地严重，复苏并未像从前那样快速，美国正经历着前所未闻的长期高失业率；地产价格暴跌以及随之而来的负资产问题，加大了失业者找工作的难度，加剧了失业状况。此外，其他因素诸如国防开支的时机选择、财政支持逐步推出、日本地震、油价飙升以及对欧洲债务危机的担忧等等，这些因素加总在一起，使得美国的经济走上正途可能没有那么一帆风顺。③

图 27—1 显示了在此次金融危机前后，美国和中国经济的季度增长率，可以看出美国和中国的经济增长率基本保持了较为一致的变化，但是在 2008 年第 4 季度至 2009 年第 4 季度，美国的经济增长率为负，四个季度分别为－1.2%、－2.7%、－3.9%和－3.3%，而中国经济尽管受到危机的影响，其增长率放缓的幅度相对较小。

---

① 参见《先行指标、同步指标和滞后指标》，月亮网站，http://www.moon.com.cn/rich/stock/54.htm，2006-02-10。

② 参见张正芊：《美 11 月经济领先指标创 8 个月最大涨幅》，巨亨新闻网，http://news.cnyes.com/，2011-10-17。

③ 参见克莱夫・克鲁克：《美国复苏不会一帆风顺》，载《金融时报》，2011-06-21。

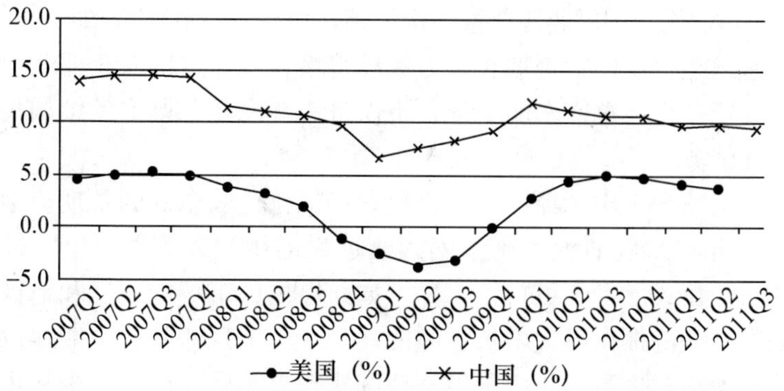

图 27—1　2008 年金融危机前后中国和美国经济季度同比增长率对比

资料来源：中国数据来源于国家统计局，美国数据来源于美国商务部：http://www.bea.gov/。

2008 年下半年以来，世界经济经历着自 1929—1933 年大危机以来前所未有的衰退，中国经济也随之经历了多年来未见的宏观经济增速下滑和经济困难时期。中国经济是否会比世界其他资本主义国家的经济增长更加一帆风顺？在金融危机初期，对 2008 年中国经济先行指标进行观察可以发现，先行指标中“工业企业亏损额”在 2008 年前 5 月，全国规模以上工业企业亏损额 917 亿元，同比增长 56.1%，增幅比上年同期上升了近 50 个百分点。地方数据中，广东省 2008 年前 5 月规模以上工业企业亏损额为 207.96 亿元，增长 49.3%，增幅同比提高 25 个百分点，亏损企业 11 006 家，增长 12.7%。上海市 2008 年前 4 月数据显示，工业企业亏损额为 95.8 亿元，同比增长 40%，比上年提高了 45 个百分点。重庆、河南 2008 年前 5 月规模以上工业企业中的企业亏损额同比分别增长 31.5%和 208.2%。合成指标“重工业当月同比与轻工业当月同比的比例”2007 年第一季度为 125.6%；而 2008 年第一季度变为 117.7%。该比例的下降预示着经济增长的下滑。以中国采购经理指数（PMI）① 数据来看，2008 年 6 月 PMI 指数为 52，较 5 月份的 53.3 回落 1.3，是 2005 年 8 月以来的最低点。而 5 月份的 53.3 则是从 4 月份的 59.2 大幅下滑的结果。2008 年 5 月份全国沿海港口货物吞吐量增长 12%，较前 4 个月累计 15.6%左右的增速下滑 3.6 个百分点。全国集装箱吞吐量 5 月份增长率回升至 14.8%，但仍较 4 月份增速低 2.9 个百分点，此外，还有一些其他的经济先行指标，比如投资数据中的“新开工项目”，2008 前 5 月新开工项目计划总投资 27 212 亿元，同比下降 2.5%。② 许多未提到的经济先行指标，比如各类信心指数，也都显示出经济未来趋缓的迹象。

新加坡李光耀公共政策学院等发布的《2011—2012 年中国宏观经济预测与分析报告》认为 2011 年上半年中国经济增长方式依然是投资驱动的增长，但从 2012 年开始常态增长。报告预测，由于外部经济复苏缓慢，在国内宏观调控政策向常态回归后，GDP 的增长将转入高位稳中趋降的态势，价格水平也将缓慢下降。中国经济出现“硬着陆”的可能性非常小。报

① 中国物流与采购联合会编制和公布，按照国际通常观点，当 PMI 指数回落至 50 以下时，则暗示制造业整体规模出现萎缩；当该指数大于 50 时表明经济增长较好。指数越大，经济越活跃。

② 参见《先行指标预警中国经济减速》，载《第一财经日报》，2008-07-03。

告指出，较长时期积累形成的国民经济严重结构失衡，已经使中国经济在2008年的金融危机爆发时，不得不通过超常规的投资增长来力保经济增长。通过国有企业及地方政府的投资扩张来弥补民间投资及社会总需求的下降，不仅进一步恶化了既有的结构失衡，而且还形成了新一轮的不良债务。①

张维迎教授对未来数十年中国经济的增长前景仍保持比较乐观的预期。他给出的主要理由是，2008年下半年以来随着西方国家陷入衰退后的缓慢复苏期，中国过去一二十年来出口推动的经济增长模式已经不可持续，尽管如此，国内市场的拓展和地区贸易壁垒的消除还是能为未来中国经济提供巨大增长空间的；如果以上这些问题都能得以解决以及所有上述设想都能兑现，在未来数十年中国经济持续增长是没问题的，至少从理论上来看这是可能的。

在资源禀赋和市场空间等的技术层面上，也存在中国未来增长的空间，尽管如此，在"后危机时期"，制度和体制上可能制约中国经济长期和可持续增长的一些障碍和问题也是不得不面对的难题。中国制度创新力低，企业即使有了需求，也达不到有效需求，民营中小企业解决不了市场抵押担保，保证不了融资市场运行的公平性。大企业，特别是国有大企业，虽然有资金但技术创新水平低，新产品开发和新投资领域发展迟缓，难以形成有效投资。中国工业化没有完成，城市化没有完成，需要的发展与创新的空间没有充分的拓展。

网易发布的《2011年世界与中国经济走势预测报告》显示，仍有超过六成经济学家认为增长动力来自投资，显示出对中国经济结构调整成效预期较低。多数经济学家认为，结构调整成功与否是中国经济增长的关键。2010年1—9月，固定资产投资增长率为24.4%，2009年固定资产投资增长超过30%。中国改革开放30多年，平均每年固定资产投资需求增长率大概为13.5%。从2003年以来，中国固定资产投资需求最低的年份增长率都没有低于24%。但是2009年，社会消费品零售总额全年下来增长不到15%。消费对中国经济增长的贡献率依然较低。

目前中国的内外需结构失衡，内需中投资和消费结构失衡，经济增长和国民收入分配结构失衡，这严重影响到了经济增长的可持续性。在产业结构当中，现代服务业发展远远滞后于工业化水平。同时，在社会和经济发展中，以城市化率作为代表的社会发展水平严重滞后于经济发展水平，这是一系列的结构问题。这些结构问题不仅影响社会发展的均衡性，也影响中国经济增长的效率和可持续性。

此外，逐渐拉大的收入差距、区域发展不均衡、石油价格高涨等因素也为中国经济持续增长带来了不确定性，未来中国的经济增长不会那么一帆风顺，但前途依然光明。

三、使用说明

本案例适用于经济周期中经济全球化及其波动的学习，考察实现经济持续增长的影响因素，以及在开放的经济环境中国家之间的相互影响；分析经济增长中的不确定因素。能够较好地帮助学生运用先行指标、同步指标和滞后指标分析经济走势。

---

① 参见新加坡李光耀公共政策学院《2011—2012年中国宏观经济预测与分析报告》，2011-08-21。

思考题

1. 中国为什么在2008年美国次贷危机引发的全球经济衰退中受到的影响较小？

2. 世界经济增长会一帆风顺吗？

3. 国家统计局中国经济景气监测中心编制中国宏观经济景气指数，并用红、黄、蓝、绿等指数灯反映经济变化的情况，其预警指数指标见表27—1。该中心还编制主要行业的经济景气指数，详情请参见其官方网站（http://www.cemac.org.cn）。请对比中国经济景气中心预警指数的10大指标和美国经济研究局的预警指标，说明10大指标中哪些属于先行指标，哪些属于同步指标。

表27—1　　我国经济预警指数的10个指标

固定资产投资	货币供应M2
消费品零售	城镇居民人均可支配收入
金融机构各项贷款	居民消费价格指数
工业企业利润	财政收入
海关进出口	工业生产指数

资料来源：http://www.cemac.org.cn/Eyjzs.html。

参考文献

1. 2011—2012年中国宏观经济预测与分析报告．新加坡李光耀公共政策学院，2011-08-21

2. 2011年世界与中国经济走势预测报告．网易财经．http://money.163.com/special/2011naec_dcwj/，2011-01-12

3. 郭国峰，郑召锋．中国宏观经济先行指数和一致指数应用效果检验与改进．数量经济技术经济研究，2010（10）

4. 何问陶，刘朝阳．我国宏观经济先行指标体系及对经济预测实证研究．南方金融，2007（4）

5. 克莱夫·克鲁克．美国复苏不会一帆风顺．金融时报，2011-06-21

6. 先行指标、同步指标和滞后指标．月亮网站．http://www.moon.com.cn/rich/stock/54.htm，2006-02-10

7. 先行指标预警中国经济减速．第一财经日报，2008-07-03

8. 天勤．张维迎：把脉未来中国经济增长．国际融资，2010（1）

9. 张正芊．美11月经济领先指标创8个月最大涨幅．巨亨新闻网．http://news.cnyes.com/，2011-10-17

案例 28

中国经济增长及行业转移规律：经济增长的不同机遇

一、概要

产业具有一定的发展周期，有些产业处于成熟或衰退期，如目前的纺织工业，有些产业处于开发和增长期，如目前的信息产业。产业转移促使不同经济水平的国家重点发展处于不同阶段的产业；在一个国家内部，产业转移还会将某产业由一个地区转移到另一个地区。一个国家随着经济发展，主导产业不断进行转移和升级，成为带动经济增长的重要因素。本案例关注中国经济增长过程中的行业转移规律，以及在产业转移过程中所面临的机遇。主要有两个方面的内容：回顾改革开放以来中国的经济发展及行业转移规律；通过具体案例说明我国产业的地区转移特点。

二、案例内容

（一）改革开放以来中国的经济发展及行业转移规律

改革开放以来中国的经济发展取得了巨大成就。从行业转移的规律来看，随着经济、社会的不断发展，生产力水平的不断提高，不同时期主导产业不断发生转移，结合我国改革开放以来的实践来看，主要有以下几个阶段：

20 世纪 80 年代初到 80 年代中期，束缚已久的中国经济体制逐步开始改革，中国经济处于快速发展初期，迫切需要资金的原始积累。此时，加工业投资少、见效快，很快为经济的发展提供了积累。特别是由于本时期农产品产量大幅度提高，1984 年粮食产量创历史新高，为农产品加工业的发展提供了重要的原料来源，这一时期加工业、纺织业、建材业等成为发展速度较快的主要产业。在此背景下，从事加工业生产，成为一个很好的选择。

20 世纪 80 年代中期到 80 年代末，随着经济体制改革的全面深入，特别是 1984 年政府明确提出允许个体私营企业发展，中国的中小企业得到较快的发展，同时产品的营销也对基础设施（包括市场建设、道路交通、通信等）提出了更高的要求，此时，政府也不失时机地鼓励基础设施的建设，此阶段主导产业以建材、交通等为主，特别是鼓励个体交通运输（包括货运和客运），通信业由于其相对较高的技术含量，当时还没有全面地得到发展。这一时期，全国各地出现了大量的个体私营运输企业，运输业成为大家关注的经营领域。

20 世纪 90 年代初期到 90 年代中期，随着 80 年代后半期的发展，我国的基础建设已得到较快的发展，80 年代末，政府对过热的经济进行了及时的控制。同时，生产建设从外延数量性转向内涵质量性，要求提高技术含量，强调依靠技术进步促进经济发展。此时通信、计算机等行业成为经济发展的重要产业。

20 世纪 90 年代中期到现在，由于全球科技的飞速发展，以计算机为代表的网络信息技术和以基因技术为代表的生物技术，开始逐步走上经济舞台。知识经济成为未来全球发展的趋势。因而，民营高科技企业成为政府扶持的重点，高科技产业成为经济的主导产业。农业和教育也越来越受关注，并逐渐成为重点产业。同时，随着人民收入水平的提高，对生活质量的要求也越来越高，一方面，房地产、汽车、环保等行业开始逐渐兴起；另一方面，产品的精深加工（特别是农产品的深加工）将得到发展，目前我国的食品加工业发展还远远不足，这也是一个很有前途的行业。另外一些生活服务性的行业也将逐渐兴起。

21 世纪以来，特别是 2003 年以来，党中央提出了科学发展观，将五个统筹、和谐社会的建设置于重要位置，节能、环保等行业被提到重要的议事日程。另外，中国的经济在今后较长的时期内，将处在较快发展阶段，而随着全球性资源的缺乏，能源行业也将日益成为中国经济发展的瓶颈，因此煤炭、电力及其相关领域，将成为未来较长一段时间的重要行业。

（二）新一轮产业转移孕育新机遇

区域经济发展和差异动态变化，形成全球产业跨国跨地区转移的一次又一次浪潮。第二次世界大战以来，世界已经经历了三次国际产业转移，分别是 20 世纪 50 年代欧美国家向日韩实施生产线转移，60 年代欧美、日韩向中国台湾、中国香港、新加坡实施的产业转移以及 80 年代欧美、日韩及亚洲四小龙向中国珠三角、长三角地区和环渤海地区进行的产业转移。2008 年金融危机发生以来，从国内来看，在资本、土地、劳动力和能源等生产要素供给趋紧，企业生产成本不断上升、产业升级的压力下，中国东部长三角、珠三角、闽三角地区以劳动密集型的加工制造业、服务业为主，尤其是对资源、能源依赖性较强的上游产业正加快向中西部地区转移，据国家统计局测算，近两年，仅广东、上海、浙江、福建四省市转出的产业产值就超过 10 000 亿元；从国际来看，中国、印度等新兴经济体庞大的消费潜力和市场规模深深地吸引了世界各国的产业资本，而中国无疑是主角；同时，受日本大地震影响，其电子信息产业特别是中低端电子信息产业加速向外转移，为我国电子信息产业的发展带来一个难得的战略机遇。2008 年金融危机的发生，似乎带来了又一次产业转移潮。

我国幅员辽阔，各地区的发展不平衡，尤其是东部沿海地区和西部地区之间，经济发展的落差较大。地理、气候、历史和文化传统背景不同，以及发展的路径依赖形成了各地在资源禀赋上的差异，导致我国地区间的产业结构差异明显。从产业结构上看，东部地区的相当一部分产业仍属于劳动密集型产业，近些年来，很多因素制约了东部的进一步发展。产业向中西部转移不仅可以带动西部地区相关产业的发展，也可以使东部地区集中资源发展新兴工业，促进东部地区产业结构调整和升级，使得东西部的经济都能快速发展。

近几年，随着我国经济的不断增长和城市化的快速发展，导致城市（尤其是东部沿海城市）土地成本急剧上升，城市中“民工荒”的出现也使人力成本上升，加速了产业向拥有相对低廉的劳动力成本和自然资源优势的西部地区的转移。中西部地区的比较优势逐渐体现：基础设施已经有了明显改进，物流成本明显降低，土地成本、人力成本更低；同时，中西部地区经济快速增长，不仅已经具备较为成熟的产业配套体系，而且有着巨大的市场潜力；国家政策优惠明显向中西部地区倾斜，2007 年 12 月以来，中西部地区占据国家已经或将要批准的 39 项区域规划中的 23 项，占据批准的 6 个国家综合配套改革试验区中的 5 个。因此，这次承接产业梯度转移的主阵地是中部地区以及以四川、重庆为代表的少数西部地区。

发达地区的产业转移是以取得新的发展和获取新的经济效益为目的的，因此这种转移是有针对性和选择性的，对产业转移承接地的选择与承接地的经济区位密切相关，交通条件较好、智力资源充沛、具有政策优势的城市或者地区会成为产业转移的首选。由于不同的区域有着不同的自然条件和资源禀赋，能够承接的产业也不尽一致。

相对较容易发生转移的产业主要包括三种类型：一是内需型，包括家电、小排量汽车、农产品加工等；二是成本敏感型，包括纺织服装、家电、轻工等；三是资源依赖型，包括石化、化工、电力、有色金属、农产品加工等。近年来，中西部地区成功承接的产业转移中，安徽省以家电产业为主，湖南省以纺织服装玩具等产业为主，湖北省以电子、石化、化工产业为主，河南省以食品加工、机械产业为主，江西省以加工制造产业为主，重庆市以汽车、装备制造产业为主，四川以钢铁、有色金属、石化、化工、电子产业为主。

金融危机以后，东部沿海地区人力资源和房地产成本上升，再加上煤电油运力紧张，原材料价格频涨，给加工制造业控制成本带来沉重的压力。“海外接单、沿海加工”模式正在演变为“沿海接单、内地加工”。来自工业和信息化部的统计表明，全国规模以上制造业尤以东北及西南地区发展较快，河南、湖南、安徽、四川等内陆省份也已成为服装企业投资的活跃省份。2007 年，商务部发布《关于支持中西部地区承接加工贸易梯度转移工作的意见》（商产发［2007］428 号），近几年认定了三批 44 个加工贸易梯度产业转移重点承接地名单（见表 28—1）。

表 28—1　　商务部认定的三批 44 家加工贸易梯度产业转移重点承接地名单

批次	认定时间	重点承接地名单	合计
第一批	2007-04-26	江西省南昌、赣州；湖南省郴州；湖北省武汉市；河南省新乡市、焦作市；安徽省合肥市、芜湖市；山西省太原市	9（中部）
第二批	2008-04-16	河南省洛阳市、郑州市；湖北省宜昌市、襄樊市；湖南省岳阳市、永州市、益阳市；江西省吉安市、上饶市；山西省侯马经济技术区；安徽省安庆市；内蒙古自治区包头市；黑龙江省哈尔滨市；广西南宁市、钦州市；海南省海口市；四川省成都市、绵阳市；重庆市；云南省昆明市；陕西省西安市；宁夏回族自治区银川市	22（中部 11 家，西部 11 家）

续前表

批次	认定时间	重点承接地名单	合计
第三批	2010-11-18	辽宁省锦州市；吉林省延边朝鲜族自治州；安徽省马鞍山市、巢湖市；福建省龙岩市；江西省宜春市；湖北省荆门市；湖南省衡阳市、常德市；广西梧州市；广西北海市；四川省德阳市；新疆生产建设兵团石河子经济技术开发区	13（中部6家，西部7家）

资料来源：根据商务部官方网站相关资料整理。

特别是电子新兴产业、以网络为基础的产业，是第四次产业转移的主力军。富士康积极向成都、重庆、西安等地内迁，加速产业转移；此外戴尔、联想、仁宝、纬创等重大项目建设也在逐步推进，在成都加快构建电脑制造、手机及网络通信、集成电路、光电显示、软件产业五大基地；全球最大的科技公司惠普宣布在重庆建设电脑生产基地和全球产销结算中心，将对重庆乃至西部地区信息产业发展产生重要影响。新加坡《联合早报》专门对此进行了题为《产业转移催生中国西部“四小龙”》① 的报道，指出2010年，世界IT产业见证了一场大迁徙。惠普、戴尔、英特尔、富士康、广达、宏碁等IT巨头2010年从中国沿海城市迁至西部，促成中国西部“硅谷”的形成。再过两年，全球三分之二的iPad将是成都制造，而全球三分之一的笔记本电脑则将为“重庆造”。

十年前，地处内陆的西部城市自然环境恶劣，交通不便，信息传递也不通畅，在中国西部城市生产笔记本电脑、进行动漫制作和软件开发、从事服务外包等，简直不可思议。然而经过十年西部大开发的基础设施建设，中国西部已克服“蜀道难”的问题，并在全球金融海啸爆发后，成为想逃离高地价、高成本的公司的“新大陆”。

除了IT企业外，从事物流、金融、电子信息、装备制造、化工、汽摩、消费、医药等产业的国际大品牌，比如世界最大的化工企业德国巴斯夫、美国思科、香港兰桂坊集团也相继到中国西部捞金。历史性的《两岸经济合作架构协议》（ECFA）在重庆签署，更带动了大批台商“西进”。在此背景下，美国《福布斯》2011年10月还评定中国西部的成都和重庆将成为未来十年全球发展最快的两个城市。

中国西部的脱胎换骨主要是因为其发展不再走沿海的“老路”，成为承接东部沿海城市产业转移的有效平台。“在产业转移规律推动下，中西部已出现‘四小龙’（四川、重庆、内蒙古、广西），未来5年将领跑全国增长。中西部原本就有土地和劳动力成本低的优势，加上政策扶持力度加大，太阳终于从西边升起来，东西部之间的差距今年已开始走向缩小的道路。”（刘世庆，2010）

2010年是我国实施西部大开发战略十周年，新一轮西部大开发的发令枪已扣响。在这个新起点上，中国总理温家宝在西部大开发工作会议上表示，要把西部大开发战略放在区域发展总体战略的优先位置。国家初步规划到2015年，西部地区经济生产总值比2008年翻一番，今后数年，西部地区经济年增速都将保持在10%以上。

为推动西部发展，中央近年来陆续为西部批复经济特区。2010年5月7日，国务院批复重庆两江新区成立。酝酿已久的成渝经济区规划2011年也得到了国务院的批复。此外，

① 参见《产业转移催生中国西部“四小龙”》，载新加坡《联合早报》，2010-12-31。

国务院也指定在新疆的喀什和霍尔果斯建设特殊经济开发区。

此外，日本震后可能发生的电子信息产业转移浪潮，或许也将为我国中西部地区迎来重大战略机遇。大地震对日本硅材料、液晶材料及部分半导体、电子元件生产造成了较大的直接损失，由于电力不足、物流不畅，因此日本企业将加速向海外转移生产能力。同时，日本本土高端电子产品供应紧张，一些有能力对其产品形成替代的国外企业产能部分向高端产品转换，从而在中低端电子市场留出更多的市场份额，这将为我国电子信息产业腾出更多的发展空间。比如，全球模拟芯片巨头美国得州仪器在日本地震发生后第三天发表声明称，其日本基地遭受影响，集团计划把在日本的部分产能转移到中国。毫无疑问，这是一种双向选择，对于中国经济来说，更是历史和现实的双重机遇。如果抓住了信息产业转移这一机遇，中国经济就可以实现产业的转移和升级，从而实现经济的持续增长。

三、使用说明

本案例适用于经济增长理论的学习。结合经济增长，用于分析不同的经济发展阶段主导产业随时间和地区的转移及变化规律。帮助学生理解不同经济发展阶段主导产业随时间和地区进行转移的规律和驱动力；明确影响产业转移的因素；掌握产业转移对区域经济增长和地理环境的影响；对我国主导产业的未来趋势形成一定的判断。

思考题

1. 如何理解产业转移的规律?
2. 产业转移规律对企业的发展有何意义?

参考文献

1. 产业转移催生中国西部“四小龙”. 联合早报，2010-12-31
2. 陈刚，刘珊珊. 产业转移理论研究：现状与展望. 当代财经，2006 (10)
3. 丁金刚. 产业转移的动因及趋势预测. 经济师，2010 (2)
4. 王玉莲. 金融危机、世界产业转移与中国的承接. 财经界，2010 (2)
5. 许恒富. 当前我国地区产业转移研究——对“万商西进”的思考. 中央民族大学硕士学位论文，2008
6. 原小能. 国际产业转移规律和趋势分析. 上海经济研究，2004 (2)
7. 张孝锋. 产业转移的理论与实证研究. 南昌大学博士学位论文，2006

案例 29

经济持续增长的动力与阻力：坚持科学发展观！

一、概要

1978 年改革开放以来，中国经济实现了令人瞩目的增长，这一增长进程一直持续了 30 多年，创造了亚洲乃至世界范围内的经济奇迹。保持中国经济的持续增长，对中国经济社会发展乃至世界经济增长都是至关重要的，中国经济继续实现较快增长不无可能，经济持续增长具有一定的潜力，但不能就此简单认为经济增长的必然性，到现阶段，中国在经济、社会发展中面临诸多问题，比如资源枯竭的限制、环境污染等严重影响我国经济持续发展的因素。本案例分析中国经济持续增长的动力与阻力，进而提出要在发展中坚持科学发展观。

二、案例内容

（一）中国经济持续增长的动力和阻力

改革开放 30 多年来，我国经济保持了快速的增长势头：1977—2010 年间，GDP 增长率最高时达到 35%（1994 年），最低时也有 4.75%（1999 年），平均 GDP 增长率则为 15%左右。2000 年我国 GDP 排名世界第六，2007 年我国已经超过英国，成为世界第四大经济体，2010 年超过日本，成为世界第二大经济体。中国的经济持续增长得益于哪些因素，这种持续增长能否保持下去，这些都是对中国经济增长动力的关注。

经济增长的根本源泉是土地、资本、劳动力、技术和知识等。中国经济的快速增长，特别是 2001 年加入 WTO 以来，主要是靠两驾马车拉动，即“投资（包括私人投资和公共投资）”和“出口”拉动。特别是劳动力的低成本优势和劳动密集型产品的出口，发挥了重要作用。从构成 GDP 的三个因素（投资、出口和消费）中，可以看出消费对经济增长的拉动作用还比较小（见表 29—1）。

深入考察，可以发现中国经济之所以能够保持高速增长，与其经济增长的结构性需求因素及其体制变革有直接关系。中国未来将出现的三个趋势（城市化、市场化和国际化）

表 29—1　　三大需求对国内生产总值增长的贡献率和拉动

年 份	消费		投资		出口	
	贡献率（%）	拉动（百分点）	贡献率（%）	拉动（百分点）	贡献率（%）	拉动（百分点）
1978	39.4	4.6	66.0	7.7	−5.4	−0.6
1980	71.8	5.6	26.4	2.1	1.8	0.1
1985	85.5	11.5	80.9	10.9	−66.4	−8.9
1990	47.8	1.8	1.8	0.1	50.4	1.9
1995	44.7	4.9	55.0	6.0	0.3	
2000	65.1	5.5	22.4	1.9	12.5	1.0
2001	50.2	4.2	49.9	4.1	−0.1	
2002	43.9	4.0	48.5	4.4	7.6	0.7
2003	35.8	3.6	63.2	6.3	1.0	0.1
2004	39.5	4.0	54.5	5.5	6.0	0.6
2005	37.9	4.3	39.0	4.4	23.1	2.6
2006	40.0	5.1	43.9	5.6	16.1	2.0
2007	39.2	5.6	42.7	6.1	18.1	2.5
2008	43.5	4.2	47.5	4.6	9.0	0.8
2009	47.6	4.4	91.3	8.4	−38.9	−3.6
2010	36.8	3.8	54.0	5.6	9.2	0.9

注：（1）贡献率指三大需求增量与支出法国内生产总值增量之比。
（2）拉动指国内生产总值增长速度与三大需求贡献率的乘积。
（3）本表按不变价格计算。

所创造的客观需求和供给潜力，将成为中国经济持续增长的基本动力源。①

（1）城市化趋势。当前，城市依然是社会经济活动的中心，特别是大城市，这种功能正在被强化。城市提供了社会和经济发展所必需的资源、制度和现代技术，甚至是价值观念，成为经济增长的驱动器。城市化主要通过促使三次产业的发展来带动经济增长：首先，城市化促进农业现代化。在城市化过程中，大量农业劳动力从农村转移到城镇，土地集中，农业经营规模不断扩大，同时城市的技术革新及扩散也使农业生产经营受益良多，农业现代化水平不断提高。而且随着城市数量增加、人口增多，生活标准的提高，也刺激农产品消费的增长，促进农业生产发展。其次，城市人口的增长刺激了工业品的需求，工业品生产会有力地拉动经济增长。此外，城市化促进服务业规模不断壮大，效率不断提高，城市化达到一定程度后，促使人们的活动从简单的商业流通扩展到为生产服务的广告、运输、批发、零售、金融、房地产等活动，为生活消费服务的旅游、文化、娱乐，以及满足社会公共需要的服务等一系列产业。

城市化趋势将是未来中国社会经济结构变化最主要的特征之一，中国的城市化进程主要有两个基本特点：一是大中型城市的面积扩张和城市功能的多样化，工业城市不断补充

① 参见刘鹤：《中国经济能否突破增长极限》，载《上海证券报》，1998-08-13。

商业、金融业和文化功能，文化城市增加产业功能，特大都市国际功能强化等等，这些完善都导致了城市基础设施和功能的完善；二是小型城市的较快增加，改革开放以来我国几次进行行政区域调整，按照最新一次的行政区划数据，我国有县和县级市共 2 856 个，它们分布广、规模小，本身也存在区别，有些有广阔的发展前景。中国经济的增长过程，也是农业人口比重不断下降和城市人口逐步上升的过程，城市化的速度和模式很大程度上影响中国的经济增长，改革开放以来城市化对中国的经济增长发挥了重要的拉动作用。

如果说中国城市化已经完成了大规模、低水平的数量扩张阶段，那么今后阶段中国的城市化就进入了一个功能调整、适度集中的新阶段，这主要是由现存大城市的调整扩张和小城市的适度集中体现出来的。一方面大城市扩张和功能完善的过程尚未完成，由此派生出的对交通通信、供电、供水、供气、垃圾处理、住房及其他公共设施的需求十分巨大。此外，中小城市的整组过程也会持续下去。今后城市化的一个重要特点，将是中小城市为吸纳更多的人口而实现城市规模经济的调整和竞争，通过发展中小城市实现与大中城市形成互补的城市网络，由此会产生较大的投资需求，并相应对三大产业构成产生影响。

(2) 市场化趋势。实际上中国的市场化进程从 1978 年改革开放以来就开始了，由计划到市场的转变过程不是简单的一项规章制度的变化，而是一系列经济、社会、法律乃至政治体制的变革。在这一过程中中国走着与其他经济转轨国家截然不同的道路，在坚持社会主义制度自我完善的前提下，从那些制约国民经济增长全局的瓶颈环节开始市场化，中国的市场化进程是一系列成功的实验和摸索的结果。农业产权改革和价格机制的引入、消费品工业中非国有经济带来的竞争、基础产业和基础设施建设资金来源的多样化和建设经营方式的社会化，以及 20 世纪 90 年代初期中央政府宣布全面建立社会主义市场经济体制的决策，都建立在务实和促进经济增长、有利于社会生产力发展的基础之上。正是这种渐进的改革方式，使中国改革模式最终走上了全面实现市场化的道路，在循序渐进的市场化改革过程中，以市场化进程为标志的制度变迁、制度松绑是经济持续快速增长的重要推动力。

如今价格机制对资源配置已经起到基础性作用，下一阶段市场化改革的中心议题将是继续深化国有企业改革以及逐步放开金融市场等等。比如，弱化国有企业的社会职能，加快住房、教育、医疗民营化的步伐；加快非国有经济的发展和社会保障体系的变革，调整政府公共支出方向；防范金融风险，使商业银行的市场结构朝竞争性方向发展，逐步使非国有成分进入金融体系。因此，市场取向的改革对经济增长的激励作用、创新作用和创造新需求体系的作用是难以估量的。

(3) 国际化趋势。如今世界各国处在经济全球化的浪潮中，随着国际分工的深入和市场的扩大，我国的国际化也经历了一个快速发展的时期，国际化程度大大提高，加入世界贸易组织（WTO）成为这一过程的切入点，未来国际化主要还是通过进口、出口和外国直接投资三种渠道对我国的经济增长发挥重要作用。未来中国经济的比较优势将进一步发挥，这一机会不只针对劳动密集型的经济产业，给其他资本和技术密集型的产业发展也同样会带来新的机遇。如果按比较优势原则进行合理分工，在工艺阶段性明显、产品可分性强的机械、电子、汽车等产业中，中国可能找到对自己有利的竞争位置，为中国的经济增长带来巨大的增长动力；在外资进入较多的产业，就业机会、政府税收和个人的消费剩余都在增加，并通过竞争给国有企业和缺乏效率的私营企业带来压力，进而促进其发展。"走出去"与"引进来"并举，在全球范围内配置资源，无疑为新时期中国经济持续增长增置了一台功率强大的"新引擎"。

在新兴的金融、保险等产业中，维系产业生存的更主要的是信用制度和良好的服务，而不只是高技术。一旦信用制度在中国建立起来，服务质量随竞争而改善，中国在国际市场的竞争力将进一步增强。

综上所述，城市化、市场化和国际化这三大趋势，是中国经济今后实现持续增长的动力。城市化提供着经济增长的空间，市场化使填补这一空间的效率更高，而国际化则使上述两个过程按现代标准运作（刘鹤，1998）。

但是经济增长并非没有阻力，20 世纪 60 年代末西方国家 30 名科学家、经济学家、教育家和实业家组成所谓的"罗马俱乐部"，对人类当前和将来的处境进行讨论，罗马俱乐部委托美国麻省理工学院管理学教授麦多斯把讨论的情况整理成书，麦多斯在 1972 年出版了《增长的极限》。在该书中，提出了对经济增长持悲观态度的理论，即零增长理论或增长极限论，认为影响社会经济增长的因素包括人口增长、粮食供应、资本投资、环境污染和资源耗竭。此外，还有类似的增长怀疑论认为经济增长付出了诸多社会和文化代价等等，事实上单纯地从经济持续增长的角度来说，中国确实面临诸多诸如人口急剧增加、粮食安全、环境污染和资源耗竭等阻力。

中国人口众多，沉重的人口压力带来了诸多问题，比如粮食供给、环境问题等等，为了提供足够的粮食，中国很多林地、山地等被开垦进行种田，加重了沙漠化。联合国环境署在 2005 年发布的《全球环境展望 2004/5》中就指出，中国是东亚地区受沙尘暴危害最严重的国家，由于过度耕种、放牧和毁林，中国 30%的土地受到沙漠化的威胁，同时 4 亿人的健康受到威胁，每年造成的直接损失高达 65 亿美元，而且这种趋势还在恶化，沙漠化带来的环境问题所导致的社会损失是无法估量的。由于只关注经济增长，资源开发利用规模和污染量的排放所带来的环境问题成几何级数增加，一些严重的污染事件层出不穷，这些都使社会付出了沉重的代价，严重影响到经济的持续发展。经济发展带来的环境恶化远不止于此，每年中国报废大量个人电脑，电子垃圾所含的水银、镉、铅等有害物质，对环境造成了严重的危害。资源的耗竭甚至会导致经济发展的停滞，森林资源被大肆砍伐，水资源过度开采，以及石油、煤炭等资源接近于被开采一空……所有这些因素如果不能得到有效的制止，将严重影响我国的经济发展，成为经济持续增长的阻力。

（二）坚持科学发展观，实现经济持续增长

在上述形势下，可持续发展成为一种必然选择。党的十七大明确提出中国的发展要坚持科学发展观，科学发展观第一要义是发展，核心是以人为本，基本要求是全面协调可持续性。

科学发展观要求进一步转变经济增长方式，大力推进经济增长方式向集约型转变，走新型工业化道路。首先要以提高质量效益为中心；其次要以节约资源、保护环境为目标，加大实施可持续发展战略的力度，大力发展循环经济，在全社会提倡绿色生产方式和文明消费，形成有利于低投入、高产出、少排污、可循环的政策环境和发展机制，促进经济持续稳定增长。同时，要进一步转变经济体制。深化财税、金融和投资体制等改革，从体制上解决产业结构趋同、增长方式粗放、低水平扩张的问题。要消除城乡分割的体制性障碍，有序推进农民向非农产业转移，引导生产要素在城乡间合理配置，加快城镇化进程，逐步解决城乡二元结构问题。

事实上，我国粗放型经济增长方式进入到了已无力支撑进一步发展的阶段。靠粗放型增长方式我国可以实现“三步走”的第一步、第二步战略目标，但不可能实现第三步战略目标。我国2006年国内生产总值仅占世界总量的5.5%，而我们消耗的能源占世界的15%，钢材占30%，水泥占54%。这些数字表明，粗放式的经济增长方式在我国已经没有后续空间，转变经济发展方式势在必行。同时，由于长期积累的结构性矛盾的解决和粗放型经济增长方式的根本改变不会一蹴而就，制约我国发展的人口、资源、环境的压力还将加大，实现可持续发展任重道远。按照国际上判断发展可持续性的标准，扭转我国可再生资源消耗速率大于可再生资源开发速率、不可再生资源消耗速率大于可再生资源消耗速率、环境污染排放速率大于环境对污染吸收速率的局面，还要经过长期努力才能实现；而且随着到2030年我国人口达到16亿的高峰，能源、资源、环境的瓶颈制约将日益突出，经济发展与人口资源环境的矛盾将是我国长期面对的突出矛盾。这些事实表明，坚持可持续发展，解决好我国经济发展与人口资源环境的矛盾，将是贯穿我国现代化进程始终的要求。

为此，科学发展观提出的七大主题①也正是顺应这一发展趋势的必然要求：(1) 始终保持经济的理性增长，即“健康状态”下的经济增长。它既不同于限制财富积累的“零增长”，也不同于过分增长。所谓健康的增长指在相应的发展阶段内，以“财富”扩大的方式和经济规模增长度量，满足人们在自控、自律等理性约束下的需求。(2) 全力提高经济增长的质量，意味着新增财富的内在质量，应当不断地、连续地加以改善和提高。除了在结构上要不断合理与优化外，新增财富在资源消耗和能源消耗上要越来越低；在对生态环境的干扰强度上要越来越小；在知识的含量和非物质化比重上要越来越高；在总体效益的获取上要越来越好。(3) 满足“以人为本”的基本生存需求。科学发展观的核心以围绕人的全面发展而制定，其中人的基本生存需求和生存空间的不断被满足，是一切发展的基石。(4) 调控人口的数量增长，提高人口的素质。把人口自身再生产同物质的再生产“同等地”保持在可持续发展的水平上。(5) 维持、扩大和保护自然的资源基础。地球的资源基础在可以预期的将来，仍然是供养世界人口生存与发展的唯一来源。科学发展观既然规定了必须保持财富的增长并满足人类的理性需求，它的实物基础主要依赖于地球资源的维持、地球资源的深度发现、地球资源的合理利用以及废弃物的资源化。(6) 集中关注科技进步对于发展瓶颈的突破。科学发展观始终强调“人口、资源、生态环境与经济发展”的强力协调，科技进步在可持续发展战略实施中，能够迅速把研究成果积极地转化为经济增长的推动力，并克服发展过程中的瓶颈，以此达到可持续发展的总体要求。(7) 始终调控环境与发展的平衡。科学发展观不赞成单纯为了经济增长而牺牲环境的容量和能力，也不

① 参见牛文元：《落实科学发展观的七大主题》，载《人民日报》，2004-07-21。

赞成单纯为了保护环境而不敢能动地开发自然资源。二者之间的关系可以通过不同类型的调节和控制，达到在经济发展水平不断提高时，也能相应地将环境能力保持在较高的水平上。

三、使用说明

本案例涉及经济增长和可持续发展理论，适用于经济增长动力以及阻力分析。可用于宏观经济可持续增长理论的学习。通过学习，让学生明确中国经济持续增长的动力所在，理解中国目前发展所面临的制约；了解科学发展观提出的背景和现实意义。

思考题

1. 经济持续增长的动力机制是什么？
2. 中国经济持续增长可以实现吗？

参考文献

1. 程开明. 中国城市化与经济增长的统计研究. 浙江工商大学博士学位论文，2008

2. 邓静，孟庆民. 新城市发展理论评述. 城市发展研究，2001（1）

3. 郭明，刘超，高小敏. 中国经济持续动力分析：1979—2007. 统计与决策，2008（18）

4. 胡锦涛. 高举中国特色社会主义伟大旗帜　为夺取全面建设小康社会新胜利而奋斗. 在中国共产党第十七次全国代表大会上的报告，2007

5. 梁从诫主编. 2005 年：中国的环境危局与突围. 北京：社会科学文献出版社，2005

6. 刘鹤. 中国经济能否突破增长极限. 上海证券报，1998-08-13

7. 牛文元. 落实科学发展观的七大主题. 人民日报，2004-07-21

8. 宋德勇. 工业化、市场化、国际化与中国经济增长——对“中国奇迹”的一种解释. 华中理工大学学报（社会科学版），1999（3）

9. 汪锋，张宗益，康继军. 中国各地区的市场化进程对经济增长的影响. 财经科学，2005（6）

案例30

中国特色的经济增长：物价低迷与经济高增长并存

一、概要

改革开放以来的多数年份里，中国经济保持了较快增长；但与此同时，经济运行中，出现了高增长与物价低迷并存，这种经济现象所折射出的是具有中国特色的经济发展过程。2002年中国国内生产总值增长率为8%，但是这一年的CPI增长率为－0.8%，物价低迷和经济增长率反差强烈。这种反差是怎样形成的？这种反差折射出怎样的中国特色经济增长？本案例详细回顾了2002年前后高经济增长与物价低迷并存的现象；通过本案例的阅读，引导读者对以上问题进行更深一步的思考。

二、案例内容

（一）中国特色的经济增长：物价低迷与高经济增长率并存

物价低迷与高经济增长并存的现象在2002年表现得尤为明显，如图30—1所示，2002年除了2月份环比CPI增幅为零之外，其他月份的CPI增幅均为负值，最小的4月份为－2.85%，最大的12月份为－0.10%，因此2002年全年均表现出了物价低迷现象；而与此同时，2002年四个季度GDP增长率分别为8.9%、8.9%、9.2%和9.1%，均呈现出了高增长。

实现经济高增长，是我国力求达到的目标，但在保持经济高增长的同时，出现的物价低迷也存在着积极和消极两方面的作用。[①] 积极的方面是新的投资领域的不断开发和生产率的不断提高推动了供给的增加，带来了商品与劳务的极大丰富。所有这些无疑大大增加了社会的物质财富，普遍提高了人们的生活水平。消极的方面是传统生产领域面临新的挑战。对于这一时期的物价低迷与高经济增长并存的现象，可以从以

① 参见李扬：《全面认识物价的下跌趋势》，新华网，http://www.xinhuanet.com/，2002-11-21。

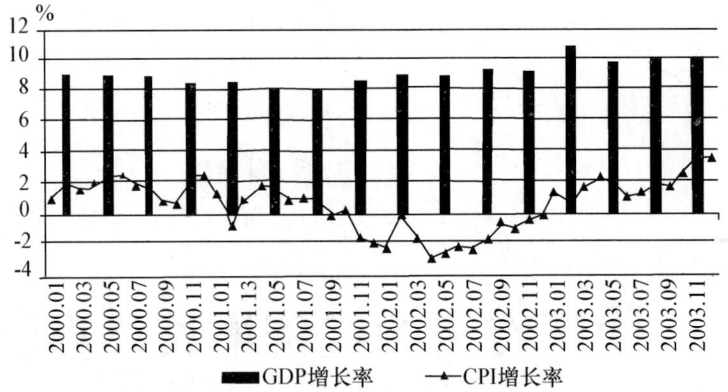

图 30—1　2002 年前后 CPI 和 GDP 增长率变化情况

注：CPI 为月度同比增长率，GDP 为季度同比增长率，相关数据来源于国家统计局。

下几个方面进行认识①：

（1）对物价增长的合理区间的重新考虑。我国曾把高经济增长时期物价合理增长区间定在 3%～5%，事实上其合理性可进一步思考，2002 年我国经济增幅在较高水平上平稳运行，这一阶段消费物价增长在－1%～1%之间波动是否合理需要考虑，但至少物价低增长状态基本上是合理的。

（2）物价下跌并不意味着通货紧缩。新的投资领域的不断开发和生产率的不断提高，新产品、新技术的不断涌现，造成了供给的增加，从而导致物价普遍下跌。这种生产过剩以及由此带来的物价下跌主要归因于技术进步、劳动生产率的不断提高、新的就业岗位不断涌现等因素，这是经济社会发展过程中的积极方面。

（3）物价下跌也会促进消费。多年来我国经济增长率稳定在 7%以上，消费的正常增长可以说起到了较大的支撑作用。在收入增幅下降的同时，消费没有大幅下降，价格下降起到了相当大的作用。随着价格的下降，绝大部分消费品零售数量都在上升，中国的消费明显表现出销售数量与价格逆向变动规律，这实际上说明了中国内需的潜力，只要价格适度，消费扩张空间较大。

（4）物价下跌是全球性现象。20 世纪 80 年代中期以来，首先是日本，继而是美国和欧洲，接着几乎是所有实行市场经济的国家，物价水平均呈下降趋势。从 20 世纪 80 年代中期开始，尽管包括石油在内的全球物价水平均呈现出剧烈的波动，但从长期来看，物价水平却几乎没有变化。从国际经验看，工业化的推进和市场经济的发展，会促成物价向下走稳。工业化推进本身就是生产方式的变革和产出规模扩大的过程，而市场经济本身鼓励竞争、刺激成本降低，这两个方面因素结合起来构成了物价下跌和物价稳定的基础。

（二）物价低迷与高经济增长并存现象的原因分析

物价低迷与经济高速增长并存的现象是我国经济发展处在特殊阶段、在特殊的条件下形成的多方面原因综合作用的结果，是新出现的短期因素与历史形成的长期因素交叉影响的结果。总结起来，有以下几方面的原因。

① 参见严先溥、成小敏：《关注经济增长与物价低徊大反差》，载《上海证券报》，2002-12-11。

（1）产业结构和消费结构失调。我国物价从高增长转变为低位运行，是我国经济发展中投资、产出和消费等相互作用的结果。物价低迷主要表现为农副产品和日用工业品的价格持续下滑，其次是电器、电讯产品由于技术和竞争因素导致市场价格大幅度下降，此外消费结构转换仍处在积累期，个别消费热点尚未成为大众普遍的消费品，城市居民收入水平与新的消费浪潮不相适应、与消费结构变化不相适应导致了需求结构问题存在。经济高增长主要是基础建设的拉动和第三产业的发展（如旅游、教育以及医疗服务），基础设施建设投资对经济增长产生了巨大的拉动作用。我国扩大财政支出主要用于生产性支出，而不像西方国家通过转移支付用于消费，所以经济增长率提高的同时并未导致消费的较高增长，反而出现物价低迷。

（2）国际市场价格的负面影响。2001 年中国加入世界贸易组织，一方面中国出口仍然增长强劲，拉动经济增长；另一方面，加入世界贸易组织导致我国取消部分商品进口限制或者关税，2002 年我国下调了 5 300 多种商品的进口关税，降幅面达 73%，关税总水平由 15.3%降至 12%，同时取消了一部分商品的进口配额，这些措施使得进口商品增加，同国内商品形成竞争，激烈的竞争所带来的价格水平下降是不可避免的。竞争带来优胜劣汰的结果，可以促进产品的更新换代，使生产结构向合理方向调整，当市场的效率较高时，对新产品制定的新价格将抵消老产品的价格下降，使价格总水平保持稳定，但也有商品价格降低现象发生。

（3）农民收入增长缓慢，限制了农村需求的增长。我国低收入人群比重大，中间收入人群少，高收入人群更少，因此，农村地区具有巨大的消费市场和消费潜力。事实上，现有收入分配格局限制了有效需求的增长，需求与购买力之间存在严重错位。农民、第一线工人的收入没有明显上升，大多数人没有形成新的消费能力；社会保障制度的缺失导致农民积累率偏高，消费率偏低；农民义务教育、医疗卫生开支较高，挤占了农民在其他方面的消费；此外，失业人数增长和保障水平较低，影响了一部分人的消费。

（4）新技术的采用导致生产率提高。科学技术进步使得传统的粗放型经济增长方式正在弱化，并且使新技术所带来的经济增长逐步强化，新产品、新技术的应用在一定程度上加速了经济增长；同时科学技术进步加快了劳动生产率水平的提高。从统计数据看，1998 年我国工业全员劳动生产率为 3.1 万元/人年，2001 年为 4.6 万元/人年，年均增长 13.9%，劳动生产率的提高加快带来成本下降，从而导致推动物价结构性下降的因素增多，使物价总水平下降。此外，技术进步所致的产品生命周期缩短也会使商品价格呈自然下降趋势。

（5）农村剩余劳动力的大规模迁移。多年来，数以亿计农民进城打工，促进了劳动密集型产业如制造业、服务业等产业发展，促进了经济增长，而随着城乡经济的进一步融合，越来越多的农村富余劳动力流入城市的非农产业，有利于降低产品和服务的成本费用，抑制了价格的上升。

（6）体制因素限制。由于地方保护主义致使过多的重复建设和生产未能根本遏止，而且由于国企改革未到位，市场退出机制并未真正形成，这些就使得供过于求的局面迟迟难以改变。

（三）启示

从西方主要发达国家的经济发展史来看，物价过快上涨一般发生在战争和经济过热以及能源危机时期，其余年份物价大多是稳定或下跌的。事实上，发达国家和发展中国家在国际市场上的竞争，归根结底是价格竞争，发达国家主要产品国际市场份额居高不下也就是因为有价格优势。这说明对于一个国家来讲，物价下跌是经济质量提高的表现，是市场竞争合理化的标志。

我国高经济增长情况下所出现的物价低迷从本质上说是我国经济从传统走向现代、从计划走向市场、从粗放走向集约、从封闭走向开放的综合结果。经济高增长时期物价下降也有一定的意义。一方面，物价下降表明货币实际购买力增强，人民生活水平提高。同时，产品价格的下降也使企业管理、技术不断进步。另一方面，物价长时间低迷说明居民消费预期不好，会影响未来经济发展，进而影响宏观经济政策的制定。因此，似乎大可不必对这种物价低迷惊慌失措，也不应当将其看作通货紧缩而无条件地去应对。

从世界各国的经验看，政府实施宏观调控的政策取向和政策效应都会在价格态势上体现出来。反过来，政府对物价的调控，也必须综合各方面因素通盘考虑，把物价调控具体化为经济态势调控。因此，在确定宏观政策思路时，应既要有阶段性效应，又要有长期性效应。在经济增长保持适当速度的前提下，宏观经济政策的取向应当以建立有效的市场经济运行机制为首要任务。具体而言，应积极推动以高新科技为基础的新产业的发展，以提高劳动生产率为核心进行国民经济的战略性调整。在此基础上，有两个问题值得关注：

（1）促进经济增长：消费还是投资？短期总需求分析尽管有其不现实的假设条件（总供给不变等），但对认识宏观经济问题、实现经济稳定仍然是有意义的。应该承认，总需求在短期中对宏观经济状况的确有重要影响。我国政府近年来一直重视增加内需已说明需求成为经济稳定的一个重要因素。但如何增加内需呢？我们知道，就内需而言，除了政府支出，重要的是消费和投资。消费函数理论说明了消费的稳定性，每一年的消费水平变化非常小，这就告诉我们，要刺激消费是困难的。投资仅次于消费，但投资不稳定，经济繁荣时投资增加，萧条时投资减少。政府行为是可以控制的，在经济繁荣时采取紧缩性的财政政策，在经济萧条时采取扩张性的财政政策。在这种情况下，如何选择促进经济增长的方式，消费还是投资？

（2）2002年中国已经到达过剩的阶段了吗？一方面，由于地方保护主义和其他体制上的缺陷，我国经济中的重复建设问题严重，在许多行业中低效高耗的产能仍在继续运转，造成产能的过剩和产品结构的趋同，似乎出现了供大于求的局面。事实上，我国的经济过剩是因为有效供给缺乏，无效供给过多。另一方面，我国“农业弱、农村穷、农民苦”，占总人口大多数的农民最难的是“买不起”。1979—1997年，我国农村居民家庭人均纯收入年均增长8.08%，1998—2001年，我国GDP年均增长仅为3.59%，农民不仅收入增速下降，而且其收入绝对金额与城镇居民相差较大，以2001年为例，我国农民人均现金纯收入仅为1 748元，扣除300元左右的税费，只剩下不到1 500元。同样，2002年该指标略有下降，为1 721.4元，农民很低的收入导致了其极弱的购买力，使得很多需求甚至是基本需求无法实现。

三、使用说明

本案例适用于宏观经济增长理论的学习，用于分析高经济增长与物价低迷并存的原因。

主要目的是理解中国经济的高增长为何没有带来高通胀，从而进一步认识中国特色的经济增长。

思考题

1. 物价低迷和高经济增长并存的现象凸显了中国增长中的哪些特殊性?
2. 面对物价低迷和高经济增长并存的情况，该采取怎样的措施应对?

参考文献

1. 陈益民，李红梅. 透析物价低迷. 价格理论与实践，2003（2）
2. 黄德林. 西方经济学（宏观部分）案例分析
3. 李扬. 全面认识物价的下跌趋势. 新华网. http://www.xinhuanet.com/，2002-11-21
4. 物价低迷为何与经济高增长并存? 新浪财经. http://finance.sina.com.cn，2002-12-19
5. 严先溥，成小敏. 关注经济增长与物价低徊大反差. 上海证券报，2002-12-11
6. 周殿昆. 我国经济快速增长与物价低迷并存现象分析. 财经科学，2001（1）

第七部分

开放经济

案例 31

本国货币升值是福还是祸：“广场协议”对日本经济的影响

一、概要

日元升值的历史，开始于20世纪70年代初布雷顿森林体系的解体，而对日元升值和日本经济影响最为深远的，则是著名的“广场协议”（Plaza Accord）。本案例介绍了“广场协议”签订的背景，分析了“广场协议”对日本经济的正面和负面的影响以及对我国的启示。

二、案例内容

“广场协议”始于1985年9月22日，当时，美国、日本、联邦德国、法国和英国五个发达国家的财政部长及央行行长在纽约广场饭店举行会议，达成协议，五国政府联合干预外汇市场，诱导美元对主要货币的汇率有秩序地贬值，进而解决美国巨额贸易赤字问题。因该协议在广场饭店签署，故被称为“广场协议”。

（一）“广场协议”签订的背景

1977年，美国卡特政府的财政部长迈克尔·布鲁梅萨（Michael Blumeuthal）以日本和联邦德国的贸易顺差为理由，对外汇市场进行口头干预，希望通过美元贬值措施刺激美国的出口，减少美国的贸易逆差。他的讲话导致了投资者疯狂抛售美元，美元对主要工业国家的货币急剧贬值。1977年初，美元兑日元汇率为1美元兑290日元，1978年秋季最低跌到170日元，跌幅达到41.38%。1978年秋，卡特总统发起“拯救美元一揽子计划”，用以支撑美元价格。

1979—1980年，世界第二次石油危机爆发。第二次石油危机导致美国能源价格大幅上升，美国消费价格指数随之高攀，美国出现严重的通货膨胀。1979年夏天，保罗·A·沃尔克（Paul A. Volcker）就任美国联邦储备委员会主席。为治理严重的通货膨胀，他连续三次提高官方利率，实施紧缩的货币政策。高利率吸引了大量的海外资金流入美国，导致美元飙升，从1979年底到1984年底，美元汇率上涨了近60%，美元兑主要工业国家货币的汇率超过了布雷顿森体系瓦解前所达到的水平。

美元大幅度升值导致美国的贸易逆差快速扩大，到1984年，美国的经常项目赤字达到创历史纪录的1 000亿美元。1985年9月，美国财政部长詹姆斯·贝克、日本财政部长竹下登、联邦德国财政部长杰哈特·斯托登伯（Gerhard Stoltenberg）、法国财政部长皮埃尔·贝格伯（Pierre Beregovoy）、英国财政部长尼格尔·劳森（Nigel Lawson）及五国中央银行行长在纽约广场饭店（Plaza Hotel）举行会议，达成五国政府联合干预外汇市场的协议，使美元对主要货币有秩序地下调，以解决美国巨额的贸易赤字。因协议在广场饭店签署，故该协议被称为"广场协议"（Plaza Accord）。协议中规定日元与德国马克应大幅升值以挽回被过分高估的美元价格。

（二）"广场协议"的直接效果

"广场协议"签订后，五国联合干预外汇市场，各国政府开始抛售美元，从而形成市场投资者的抛售狂潮，导致美元持续地大幅度贬值。1985年9月，日元汇率在1美元兑250日元上下波动，而"广场协议"生效后不到3个月的时间，快速升值到1美元兑200日元附近，升幅20%。此后，以财政部长贝克为首的美国政府代表和一些专家不断进行口头干预，一再表示当时的美元汇率水平偏高，仍有下跌空间。在美国政府强硬态度的暗示下，美元对日元继续大幅度下跌。1986年底，1美元兑152日元，1987年最高达到1美元兑120日元。从日元兑美元名义汇率看，1985年2月至1988年11月，升值111%；1990年4月至1995年4月，升值89%；1998年8月至1999年12月，升值41%。从日元实际有效汇率看，1985年第一季度至1988年第一季度，升值54%；1990年第二季度至1995年第二季度，升值51%；1998年第三季度至1999年第四季度，升值28%。世界其他主要货币兑美元的汇率也均有不同程度的上升。就年平均汇率来看，1988年与1985年相比，主要货币的升值幅度分别为：德国马克70.5%，法国法郎50.8%，意大利里拉46.7%，英镑37.2%，加拿大元近11%。比较来看，日元的升值幅度最大，达86.1%。

为了防止美元贬值过度，1987年G5国家再度在法国卢浮宫聚会，检讨"广场协议"签订以来美元不正常贬值对国际经济环境的影响，以及汇率调整以来降低美国贸易赤字的优劣性。"卢浮宫协议"要求不再强迫日元与德国马克升值，而应由美国通过降低政府预算等国内经济政策来挽救美国经济。也就是说，"广场协议"并没有找到当时美国经济疲软的症结，而日元与德国马克升值对其经济疲软的状况根本于事无补。

美国本来期待通过日元升值以抑制日本的出口攻势，促进日本扩大进口，纠正两国间的收支不平衡，但是这种期待落空了。统计数据表明，日元升值并未起到纠正日本对外收支不平衡的作用，而美国的"双赤字困局"一直未得到解决。

（三）"广场协议"对日本经济的影响

20世纪80年代末，在许多日本人不曾察觉间，大衰退降临了，日本经济正从巅峰快速下滑。20世纪80年代的最后一个交易日——1989年12月29日创下的38 957.00点，是日经225指数20多年后仍未超越的顶点。虽然1990年日本买家仍活跃在世界各地的拍卖会上，出手阔绰，但泡沫总是会破的，1991年，日本房地产泡沫破裂。这段历史至今仍是日本经济的痛，也常被经济学家拿来做教案。有专家认为，日本经济进入十多年低迷期的罪魁祸首就是“广场协议”。但也有专家认为，日元大幅升值为日本企业走向世界、在海外进行大规模扩张提供了良机，也促进了日本产业结构调整，最终有利于日本经济的健康发展。因此，日本泡沫经济的形成不应该全部归罪于日元升值。

1. “广场协议”对日本产生的积极影响

（1）日元升值大大提高了日元在国际货币体系中的地位。即使在欧元诞生后，日元仍是国际上最主要的货币之一，是其他国家外汇储备中的重要币种。

（2）日元升值有助于日本克服资源对经济发展的制约。日本是一个自然资源贫乏的岛国，其经济发展建立在进口资源的基础上。日元升值后，日本以较少的费用便可以进口足够的资源，加之产业结构升级，资源已不再是日本经济发展的制约因素。

（3）日元升值使日本的海外纯资产迅速增加。以日元升值为契机，日本的对外投资大幅度增加，在海外购置资产，建立生产基地。日本在海外的纯资产迅速增加，1986 年达 1 804亿美元，超过号称“实力大国”的英国（1 465 亿美元），跃居世界第一。此后，除 1990 年外，日本一直保持了世界最大纯债权国的地位。2002 年末，日本的海外纯资产余额达 1 753 080 亿日元，按当年 12 月的平均汇率折算，约为 14 338 亿美元，与“广场协议”前的 1984 年相比，增大了 18 倍以上。

（4）日元升值提高了日本在世界经济中的地位。日本的人均 GNP 于 1987 年超过美国。一个自然资源贫乏的岛国、总面积不足中国云南省的日本，成为世界经济中的重要一极。

2. “广场协议”对日本产生的消极影响

而有些专家认为，20 世纪 90 年代日本经济进入十多年的低迷期，罪魁祸首就是“广场协议”。从时间顺序来看，“广场协议”与日本的泡沫经济似乎确有联系。

（1）日本政府的应对政策失误造成的影响。“广场协议”签订后，日本政府认为日元升值必然带来经济萧条，日本政府在金融方面采取缓和政策，日本央行连续 5 次下调利率，利率水平由 1985 年的 5%降至 1987 年 3 月以后的 2.5%。此外还通过增加政策性贷款、扩大公共投资规模等手段扩大内需。然而，迅速增大的货币供应无法被产业吸收，大量资金流向了股市和房地产。“广场协议”签订后近 5 年时间里，股价每年以 30%、地价每年以 15%的幅度增长，而同期日本名义 GDP 的年增幅只有 5%左右。巨额虚拟资产的存在导致泡沫经济产生。虽然当时日本人均 GNP 超过美国，但国内高昂的房价使得拥有自己的住房变成普通日本国民遥不可及的事情。1989 年，为了应对“日元升值萧条”，日本政府提出了向内需主导的经济增长转变的政策，开始施行紧缩的货币政策，虽然戳破了泡沫经济，但股价和地价短期内下跌 50%左右，银行形成大量坏账，日本经济进入十几年的衰退期。可见，“广场协议”促成了日本宏观经济政策的转变，成为改变日本经济增长基调的一个重要转折点。这一转折点恰恰也是日本泡沫经济的起始点。

（2）汇率变动对日本经济的影响。汇率变动对一国经济的影响主要体现为汇率变动影响一国的进出口和国际收支，影响国内价格水平。“广场协议”签订后，日元升值，一方面使日本生产的产品相对成本上升，日本的贸易顺差出现下滑，这对日本以国际市场为主导的产业造成了重大影响。而日本企业为了降低成本，把生产挪到人力成本和原材料成本较低的其他国家进行生产，造成日本国内的“空洞化”现象，这既给日本带来通货紧缩的压力，也导致国内的某些企业难以继续生存。另一方面日元升值使日本持有的美元资产大幅度缩水。20 世纪 80 年代以来，日本拥有的最大规模的对外净资产几乎都是美元资产。随着“广场协议”的签订，日本的美元净资产损失近 3.5 万亿日元。

（四）对我国的启示

不管利率政策还是汇率政策，归根到底都是要遵循经济规律来制定。不考虑经济发展规律，人为地进行干预，将不利于经济稳定增长。

作为最重要的产品出口国，中国的外汇储备跃居世界第一，人民币面临巨大的升值压力。比较当今的中国，在如下几个方面与当时的日本经济类似：一是庞大的外部经济失衡；二是过度宽松的货币政策环境；三是一定的资产泡沫，四是美国对人民币升值的压力越来越大。

但是中国又与当时的日本存在着明显的差异。第一，我国出口产品的结构和日本不同，我国出口的产品多为低附加值的劳动密集型产品；第二，我国的经济增长虽然较快，但经济规模小于当时的日本；第三，我国外汇储备虽然越来越高，人民币升值的压力越来越大，但我国的外汇储备很大程度是由于强制结汇造成的，并不能真实反映外汇的实际供求。

综上所述，对我国来讲，面临人民币升值的压力，应着手做好以下工作：第一，我国人民币升值的压力主要是来自美国，应立足于实际情况，排除外来因素的干扰，按照主动性、可控性和渐近性原则，在合适的时机进行适度的升值。要防止本币过度升值而引爆泡沫经济，同时要采取各种措施早做预防，消化升值的压力。第二，保持国内货币政策的独立性。在“广场协议”后德国马克升值，联邦德国央行坚决奉行独立的货币政策，国内产出和物价都比较稳定，而日本试图利用货币政策稳定汇率，最终汇率没有稳定，却引起了国内通货膨胀和泡沫经济。因此，在政策选择方面，要维护国内货币政策的自主性。第三，继续加强金融管制，选择合适的汇率改革时机。特别注意对短期资本流入的监管，以免造成经济的大幅波动。目前，中国的汇率制度依然要求资本项目下管制，这决定了中国可以遏制因人民币升值预期而大量涌入的短期资本。

三、使用说明

本案例配合开放经济理论中汇率变动的教学，通过案例学习，让读者更直观地认清汇率变动对世界经济的影响，以及对我国汇率调整改革的启示，从而更理性地面对人民币升值。

思考题

1. 近几年，国外要求人民币升值的声音此起彼伏，你认为中国政府应该如何应对这种压力？

2. 如何做到汇率政策既与国际经济相协调，又要从国内实际出发，保持其独立性？

参考文献

1. 张舒英. "广场协议"后的日元升值及其对日本经济的影响. 雅虎财经，2005-04-10

2. 范幸丽，王晶. "广场协议"、日本长期经济萧条与人民币升值. 世界经济研究，2003（12）

3. 王允贵. "广场协议"对日本经济的影响及启示. 国际经济评论，2004（1）

案例 32

人民币国际化：是时候了吗？

一、概要

美元、日元、欧元作为当今世界主要的三种货币，其国际化的道路不同，但它们依托的基础一致，即雄厚的经济实力。随着中国经济全球化和中国企业的“走出去”，人民币国际化的路线图随之展开。但中国属于发展中国家，与美、日、欧等发达国家的资本输出不同，因此，人民币的国际化也就成为慎之又慎的问题。从国内经济发展的长期趋势和国际经济环境等多方面考虑，人民币国际化具备有利的发展条件，但还有诸多未知因素。本案例介绍了人民币国际化的发展现状，及其发展过程中出现的问题。

二、案例内容

（一）人民币国际化的内涵

人民币国际化是指人民币能够跨越国界，在境外流通，成为国际上普遍认可的计价、结算及储备货币的过程。人民币国际化的含义包括三个方面：第一，人民币现金在境外享有一定的流通度；第二，以人民币计价的金融产品成为国际各主要金融机构包括中央银行的投资工具，从而以人民币计价的金融市场规模不断扩大，这也是最重要的；第三，国际贸易中以人民币结算的交易达到一定的比重。这是衡量货币国际化的通用标准，其中最主要的是后两点。当前国家间经济竞争的最高表现形式就是货币竞争。如果人民币对其他货币的替代性增强，不仅将现实地改变储备货币的分配格局及其相关的铸币税利益，而且也会对西方国家的地缘政治格局产生深远的影响。

（二）人民币境外流通现状及国际化程度

尽管目前人民币境外的流通并不等于人民币已经国际化了，但人民币境外流通的扩大最终必然导致人民币的国际化，使其成为世界货币。前几年，人民币仅在我国边境地区流通，目前已经在部分发达国家的部分地区流通和兑换。

人民币在东南亚地区已经成为仅次于美元、欧元、日元的又一个“硬通货”。在西南边境地区，人民币有“小美元”之称，被当作硬通货使用，流通范围较广，在老挝的东北三省人民币完全可以替代本币在境内流通，最远深入到老挝首都万象一带。而在中缅边贸及旅游活动中，缅甸掸邦重镇小勐拉，每年流出、流入的人民币多达 10 亿元。人民币在越南的流通范围也非常广，已经在越南全境流通。越南国家银行已经开展了人民币存储业务。

在西北地区人民币主要是在中亚五国、俄罗斯地区和巴基斯坦流通。目前人民币跨境流通量最大的是哈萨克斯坦，大约有 10 多亿元人民币。在中亚其他国家流通的人民币总共也有 10 多亿元。

在东北地区，人民币主要是跨境流通到俄罗斯和朝鲜以及蒙古国。特别是蒙古国，已经把人民币作为主要外国货币。蒙古国的各个银行都开展了人民币储蓄业务。在与蒙古国的边境贸易中，人民币现金交易量占双边全部交易量的 1/3 多。

人民币跨境流通量最大的是中国香港地区。人民币在香港可以通过多种途径自由兑换。与在周边其他国家和地区不同的是，人民币在香港被用来作为投资的储备货币之一。另外，在中国澳门地区人民币也在广泛使用。

进入 21 世纪以来，人民币有向世界部分发达国家和地区流通的趋势。主要表现为，人民币在部分发达国家和地区开始使用。随着中国游客的不断增多，在欧洲一些国家和美国、加拿大等国的机场以及饭店也开展了人民币兑换业务。如纽约的机场、唐人街以及部分华人比较集中的地区。在日本华人比较集中的地区也已经开始使用人民币。

据国家外汇管理局研究人员调查统计，人民币每年跨境的流量大约有 1 000 亿元，在境外的存量大约是 200 亿元。中国人民币供给量约为 20 000 亿元，这意味着境外人民币大约是人民币总量的 1%。由此可见，人民币已经在一定程度上被中国周边国家或地区广泛接受，人民币国际化处于渐进发展的阶段。

（三）人民币国际化的发展历程

人民币国际化进程一般来讲有三个阶段，第一个阶段是人民币的边境化，然后是形成海外的区域人民币市场，最后再到完整的国际化。这样一个过程是很漫长的。第一个阶段从 1993 年开始，目前正处于第二个阶段。从 1993 年人民币首次成为边境结算货币起至今，人民币走向国际化的发展历程及其发生的重要事件如表 32—1 所示。

表 32—1　人民币走向国际化的发展历程及重要事件

时间	标志性事件
1993 年	中国人民银行与越南、蒙古、老挝、尼泊尔、俄罗斯、吉尔吉斯斯坦、朝鲜和哈萨克斯坦等八个国家和地区的央行签署了边贸本币结算协定
2000 年 5 月	第九届东盟与中日韩财长在清迈签署了《建立区域性货币互换网络协议》
2001 年 12 月	与泰国签署单边货币互换协议，规模达 20 亿美元
2002 年 3 月	与日本签署双边货币互换协议，规模达 60 亿美元
2002 年 6 月	与韩国签署双边货币互换协议，规模达 80 亿美元
2002 年 10 月	与马来西亚签署单边货币互换协议，规模达 15 亿美元
2003 年 8 月	与菲律宾签署双边货币互换协议，规模达 20 亿美元

续前表

时间	标志性事件
2003 年 12 月	与印度尼西亚签署单边货币互换协议，规模达 40 亿美元
2003 年	央行为香港和澳门银行开办的个人人民币业务提供清算
2004 年	启动了国外央行间接人民币债券的投资
2005 年	印度储备银行将人民币纳入了汇率指数的一篮子货币中
2007 年 6 月	首只人民币债券在香港登陆，此后内地多家银行先后多次在香港推行两年或三年期的人民币债券，总额超过 200 亿元人民币
2008 年 7 月	国务院批准中国人民银行“三定”方案，新设立汇率司，其职能包括根据人民币国际化的进程发展人民币离岸市场
2008 年 12 月	中国与俄罗斯就加快两国在贸易中改用本国货币结算进行了磋商；中国人民银行和韩国银行签署了双边货币互换协议，两国通过本币互换可相互提供规模为 1 800亿元人民币的短期流动性支持
2008 年 12 月 25 日	国务院决定，将对广东和长江三角洲地区与港澳地区、广西和云南与东盟的货物贸易进行人民币结算试点；此外，中国已与包括蒙古、越南、缅甸等在内的周边八国签订了自主选择双边货币结算协议
2009 年 2 月	中国与马来西亚签署规模为 800 亿元人民币/400 亿林吉特的互换协议
2009 年 4 月	中国人民银行和阿根廷中央银行签署双边货币互换协议
2009 年 7 月	六部门发布《跨境贸易人民币结算试点管理办法》，我国跨境贸易人民币结算试点正式启动
2010 年 6 月	六部门发布《关于扩大跨境贸易人民币结算试点有关问题的通知》，跨境贸易人民币结算试点地区范围将扩大至沿海到内地 20 个省区市，境外结算地扩至所有国家和地区
2010 年 8 月	央行下发《关于境外人民币清算行等三类机构运用人民币投资银行间债券市场试点有关事宜的通知》，打开了境外机构进入银行间债券市场的大门
2011 年 1 月	人民银行发布的《境外直接投资人民币结算试点管理办法》标志着人民币跨境结算从贸易项扩展到投资项
2011 年 6 月	央行发布《关于明确跨境人民币业务相关问题的通知》，详细给出了外商直接投资人民币业务个案试点的指引

资料来源：新浪财经，http://finance. sina. com. cn/focus/internationalRMB/index. shtml。

（四）人民币国际化发展现状

2008 年国际金融危机爆发后，世界各国开始对以美元为核心的现代国际货币体系进行反思，并提出了一些改革建议。我国也在此过程中加快了推进人民币国际化的进程。目前，人民币国际化已经取得了一定的进展。

1. 经常项下人民币跨境结算步入正轨，业务规模迅速扩大

2009 年 7 月中国人民银行会同相关部门发布《跨境贸易人民币结算试点管理办法》，启动了跨境贸易人民币结算试点，也标志着人民币国际化的真正启动。尽管开展此项试点

的时间较短，但是在两年多的时间里，人民币跨境贸易结算已经逐渐步入正轨。随着政策的放开和试点范围的扩大，人民币跨境贸易结算量逐步增长。2009 年结算额仅为 35.8 亿元；2010 年攀升至 5 063.4 亿元，为 2009 年的 141 倍；2011 年上半年，达到 9 575.7 亿元，超过 2010 年全年的业务量。

2. 资本项下跨境人民币结算逐步发展

2011 年 1 月 13 日，人民银行发布的《境外直接投资人民币结算试点管理办法》（以下简称《办法》）标志着人民币跨境结算从贸易项扩展到投资项。《办法》规定凡能够到境外投资的企业可以用人民币向境外直接投资，境内机构投资所得到的利润也可以以人民币的方式汇回境内。这不仅解决了境内人民币出境投资问题，也解决了境外人民币利润汇回问题。2010 年 11 月，新疆率先开展跨境直接投资人民币结算试点。到 2011 年 2 月，各试点地区共办理人民币跨境投融资金额超过 1 133 亿元。

3. 支持香港发展成为人民币离岸中心

香港是建立离岸人民币市场的理想场所。在国家政策支持下，自跨境人民币贸易结算开展以来，香港人民币业务进入较为平稳的发展期。从 2004 年开始，在人民银行、国家外汇管理局与香港货币当局联合推动下，人民币业务品种不断增加，目前已有人民币清算、存款、贷款、兑换、信用卡、借记卡、支票、债券以及跨境贸易结算等产品；人民币存款骤增，到 2011 年 3 月，香港吸收人民币活期、储蓄及定期存款共 4 514 亿元，同比增长 7 倍多，是 2004 年末 121 亿元的 37 倍多；人民币债券市场也迅速发展，2007 年到 2010 年的 4 年间，国内金融机构、香港企业、跨国公司和亚洲开发银行等十余家金融机构和企业在香港发行人民币债券共计 600 多亿元。2011 年 8 月，中央政府明确提出“支持香港发展成为人民币离岸中心”。

4. 以个案方式开展人民币跨境投融资试点

在人民币跨境投资方面，新疆地区于 2010 年 10 月率先开展人民币境外直接投资（ODI）试点。在人民币外商直接投资（FDI）方面，2011 年 6 月底，央行发布《关于明确跨境人民币业务相关问题的通知》，详细给出了外商直接投资人民币业务个案试点的指引。

5. 与贸易伙伴国签署双边本币互换协议

截至目前，我国已先后与 12 个国家签署了本币互换协议，互换总规模达到 8 412 亿元人民币。此外，英格兰银行正考虑与我国央行进行货币互换。2011 年 6 月，人民银行与俄罗斯联邦中央银行签订新双边本币结算协定，将双边本币结算从边境贸易扩大到一般贸易，并扩大了地域范围。

6. 人民币回流渠道不断拓宽

除了贸易回流和人民币 FDI 试点以外，2010 年 8 月，央行下发《关于境外人民币清算行等三类机构运用人民币投资银行间债券市场试点有关事宜的通知》，打开了境外机构进入银行间债券市场的大门，人民币回流渠道得以进一步拓宽。截至 2011 年 5 月下旬，已有 20 家境外机构获批投资银行间债券市场。

尽管人民币国际化已经取得了一些成绩，但推进人民币的国际化仍将是一个非常艰难的过程。从世界范围来讲，货币的国际化有三种模式，第一种是美元模式，美国处于世界经济的强势地位，美元有着特殊的地位。第二种是欧元模式，其最大的特点是区域的货币合作，而不是国别货币国际化。第三种是日元模式，即以高速的经济发展作为支撑。人民币的国际化不可能采取第一种和第二种模式，我们相对借鉴的是第三种模式，也就是日元模式。但同时也要克服第三种模式的弱点，走出人民币国际化的新路子。

（五）人民币国际化过程中出现的主要问题

1. 人民币国际化程度与中国经济仍不相匹配

尽管人民币国际化取得了明显的进步，但总的来看，人民币国际化和中国的经济地位仍不相匹配，人民币国际化程度较低。一是从国际支付活动中使用的货币占比来看，在与我国相关的支付活动中，绝大部分使用的是非人民币，其中最主要的是美元。2011 年 6 月，在与中国相关的支付活动中，非人民币占到 98%，美元占比接近 80%。二是从货币国际支付占比与一国贸易额占比来看，2011 年 6 月，人民币在国际支付中占 0.24%，中国的贸易额在全球贸易中占 11.4%，前者大大低于后者。三是从外汇交易占比与经济总量占比间的相对比重来看，2011 年 6 月，人民币外汇交易量在世界市场上的占比约为 0.9%，但 2010 年中国 GDP 的全球占比达到 9.5%。

2. 跨境贸易人民币进出口结算失衡

目前，作为人民币国际化突破口的跨境贸易人民币结算出现了很强的“单边性”。在 2010 年 5 063 亿元结算量中，人民币进口付款比例大约为 85%～90%。2011 年上半年，跨境人民币结算实际收付金额合计 6 675 亿元，其中实收与实付比为 1∶3.67。人民币资金持续净流出。跨境贸易人民币结算失衡带来两方面不利影响：一是少量的出口企业减少了人民币升值（对应的是别国货币尤其是美元贬值）所带来的汇率风险，但大量的进口企业由于输出人民币而失去了本币升值获利的机会。简而言之，更多的人民币升值的益处被输出到了国外，为外国出口商所享有。二是加重了外汇储备规模的积累。目前这种进出口结算货币的不对称性（即美元出口收汇形势基本未变和美元进口付汇减少）导致了我国外汇储备中美元的使用减少，消化外汇储备的渠道收窄，加重了外汇储备总量的积累。

3. 跨境贸易结算仍有待改进

虽然人民币结算已经开始受到周边一些国家的欢迎，但人民币在突破美元、欧元和日元等主要国际货币已形成的贸易结算网络和清算体系方面，还有一些困难。在扩大人民币贸易计价结算使用范围的过程中，我们仍将面对企业定价权、货币选择权等诸多现实问题的挑战。一方面，我国虽已是全球第一大出口国和第二大进口国，但贸易总量仍低于美国，出口商品结构仍以初级产品、劳动密集型产品为主，这使我国在整个世界市场的定价权、货币选择权等方面仍不具有优势；另一方面，相对处于升值通道的人民币而言，国外的进口国则更倾向于选择较弱的货币作为进口结算货币。考虑到这些矛盾，未来我国企业要想拥有更多的结算货币主动权，还需在技术创新、产品设计、品牌创造和市场营销等环节不断提升产品价值。

4. 资本输出中人民币使用不足

在金本位时代，英国通过资本输出向世界各国提供了巨额英镑；在布雷顿森林体系时代，美国通过经常项目逆差向世界提供了充足的美元流动性；20 世纪 80 年代，日本通过大规模跨国投资向各国提供了日元资金。从这些经验来看，扩大资本项下人民币输出是未来发展的必然趋势。但从我国目前“走出去”的情况来看，仍面临很多矛盾和问题。除了外部投资环境方面，扩大外部人民币投资需求的问题还没有得到有效解决，导致资本输出中人民币的使用仍显不足。

5. 金融市场还需继续完善

从美元国际化的经验看，美元的大规模输出在世界上形成了石油美元、欧洲美元和亚洲美元，而这些美元又通过美国的金融市场实现了回流，不仅为美国的发展提供了必要的资金支持，而且也为这些资金提供了投资保值的渠道。显然，我国金融市场目前还无法为人民币国际化提供必要的支撑，当前人民币离岸金融市场建设仍处于起步阶段，海外的投资产品还显不足，这将会影响国外居民持有人民币的意愿。

（六）人民币国际化的必然性

1. 实现中国经济存量的保值

人民币不是国际货币，因而中国的出口和进口都需要用外币计价。由于出口持续超过进口，我国累积起了巨额的外汇储备，也就是说中国的财富很大一部分是用外币（特别是美元）持有，并无奈地大量投资于美元国债之中，国际资本市场的风吹草动将可能导致国家外汇储备数十亿美元的亏损。降低外汇储备的规模有助于减少因国际金融市场波动对中国经济存量的影响。如果人民币在对外经济贸易中能更广泛地作为结算货币，中国企业须承担的外汇风险就会更低，政府经营外汇储备的压力也会大为缓解。

2. 促进中国经济增量之平衡

在全球金融危机中有一种论调或许大家还记得，即中国的廉价产品压低了美国的物价，中国大量外汇投资于美国的债券压低了美国的利率，结果导致美国流动性泛滥及房地产泡沫，并引发了2008年的金融风暴。在对这种论调批评之余，我们也应认识到，中国经济的确存在投资与消费的不平衡、出口与内需的不平衡。中国庞大及持续的贸易顺差一方面将这种不平衡带到全球经济体中；另一方面也影响了自身经济持续与健康的发展，并对中国的汇率、利率政策带来重重压力。人民币国际化本身虽不能直接减少结构上的不平衡，但它在有效控制外汇储备的增长、缓解汇率压力及加大中国与其主要区域及伙伴国之间经济与贸易平衡协同发展等方面有重要意义。

3. 获得更大的政治经济话语权

目前，中国是世界第二大经济体，但是在国际经济和金融领域，中国的发言权和影响力还远不能与之相称，这很大程度上与人民币缺乏国际地位有关。如果人民币能够被周边国家和地区及其主要伙伴国接受，成为结算货币和投资货币，对于睦邻友好、促进区域经济合作都将产生十分积极的作用。人民币被中国贸易伙伴逐步接受为结算货币，将加大中国在国际贸易中的影响力，更为中国政府的汇率政策增加主动性与灵活度。而人民币在向国际储备货币迈进的每一步都是中国在全球地缘政治话语权提升的具体体现。这是中国经济发展到现阶段，不论从经济发展还是从国家战略与地缘政治考虑，均有必要迈出的战略步伐。

（七）人民币国际化是时候了吗？

自从金融危机爆发后，国际间有越来越强烈的呼声，希望扩大特别提款权（SDR，又称纸黄金）的基础，并将其发展为替代美元的储备货币。德国等国多次呼吁应当尽快扩大SDR一篮子货币，特别是将人民币纳入进来，英国也表示支持人民币适时加入SDR。

2011年9月7—10日中国人民银行行长周小川随同副总理王岐山带领的中国代表团出访英国，并与英国政府举行第四次中英经济财经对话。最近一年来，中国对外贸易中以人民币结算的贸易量占总额比例已从1%飙升至7%。对于记者询问是否对此有理想的目标份额，周小川回答："我们没有对人民币的业务比重设计计划。"同时强调，人民币国际化将是一个渐变的、长期的过程，还在逐渐摸索和探索之中，政府所能做的就是从政策层面更多地提供便利化措施，至于人民币未来发展，要更多尊重市场的选择。关于有关传言人民币将在2015年实现可自由兑换，周小川重申并没有这样的计划或者时间表。

2011年11月8日，英国《金融时报》发表了题为《人民币国际化进入转折点》的文章，主要观点为：人民币离岸市场从2010年7月建立以来，一直发展非常顺利，但2011年9月底人民币离岸市场价格剧烈波动，暗示了人民币国际化不可能在像过去的这一年一帆风顺。

综上所述，尽管面临一些问题，但是人民币国际化的进程仍会稳步推进。这是因为，一方面中国已经是世界第二大经济体，经济实力有了很大的提升。人民银行等相关部门也在抓紧创造新的、有利于人民币国际化的制度环境。另一方面，国际社会对人民币国际化问题也提出了一些建议。例如，前世界银行行长佐利克认为："在中国采取措施实现人民币国际化和迈向开放资本项目之后，最终人民币应加入特别提款权（SDR）。"著名的经济学家、"欧元之父"蒙代尔也曾表示，人民币可能成为亚洲区域货币的领袖。

三、使用说明

本案例配合开放经济理论货币国际化教学内容需要设计，通过分析人民币国际化的发展历程及国际化程度，加深读者对人民币国际化路径选择的理解。

思考题

1. 人民币国际化给我国带来了哪些影响？
2. 根据以上案例内容，你认为人民币国际化是时候了吗？

参考文献

1. 朱妮. 人民币国际化当前面临哪些问题. 上海证券报，2011-09-22
2. 陈四清. 探索人民币国际化的路径. 中国金融，2011（4）
3. 孙健，魏修华，唐爱朋. 从三大货币发展历程看人民币国际化战略的路径选择. 亚太经济，2005（2）

案例 33

人民币汇率形成机制改革：更富有弹性

一、概要

自2005年7月21日起，我国开始实行以市场供求为基础、参考一篮子货币进行调节、有管理的浮动汇率制度。统计表明，2005年7月汇改以来，到2011年上半年，人民币对美元双边汇率升值30.2%，人民币名义和实际有效汇率分别升值13.5%和23.1%。经常项目顺差与GDP之比在2007年达到历史最高点的10.1%后明显回落，2010年为5.2%，2011年上半年进一步下降至2.8%。这些事实充分说明，人民币汇率波动之中见稳定，正逐渐趋于均衡合理水平，也更富有弹性。本案例介绍了人民币汇率形成机制改革的历程，分析了人民币汇率形成机制改革的原因及取得的成绩。

二、案例内容

（一）我国汇率制度的历史与现状

1. 1994年以前的人民币汇率形成机制

新中国成立以来至改革开放前，人民币汇率由国家实行严格的管理和控制。改革开放前我国的汇率体制经历了新中国成立初期的单一浮动汇率制（1949—1952年）、五六十年代的单一固定汇率制（1953—1972年）和布雷顿森林体系后以“一篮子货币”计算的单一浮动汇率制（1973—1980年）。党的十一届三中全会以后，我国的汇率体制从单一汇率制转为双重汇率制，经历了官方汇率与贸易外汇内部结算价并存（1981—1984年）和官方汇率与外汇调剂价格并存（1985—1993年）两个汇率双轨制时期。

2. 1994—2005年人民币汇率形成机制

1993年12月，国务院正式颁布了《关于进一步改革外汇管理体制的通知》，采取了一系列重要措施，具体包括：实现人民币官方汇率和外汇调剂价格并轨；建立以市场供求为基础的、单一的、有管理的浮动汇率制；取消外汇留成，实行结售汇制度；建立全国统一的外汇交易市场等。1994年1月1日，人民币官方汇率与外汇调剂价格正式并轨，我国开始实行以市场供求为基础的、单一的、有管理的浮动汇率制。企业和个人按规定向银行买卖外汇，银行进入银行间外汇市场进行交易，形成市场汇率。中央银行设定一定的汇率浮动范围，并通过调控市场保持人民币汇率稳定。实践证明，这一汇率制度符合中国国情，1997年以前人民币汇率稳中有升，海内外对人民币的信心不断增强，为中国经济的持续快速发展和维护地区乃至世界经济金融的稳定作出了积极贡献。

但此后由于亚洲金融危机爆发，为防止亚洲周边国家和地区货币轮番贬值使危机深化，中国作为一个负责任的大国，主动收窄了人民币汇率浮动区间。随着亚洲金融危机的影响逐步减弱，近年来我国经济持续平稳较快发展，经济体制改革不断深化，金融领域改革取得了新的进展，外汇管制进一步放宽，外汇市场建设的深度和广度不断拓展，为完善人民币汇率形成机制创造了条件。

3. 2005年以来人民币汇率形成机制

2005年7月21日，中国再次完善人民币汇率形成机制，人民币对美元一次性升值2%以后，开始实行以市场供求为基础、参考一篮子货币进行调节、有管理的浮动汇率制度。与此同时，深化外汇体制改革，理顺外汇供求关系，加快外汇市场培育，市场决定汇率形成的技术平台基本形成，人民币汇率弹性不断增加。2005年7月21日人民币汇率形成机制改革后，中国人民银行于每个工作日闭市后公布当日银行间外汇市场美元等交易货币对人民币汇率的收盘价，作为下一个工作日该货币对人民币交易的中间价。自2006年1月4日起，中国人民银行授权中国外汇交易中心于每个工作日上午9时15分对外公布当日人民币对美元、欧元、日元和港币汇率中间价，作为当日银行间即期外汇市场以及银行柜台交易汇率的中间价。

2008年国际金融危机恶化，许多国家货币对美元大幅贬值，而人民币汇率再度收窄了浮动区间，稳定了市场预期，为抵御危机发挥了重要作用，为亚洲乃至全球经济的复苏作出了巨大贡献，也展示了中国促进全球经济平衡的努力。随着全球经济企稳复苏，中国经济回升向好的基础进一步巩固。

2010年6月19日，中国进一步推进人民币汇率形成机制改革，增强人民币汇率弹性，重在坚持以市场供求为基础，参考一篮子货币进行调节。表33—1列出了从2005年7月至2011年间人民汇率形成机制改革的重要事件。

表33—1　　人民币汇率形成机制改革大事记

日期	改革大事
2005年7月21日	我国启动人民币汇率形成机制改革，人民币兑美元中间价一次性调高2%，汇率比价为8.11
2005年9月23日	银行间即期外汇市场非美元货币对人民币交易价的幅度从原来的上下1.5%扩大为3%
2006年5月15日	人民币对美元汇率突破8，为7.998 2人民币兑1美元
2007年1月15日	人民币对港币汇率突破1，为0.994 5人民币兑1港元，人民币汇率13年来首次超过港币

续前表

日期	改革大事
2007 年 5 月 18 日	银行间即期外汇市场人民币对美元交易价格的幅度由 0.3%调为 0.5%，从 1994 年以来首次调整
2008 年 4 月 10 日	人民币对美元中间价首度破 7，为 6.992 0 兑 1 美元
2008 年 6 月 17 日	人民币对美元中间价突破了 6.90，人民币进入了 6.8 时代
2010 年 6 月 19 日	进一步推进人民币汇率形成机制改革

资料来源：中国人民银行网站。

（二）人民币汇率形成机制改革的原因

从宏观角度而言，以市场供求为基础、参考一篮子货币进行调节、有管理的浮动汇率制度，是深化金融体制改革、健全宏观调控体系、扩大对外开放的重要内容，也是加入世界贸易组织后适应开放格局的要求。有管理的浮动汇率机制有利于促进我国经济结构调整和全面协调可持续发展。

从微观角度来讲，推进人民币汇率形成机制改革，是缓解对外贸易不平衡、扩大内需以及提升企业国际竞争力、提高对外开放水平的需要。2001 年加入世贸组织以来，我国经常项目和资本项目双顺差持续扩大，加剧了国际收支失衡，贸易摩擦进一步加剧。适当调整人民币汇率水平、改革汇率形成机制，有利于贯彻以内需为主的经济可持续发展战略，优化资源配置。人民币汇率形成机制改革是金融市场改革的重要组成部分，有利于增强货币政策的独立性，提高金融调控的主动性和有效性。

汇率是影响贸易的最直接因素，汇率机制的改革有利于保持进出口基本平衡，改善贸易条件，促进我国的贸易发展；汇率机制的改革也有利于我国企业和国际市场的联动，促使企业转变经营机制，增强自主创新能力，加快转变外贸增长方式，提高国际竞争力和抗风险能力。汇率机制改革还有利于优化利用外资结构，提高利用外资效果。总之，汇率机制的改革对于我国充分利用“两种资源”和“两个市场”，提高对外开放的水平具有重要意义。

（三）人民币汇率形成机制改革的特点

人民币汇率不再钉住单一美元，而是按照我国对外经济发展的实际情况，选择若干种主要货币，赋予相应的权重，组成一个货币篮子。同时，根据国内外经济金融形势，以市场供求为基础，参考一篮子货币计算人民币多边汇率指数的变化，对人民币汇率进行管理和调节，维护人民币汇率在合理均衡水平上的基本稳定。参考一篮子外币的汇率变化会影响人民币汇率，但参考一篮子不等于钉住一篮子货币，它还需要将市场供求关系作为另一重要依据，据此形成有管理的浮动汇率。

（四）完善人民币汇率形成机制改革的主要目标

人民币汇率形成机制改革的方向是逐步完善人民币汇率形成机制，让市场在汇率形成中发挥越来越大的作用。在外汇供求关系的作用下，人民币双边和多边汇率总体保持稳中趋升的走势。改革的总体目标是，建立健全以市场供求为基础的、有管理的浮动汇率体制，保持人民币汇率在合理、均衡水平上的基本稳定。

我国实施经济政策的基本任务是促进经济增长、充分就业、物价稳定和国际收支平衡。我国存在的储蓄率过高、内需不足的主要原因是结构性问题，应通过一揽子结构性政策来实现经济结构调整和优化。由于汇率政策影响内外整体比价关系，如果内外比价关系不合理，国内经济的价格扭曲问题就会越积越多，经济的稳定、协调、可持续发展就会受到影响。汇率政策与其他结构性政策相互配套，可更好地发挥理顺价格形成机制的作用。

2005年汇改以来的实践证明，一揽子结构性政策为发挥汇率在影响内外资源配置方面的基础性作用创造了条件；而汇率改革的适时推进，也能为其他改革赢得空间，在我国资源价格等改革的推进中形成互相促进的良性互动局面。汇率政策还与解除进口管制、放松外汇管制和加快走出去等政策相结合，对缓解国际收支不平衡问题发挥重要作用。汇率的灵活性增强，还有利于增强宏观调控的主动性和有效性。

（五）人民币汇率形成机制改革取得的成绩

1. 人民币汇率正逐渐趋于合理均衡水平

1994年汇改以来至2011年9月末，人民币对美元累计升值36.9%。截至2011年8月末，按照国际清算银行口径计算的人民币对主要贸易伙伴的名义和实际有效汇率分别累计升值33.4%和58.5%。在国际清算银行监测的58种货币中，人民币名义和实际有效汇率升值幅度分别排在第13位和第10位。

如果从2005年7月汇改以后的情况看，人民币对美元双边汇率升值30.2%，人民币名义和实际有效汇率分别升值13.5%和23.1%。尤其是本次国际金融危机发生以来的2008年8月至2011年8月间，人民币名义和实际有效汇率分别升值1.2%和5.0%，在国际清算银行监测的58种货币中，分别排在第15位和第12位。像上次亚洲金融危机期间一样，人民币继续扮演了稳定国际货币体系的角色。按照现在的渐进升值方式，加上其他结构调整措施逐步见效，中国将渐进、稳妥地实现汇率均衡。

2. 人民币汇率调节国际收支平衡的作用日益凸显

从经常项目差额与国内生产总值（GDP）之比来看，人民币汇率调节国际收支平衡的作用正在逐渐发挥。2005年汇改以来的人民币汇率大幅升值虽然没有改变中国经常项目顺差的格局，但经常项目顺差与GDP之比在2007年达到历史最高点的10.1%后明显回落，2010年为5.2%，2011年上半年进一步下降至2.8%。从其他国家的经验看，日元和德国马克在20世纪七八十年代的几轮升值中，对本国国际收支的调节作用也同样经历了一个逐步释放的过程。

在经常项目收支状况逐渐改善的同时，近年来中国外汇储备继续保持了较快增长，但这并不等于人民币汇率低估，很大程度反映了很多非汇率因素的影响。主要有：一是人口特性、文化传统、社保、住房和教育改革等因素，使中国的内需特别是消费需求不足，过剩的储蓄成为中国经常项目顺差的结构性原因，正如战后日元和德国马克大幅升值也没有消除日本和德国迄今仍保持的经常项目顺差一样；二是基于政局稳定、工业基础良好、劳动力成本较低等竞争优势，近年来中国成为世界制造业转移的重要目的地，形成了以外资企业为主的加工贸易基地，积聚了全球制造业的大量贸易顺差；三是主要发达国家长期实施低利率政策，使中国面临较大的套利资本流入压力，而另一方面中国对资本流出仍保留较为严格的限制，民间对外投资特别是金融投资水平较低，无法对冲经常项目顺差，也造成了国际资本流动对于国际收支调节作用的缺失。

实践证明，保持人民币汇率在合理均衡水平基本稳定的基础上推进人民币汇率机制改革，最大限度降低了汇改对于中国实体经济的负面冲击。2005—2010年间，中国外贸进出口年均增长18.2%，就业年均增加1 120万人。同时，人民币汇率改革也为地区乃至世界经济金融稳定发挥了积极的作用。自2008年爆发在美国的次贷危机导致的全球金融危机发生以来的2009年和2010年间，中国进口年均增长13.8%，较出口增速高6.1个百分点，中国需求成为拉动许多国家经济复苏的重要因素。

3. 促使企业加大创新力度，提升核心竞争力

2006—2011年，我国出口产品结构进一步优化，机电产品和高新技术产品出口比重持续上升，即高污染、高能耗和资源性产品出口受到一定抑制；区域结构更趋合理，对发展中国家和新兴市场国家出口占比上升，对发达国家的出口占比下降。同时，"引进来"、"走出去"步伐加快，融入全球产业链的程度和参与国际市场的深度前所未有地扩大。企业主动适应汇率浮动的意识和能力增强，大量出口企业通过提高售价转嫁汇率升值损失，实施积极财务管理。对外贸易在质量提高的基础上取得进一步发展。

4. 向国际社会展示了我国促进全球经济平衡的努力，有利于发展对外关系

人民币浮动体现了我国促进全球经济平衡增长的努力与诚意，维护了一个负责任大国的形象，切实缓和了对外经贸关系，有助于遏制贸易保护主义。汇改至2010年，国际上对我国的贸易救济调查虽未停止，但涉案金额小，且多属于局部性、自然性案件，没有从根本上影响我国自由开放的贸易环境。我国在较长时间内保持了经济高增长、低通胀的良好运行格局。

（六）正确看待人民币汇率改革形成机制对企业的影响

汇改前社会上曾有以下的观点：担心企业的汇率承受力较弱，汇率浮动会造成企业大量倒闭，出口和就业出现大幅下滑。还有分析认为，如果人民币升值3%，纺织、轻工企业将大量关闭、破产。但事后看，之前对改革的副作用估计得比较重，对企业的灵活应变能力则估计不足。实际上我国经过30多年市场取向的改革之后，大多数企业已初具适应市场变化而自我调整的机制和能力。

实践表明，出口企业不仅可以通过提高技术水平、加大产品创新增加盈利空间，还可通过提高出口价格将汇率升值成本转嫁出去。兼营进口业务的企业还可享受到人民币升值带来的减少进口成本的好处，兼营内销的企业也可以通过提高内销比例分摊汇率损失。企业应对汇率变化的财务管理方法也越来越灵活多样。

（七）如何应对人民币汇率形成机制改革带来的挑战

人民币汇率改革的总体目标是，建立健全以市场供求为基础的、有管理的浮动汇率体制，保持人民币汇率在合理、均衡水平上的基本稳定。人民币汇率大幅波动，对我国经济金融稳定会造成较大的冲击，不符合我国的根本利益。人民币汇率形成机制的改革很好地避免了这种情况的出现。首先，汇率形成机制改革后，人民币不再钉住任何一种单一货币，而是以市场供求为基础，参考一篮子汇率进行调节。国际市场主要货币汇率的相互变动，客观上减少了人民币汇率的波动性。其次，随着汇率等经济杠杆在资源配置中的基础性作用增强，外汇供求关系进一步理顺，国际收支调节机制逐步建立健全，国际收支会趋于基本平衡，为人民币汇率稳定奠定坚实的经济基础。第三，我国积极协调宏观经济政

策，稳步推进各项改革，为人民币汇率稳定提供了良好的政策环境。最后，人民银行努力提高调控水平，改进外汇管理，保持人民币汇率在合理、均衡水平上的基本稳定。

总之，2005年以来，人民币汇率形成机制改革按照主动性、渐进性、可控性原则有序推进。在短期内会对经济增长和就业产生一定影响，但总体上来看它为实现宏观调控目标创造了有利条件，有利于促进国际收支平衡、扩大内需、调整结构，也在积极应对国内外形势变化中起到了重要作用，有利于推动我国经济的健康和可持续发展。

三、使用说明

本案例配合开放经济理论中汇率的决定而设计，通过分析人民币汇率形成机制，加深读者对汇率制度改革的基本条件和路径选择的理解。

思考题

1. 如何做到汇率政策既要与国际经济相协调，又要从国内实际出发，保持其独立性?

2. 虽然中国政府对人民币汇率形成机制进行了改革，以美国为首的西方国家一直要求人民币继续升值，你认为中国政府应该如何应对这种压力?

参考文献

1. 央行发布人民币汇率形成机制改革回顾与展望报告. www.gov.cn，2011-10-12

2. 张旭东，毛晓梅. 央行答问：为何完善人民币汇率形成机制改革. http://www.xinhuanet.com/，2005-07-21

案例 34

藏汇于民：如何用好中国的外汇储备？

一、概要

近年来，我国外汇储备持续增长，2006 年我国外汇储备超过日本成为全球第一外汇储备国。2011 年我国外汇储备突破 3 万亿美元。面对如此庞大的外汇储备，担心和争论随之也纷至沓来。人们有的怀疑外汇储备结构的合理性，有的质疑外汇储备的投资收益，有的指责外汇储备输入了通货膨胀等等。本案例介绍了我国外汇储备持续高涨的现状，分析了世界各国外汇储备的管理经验，继而讨论如何使用好我国的外汇储备，提出藏汇于民，并对藏汇于民的本质、实施条件进行了分析。

二、案例内容

（一）中国外汇储备持续增加

外汇储备，即一国政府所持有的国际储备资产中的外汇部分。狭义而言，是指一个国家的外汇积累；广义而言，是指以外汇计价的资产，包括现钞、黄金、国外有价证券等。在新中国成立后近 30 年的时间里，我国外汇储备极其有限。1978 年，我国外汇储备仅为 1.67 亿美元。1996 年 11 月，外汇储备首次突破 1 000 亿美元。5 年后，这一数字翻了一番达到 2 000 亿美元。进入 21 世纪，我国外汇储备增速开始加快，如图 34—1 所示。2006 年 2 月我国外汇储备超过日本成为全球第一外汇储备国，2006 年突破 1 万亿美元，2009 年突破 2 万亿美元，2011 年突破 3 万亿美元，领先全球各发达国家。这也是自 2006 年以来中国连续第四年外汇储备排行第一名。2011 年 10 月 16 日中国人民银行公布的三季度金融数据显示，国家外汇储备在 9 月份单月减少 608 亿美元，为 16 个月来首次下降。尽管增速放缓，但 3.2 万亿美元的庞大外汇储备接近外汇储备世界第二国日本的 3 倍，如此巨额的外汇储备受到国人关注。

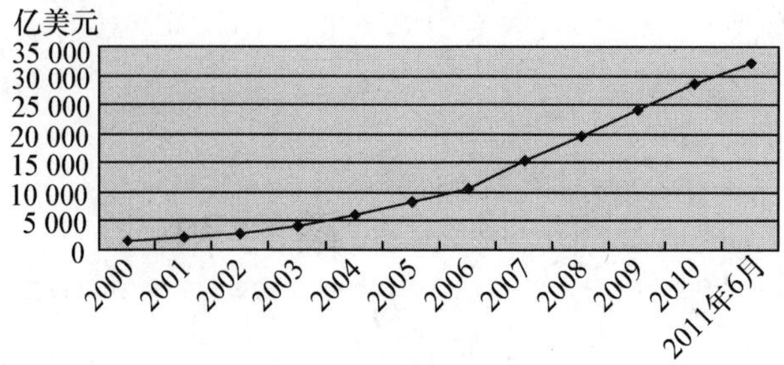

图 34—1　中国历年外汇储备

扣人心弦的美国债务危机也再度令中国外汇储备的安全以及未来前景受到更大关注。3.2 万亿美元的外汇储备规模遥遥领先于世界其他国家，然而，在当今的世界经济环境、国际金融生态之中，表面的"数字优势"却似乎成了一个必须要冲破的"事实困局"。

（二）如何看待高额外汇储备

外汇储备的基本功能主要有两个：一是用于进口国内所需的物资，二是用于偿还政府和私人部门所借的外债。一个国家必须有一定的外汇储备，以应对国际支付上可能出现的短期流动性困难。除此之外，外汇储备还具有调节外汇市场、稳定金融秩序、增强国家信誉等功能。那么外汇储备是不是越多越好呢？对此，国家外汇管理局明确表示，外汇储备不是越多越好，中国不追求大规模的外汇储备，也不追求国际收支的长期顺差。虽然目前还没有一个公认的国际标准衡量一个国家到底拥有多大规模的外汇储备是合理的，但是，中国的外汇储备显然规模过于庞大、增长速度过快，远远超出了它的实际需求。

一般而言，判断一个国家的外汇储备规模是否合理主要看三个指标，一是其三至四个月进口所需要的用汇，二是其 10%的对外货币性负债，三是其干预外汇市场、稳定汇率所需要的外汇储备。目前我国的外汇储备满足上述需求已绰绰有余。

依照经济学理论，庞大的外汇储备代表着相应规模的实物资源流出，这种状况长期持续其实并不利于一国自身经济的可持续发展。而且，在中国现行的结售汇体制下，中国央行负有无限度外汇资金回购的责任，随着外汇储备的快速增加，外汇占款投放量也不断加大，这不仅在总量上制约了宏观调控的效力，还从结构上削弱了宏观调控的效果。央行行长周小川曾表示，外汇储备已经超过了中国需要的合理水平，外汇积累过多，导致市场流动性过多，也增加了央行对冲工作的压力。

（三）世界各国怎么使用外汇储备

1. 俄罗斯：还外债，设立基金

俄罗斯是国际能源价格不断上涨的最大受惠国之一。2010 年四五月间，俄外汇储备以破纪录的每星期 50 亿美元的惊人速度增长。2010 年俄外汇储备达到 4 329 亿美元，俄罗斯成为继中国、日本之后第三大外汇储备国。

然而，俄罗斯经济有些无法消受每天滚滚涌入的外汇收入。目前，俄罗斯正面临着越来越大的通货膨胀压力，莫斯科已成为世界上物价最贵的城市之一，房地产价格近年来翻了好几番。如何用好这笔巨大的外汇储备，俄罗斯政府想了不少办法。首先，俄罗斯用石油换回的外汇提前还完了巴黎俱乐部213亿美元的债务；其次，俄政府把这些外汇收入用于国内的投资，2007年俄罗斯固定资本投资增长10.4%。由于俄罗斯经济对能源出口的依赖度非常高，因此俄罗斯还建立了经济稳定基金，以应付有可能发生的石油价格下跌或者经济波动。目前，俄罗斯稳定基金总额已经超过700亿美元。这笔数目巨大的稳定基金，无疑为俄罗斯的经济撑起了一把巨大的保护伞，可以抵抗各种“恶劣天气”。2005年，俄罗斯政府又专门建立了一个专项投资基金，用于发展全国性的大型投资项目。

2. 日本：政府购买别国债券，百姓通过投资获利

日本一直是外汇储备大国，自1999年10月至2006年上半年一直保持着世界最大外汇储备国的地位，直到2006年上半年被中国取代。和俄罗斯不同，日本的外汇储备并没有大量集中在国家手中，而是藏汇于民。同样是出口和顺差大国，日本的藏汇于民经验值得借鉴。数据显示，截至2010年末，日本的外汇储备量约为1.04万亿美元，是世界第二大储备国，但是其官方储备资产只占对外资产比重的17.6%，是典型的藏汇于民。

据报道，日本民间拥有的流动性外汇资产达3万亿美元，而中国内地居民和企业的外汇储蓄加在一起才1 000多亿美元。数额庞大的民间藏汇不仅分散了日本央行的风险，也让日本国民的投资形式更加多元化。事实上，日本政府一直执行藏汇于民的政策，并为国内居民创建了愿意藏汇的外部环境，使个人、企业、银行愿意根据自己的需要自主持汇、结汇、售汇。2005年，日本政府甚至提出“投资立国”理念，开始了“贸易立国”战略向“投资立国”战略的转变。为此，日本积极消除对外直接投资的各种障碍。近5年日本每年海外证券利息收入在500亿美元以上，企业的资本利得及海外进账极其巨大，所得收支盈余已成日本重要的外汇储备来源。

3. 德国民间储备远大于官方，民间外汇投资渠道畅通

德国和日本一样，尽管拥有高额贸易顺差，但却没有积累起大量的外汇储备。这是因为，德国也是典型的藏汇于民，民间储备远大于官方储备，民间外汇储备投资的多元化渠道畅通。据媒体报道，德国虽然经常项目有资本流入，但资本项目、金融账户都是资本净流出。从资产与负债的结构上看，德国对外直接投资大于吸引外资，对外证券投资大于短期资本流入，因此，不仅保持了国际收支账户的总体平衡，也实现了外汇储备结构的优化。

4. 海湾国家：设立专门机构管理

国际油价上涨的另一大受益群体是海湾国家。据统计，2005年海湾6国石油总收入达到3 000亿美元，与上年相比增长49%。对此，海湾6国均成立了专门机构对外汇进行投资管理。科威特投资总署将每财年收入的10%投入后代基金，交由设在英国伦敦的总部进行管理。为应对石油美元的大量流入，科威特政府宣布斥资93亿美元用于3个项目，所得收益将全部用于提高科威特人的收入。海湾国家的外汇还有很大一部分藏在了民间，这些资金大多存在从事投资业务的银行、公司和基金中，对国内外市场进行投资。其中，资金的对外流动大大减轻了外汇储备快速增加带来的压力。

（四）中国巨额外汇储备如何经营管理

中国成为外汇储备首富的同时，种种成长的烦恼也随之而来。对此，央行行长周小川

直接表示当前外汇储备过多，导致市场流动性过多，增加了央行对冲工作的压力，“中国需要适当减少储备，并分散投资储备资金”。民众也逐渐理解了外汇储备并非越多越好。如此看来，这一巨额资产分散及其保值也不乏令人苦恼之处。

就目前而言，中国外汇储备以美元和欧元资产为主，在欧美经济动荡之际，如何保值成为问题。财政部副部长李勇指出，2010 年人民币对美元升值 3.1%左右，人民币对欧元升值 11%左右，欧元和美元贬值已使我国外汇储备出现账面亏损。与此同时，每次公布外汇储备数字，都不乏呼吁外汇储备投向民生、平分国民等呼声，这听起来很有道理，然而显然是对外汇储备的误读。简而言之，在强制结汇制度之下，每一笔外汇储备也相应对应着一笔外汇占款，分别在央行资产负债表的两端各有体现。因此，外汇储备并非一笔财富，而是一笔资产占用，只能由一种资产转化另一种资产，而不能简单地由资产转化为国内支出。

那么，这笔钱可以做什么？有人给了一些建议，要么趁着目前国际油价和大宗商品价格比较低的时候，用外汇储备投资这些市场，最简单的做法如购买资源、购买矿、购买油田或者针对以后用油的需求做期货，或者，囤积 250 亿桶布伦特原油，即中国近 13 年的石油净进口需求；要么买下美国最大的十家上市公司或者是欧洲前十五公司的股份，其中包含埃克森美孚、摩根大通、必和必拓、埃尼公司。这些听起来很美好，然而 3 万亿美元的富翁不好当。要么买现货，然而买现货回来怎么存储？中国仓储的能力比较有限，而且存储的技术比较落后，成本比较高。还有些人提出，现在国际市场上有很多融资需求，特别是发达国家的政府及商业银行，中国的资金比较充裕，可以为它们融资，但是中国怕承担汇率风险，所以在这种情况下，建议外国的商业银行到中国发行以人民币计价的债券，即“熊猫债券”。外国的银行发行债券获得人民币本金，向中国央行购买美元拿去使用，然后再拿美元向我们还本付息，这种做法既可解决外汇需求，又使中方规避了风险，许多经济学家认为，大量开发“熊猫债券”市场是一箭三雕的好事情。

最近两年，中国确实也采取了诸多措施控制外汇储备的过快增长，“促进国际收支平衡”已成为中国政府的重要目标。根据“十二五”规划（2011—2015 年）纲要，中国将改进外汇储备经营管理，逐步实现人民币资本项目可兑换。国家外汇管理局也表示，将在未来 5 年完善外汇储备管理。目前的中国外汇储备使用分为购买外国国债（占较大比例）、机构债、海外投资、贷款、权益类证券等。截至 2010 年底，中国非金融类境外直接投资额达 2 000 多亿美元，但其相对于 3.2 万亿美元的外汇储备来说规模较小。

有人认为，中国外汇储备资产规模巨大，这时不太可能采取调整存量的策略，只能通过增量调整，实现外汇储备投资结构的优化。央行行长周小川在 2011 年 8 月也表示，外汇储备管理将继续坚持多元化投资原则，加强风险管理，最大限度减少国际金融市场波动对中国造成的负面影响。所有这些建议都有一定可行性，但实际执行效果却不尽如人意。事实证明这几年外汇储备不但没有减少而且压力越来越大，同时不但使得外汇占款没有下降而且新增加了保值增值压力。

由此可见，中国外汇储备管理体制亟待调整，需要意识到藏汇于民的重要性。改变我国目前外汇储备官方为主的结构，发展与丰富国内金融市场，藏汇于民、由民用汇，应是修正我国外汇管理原则和寻求战略性利益过程中，必须要解决的重大政策问题。

（五）藏汇于民

藏汇于民并不是一个新提法，也不是中国政府的独创，在有些国家如日本和德国民间储备远远大于官方储备。日本官方的外汇储备占全部对外资产的比重仅约为1/6，而我国约为2/3。面对这样的状况，2011年7月2日，国家外汇管理局表示中国并不追求大规模的外汇储备，并鼓励藏汇于民。央行行长周小川2011年10月24日再次表态，中国可能将更多的资源分配转向民间，包括外汇，更多地藏汇于民。他同时表示，所谓藏汇于民并不是老百姓把外汇藏到自己手里，而是企业和个人有自行决定运用外汇包括投资外汇等机会。周小川对藏汇于民的解析一时成为热门话题。

藏汇于民确实是解决我国高额外汇储备的可行途径，但我国目前在市场和政策上是否能满足国民持汇的条件？藏汇于民又能给我们带来什么？

1. 藏汇于民的本质

中国外汇投资研究院院长谭雅玲在接受《国际金融报》记者采访时表示："藏汇于民能更有效地均衡市场，在人民币升值预期下，减轻央行购买外汇的压力。"不过，谭雅玲表示，藏汇于民并不是一个新提法，但往往流于政策表面，难以落到实处，"我们需要更多的具体措施和产品，这样政府原则才能和市场相匹配"。当然藏汇于民需要金融市场的支撑，需要有丰富的外汇投资产品，这样企业和居民才会愿意手握外汇。

银河证券首席经济学家左小蕾指出，藏汇于民不是说把钱直接发给老百姓，形成购买力，也不是让民间的外汇去银行兑换，那就成了外汇管理局的债务了，外汇管理局是花钱把百姓手中的外汇买回来。这些钱是不能随便发的，这是常识。"藏汇于民是说如果老百姓因为外贸有了外汇，不要去换成人民币，要将外汇储备在自己手中。我说的藏汇于民是用老百姓手中的人民币去把外汇兑换出来，这样才能变成老百姓的资产。"复旦大学经济学院副院长孙立坚认为，对于不少民众呼吁的平分外汇储备给老百姓的说法，实际不可操作，因央行已在结售汇的同时对等发行了人民币，如果让外汇储备再在国内用就等于二次发行货币，持有外币的境内机构和人员换回人民币的操作将导致通胀。

2. 为何再提藏汇于民

央行货币政策委员会委员李稻葵指出，对于美国国债，他认为在动荡期间可能表现还不错，但是动荡之后一定会有所下降，因为避险需求不再。未来十年的大趋势是美欧等国的国际货币信用会随着宽松政策而降低，届时大量金融资产还是会涌向中国。他认为中国应该藏汇于民，把流入中国境内的外汇交给企业和家庭，对资源型发达国家、德语区等制造业强国进行海外投资，因为这些国家和中国存在高度的互补。

孙立坚在微博上表示，强调藏汇于民的意义，一方面是因为国内外日益增加的对人民币资产的过度需求和中国金融市场吸收流动性能力的不足，已导致基础货币控制难、人民币升值加速、灰色金融渠道泡沫膨胀的后果，故需打开缓解的通道。另一方面，内外资企业贸易顺差和进出口所需的结售汇手续大大增加了商业成本和市场风险，故需减压。

3. 藏汇于民，我们是否还没准备好

外汇管理局资本项目管理司原副司长陈炳才曾表示，我国还未满足藏汇于民的条件。

首先，企业、银行和个人都不愿意持有外汇。银行的结汇率会很高，但售汇率很低。其次，政策限制。资本是不可兑换的，企业和个人尚不能对境外放款。第三，外部没有可以获得明确而又稳定预期收益的短期或长期投资内容，无论投资股市、楼市、黄金、外汇交易本身，收益都不是很明确。

谭雅玲认为，藏汇于民的战略与人民币升值预期完全是逆向而行的。现在藏汇于民之所以无法实现，进一步解释了人民币升值的预期存在，人们都愿意把美元换成人民币，而不愿意把人民币换成美元。

也有观点认为，能否藏汇于民并不取决于外汇管理局，而是取决于老百姓对人民币汇率的预期，当所有人都预期到人民币会升值，美元会贬值，于是就会有更多的人向银行结汇，正是因为老百姓不想藏汇于民，所以才会向银行结汇，于是外汇储备才会增加，央行才会过度投放人民币，因而才会加剧通货膨胀。所以这不是官方允许不允许、鼓励不鼓励的问题，而是取决于市场预期。

社会科学院金融专家刘煜辉表示，藏汇于民实际就是推倒人民币管制，放开资本账户，这样的话，把目前的防火墙推倒，人民币可能大幅升值，“目前管理层很难下这个决心”。

4. 藏汇于民能带来什么

经济学家厉以宁曾表示，鼓励民间增加所储存的外汇，有利于经济稳定和经济发展。民间外汇储备机制灵活、自担风险、分散持有，持有者的信息来源又比较多样化。民间外汇储备越多，我国的外汇储备安全就越有保障。当然，民间持有较多的外汇，也有可能增大外汇市场的风险，这就要求政策引导和金融监管到位。厉以宁指出，只要制度齐全和完善，风险是可以预防或减少的。

从以上专家的分析，我们可以明确如果藏汇于民能够实现，将对缓解目前外汇储备投资增值保值压力有相当大的作用。通过全面放开国人投资海外各类市场的限制，动员整个社会的企业法人和自然人走出国门、走向海外投资，将对消化3.2万亿美元储备具有重大意义。这是从根本上解决外汇储备巨大“包袱”的最佳出路。但是同时我们也必须清楚，实现这个目标还有相当长的路程要走。

三、使用说明

本案例配合开放经济理论中外汇储备教学内容需要设计，通过分析我国外汇储备的规模和发达国家外汇储备的使用经验，加深读者对我国提出藏汇于民政策的认识和理解。

思考题

1. 我国高额外汇储备的原因是什么？
2. 我国对高额外汇储备如何经营管理？

参考文献

1. 李小晓. 藏汇于民，藏得住吗？中国经济周刊，2011（43）

2. 于乎．3万亿外汇储备怎么“花”．新京报，2011-04-21
3. 藏汇于民的障碍在哪里．http://money.163.com/special/focus408/
4. 专家热议：藏汇于民，我们是否准备好了？中国经济网，2011-10-26
5. 外汇储备怎么用：美德法意囤黄金　日俄中东爱投资．环球时报，2006-11-10

案例 35

中美战略经济对话：中美两国可以拯救全世界？

一、概要

美国作为世界上最发达、在经济和政治方面最有影响力的国家之一，中国作为世界上最大的发展中国家和世界新兴经济体，中美两国对全球经济的发展至关重要。而中美战略与经济对话是两国交流的重要机制，对于促进双边关系发展发挥了重要作用。迄今为止“中美战略经济对话”举行了五次，“中美战略与经济对话”已经举行了多次，对加强中美双方合作、互信意义重大。本案例介绍了中美战略与经济对话产生的背景、发展历程及谈判结果。

二、案例内容

（一）中美战略经济对话机制的产生

中美战略与经济对话机制建立在此前“中美战略对话”与“中美战略经济对话”两大机制的基础上。为在多个领域加强交流与沟通，化解矛盾和增进合作，中美之间建立了多个磋商机制。其中，“中美战略对话”和“中美战略经济对话”作为两国交流中重要的机制，为促进双边关系发展发挥了重要作用。中美战略经济对话于 2006 年 9 月由美国财政部长亨利·保尔森和中国国务院副总理吴仪在北京启动，对话重点侧重于战略和经济层面。中美战略经济对话一年举行两次，自 2006 年启动以来先后举行了 5 次会议。

（二）中美战略经济对话的发展历程及谈判成果

从 2006 年 12 月至 2008 年 12 月，中美举行了五次战略经济对话，召开的时间、地点如表 35—1 所示。

表 35—1　　历次中美战略经济对话召开的时间、地点

次数	召开时间	召开地点	对话官员
第一次	2006 年 12 月 14—15 日	北京	吴仪 VS 保尔森
第二次	2007 年 5 月 22—23 日	华盛顿	吴仪 VS 保尔森
第三次	2007 年 12 月 12—13 日	北京	吴仪 VS 保尔森
第四次	2008 年 6 月 17—18 日	马里兰州安纳波利斯	王岐山 VS 保尔森
第五次	2008 年 12 月 4—5 日	北京	王岐山 VS 保尔森

通过五次战略经济对话，中美双方就不同的议题、不同的领域进行谈判，取得了一系列有利于增强和深化双边经济政治关系的成果，增进了中美双方的相互理解和战略互信。

1. 首次中美战略经济对话

首次中美战略经济对话中，双方主要以“中国的发展道路和中国经济发展战略”为主题，就城乡均衡发展、中国经济的可持续增长、促进贸易和投资、能源、环境和可持续发展等 5 个专题、11 个分议题进行了深入讨论，双方取得了一系列成果，包括：中美在促进美国对华出口的融资便利协定、中国加入“未来发电计划”政府指导委员会、中国加入泛美开发银行、启动双边航空服务谈判达成了实质性协议；在中国设立纽交所和纳斯达克代表处；并在有效保护知识产权，加强法治和消除贸易与投资壁垒，加强能源安全，环境保护和医疗以及加强在高科技贸易、知识产权保护、市场经济地位、结构性问题方面达成共识，并达成价值 5.5 亿美元的合同。

2. 第二次中美战略经济对话

第二次对话双方围绕服务业、投资与透明度、能源和环境、平衡增长和创新等议题进行讨论，在金融服务领域，中美达成扩大合资证券公司业务范围的协议，允许其从事证券经纪、自营和资产管理等业务，把合格境外机构投资者（QFII）的投资总额度提高至 300 亿美元。在非金融服务业和贸易领域，双方同意扩大现有双边民用航空运输协定范围，大量增加两国间每年航班班次，在 2011 年全面开放货运航权。在能源和环境领域，双方就削减或酌情取消环境产品和服务的关税和非关税壁垒问题进行了协商，两国签署了《美国核管制委员会和中国国家核安全局关于 AP1000 型核电机组核安全合作谅解备忘录》。就扩大人民币日交易浮动区间问题也达成了协定。

3. 第三次中美战略经济对话

第三次对话的主题是“抓住经济全球化的机遇、应对经济全球化的挑战”。在本次对话中，双方达成了一系列共识：在产品质量和食品安全方面，中美承诺对出口实施有效政府监督；在金融服务业领域方面，中美就在金融服务业领域合作达成协议，这些协议包括：中国证监会将就外资参股中国证券公司及其对中国证券市场的影响进行认真评估，并基于评估结果就调整外资参股中国证券公司的股权比例问题提出政策建议；在能源和环保领域，中美将在能源和环保领域加强合作，达成 10 年合作规划；美方答应积极推动对华民用高科技贸易；另外，中美双方同意行政规则制定的透明度得到提高并承诺继续就应对经济不平衡展开磋商。

4. 第四次中美战略经济对话

第四次对话中，双方在贸易、投资、金融、能源和食品五领域取得了丰硕成果。在贸易和竞争力方面，中美签订的贸易协议总额为136亿美元，并且就知识产权、中国市场经济地位、贸易救济的规则和程序、技术贸易等方面进行了协商；在投资方面，中美同意启动双边投资保护协定谈判，为两国投资者提供投资便利和投资保护；在金融领域，美国表态欢迎来自中国的主权基金；在能源方面，中美签署能源环境环保十年合作框架文件；关于食品安全，中美签署了《中华人民共和国国家质量监督检验检疫总局与美利坚合众国卫生与人类服务部关于食品和饲料安全协议五年计划进展的联合声明》，加强食品安全领域合作；并且在医药领域签订了《传统中医药合作谅解备忘录》，在防灾减灾等方面也积极扩大合作。

5. 第五次中美战略经济对话

第五次对话中，双方在具有战略性的重要领域达成了一系列有助于加强并深化双边经济关系的成果。在宏观经济合作及金融服务业领域，中美两国同意宏观经济政策继续保持紧密交流，采取切实的必要措施保证金融市场的稳定，进一步加强监管方面的信息交流，促进全球经济持续增长。在能源与环境合作领域，中美双方就十年合作框架下五大目标（清洁、高效和有保障的电力生产和传输；清洁的水；清洁的大气；清洁和高效的交通；森林和湿地生态系统保护的行动）计划达成一致。中美双方签署了《中美能源环境十年合作框架下的绿色合作伙伴计划框架》、《关于建立绿色合作伙伴关系的意向书》，以及关于节能环保和清洁水合作的两个备忘录。在贸易和投资领域，中美两国强调并共同承诺反对保护主义、促进投资和贸易的开放。就投资、交通、原产地规则、创新等专门召开相关会议进行协商，同时签署了关于计量、标准和认证领域合作议定书。在食品和产品安全领域，中美两国同意加强对话和合作，改善信息交换，组织技术培训，并加强共同应对突发事件的能力。成立了中医药合作委员会或工作小组，并确定了第一批合作项目。在国际经济合作领域，中美两国讨论了如何最好地利用国际金融机构和经济组织推动全球经济增长和稳定，改善两国共同促进全球经济发展，包括应对食品安全、公共卫生和减贫等领域挑战的能力。在当前金融困境下，中国进出口银行和美国进出口银行同意为贸易融资提供新的资金。中国进出口银行准备提供80亿美元，美国进出口银行准备提供120亿美元，以在必要时帮助中国和美国的产品及服务的出口。

（三）中美战略与经济对话

2009年4月1日，中国国家主席胡锦涛与美国总统奥巴马在伦敦参加G20金融峰会期间举行首次会晤，双方一致同意建立中美战略与经济对话机制。从原先的“战略经济对话”，变成“战略与经济对话”，虽然只多了一个“与”字，但含义丰富了很多。第一，过去这是两场对话，一个是战略对话副总理级别的，一个是战略经济对话部长级的，现在合二为一，就是把两个对话都提高到副总理级；第二个含义，效率大大提高了，过去这两场对话分别举行，现在合二为一以后，就可以在同一时间、同一地点举行，两国的领导人可以一次性参与到这两场重要的对话之中；第三个含义，战略性的比重加大了，战略性的问题和实际问题的结合也更加密切了，在过去，经济对话往往会拘泥于一些具体的问题，如两国的贸易逆差、人民币汇率等问题，而一些战略性的对话关注比较大的宏观问题，不涉及具体问题，现在两者结合起来，可以互相弥补。

1. 中美战略与经济第一轮对话

中美战略与经济首轮对话于2009年7月27—28日在美国华盛顿举行，主题为“凝聚信心、恢复经济增长，加强中美经济合作”。双方就中美关系、国际地区问题、全球问题进行了协商，把共同应对金融危机作为美中合作的转折点，双方认为通过战略与经济对话，扩大共识，减少分歧，加深互信，促进合作，符合双方共同利益，有利于推动中美关系朝着积极合作全面的方向发展，对世界的和平、稳定、发展与繁荣也具有重要意义。

2. 中美战略与经济第二轮对话

2010年5月24—25日，中美战略与经济第二轮对话在北京举行。在战略对话中，双方就中美关系、国际地区及全球性问题进行深入探讨。在战略对话框架下，两国有关部门就能源安全、气候变化、联合国维和、反恐等问题进行对口磋商和双边会见。在经济对话中，双方围绕“确保持续发展、互利共赢的中美经济合作伙伴关系”的主题，就若干议题进行讨论，包括促进强劲的经济复苏和更加持续、平衡的经济增长，促进互利共赢的贸易和投资，金融市场稳定和改革以及国际金融体系改革等。

3. 中美战略与经济第三轮对话

2011年5月9—10日，中美战略与经济第三轮对话在美国华盛顿举行。经中美双方商定，本次经济对话的主题为“建设全面互利的中美经济伙伴关系”。围绕这一主题，双方讨论了以下议题：一是促进贸易与投资合作，包括推进新兴产业领域的贸易与投资合作等；二是完善金融系统和加强金融监管，主要包括金融业改革，跨境金融监管合作；三是推进结构调整和发展方式转变；四是促进经济强劲、可持续、平衡增长，主要包括全球宏观经济形势与挑战，涉及欧洲主权债务危机、中东北非形势对地区和世界经济影响、日本特大自然灾害等议题。

（四）各界对中美战略与经济对话的评论

美国财政部负责中国事务和美中战略与经济对话事务的协调人洛文杰表示，美中两国经济政策都对对方有重要影响，两国应加强对话，促进合作。

中国社会科学院世界经济与政治研究所副研究员张斌在接受新华社记者采访时说，中美在经济领域有着广泛的共同利益，在应对国际金融危机之际，双方最需要确保各自宏观经济健康和可持续发展。考虑到中美两国都是全球经济复苏的重要推动力量，中美开展互利经贸合作将为全球经济复苏提供坚实基础。

英富曼全球市场咨询公司首席经济学家凯文·哈里斯表示，目前美中两国经济关联度很高，两国在经济领域缺乏政策协调将是破坏性的。两国的决策者可通过沟通加深相互了解，这将对两国经济政策协调起到积极作用。

中国美国经济学会顾问李长久在接受新华社记者采访时说：“在经济全球化的背景下，中美经贸合作惠及各方。以美国和亚洲贸易为例，中国已成为其中的桥梁与中转站。这一结合技术、劳动力和零部件供应优势的贸易形态令各方受益。此外，中美两国都是能源消费大国，双方在新能源和清洁能源领域的合作有望引领双边经贸关系发展，并对全球能源变革作出贡献。”李长久说，美国拥有世界最大的市场和众多跨国公司，美国应利用这些优势积极开展国际贸易，而非实行贸易保护主义，这对美国和世界经济复苏十分有利。

从以上专家对中美战略经济对话的评述中，可以看到社会各界对中美战略与经济对话和合作持积极、支持的态度，认为中美战略经济合作影响深远、意义重大，尤其是在后金融危机时代，许多人期望中美双方的对话能够带领世界各国走出经济低迷，振兴世界经济，促进世界格局的稳定，事实确实会如此吗？

（五）中美两国能拯救世界吗？

在国际经济界，中美两国被认为是推动世界经济增长的两大引擎，对全球经济的影响十分巨大。目前全世界经济仍在艰难复苏，国际形势依然复杂多变，中美两国举行战略与经济对话，就事关中美关系发展的全局性、战略性和长期性问题交换意见，意义重大。美国作为世界最大的经济体，经济最发达的国家之一，一举一动深刻影响着全球经济。一旦美国经济走下坡路，全球经济体都会受到连锁冲击。中国作为一个发展中的大国，中美之间的经济关系的改善对于两国及世界经济都很重要。与此同时，中美关系在世界政治中的权重加速上升，对亚太地区乃至整个世界的影响越来越大。中美战略与经济对话既符合双方共同利益，也有利于稳定世界经济和金融形势。

经济上，中美两国被国际上普遍看作是世界经济发展的重要力量。美国是现有国际经济秩序的最大受益者和主要维护者；而中国作为一个新兴大国，对国际经济事务的发言权不断增强。两国经济关系的发展无疑会对世界经济的发展和稳定产生重大影响。政治上，中国是一个社会主义国家，在意识形态和价值观上与美国存在差异。但中国又是一个正在迅速发展的新兴国家，美国是世界上唯一的超级大国，中美在涉及人类福祉的一系列问题上拥有共同利益，需要加深了解，增进互信，妥善处理分歧，加强合作。如何重新审视对方、适应对方，是两个大国不得不面对的课题。因此，中美关系不是普通意义的双边关系，而是具有世界意义的双边关系。其发展态势和方向不仅对两国而且对亚太地区乃至世界都将产生重大而深远的影响。当今世界所有重要问题离开中美合作都难以解决，几乎已成为国际社会的普遍共识。维护地区和平与稳定，需要中美密切配合；应对各种跨国挑战，需要中美风雨同舟；促进全球持久繁荣，需要中美齐心协力；塑造新型大国关系，需要中美超越历史。

可以说，中美关系正变得越来越重要，越来越需要双方拿出更加高超的政治智慧和战略眼光，并付出更加艰辛的努力。中美之间必须坦诚相见，通过沟通协商来解决问题。双方应共同承担起维护区域和平稳定的责任，并在全球性的议题上，寻找共同利益和共同理念，循序渐进，超越传统竞争模式，努力构筑互利共赢的新局面。

当今世界，全球经济的持续增长的潜在隐患依然是经济严重失衡，失衡集中表现在两个方面：第一，以美国为首的部分发达国家保持着高水平的贸易逆差，对于其他国家而言，如此高的贸易逆差带来了国际收支的高风险。第二，为了弥补贸易逆差，美国等发达国家从世界范围吸引了大量的资金，这种贸易和资金上的双逆差，构成了当今世界经济不平衡的基本格局。全球经济失衡是中美战略经济对话所关注的焦点议题之一，不能排除许多其他议题也是由此引申而来。事实上，中美经济和贸易问题从根本上说也是全球经济失衡的问题，既源于世界经济增长格局、贸易格局的变化，又源于短期内中美之间的贸易失衡以及美国、中国经济的结构性失衡。中美两国经济结构失衡不是孤立的单一现象，而是通过国际贸易和国际资本流动形成了中国所在的东亚地区与美国之间的经济失衡，也就是跨太平洋的经济失衡，这是当今世界经济失衡的突出表现。因此，中美战略经济对话从宏观和战略的高度解决这些问题，不仅有利于解决中美经济和贸易上的摩擦，对全球经济的平衡发展、经济的稳定与安全也会产生积极和深远的影响。

但同时我们也看到，从2005年起虽然中美之间已经举行了6次战略对话，5次战略经济对话，3轮战略与经济对话，但世界经济和政治形势仍然不容乐观。欧债危机愈演愈烈，导致整个欧元区人心惶惶，美国失业率一直居高不下，出现了占领华尔街的示威游行活动，北约各国刚刚结束了对叙利亚的进攻，巴以冲突不断，还有朝核问题等等。只靠中美两个大国的力量，想要拯救世界，似乎是不可能的，需要全世界所有国家齐心协力来解决。

三、使用说明

本案例配合开放经济理论的教学需要设计，通过该案例的学习，帮助读者更深刻理解中美经贸关系和中美战略经济合作的重要意义。

思考题

1. 中美战略与经济对话的基础是什么？
2. 中美能拯救全世界吗？

参考文献

1. 新浪财经. 第五次中美战略经济对话. http://finance.sina.com.cn/focus/5zljj/，2008-12-14

2. 崔磊. 中美经贸关系：在竞争与合作中前行. http://www.china.com.cn，2011-01-17

3. 聚焦第三轮中美战略与经济对话. http://money.163.com/special/dialogue3/，2011-05-12

4. 美国各界评说中美战略经济对话. http://news.sohu.com/20081204/n2610082，2008-12-04

第八部分

宏观经济政策

案例 36

易被误解的宏观经济政策目标

一、概要

通俗地讲，宏观经济目标包括四大方面，即充分就业、物价稳定、经济持续稳定增长和国际收支平衡。然而，一些人认为，充分就业就是指全部劳动力都就业，物价稳定就是商品价格不变，经济增长就是要越快越好，国际收支方面，出口创汇越多，对国内经济发展就越有利。这些认识很显然是偏颇的，甚至是错误的。本案例选取目前经济形势下被热议的宏观经济目标，对其进行详细的论述和剖析，加深读者对宏观经济四大目标的理解。同时，重点对各界特别关注的经济增长进行深入讨论。

二、案例内容

（一）宏观经济主要目标

对于任何一个国家而言，宏观经济的主要目标包括：充分就业、物价稳定、经济持续稳定增长和国际收支平衡。

充分就业，有狭义和广义的区分，狭义的充分就业指劳动力的充分就业，即只存在自然失业（即自愿失业和摩擦性失业）的经济状态。广义的充分就业则指各种生产要素都按照它们所有者愿意接受的价格全部用于生产的状态。作为宏观经济政策的目标，充分就业指广义的充分就业。

需要强调的是，充分就业并不是所有的劳动力都就业，并不是失业率等于零的状态，而是失业率等于自然失业率的状态。因此，一个国家的充分就业目标，最理想的状态就是消除结构性失业和周期性失业，而自愿失业和摩擦性失业则是不可避免的，甚至是一个国家经济增长所必需的。在市场经济条件下，劳动力等要素的自由流动是一种必然现象，因此，出现短期的、暂时的寻找新工作的摩擦性失业也就是必然的。

物价稳定，指物价总水平的基本稳定，即价格指数的稳定，不出现通货膨胀。物价稳定并不是“价格水平的固定不变”。随着经济的发展，资源被逐渐利用，因此产品生产的成本和产品的价格将呈现上升的趋势。只要物价上涨的幅度在社会可容忍的范围内，即可视为物价水平稳定。

经济增长，指在一定时期内经济社会所生产的人均产量和人均收入的持续增长。通常用GDP或人均GDP增长速度来衡量。需要注意的是，并不是“经济增长速度越快越好”，经济增长过快往往会产生通货膨胀。同时，经济过热往往是由于某些行业的过快发展引起的，使经济结构失衡，破坏经济的长期发展。一味追求经济增长，也往往会带来对环境的破坏和对资源的过度利用，导致增长的不可持续性。

国际收支平衡，指一国在进行国际经济交往时，其经常项目和资本项目的收支合计大体保持平衡。需要注意的是，并不是“贸易顺差越大越好”或“国际收支盈余越大越好”，因为贸易顺差越大说明一个国家的外贸依存度就越大，这样该国的经济就越容易受到国际经济的牵制，影响其经济的自由发展。同时贸易顺差越大还容易引起伙伴国的贸易摩擦。

最后应该强调的是，上述这些目标是相互联系、相互影响的。如就业和经济增长，GDP是就业量的函数，一般而言就业量增加GDP就会增加。反过来说，经济增长会创造更多的就业机会。而有些目标在一定程度上是很难兼顾的，比如稳定物价与充分就业，消除通货膨胀往往会带来较高的失业，而消除失业又往往会导致较高的通货膨胀。因此，在实践中，往往是对上述目标按重要性进行排序，抓住主要目标进行调控。

在不同时期，各政策目标的重要程度不同。比如1997年亚洲金融危机后，我国总供给能力逐渐增强，工农业等行业都出现了不同程度的产品过剩，社会总供给超过了有效需求，物价连年走低，城乡失业较快增加。在此背景下，我国的主要宏观经济政策目标就是增加就业。具体来讲，主要通过刺激总需求，调整产品的供给结构，减少过剩产品行业的生产，扩大高质量产品和市场需求大的行业的产品生产，特别是通过增加政府公共设施的建设，扩大就业。

（二）经济持续稳定增长

经济增长的一般含义是指人均社会物质财富的不断增加，是社会再生产的结果。通常用GDP（即国内生产总值）的增速来衡量。过去二十多年来，我国的GDP增速一直保持在8%以上，这也是我国经济发展奇迹中的一项重要数据。但是，人类经济活动的最终目标，除了发展经济之外，更重要的是提高人类的福利水平，这远远不是经济增长的含义所能体现的。我国先后提出了建设小康社会和和谐社会，目的就在于处理好经济增长和福利增加之间的关系，实现从单纯地追求物质基础到社会各项指标均衡发展的转变。

总体来说，我国在追求经济高速发展的过程中，产生了很多问题，其一便是增长方式粗放，能源消耗过大，环境污染严重。过去多年来，我国经济的快速增长主要依靠投资拉动，增长方式相对粗放。一些产业的盲目投资和低水平重复建设，以消耗大量资源能源为代价实现了产量的增长，不但不利于产业结构的调整优化，而且也无益于国民经济的健康发展。我国经济增长没有把治理环境污染问题放在重要位置，起源于西方国家发展初期所走的道路：先发展经济，后对环境污染进行治理。工业排放废气、废渣、废水污染环境，尤其污染江河直接危害人们的身体健康。我国七大江河水系，有54%的断面受到不同程度的污染，76%的河流受到污染。工业经济发展，大量消耗资源，导致空气中有毒有害气体含量剧增，固体液体废弃物大量排放。我国废弃物排放水平大大高于发达国家，每增加单位 GDP 的废水排放量比发达国家高 4 倍，单位工业产值产生的固体废弃物比发达国家高 10 多倍。2006 年我国工业和生活废水排放总量 453 亿吨，其中化学需氧量排放 1 348 万吨，居世界第一；二氧化硫排放量 2 120 万吨，居世界第一；二氧化碳年排放量仅次于美国，居世界第二。2005 年初，瑞士达沃斯世界经济论坛公布了最新的"环境可持续指数"评价，在全球 144 个国家和地区的排序中，中国位居第 133 位，在全世界污染最严重的 20 多个城市中，有 16 个在中国。

除此之外，高速增长也忽略了模式单一所带来的弊病，投资、消费关系极其不协调。我国长期以来主要靠投资和出口拉动经济增长，尤其是高投资，在经济增长中贡献率很大；然而，消费力度相对于经济增长却长期不足。2010 年中国社会科学院发布的住房绿皮书《中国住房发展报告（2010—2011）》指出，住房投资对经济增长的直接带动作用增强，经济增长对房地产依赖明显。中国近 20 年的经济增长并非靠产业结构升级换代获得的，而是靠消耗资源和扩大投资，尤其是房地产业的膨胀发展。这样的产业结构缺乏竞争力，必须立刻转变经济增长方式，提升结构竞争力。据统计，从 2003 年以来，我国每年固定资产投资的增长率都保持在 25%左右，资本形成占国内生产总值的比重超过 40%，但最终消费占 GDP 的比重（消费率）却从 20 世纪 80 年代的超过 62%，下降到 2006 年的 50%，与同期世界平均消费率 80.1%相比，低 30 个百分点左右。横向进行国与国之间的比较，我国消费支出，尤其是居民消费支出在 GDP 中所占比重不仅大大低于发达国家，也大大低于发展中国家的平均水平。纵观经济发达国家，无论是美国、日本还是欧洲的几个大国，推动经济增长的第一要素都是消费，如美国是国际上进出口第一大国，但出口对经济的贡献率只有百分之十几，其对经济增长的影响远排在国内消费之后。高投资、低消费的后果是投资效率低下，部分行业生产能力过剩，影响产业结构调整，影响居民整体生活质量的提升，最终影响经济可持续发展。

高速经济增长还使得城乡和区域发展不平衡，贫富差距扩大化趋势严重。改革开放以来，无论是东部沿海地区，还是西部内陆地区，都实现了经济的快速发展。区域经济的发展为全国经济的持续、快速增长作出了巨大的贡献。然而，在发展过程中所形成的区域之间市场分割、地方保护、产业结构类同、无序竞争等问题始终没能得到很好解决，特别是城乡、区域经济社会发展仍然不平衡。据 2007 年国家发改委发布的《2006 年中国居民收入分配年度报告》，2005 年我国东部与中部、西部地区之间的收入差距分别比 2004 年扩大了 462 元和 545 元。同时，各地区内部的"城乡收入差"比上年扩大 500 元以上；全国农村居民人均收入不及城镇居民人均可支配收入的 1/3。近年来，社会各群体之间的利益差别已经十分明显，我国甚至被国际上称为不平等发展最快的国家，改革已经不能够普遍提高各群体的经济利益。联合国开发计划署公布的 2005 年《人类发展报告》中就有对中国的地区差距、贫富差距的描述。据国家统计局披露，内地最富裕的 10%人口占有了全国财富的 45%；而最贫穷的 10%的人口所占有的财富仅为 1.4%；银行 60%的存款掌握在 10%的存户手里。这些都表明，中国经济多年高速增长的成果未能被社会各阶层共享，而是聚集在少数人手里。我国居民收入差距过大，大量居民属于低收入或中低收入阶层，这是我国 GDP 中居民消费所占比重过低的根源，这同我国社会保障制度、个人所得税和财产税等税制不健全，再分配作用没有充分发挥直接相关。到目前为止，我国个人所得税实行分类所得税制，没有综合考虑居民家庭的人口、生计、健康状况和教育支出等实际负担，税负分配极为不公。

三、使用说明

本案例配合宏观经济政策目标的知识点及其相关理论的教学，旨在通过介绍中国目前的宏观经济环境和政策，帮助读者更好地了解现阶段我国宏观经济目标的内在含义，并对相关知识点达到活学活用的程度。

思考题

1. 应该如何正确理解宏观经济政策的四大目标?
2. 结合中国目前面临的国内外经济环境，分析中国宏观经济政策的重点应该放在哪些方面。

参考文献

1. 张毅. 试述我国经济快速增长中暴露的若干问题. 环球市场信息导报，2011（3）
2. 李文溥. “顺差”为什么不是越多越好? 解放日报，2007-03-13
3. 郭凯. 顺差并非越多越好. 甘肃日报，2011-03-17
4. 袁嘉新. 经济增长并非越快越好——“集约型经济增长”的目标是实现可持续的经济增长. 数量经济技术经济研究，1996（11）

案例 37

中国现阶段（2010 年以来）的财政政策

一、概要

2008 年下半年以来，为应对国际金融危机对我国经济发展的负面影响，中央政府提出了“保增长、扩内需、调结构、促改革”的战略，开始实施积极的财政政策和适度宽松的货币政策，出台了 4 万亿元的财政投资计划和 9.6 万亿元的信贷投资等一揽子相关政策措施。这些政策使我国的经济增长快速回升。但前期宽松的宏观调控政策也给经济带来大量的流动性，从而产生了通货膨胀，因此 2010 年适度宽松的货币政策迅速退出，转向稳健甚至偏紧，而积极财政政策虽然赤字规模有所收缩，但积极的姿态并未改变。2010 年 12 月 10—12 日中央经济工作会议上指出，我国将实行积极的财政政策和稳健的货币政策。本案例从我国现阶段财政政策产生的背景、措施、效果及评价等方面进行讨论。

二、案例内容

（一）我国现阶段积极财政政策产生的背景

自本轮金融危机以来，危机在全世界持续蔓延，世界经济严重衰退，我国的经济也遇到了较大的挑战。为此，我国政府积极应对，实施了积极的财政政策和适度宽松的货币政策，出台了 4 万亿元的财政投资计划和 9.6 万亿元的信贷投资，以及十大产业振兴政策等措施抵御经济衰退。通过这一系列有力的宏观调控，我国的经济在全球率先复苏，2009 年 GDP 达到 33.5 亿元，增速达到 8.7%。我国经济逐渐走出了危机的阴影，进入后危机时代。

虽然我国迅速地恢复了经济增长，暂时摆脱了经济危机的阴影，但这场经济危机对我国经济的影响并没有停止，它使我国经济运行中深层次的矛盾更为清晰地暴露出来。我国经济回升的基础还不稳定，内在动力不足，在大量财政货币政策资金投入的刺激下，经济的增长掩盖了很多结构性的问题，需求结构、产业结构、城乡结构、收入分配、要素投入结构等方面的失衡问题凸显，就业形势也不容乐观。这主要体现在：首先，消费和投资比例失衡。我国长期以来形成了以投资驱动为主、消费驱动为辅的经济增长方式。金融危机后虽然我国出台了多项刺激消费的政策，但力度还不够，投资仍然是拉动经济增长的第一因素。同时，长期以来我国经济增长过度依赖外需，经济危机导致外部需求萎缩，出口大幅下降，在内需无法弥补的情况下必然导致经济下滑。其次，产业结构矛盾突出。第一产业的比重依然较高，第二产业存在重工业化、第三产业存在发展不足的问题。第三，城乡二元结构明显，收入差距日益扩大，收入分配矛盾突出。我国农村居民收入增长速度仍一直低于国民经济和城镇居民收入的增长速度，近年来收入差距更是越来越大，两极分化现象持续扩大。金融危机后，经济复苏虽可吸纳一定的农民工劳动力，但仍难恢复正常水平。第四，我国经济粗放增长的模式尚未改变，企业自主创新能力不足。我国经济增长速度一直维持着较高的水平，但与此同时，高速工业化带来的资源过度消耗和环境问题同样引人关注，经济增长仍然依靠资源消耗和高投入，产业和企业发展中“高投入、高能耗、高污染”问题突出，产业升级迫在眉睫。

2009 年 12 月中央经济工作会议提出，2010 年要保持宏观经济政策的连续性和稳定性，继续实施积极的财政政策和适度宽松的货币政策，2010 年 12 月中央经济工作会议指出，2011 年继续以加快转变经济发展方式为主线，实施积极的财政政策和稳健的货币政策，发挥财政政策在稳定增长、改善结构、调节分配、促进和谐等方面的作用。

（二）2010 年以来我国积极财政政策的手段和措施

2010 年 1 月 10 日，在全国财政工作会议上，财政部部长谢旭人指出 2010 年我国继续实施积极的财政政策，将重点在扩内需、调结构上下工夫，加快促进经济发展方式的转变。

3 月 5 日，温家宝总理在政府工作报告中指出，2010 年继续实施积极的财政政策和适度宽松的货币政策，保持政策的连续性和稳定性，根据新形势、新情况不断提高政策的针对性和灵活性，把握好政策实施的力度、节奏和重点。要继续实施积极的财政政策。一是保持适度的财政赤字和国债规模。2010 年安排财政赤字 10 500 亿元，其中中央财政赤字8 500亿元，继续代发地方债 2 000 亿元并纳入地方财政预算。二是继续实施结构性减税政策，促进扩大内需和经济结构调整。三是优化财政支出结构，有保有压，继续向“三农”、民生、社会事业等领域倾斜，支持节能环保、自主创新和欠发达地区的建设。严格控制一般性支出，大力压缩公用经费。四是切实加强政府性债务管理，增强内外部约束力，有效防范和化解潜在的财政风险。2010 年我国主要财政政策总结见表 37—1。

表 37—1　　2010 年我国主要财政政策内容一览

	政策内容
1	4 月 30 日，财政部、工信部联合出台规定明确中央财政预算安排专门资金，扩大中小企业担保业务，改善中小企业融资环境。
2	5 月 13 日，财政部、国家税务总局发布通知，明确将通过减免营业税、所得税等优惠措施，支持农村金融发展，解决农民贷款难问题。

续前表

	政策内容
3	5月31日，为着力培育战略性新兴产业，推进节能减排，财政部等四部委发布通知，确定在5个城市启动私人购买新能源汽车补贴试点工作。
4	6月2日，财政部表示为进一步改善农村金融服务，从2010年至2012年，财政部将农村金融机构定向费用补贴政策范围扩大到基础金融服务薄弱地区。
5	6月8日，为加快推行合同能源管理，促进节能服务产业发展，中央决定安排20亿元，用于支持节能服务公司采取合同能源管理方式在部分领域以及公共机构实行节能改造。
6	7月24日，财政部等五部委联合下发《关于科技重大专项进口税收政策的通知》，以扶持国家重大战略产品、关键共性技术和重大工程研究开发，营造激励自主创新环境。
7	10月22日，财政部、国家税务总局规定自2011年1月1日起实施新的支持和促进就业的税收优惠政策。
8	10月26日，财政部等三部委对保障性安居工程资金使用管理有关问题作出规定，允许土地出让净收益和住房公积金增值收益中集体廉租房保障资金用于发展公共租赁住房。
9	12月14日，财政部表示自2011年1月1起，我国将对600多种资源性、基础原材料和关键零部件产品实施较低的年度进口暂定税率。

资料来源：根据国研网 http://www.drcnet.com.cn 整理。

2011年3月，温家宝总理在政府工作报告中指出：2011年继续实施积极的财政政策和稳健的货币政策。保持适当的财政赤字和国债规模，拟安排财政赤字9 000亿元，其中中央财政赤字7 000亿元，继续代地方发债2 000亿元并纳入地方预算，赤字规模比上年预算减少1 500亿元，赤字率下降到2%左右。着力优化财政支出结构，增加“三农”、欠发达地区、民生、社会事业、结构调整、科技创新等重点支出；压缩一般性支出，严格控制党政机关办公楼等楼堂馆所建设，出国（境）经费、车辆购置及运行费、公务接待费等支出原则上零增长，切实降低行政成本。继续实行结构性减税。依法加强税收征管。对地方政府性债务进行全面审计，实施全口径监管，研究建立规范的地方政府举债融资机制。2011年我国主要财政政策总结见表37—2。

表37—2　　2011年我国主要财政政策内容一览

	政策内容
1	1月28日，重庆市试点向个人房产征收房产税，对重庆市主城区内增量独栋别墅、新购高档商品房、外地炒房客在重庆购第二套房征收房产税，税率为0.5%～1.2%。
2	1月28日，上海开展对部分个人住房征收房产税试点，对上海家庭新购第二套及以上住房和非上海居民家庭新购住房征收房产税，税率因房价高低分别暂定为0.6%和0.4%。
3	2月25日，《中华人民共和国车船税法》通过。6月15日，国务院法制办公布《中华人民共和国车船税法实施条例（征求意见稿）》，征求社会各界意见。
4	2月26日，北京市出台了包括限购升级、加快保障房建设、加强金融税收管理等极为严厉的楼市调控措施——《北京市人民政府办公厅关于贯彻落实国务院办公厅文件精神进一步加强本市房地产市场调控工作的通知》。

续前表

	政策内容
5	3月1日，国务院原则通过《中华人民共和国个人所得税法修正案（草案）》。会议认为有必要对个人所得税法进行修改，提高工资薪金所得减除费用标准，调整工资薪金所得税率级次级距，并调整个体工商户生产经营所得和承包承租经营所得税率级距。
6	3月16日，发改委发布《商品房销售明码标价规定》，5月1日起施行。房地产开发企业违反明码标价规定未实行“一套一标”，每套处5 000元罚款。构成价格欺诈的没收违法所得并处违法所得5倍以下罚款；没有违法所得，处5万元以上50万元以下罚款。
7	4月20日，国务院常务会议决定，中央财政增加安排180亿元，用于公共租赁住房和廉租住房建设、城市棚户区改造及相关基础设施配套补助。
8	4月20日，《中华人民共和国个人所得税法修正案（草案）》将9级超额累进税率修改为7级，个人所得税工资薪金所得减除标准，即免征额由每月2 000元上调至每月3 000元。
9	4月20日，国务院常务会议决定，中央财政增加安排123亿元，用于新农保试点补助。增加安排后，2011年新农保覆盖地区范围从原计划的40%提高至60%，从7月1日起实施，城镇无收入居民养老保险试点工作同步推进。
10	6月30日，《中华人民共和国个人所得税法》第六次修正，起征点为3 500元。
11	7月，财政部研究制定出《2011年中央对地方均衡性转移支付办法》，明确均衡性转移支付的构成、资金的分配原则及分配办法等，推动公共服务均等化进程。
12	7月，为推动地方政府加强生态环境保护和改善民生，充分发挥国家重点生态功能区转移支付的政策导向功能，中央财政正式设立国家重点生态功能区转移支付。
13	1月1日起，开展深化增值税改革试点，逐步将征收营业税改为征收增值税。先在上海交通运输和部分现代服务业等试点，条件成熟时在全国试点。在现行增值税17%标准税率和13%低税率基础上，新增11%和6%两档低税率。试点期原归属试点地区的营业税收入，改征增值税后收入仍归属试点地区。试点行业原营业税优惠政策可延续，并根据增值税特点调整。纳入改革试点的纳税人缴纳的增值税可按规定抵扣。

资料来源：根据新华网 http://news.xinhuanet.com 整理。

（三）2010年以来积极财政政策的特点及效果

2010年3月5日温家宝总理在政府工作报告中提到我国实行积极的财政政策和适度宽松的货币政策，但是到年底中央经济工作会议以及2011年政府工作报告中则都提到我国将实行积极的财政政策和稳健的货币政策，中国在宏观经济政策层面已经实行了货币政策回归稳健的重大调整，而财政政策则继续保持积极的态势，两大政策从“双松”搭配演变为“一紧一松”搭配。

从2010年主要财政政策措施可以看出，2010年的财政政策侧重点主要体现在刺激经济增长、转变经济发展方式和政策的灵活运用等方面，如根据物价变动推出惠民措施。2010年财政政策在推进地方财政改革、促进经济发展方式转变、加强中小企业和农村建设以及支持社会事业等四个方面都起到了重要的作用。同时，根据不断变化的国内外经济形势，对关税也进行了一定的调整。2010年我国教育、社会保障、住房保障及医疗卫生四项支出达到了28 634亿元，占到财政总支出的32%。

2010年财政政策在重视稳定经济的同时，特别强调解决民生问题。在积极财政政策的引导下，2010年我国成功维持了经济的稳定、快速发展，经济总量达到了39.8万亿元，增长率为10.3%；就业形势显著改善，全国城镇新增就业1 168万人，城镇登记失业率为4.1%；消费平稳较快增长，收入消费增速比显著改善，全年社会消费品零售总额15.5万亿元，同比增长18.4%，扣除价格因素实际增长14.8%。2010年财政收入实现了较快的增长，各项重点支出也得到了较好的保障，2010年财政收入达8.3万亿元，较2009年增加1.46万亿元，增幅21.3%。财政收入增幅较大的原因主要是经济增长速度快，以及汽车销售旺盛带动车辆购置税、汽车消费税等大幅增加，同时，价格水平上涨也是财政收入增加的原因之一。在财政支出方面，全年财政支出8.96万亿元，较2009年增加1.33万亿元，增幅17.4%，支出的重点为教育、医疗卫生、社会保障和就业、住房保障、文化等民生方面，以及对"三农"的投入。

2011年，宏观经济调控的基调使得财政政策的使命更为艰巨，主要原因是与之相配的是稳健的货币政策，这种转变造成了经济增长和抑制通胀的双重压力。2011年财政政策在赤字变化、结构性减税以及支出的方向三方面表现出重要特点。首先，财政赤字两年来首度缩水，2010年底的全国财政工作会议上决定2011年适当削减财政赤字，安排中央财政赤字7 000亿元，中央代地方发行债务2 000亿元，全国财政总赤字9 000亿元，照此安排2011年全国财政赤字率约为2%，较2010年的2.5%下降0.5个百分点。其次，继续实行结构性减税是2011年积极财政政策的重要内容。2011年积极财政政策的实施与2010年存在一定的区别，适度减少政府投资规模、降低财政赤字已是必然，积极财政政策的重心倾向于结构性减税，而不是增加开支。加大对部分小型微利企业实施所得税优惠政策，支持中小企业发展，与此同时，支持传统行业设备更新，实施有利于节能减排、环保和就业的税收优惠政策。第三，在支出方向上，2011年财政政策把保障和改善民生作为公共财政支出的优先方向。2011年我国财政支出的方向是既要保证经济稳步增长、加快公共设施建设，又必须把保障和改善民生放在财政支出的重要位置。2011年我国在保障房建设上的资金投入持续增长，全年全国范围内新增保障性住房1 000万套。节能减排和环保支出保持上升的趋势。2010年我国环境保护支出2 426亿元，同比增加492亿元，增长25.44%。

（四）积极财政政策的评价

金融危机后我国一直实行积极的财政政策，2010年积极的财政政策主要通过各类举措刺激消费，实行结构性减税，加强重点建设，增加转移支付等。一系列刺激经济的措施基本实现了稳定经济增长的目标，但我国积极财政政策的实施也在一定程度上导致了通货膨胀的加剧，给国内经济的发展带来不稳定的因素。

首先，积极的财政政策通过财政支出乘数效应，带动更大的投资和消费，增加货币流动性，产生通货膨胀的风险。其次，积极的财政政策导致赤字风险，影响国家财政健康，进而影响经济发展。第三，积极的财政政策也会带来体制的风险。政府过度依赖财政政策干预和调控经济运行使得调控对象难以按照市场化的要求进行决策和运营，会影响经济增长的活力和效率。此外，积极的财政政策会产生挤出效应，政府发行的国债占用大量民间资本，使得企业和家庭无法进行更多的投资和消费，而事实上企业和家庭是经济增长真正的源泉。

与2010年积极的财政政策和适度宽松的货币政策不同，2011年将积极与适度宽松搭配改为积极与稳健。政策的转变是对当前流动性过于宽松、物价屡创新高等复杂形势的积极应对，在通胀预期居高不下的背景下，货币政策转向稳健，意在让经济运行的货币环境回归常态，稳定价格水平，保持经济的平稳健康运行。

三、使用说明

本案例配合宏观经济学财政政策理论及相关内容，通过对我国财政政策的梳理和回顾，分析政策的效果，帮助读者更好地理解财政政策相关理论以及我国财政政策的目标和特点，并引导读者对不同阶段财政政策变化的思考。

思考题

1. 我国现阶段实施积极财政政策的依据是什么?
2. 如何评价我国现阶段的财政政策?

参考文献

1. 柯睿. 金融危机后我国积极财政政策的思考. 财税监督，2011（10）
2. 李颖. 后危机时代经济结构性调整与财政政策选择. 现代经济探讨，2010（8）
3. 董超. 2011年我国实行积极财政政策依据和风险以及应对措施. 山东纺织经济，2011（3）
4. 中国的财政政策. 新华网. www.xinhuanet.com
5. 贾康. 当前财政政策与货币政策的协调配合. 国研网. http://www.drcnet.com.cn

案例 38

中国的结构性减税政策

一、概要

为应对由美国次贷危机引发的全球金融危机，各国纷纷出台相应的措施。2008 年下半年以来，我国相继采取了一系列措施最大限度地降低金融危机对我国经济的不良影响。2008 年底，在金融危机肆虐、国内经济大幅下滑的情况下，中央经济工作会议确定我国 2009 年宏观调控目标为“保增长、扩内需、调结构”，根据这次会议精神，我国开始了积极的财政政策，作为财政政策的重要组成部分，税收政策因时而变化，在结构性减税政策指导下的一系列税收优惠政策相继出台。本案例对我国结构性减税措施进行总结和回顾，分析结构性减税对我国经济发展的重要作用。

二、案例内容

（一）我国结构性减税措施回顾

1. 结构性减税的“幕后”阶段

2003 年党的十六届三中全会审议通过的《中共中央关于完善社会主义市场经济体制若干问题的决定》提出的我国新一轮税制改革的主要内容包括：改革出口退税制度，增值税由生产型转为消费型，完善消费税，统一内外资企业所得税，个人所得税由分类征收改为分类综合相结合，开征物业税，实现城乡税制统一等等。2004 年农村税费改革以来，国家已陆续推出一系列税费减免政策，包括如下几个方面：

（1）全面取消农业税。在 2004 年农业税减免试点的基础上，我国从 2006 年 1 月 1 日起全面取消农业税，与农村税费改革前的 1999 年相比，农民每年减轻负担总额超过 1 000 亿元，人均减负 120 元左右。

（2）提高工资薪金个人所得税扣除费用标准。2005 年、2007 年我国两次修订《中华人民共和国个人所得税法》。自 2006 年 1 月 1 日起，工资、薪金所得，以每个月收入额减除费用 1 600 元后的余额为应纳税所得额。2008 年，再次提高个税起征点，2008 年 3 月 1 日起，纳税人实际取得的工资、薪金所得应适用每月 2 000 元的减除费用标准，计算缴纳个人所得税。

(3) 统一内外资企业所得税。从 2008 年 1 月 1 日起正式施行《中华人民共和国企业所得税法》，统一内外资企业所得税税率，规定一般企业所得税税率为 25%，改善我国企业所得税税率偏高的现状。对符合条件的小型微利企业，课以 20%的企业所得税税率。对重点扶持的高新技术企业，按 15%的优惠税率征收所得税。

(4) 免征储蓄存款利息所得税。自 2007 年 8 月 15 日起，居民储蓄存款利息个人所得税的税率由 20%下调为 5%。2008 年 10 月 9 日开始，对居民储蓄存款利息所得暂免征个人所得税。

(5) 调整印花税。从 2008 年 4 月 24 日起，证券交易印花税税率由 3‰下调至 1‰。2008 年 9 月 19 日起，股票交易印花税改为出让方单边征收。2008 年 10 月 9 日起，对证券结算资金利息所得暂免征个人所得税。

(6) 大幅提高了部分产品的出口退税率，取消和降低了部分产品的出口关税。2008 年 3 次调整出口退税政策，扶持劳动密集型中小企业，支持产业优化升级。

(7) 个人首次购买普通住房免征印花税、土地增值税和减征契税。从 2008 年 11 月 1 日起，对个人首次购买 90 平方米及以下普通住房的，契税税率下调到 1%；对个人销售或购买住房暂免征收印花税。

(8) 实施支持抗震救灾和灾后恢复重建的税收扶持政策，对受灾地区的企业所得税、个人所得税、营业税、房产税、契税、资源税、城镇土地使用税、土地增值税、印花税、车船税、进出口税等税收给予减免。

2. 结构性减税从“幕后”到“台前”

2008 年底，中央经济工作会议上提出结构性减税，至此结构性减税正式从幕后走到台前，从而实行结构性减税也就成为 2009 年财税工作的重点。2009 年和 2010 年我国实行了一系列结构性减税政策，包括：(1) 拉动投资增长的税收调节政策，包括鼓励设备类固定投资、改善中小企业投资环境、加大涉农投入支持力度、引导民间资本投资政府债券等；(2) 提升消费能力的税收调节政策，包括暂收储蓄存款利息个人所得税、降低车辆购置税等；(3) 缓解出口下滑的税收调节政策，包括大幅提高出口退税率、积极鼓励离岸服务外包等；(4) 促进房地产回暖的税收调节政策，包括下调个人购房契税率和暂免印花税、土地增值税等；此外还有支持资本市场稳定的税收调节政策、扩大就业和再就业的税收调节政策以及促进可持续发展的税收调节政策。具体措施见表 38—1。

表 38—1　　2009—2010 年我国结构性减税措施

税种	政策发布年份	改革内容
增值税	2009	1 月 1 日起，在全国所有地区、所有行业全面实施增值税转型改革。在维持现行增值税税率不变的前提下，允许全国范围内所有增值税一般纳税人抵扣其新购进设备所含的进项税额，未抵扣完的进项税额结转下期继续抵扣；取消进口设备增值税免税政策和外商投资企业采购国产设备增值税退税政策；将小规模纳税人征收率统一调低至 3%；降低小规模纳税人的认定标准，工业企业由年应税销售额 100 万元以下下调至 50 万元以下，商业企业由 180 万元以下下调至 80 万元以下；将矿产品增值税税率恢复到 17%。

续前表

税种	政策发布年份	改革内容
增值税	2010	研发机构采购国产设备可予以退税，应退税额按照增值税专用发票上注明的税额确定。从3月22日起，对列入公告名单的外资研发中心，进口科技开发用品免征进口税收，采购国产设备全额退还增值税。
企业所得税	2009	自2009年1月1日至2013年12月31日，对全国20个服务外包示范城市经认定的技术先进型服务企业，减按15%的税率征收企业所得税；其职工教育经费不超过企业职工工资总额8%的部分可在企业所得税税前扣除。
		自2010年1月1日至12月31日，对年应纳税所得额低于3万元（含3万元）的小型微利企业，其所得减按50%计入应纳税所得额，按20%的税率缴纳企业所得税。
		加大对中小企业金融贷款损失准备金的税前扣除；提高金融企业涉农贷款损失准备金的税前扣除比例；对农产品初加工企业免征企业所得税；对企业取得的2009年发行的地方政府债券利息所得比照国债利息，免征企业所得税。
	2010	自2009年1月1日至2013年12月31日，对川、甘、陕、渝、云、宁等6省（区市）汶川地震灾区农村信用社继续免征企业所得税。
营业税	2009	自1月1日至12月31日间，将个人转让普通住房免征营业税的持有年限由5年降为2年，不足2年的，由按转让收入全额征税改为按转让收入减去购买原价的差额征收营业税，对个人转让非普通住房按差额征税的持有年限标准也由原来的5年降为2年。自2010年1月1日起持有年限标准均恢复为5年。
		自2009年1月1日至2013年12月31日，对全国20个城市的技术先进型企业从事离岸服务外包业务，免征营业税。
	2010	自2009年1月1日至2013年12月31日，对金融机构农户小额贷款的利息收入免征营业税，在计算应纳税所得额时，按90%计入收入总额。对保险公司为种植、养殖业提供保险服务取得的保费收入，在计算应纳税所得额时，按90%比例减计收入。对农村信用社、村镇银行、农村资金互助社、由银行业机构全资发起设立的贷款公司、法人机构所在地在县（含县级市、区、旗）及县以下地区的农村合作银行和农村商业银行的金融保险业收入，减按3%的税率征收营业税。
		自1月1日起，对中国境内单位或个人提供的国际运输劳务免征营业税。
个人所得税	2009	暂停征收储蓄存款利息个人所得税；对证券市场个人投资者取得的证券交易结算资金利息，暂免征收个人所得税；对个人取得的2009年发行的地方政府债券利息所得比照国债利息，免征个人所得税。
消费税	2009	实施成品油消费税制度改革，提高成品油消费税单位税额标准。
车辆购置税	2009	从2009年1月20日至12月31日，对排气量1.6升及以下的乘用车，车辆购置税税率由10%降至5%。对2010年1月1日至12月31日购置1.6升及以下排量乘用车，暂减按7.5%的税率征收车辆购置税。

续前表

税种	年份	改革内容
出口退税	2009	2008年下半年以来，7次提高出口退税率，涉及上万余种商品。
	2010	7月15日，取消包括部分钢材、有色金属建材等在内的406个税号的产品出口退税。2010年3月30日起，对融资租赁企业经营的所有权转移给境外企业的融资租赁船舶出口，在天津市实行为期1年的出口退税试点。
资源税	2009	3月1日起，将新疆的煤炭（不含焦煤）资源税适用税额提高为每吨3元。
	2010	2010年6月，在新疆实行资源税改革。新疆原油、天然气资源税由从量改为从价计征，税率为5%，同时规定了三类减免税项目。
其他	2009	2008年11月起，先后对个人首次购买90平方米以下普通住房的契税税率下调至1%；对个人销售或购买普通住房暂免征收印花税和土地增值税。证券交易印花税税率先由3‰降至1‰，而后由对买卖双方征收改为向卖方单边征收。对农民专业合作社在印花税方面给予一定免税优惠。对原定于2008年底到期的下岗再就业税收优惠政策，延长一年，涉及营业税、城市维护建设税、教育费附加和所得税。2009年起，外商投资企业、外国企业和组织以及外籍个人，依照《中华人民共和国房产税暂行条例》缴纳房产税。
	2010	对两个或两个以上个人共同购买90平方米及以下普通住房，其中一人或多人已有购房记录的，该套房产的共同购买人均不适用首次购买普通住房的契税优惠政策。规定土地增值税的预征率，东部地区不低于2%，中部和东北地区不低于1.5%，西部地区不低于1%，核定征收率原则上不得低于5%。农业部2010年度种子（苗）、种畜（禽）、鱼种（苗）和种用野生动植物种源免税进口。

继续实行结构性减税是2011年积极财政政策的重要内容之一，政府继续对部分小型微利企业实施所得税优惠政策，支持中小企业发展。实施有利于节能减排、环境保护和增加就业的税收优惠政策。继续清理规范行政事业性收费和政府性基金项目。为加快汽车产业结构调整升级，促进节能减排和资源循环利用，2011年继续采取财政补贴政策，支持全面推广节能汽车和加大新能源汽车示范推广力度，继续实施老旧汽车报废更新补贴政策。2010年将下岗失业人员再就业税收优惠政策审批期限延长1年，即延长至2010年12月31日；自2011年1月1日起实施新的就业税收政策，对持《就业失业登记证》人员从事个体经营的，在3年内按每户每年8 000元为限额依次扣减其当年实际应缴纳的营业税、城市维护建设税、教育费附加和个人所得税。两次延长执行期限，自2010年1月1日至2011年12月31日，对年应纳税所得额低于3万元（含3万元）的小型微利企业，其所得减按50%计入应纳税所得额，按20%的税率缴纳企业所得税。2010年对1.6升及以下排量乘用车车辆购置税由减按5%调整为减按7.5%征收，自2011年起恢复为10%。

（二）结构性减税政策的宏观调控作用

金融危机后我国出台的一系列结构性减税政策是1994年税制改革以来规模最大、范围最广、力度最强的税收政策，体现了多税种并用、多手段并举、多环节并促的特点，为促进我国经济平稳较快发展起到了积极的作用。

首先，结构性减税政策有效促进了设备投资的增长。在2009年1—10月国内增值税收入同比下降0.7%的情况下，通用设备、专用设备、电信设备、电气器材等行业实现增值税收入上升10.8%、19.3%、17.1%和17.2%。

其次，有效刺激了消费的增加。2009年1—10月，我国社会消费品零售总额同比增长15.3%，扣除价格因素后达到历史最高水平，税收政策的作用表现明显。汽车消费也大幅增加，2009年1—10月，乘用车销量同比增长45.2%，据中国汽车工业协会测算，车辆购置税优惠政策至少拉动了2009年车市10%的增长。

此外，在结构调整方面，税收政策的作用也有所体现，成品油消费税及矿产品增值税税负的提高，有利于能源消费结构的改善；增值税转型提升了企业设备更新和技术升级的积极性，有利于投资结构的优化等。

三、使用说明

本案例配合宏观经济学财政政策理论及相关内容，通过对我国结构性减税政策的回顾和总结，分析其在宏观经济调控中的作用，帮助读者更好地理解财政政策相关理论以及我国财政政策手段的运用。

思考题

1. 结构性减税对我国经济的发展有哪些影响？
2. 除结构性减税外，我国还出台了哪些相关税收政策？

参考文献

1. 闫坤，于树一．论全球金融危机下的中国结构性减税．税务研究，2011（1）
2. 刘威威．结构性减税．中国税务，2010（2）
3. 中国结构性减税可期．中国新闻网．www.chinanews.com
4. 孙智勇．我国结构性减税政策的相关问题研究．重庆大学博士学位论文，2010

案例 39

2008—2009 年我国连续上调出口退税率

一、概要

2008 年，随着美国次贷危机爆发引发的国际金融危机向世界各国蔓延，全球经济陷入衰退的困境，尤其是以美国为首的发达国家经济下滑严重。尽管许多国家都采取了大规模的救市计划，但全球贸易额仍然不断下滑。金融危机对我国的贸易冲击也很大，为鼓励出口，我国政府连续上调出口退税率，以此扭转出口颓势。自 2008 年 8 月至 2009 年底连续 7 次提高出口退税率，涉及服装纺织、机电、钢铁、轻工、有色金属、石化和电子信息等多个行业的多种商品，企业出口成本降低，渡过金融危机的信心增强。

二、案例内容

（一）我国出口退税政策的调整历程

出口退税是我国鼓励出口的一项重要措施，自 1985 年恢复实施以来，经历了一系列的调整：

第一阶段：1985—1993 年。1985 年我国颁布了《关于对进出口产品征、退产品税或增值税的规定》，对我国进出口税收制度作出了全面规定。同年 4 月 1 日这一规定的实施标志我国的出口退税制度正式建立。从 1985 年开始中央外贸企业和工业企业的出口退税全部都是由中央财政负担。地方外贸企业的出口退税由地方财政全部负担；到了 1988 年，地方外贸企业出口退税开始由中央财政全部负担；1991 年地方外贸企业出口退税由中央负担 90%，地方负担 10%；1992 年又改为中央负担 80%，地方负担 20%。由于当时没有实行增值税，出口产品的营业税和流转税都纳入消费税系列，所以退税率不是很高，一直到 1993 年，退税率也只有 11.2%。

第二阶段：1994—1996 年。这一阶段以 1994 年的税制改革为标志。1994 年我国进行了新中国成立以来规模最大、范围最广的一次税收体制改革。通过这次改革我国用增值税取代了以前的工商统一税，并确立了增值税的主体地位，建立了新的出口退税制度。1993年12月13日，我国出台了《中华人民共和国增值税暂行条例》，明确规定对出口商品实行零税率，按照产品使用的增值税税率实行全额退税，将退税率分别定为6%、13%和17%三档，初步建立了一套完善的出口退税制度，由此确立了增值税的主体地位。《出口货物退（免）税管理办法》的出台规定了出口货物退（免）税的范围、出口货物退税率、出口退税税额的计算方法、出口货物退（免）税的办理程序及出口退税的审核和管理。出口退税率提高到16.63%。此阶段，由于出口退税任务大部分都由中央财政承担，给中央财政带来巨大的压力，因此，为了缓解中央的经济压力，1995年和1996年两次降低出口货物退税率，调为3%、6%和9%三档，这是我国出口退税率的第一次调整。

第三阶段：1997—2003年。1997年亚洲金融危机给我国经济带来了各种不利的影响，外贸出口增幅趋缓、经济增长乏力，因此我国在1998年后又提高了部分出口产品的退税率，调整为5%、13%、15%和17%四档，平均出口退税率高达15%。这是出口退税政策的第二次调整。2003年10月中央又对出口退税政策做了调整，主要包括：对出口退税机制进行结构性调整，适当降低出口退税率；建立中央和地方财政共同负担出口退税的新机制；推进外贸体制改革，优化出口产品结构，提高出口整体效益。

第四阶段：2004—2007年。由于上一阶段出口退税率的提高使得外贸出口连续大幅增长，在1999年我国财政出现欠退，拖欠退税款严重。为解决这一问题，从2004年1月1日起开始适当调低出口退税率，使得平均出口退税率从15.11%下降到12.16%。这次出口退税政策的调整与以往调整都不相同，是对不同的出口产品实行差别的出口退税率，在结构上提高或保持高附加值、高技术含量的产品的出口退税率，降低或取消高耗能、高污染、资源性产品的出口退税率，主要目的是为进一步控制外贸出口的过快增长，缓解我国外贸顺差过大带来的突出矛盾，优化出口商品结构，抑制高耗能、高污染、资源性产品的出口，促进外贸增长方式的转变和进出口贸易的平衡，减少贸易摩擦，促进经济增长方式转变和经济社会的可持续发展。2007年6月19日《关于调低部分商品出口退税率的通知》，决定进一步大规模调整出口退税政策。此次调整从7月1日开始，涉及2 831项商品，约占海关税收中全部商品总数的37%。这次出口退税政策的调整主要涉及三个方面：一是进一步取消553项"两高一资"产品的出口退税；二是降低2 268项容易引起贸易摩擦的商品出口退税率；三是将10项商品的出口退税改为出口免税政策。

第五阶段：2008年以来出口退税率的调整。2008年7月30日财政部、国家税务总局发出《关于调整纺织品服装等部分商品出口退税率的通知》，决定从8月1日调整部分纺织品、服装等商品的出口退税率，由11%提高到13%。从2008年开始至2009年底我国连续7次上调了出口退税率。

（二）2008年以来连续上调出口退税率

美国次贷危机爆发后，金融风暴席卷全球，各国经济开始陷入低谷。在金融危机中，我国也未能幸免，由于国际市场需求减弱、人民币升值加快、国内原材料价格上涨等因素的影响，我国出口经营成本增加，出口下降。为缓解就业压力、刺激出口，我国从2008年下半年开始到2009年底对出口退税政策进行了7次调整（见表39—1）。

表 39—1　　2008—2009 年我国出口退税率的 7 次上调

调整时间	调整内容
2008.8.1	部分纺织品、服装的出口退税率由 11%提高到 13%；部分竹制品的出口退税率提高到 11%。
2008.11.1	将出口退税率调整为 5%、9%、11%、13%、14%和 17%六档，涉及 3 486 项商品，约占海关税则中商品总数的 25.8%。调整主要涉及两方面：一个将纺织品、服装、玩具等劳动密集型商品的出口退税率提升至 14%；另一个是提高了抗艾滋病药物等高技术含量、高附加值商品的出口退税率。
2008.12.1	提高部分劳动密集型、机电类等产品出口退税率，涉及 3 770 项商品，此次调整后大部分商品出口退税率达到 13%。
2009.1.1	调高部分机电产品出口退税率至 17%，以及将摩托车、缝纫机等产品出口退税率调高到 14%。
2009.2.1	将纺织品、服装出口退税率从 14%提高到 15%，这次调整共涉及 3 325 项商品。
2009.4.1	将纺织品、服装出口退税率提高到 16%，以及调高部分化学用品退税率。
2009.6.1	调高电视用发送设备、缝纫机等商品退税率到 17%；农业深加工产品、部分机电产品、药品等产品出口退税率到 15%；部分塑料、陶瓷退税率到 13%，部分钢材、钢铁制品到 9%等。

资料来源：根据财政部、国家税务总局网站资料整理。

2008 年 7 月 30 日，财政部、国家税务总局发出《关于调整纺织品服装等商品出口退税率的通知》（财税［2008］111 号），规定自 8 月 1 日起部分纺织品、服装的增值税出口退税率从 11%提高到 13%；将部分竹制品的增值税出口退税率提高到 11%；取消红松子仁、部分农药产品、部分有机胂产品、紫杉醇及其制品、松香、白银、零号锌、部分涂料产品、部分电池产品、碳素阳极的出口退税。

10 月 21 日，财政部、国家税务总局发出《关于提高部分商品出口退税率的通知》（财税［2008］138 号），明确自 11 月 1 日起部分纺织品、服装、玩具出口退税率提高到 14%，将日用及艺术陶瓷出口退税率提高到 11%，将部分塑料制品出口退税率提高到 9%，将部分家具出口退税率提高到 11%、13%，将艾滋病药物、基因重组人胰岛素冻干粉、黄胶原、钢化安全玻璃、电容器用钽丝、船用锚链、缝纫机、风扇、数控机床硬质合金刀、部分书籍、笔记本等商品的退税率分别提高到 9%、11%、13%。涉及 3 468 项商品，约占海关税则中全部商品总数的 25.8%。此时出口退税率分为 5%、9%、11%、13%、14%和 17%六档。

11 月 17 日，财政部、国家税务总局发出《关于调整纺织品服装等部分商品出口退税率的通知》（财税［2008］111 号），规定自 12 月 1 日起，将部分橡胶制品、林产品的增值税出口退税率从 5%提高到 9%；将部分模具、玻璃器皿的增值税出口退税率从 5%提高到 11%；将部分水产品的增值税出口退税率从 5%提高到 13%；将箱包、鞋、帽、伞、家具、寝具、灯具、钟表等商品的增值税出口退税率从 11%提高到 13%；将部分化工产品、石材、有色金融加工材等商品的增值税出口退税率分别从 5%、9%提高到 11%、13%；

将部分机电产品的增值税出口退税率分别从9%提高到11%，11%提高到13%，13%提高到14%。

12月29日，财政部、国家税务总局发出《关于提高部分机电产品出口退税率的通知》（财税［2008］177号），规定自2009年1月1日起，将航空惯性导航仪、陀螺仪、离子射线检测仪、核反应堆、工业机器人等产品的增值税出口退税率从13%、14%提高到17%，将摩托车、缝纫机、电导体等产品的增值税出口退税率从11%、13%提高到14%。此次调整共涉及553种产品。

2009年2月1日起执行的财政部、国家税务总局发布的《关于提高纺织品服装出口退税率的通知》（财税［2009］14号），将纺织品、服装的出口退税率由14%提高到15%，此次调整涉及3 325个税号。

2009年4月1日起，将纺织品和服装出口退税率提高至16%，共涉及3 802个税号。出口退税率提高到13%的有合金镍条、杆、型材，镍丝、镍管；铝合金制空心异型材；不锈钢热轧条；外径≤25mm的其他精炼铜管；部分橡胶及其制品、毛皮衣服等皮革制品、日用陶瓷、显像管玻壳、金属家具等制品等。

2009年6月，财政部、国家税务总局《关于进一步提高部分商品出口退税率的通知》（财税［2009］88号）出台，文件规定自6月1日起，提高部分深加工农产品、药品、钢材等产品的出口退税率，将罐头、果汁等深加工产品由13%提高到15%；将玉米淀粉、酒精由0%提高到5%，将合金钢异型材、冷压不锈钢等由5%提高到9%；将箱包、鞋帽、玩具、家具等由13%提高到15%；将部分塑料、陶瓷、玻璃由11%提高到13%；将剪刀等小五金制品由5%、11%分别提高到9%、13%。此次调整主要涉及我国优势产品、劳动密集型产品、高技术含量产品以及深加工在内的产品共计2 600多个10位税号商品。

（三）出口退税率上调的效果及评价

2008年下半年至2009年底7次上调出口退税率对出口增长的影响非常直接，对减轻出口企业经营压力，增强我国出口企业抗击风险的能力等有着重要的意义。

首先，出口退税率的上调提高了我国出口产品的国际竞争力，保持了我国对外贸易的持续增长。出口退税率上调直接减轻了企业税收负担，调动了外贸企业出口的积极性，保持了我国对外贸易的快速发展。其次，在金融危机背景下保证了我国经济平稳增长。出口退税率的上调表明了国家不断加大对出口企业的支持力度，增强了出口企业的信心，维持了对外贸易的增长，增加了外汇储备。第三，出口退税率的上调使得出口企业更好地面对经济困境。2008年上调出口退税率，尤其是提高劳动力密集型产品的出口退税率，增强了企业抵御市场风险的能力，支持中小企业克服经营困难，对劳动力就业起到促进作用。

随着金融危机阴影的逐渐散去，加上我国各项积极财政政策的实施以及经济结构调整的需要，出口退税调整的效果也逐步弱化，当然出口退税率的上调也引发了一些经济问题。

（1）出口退税率的上调引发了政府财政赤字的问题。7次上调出口退税率，使得在总计13 000多个税号商品中，已有1 971个税号商品实现了出口全额退税，占总量的15%。金融危机背景下，我国实施了扩张性财政政策，这就不可避免地带来了财政预算赤字的问题。如果出口退税率的上调不能有效刺激外贸出口，那么该政策将会进一步加剧中央财政赤字。据计算，按经济增长率8%计算我国的赤字率是3%，一般而言，发展中国家的赤字率若超过3%，系统性风险就会增加，通货膨胀、失业率上升、汇率贬值等都可能发生。

（2）出口退税率持续上调不利于产业结构优化。在出口退税率提高的过程中，往往处于产业低端的产品获得的补贴幅度最大，这与我国外贸结构增长方式的转变这一政策有所背离。上调出口退税率在实现保增长政策目标的同时，却付出了产业结构转型随之迟滞的代价。国家的出口退税政策无疑有利于劳动者，但这是短期的，依赖廉价劳动力竞争的比较优势将逐渐丧失。因此，我国应遵循比较优势理论，增加产品的科技含量，提高附加值，实现产业升级。

总之，出口退税率的调整只能是暂时的措施，长期来看，还是要依靠企业不断提高其自身的竞争能力。

三、使用说明

本案例配合宏观经济学财政政策理论及相关内容，通过对2008年下半年至2009年底连续上调出口退税率这一政策的介绍，分析其利弊，帮助读者更好地理解财政政策相关理论以及我国财政政策手段的运用。

思考题

1. 有人认为出口退税实际上是保护落后，你是否同意此观点？
2. 对比我国以往下调出口退税率政策的经济背景，思考出口退税率调整的原因。

参考文献

1. 崔正强，崔丹. 金融危机背景下的出口退税政策研究. 财政研究，2010（1）
2. 刘吉. 金融危机背景下我国出口退税政策研究. 西南政法大学硕士学位论文，2010
3. 陈兆春. 对我国出口退税政策调整的思考. 新疆财经，2011（3）

案例 40

中国 2010 年下半年以来的紧缩性货币政策

一、概要

全球金融危机爆发后，我国开始实施宽松的货币政策。2009 年 7 月以后，我国进入了“后危机时期”。2010 年 10 月 20 日，人民银行宣布上调金融机构人民币存贷款基准利率 0.25 个百分点，这是金融危机之后我国首次加息。2010 年 12 月 10 日召开的中央经济工作会议决定实施稳健的货币政策，之后中国人民银行又多次加息，这表明我国现阶段实行的货币政策为紧缩的政策。我国货币政策的调整是基于怎样的原因？稳健的货币政策有哪些手段？其效果又如何？这些都是本案例要讨论的内容。

二、案例内容

（一）金融危机后货币政策调整的背景

2008 年国际金融危机之后，世界各国都被迫采取了一系列应急措施，我国也不例外。金融危机的爆发不但对我国虚拟经济带来冲击，实体经济也受到较大影响。严峻的国际经济形势使我国外部需求收缩，以外贸为主的许多行业产能过剩，企业经营困难，失业人员增多，经济增长下行压力较大。国内市场信心严重不足，给整个经济形势带来不利的影响，为了应对艰难的国内外经济环境，从 2008 年 9 月开始，我国对货币政策进行了重大调整，中央银行开始下调金融机构一年期人民币存贷款基准利率。随后 9 月 25 日，开始下调人民币存款准备金率以及中小型存款类金融机构人民币存款准备金率，这标志着宽松货币政策开始全面实施。到 2008 年底，我国先后 5 次下调存贷款基准利率，至此一年期存、贷款基准利率分别降至 2.25％和 5.32％。这一期间 5 次下调存款准备金率，到 2008 年底时，存款准备金率降至 14.5％的水平。此外，在公开市场操作中，中国人民银行开始减少央票发行。2009 年为了应对经济下行，央行充分利用“窗口指导”的作用，引导金融机构扩大信贷投放，取消对金融机构信贷规划的硬约束，释放确保经济增长和稳定市场信心的信号，并有效配合扩大内需等一系列刺激经济的政策措施，加大金融支持经济发展力度。2009 年，全年贷款快速增长，尤其是中长期贷款增加较快，通过直接调控信贷规模，中国经济在 2009 年保持了高速增长，但同时也埋下了通货膨胀的隐患。

在全球金融危机的情况下，我国经济获得了持续稳定的增长，这无疑是实施宽松货币政策以来的最大成就，也成为我国经济环境、社会环境安定的重要原因。我国宽松的货币政策不但使经济获得了持续增长，汇率变化也趋于平稳，减少了对国内金融市场带来的动荡，从而减小了对实体经济的不利影响。但货币政策是把双刃剑，使政府在管理通胀预期、保持金融市场稳定以及控制资产泡沫等方面面临严峻挑战。

在适度宽松的货币政策条件下，我国的经济状况也在潜移默化地变化。这主要表现在：首先，持续宽松的货币政策使 CPI 等价格指数持续上升，通货膨胀风险加剧。2010 年以来，货币过量供应加上两年多市场形成的通货膨胀预期，使得我国消费品、工业品和进口产品的价格指数持续上升。2010 年上半年，CPI 同比提高 2.6%，比 2009 年同期上升了 3.7%，至 2010 年 10 月 CPI 同比上涨 4.4%，继 2008 年 2 月以来再次冲破 4%的涨幅。2010 年上半年，工业品价格同比提高 6%，与上年同期相比上涨了近 12%；燃料和原材料价格同比增加了 10.8%，与上年同期相比增加了 19.5%。进口产品价格不断上涨，2010 年 5 月价格上涨 19.2%，6 月价格上涨 17.4%，第二季度平均上涨幅度为 18.7%，与上年同期相比提高 37.3%。通货膨胀是适度宽松货币政策实施中遇到最大的问题。其次，股票等直接融资也大幅增加，资产泡沫风险增大，在大量货币涌入资本市场的条件下，股票及债券大量发行，融资额远远大于它们实际所代表的资产价值及增值能力，资产泡沫风险有增大的趋势。第三，房地产市场矛盾加剧。据国家统计局统计，2010 年前三季度，我国全社会固定资产投资总额达到 19.2 万亿元，与上年同期相比提高了 24 个百分点，城镇房地产开发投资达 3.35 万亿元，同比增长 36.4%。随着物价指数上升，大量货币在通胀预期的作用下流向具有保值增值作用的房地产市场，因而房地产市场的需求不全都是实际需求，宽松货币政策引起的房地产低首付率和低利率，使一些无购买能力的意愿需求也变成了“有能力”需求，需求的膨胀使得房地产市场价格持续上涨、泡沫风险加大。此外，在适度宽松的货币政策下，贷款需求膨胀。2009 年末人民币贷款余额为 40 万亿元，同比增长 31.7%，增速比上年高 13 个百分点，比年初增加 9.6 万亿元，同比多增 4.7 万亿元。2010 年一季度同比新增贷款 2.6 万亿元，同比增长 24.1%。过快的贷款增长速度在我国原有经济结构没有进行调整的条件下必然导致重复投资，一些增加的资本由于缺乏正确引导，继续流向产能过剩的行业，产能的过剩继续对经济体的健康运行造成威胁。

由此，适度宽松的货币政策面临着巨大的挑战，通胀的加剧、房地产泡沫、产能过剩等迫使这一政策面临淡出的困境。2010 年 1 月 18 日，中国人民银行首次上调存款准备金率发出了收紧流动性的信号，由此，我国由宽松的货币政策转向紧缩的货币政策。

（二）稳健的货币政策

1. 稳健货币政策的提出

2010 年 12 月中央经济工作会议明确提出：2011 年宏观经济政策的基本取向要积极稳健、审慎灵活，重点是更加积极稳妥地处理好保持经济平稳较快发展、调整经济结构、管理通胀预期的关系，加快推进经济结构战略性调整，把稳定价格总水平放在更加突出的位置，切实增强经济发展的协调性、可持续性和内生动力。由此中央政府开始推行稳健的货币政策。

2. 现阶段货币政策的手段和工具

2011 年以来中国人民银行以保持物价水平基本稳定为首要任务，实施稳健的货币政策。

在公开市场业务方面，中国人民银行合理把握公开市场操作力度和节奏，促进银行体系流动性平稳运行。2011 年上半年累计发行央行票据 9 210 亿元，开展回购操作 13 600亿元；优化公开市场操作期限品种，充分发挥公开市场操作的预调和微调功能，以 1 年期以内央行票据发行和短期正回购操作品种为主，3 年期央行票据发行为辅，优化公开市场操作期限结构；适时地结合市场环境和市场利率走势变化，增强了公开市场操作利率弹性，有助于管理通胀预期，到 6 月底 3 个月期和 1 年期央行票据的发行利率分别为 3.08%和 3.5%，分别较上年末上升约 106 个和 99 个基点。此外央行开展中央国库现金管理操作，2011 年上半年开展了 5 期国库现金管理商业银行定期存款业务，共1 800亿元。

在存款准备金率工具方面，虽然稳健的货币政策 2010 年底才提出，但事实上，存款准备金率的上调从 2010 年初就已经开始。2011 年，央行六次上调存款准备金率，实施差别准备金动态调整机制。2011 年，中国人民银行继续运用存款准备金工具冻结银行体系多余流动性，分别于 1 月 20 日、2 月 24 日、3 月 25 日、4 月 21 日、5 月 18 日和 6 月 20 日 6 次上调存款类金融机构人民币存款准备金率各 0.5 个百分点，累计上调 3 个百分点（见表 40—1）。

表 40—1　　近年来存款准备金率调整一览（%）

生效日期	大型金融机构			中小型金融机构		
	调整前	调整后	调整幅度	调整前	调整后	调整幅度
2011 年 6 月 20 日	21.00	21.50	0.50	17.50	18.00	0.50
2011 年 5 月 18 日	20.50	21.00	0.50	17.00	17.50	0.50
2011 年 4 月 21 日	20.00	20.50	0.50	16.50	17.00	0.50
2011 年 3 月 25 日	19.50	20.00	0.50	16.00	16.50	0.50
2011 年 2 月 24 日	19.00	19.50	0.50	15.50	16.00	0.50
2011 年 1 月 20 日	18.50	19.00	0.50	15.00	15.50	0.50
2010 年 12 月 20 日	18.00	18.50	0.50	14.50	15.00	0.50
2010 年 11 月 29 日	17.50	18.00	0.50	14.00	14.50	0.50
2010 年 11 月 16 日	17.00	17.50	0.50	13.50	14.00	0.50

续前表

生效日期	大型金融机构			中小型金融机构		
	调整前	调整后	调整幅度	调整前	调整后	调整幅度
2010 年 5 月 10 日	16.50	17.00	0.50	13.50	13.50	0.00
2010 年 2 月 25 日	16.00	16.50	0.50	13.50	13.50	0.00
2010 年 1 月 18 日	15.50	16.00	0.50	13.50	13.50	0.00
2008 年 12 月 25 日	16.00	15.50	−0.50	14.00	13.50	−0.50
2008 年 12 月 5 日	17.00	16.00	−1.00	16.00	14.00	−2.00
2008 年 10 月 15 日	17.50	17.00	−0.50	16.50	16.00	−0.50
2008 年 9 月 25 日	17.50	17.50	0.00	17.50	16.50	−1.00

资料来源：根据中国人民银行网站（http://www.pbc.gov.cn）和东方财富网站数据中心（http://data.eastmoney.com）资料整理。

2011 年，央行对金融机构引入差别准备金动态调整机制，配合存款准备金率、公开市场操作、利率等常规性货币政策工具发挥合力。2011 年上半年，对若干家资本充足率较低、信贷增长过快、顺周期风险隐患增大的金融机构实施差别准备金要求。

2011 年 8 月，央行将三类保证金存款纳入存款准备金范畴，要求将商业银行的信用证保证金存款、保函保证金存款以及银行承兑汇票保证金存款等三类保证金存款纳入存款准备金的缴存范围，预计这次扩大存款准备金范畴将冻结银行资金 9 000 亿元，相当于三次上调银行业存款准备金率。

在存贷款基准利率方面，2010 年 10 月 20 日我国自金融危机以来首次上调存贷款基准利率。2011 年中国人民银行分别于 2 月 9 日、4 月 6 日和 7 月 7 日三次上调金融机构人民币存贷款基准利率。其中，1 年期存款基准利率由 2.75%提高到 3.50%，累计上调 0.75 个百分点；1 年期贷款基准利率由 5.81%提高到 6.56%，累计上调 0.75 个百分点（见图 40—1）。

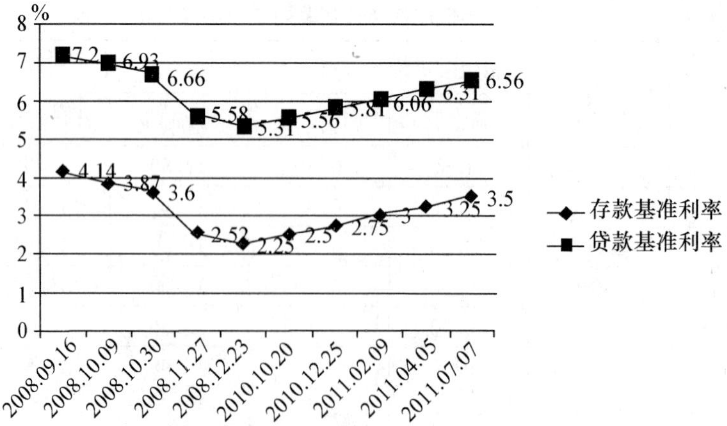

图 40—1　2008 年 9 月 16 日至 2011 年 7 月 7 日存款和贷款基准利率趋势图

资料来源：根据中国人民银行网站（http://www.pbc.gov.cn）资料整理。

在加强窗口指导和信贷政策引导方面，中国人民银行继续加强和改善对金融机构的窗口指导，并通过再贷款、再贴现等货币政策工具，引导、促进金融机构合理调整信贷结构和投放节奏，加大金融支持经济结构调整和经济发展方式转变的力度，扩大“三农”、中小企业等薄弱环节的信贷投放。2011 年初，我国华北、黄淮等地降水持续偏少，山东、河南、河北、山西、安徽、江苏、陕西、甘肃等冬小麦主产区旱情严重，中国人民银行下发《关于安排增加支农再贷款支持重点地区做好春耕抗旱金融服务工作的通知》，对河南、山东、河北等受旱灾影响严重的 8 省安排增加支农再贷款额度 100 亿元。为有效发挥支农再贷款支持扩大涉农信贷投放、促进改善农村金融服务的引导作用，人民银行安排增加支农再贷款额度 200 亿元，支持监测考核达标农村金融机构扩大涉农信贷投放。截至 6 月末，中国人民银行支农再贷款余额 974 亿元，比年初增加 251 亿元。其中西部地区和粮食主产区支农再贷款余额及当年增量占全国的比重均超过 93%。中国人民银行再贴现余额 817 亿元，比年初增加 26 亿元。按投向划分，再贴现总量中涉农票据占 33%，中小企业票据占 92%。

在其他货币政策手段方面，2011 年我国还积极开展跨境人民币业务的扩展、完善人民币汇率形成机制、继续推进金融机构改革以及深化外汇管理体制改革等。这些政策的实施更好地保证了我国现阶段稳健货币政策的实施成效，促进国民经济平稳运行。

（三）货币政策实施成效

根据我国 2011 年第二季度货币政策执行报告，2011 年上半年，国民经济保持平稳运行，金融运行总体稳健，货币信贷增长向常态回归，稳健货币政策的成效逐步显现。

首先，货币供应量增速总体回落。在公开市场操作、存款准备金率、利率等多项货币政策以及宏观审慎工具的综合作用下，货币总量增长平稳回调。2011 年 6 月末，广义货币供应量 M2 余额为 78.1 万亿元，同比增长 15.9%，增速比 3 月末和上年末分别低 0.7 个和 3.8 个百分点。狭义货币供应量 M1 余额为 27.5 万亿元，同比增长 13.1%，增速比 3 月末和上年末分别低 1.9 个和 8.1 个百分点。

其次，金融机构存款增长有所放缓。截至 2011 年 6 月末，全部金融机构（含外资金融机构，下同）本外币各项存款余额为 80.3 万亿元，同比增长 17.5%，增速比 3 月末和上年末分别低 1.2 个和 2.3 个百分点，比年初增加 7.5 万亿元，同比少增 533 亿元。人民币各项存款余额为 78.6 万亿元，同比增长 17.6%，增速比 3 月末和上年末分别低 1.4 个和 2.6 个百分点，比年初增加 7.3 万亿元，同比少增 1 846 亿元。外币存款余额为 2 564 亿美元，同比增长 17.9%，比年初增加 307 亿美元，同比多增 246 亿美元。

第三，金融机构贷款增长向常态回归。2011 年 6 月末，全部金融机构本外币贷款余额为 54.7 万亿元，同比增长 16.8%，增速比 3 月末和上年末分别低 0.8 个和 2.9 个百分点，比年初增加 4.4 万亿元，同比少增 3 888 亿元。同时，人民币贷款增速继续放缓，6 月末，人民币贷款余额为 51.4 万亿元，同比增长 16.9%，增速比 3 月末和上年末分别低 1.0 个和 3.0 个百分点，比年初增加 4.17 万亿元，同比少增 4 497 亿元。

第四，社会融资规模保持合理水平，直接融资作用继续增强。2011 年上半年社会融资规模为 7.76 万亿元，比上年同期少 3 847 亿元。其中，人民币贷款增加 4.17 万亿元，同比少增 4 497 亿元；外币贷款折合人民币增加 3 361 亿元，同比多增 1 179 亿元；

委托贷款增加 7 028 亿元，同比多增 3 829 亿元；信托贷款增加 913 亿元，同比少增 5 102亿元；银行承兑汇票增加 1.33 万亿元，同比少增 441 亿元；企业债券净融资 6 588亿元，同比多增 90 亿元；非金融企业境内股票融资 2 677 亿元，同比多增 274 亿元。

第五，金融机构贷款利率继续上升。2011 年上半年，金融机构对非金融企业及其他部门贷款利率继续上升。6 月份，贷款加权平均利率为 7.29%，较 3 月份上升 0.38 个百分点。其中，一般贷款加权平均利率为 7.36%，比 3 月份上升 0.26 个百分点；票据融资加权平均利率为 6.98%，比 3 月份上升 0.72 个百分点。个人住房贷款利率稳步上升，6 月份加权平均利率为 6.83%，比 3 月份上升 0.66 个百分点。

（四）对稳健货币政策的评价

稳健的货币政策对于抑制通胀、稳定物价以及促进经济增长等都起到了积极作用，这主要表现在两个方面。首先，稳健的货币政策在抗击通胀方面起到了重要的作用。不管是央行发行短期央票还是提高法定存款准备金率，其目的都是为了回收过量放出去的基础货币，并同时向市场释放中央坚决治理通胀的决心与信心。其次，货币政策通过影响利率进而改变汇率，并在一定贸易条件下影响国际收支平衡。

稳健的货币政策有利于治理日益高涨的通货膨胀，但同时也给经济发展带来了其他不利的影响。第一，经济增长放慢。一国经济增长主要由三个因素带动，即消费、投资和出口。利率的上升使老百姓可以获取较多的资本收益，大家更倾向于储蓄而不是消费，因此稳健的货币政策将带来消费的减少；从投资的角度来看，实行稳健的货币政策意味着信贷紧缩，企业获得贷款的难度加大，投资减少，且银行首先压缩的是中小企业贷款，这会加剧其与国有企业的差距，更不利于经济结构的调整。从出口来看，利率上升导致汇率上升预期，出口将减少，影响经济的发展。投资、消费和出口下降，经济增长速度自然也会下降。实施稳健的货币政策对于经济增长的负面影响是最为主要的。第二，失业率上升。经济增长放慢必然会导致失业增加。失业与通货膨胀存在一种此消彼长的交替关系，即通货膨胀率高时，失业率低，通货膨胀率低时，失业率高。这就意味着，实行稳健的货币政策控制通胀的同时，国内的失业问题又会凸显。

三、使用说明

本案例配合宏观经济学货币政策的相关理论及内容，通过对稳健货币政策提出的背景、实施及其效果进行分析，使读者能够深入了解我国货币政策的调整并更好地掌握货币政策的理论知识。

思考题

1. 近年来我国经历了几次货币政策的调整？调整的背景分别是什么？
2. 从现阶段稳健的货币政策与积极的财政政策的配合中能得到怎样的启示？

参考文献

1. 刘晓玲. 当前“稳健”货币政策的利弊分析. 黑龙江对外经贸，2011 (8)

2. 王铭利. 适度宽松货币政策退出分析. 现代经济探讨，2010（9）

3. 欧阳昌朋. 近年来我国货币政策分析及2011年走势预测. 经济与管理研究，2011（3）

4. 尹建海. 金融危机前后我国货币政策的非对称效应研究. 山东社会科学，2011（2）

5. 刘海莺，张华新. 适度宽松货币政策退出的迫切性及困境分析. 财经科学，2011（2）

案例 41

中国商业银行信贷结构的调整与优化

一、概要

现代经济的一个重要特征是金融及其衍生品在经济生活中的作用越来越突出。在中国，商业银行凭借其雄厚的信贷资金，成为支持中国投资高速增长的主要力量，积极而有效地拉动着中国经济的发展。因此，各商业银行的信贷结构是否合理，将直接影响到中国经济能否健康稳定发展。同时，由于在中国加入 WTO 以后，国外商业银行纷纷进入中国抢占市场份额，所以调整优化信贷结构对商业银行本身的存亡也至关重要。目前我国原先的几大国有商业银行正在从国有逐渐向真正的商业银行转型，但是一方面由于国有商业银行与政府间有着千丝万缕的联系，另一方面我国商业银行本身存在着制度上的漏洞，这两方面的原因导致了商业银行的信贷在客户结构、期限结构、种类结构等方面存在着不合理因素，间接影响了银行收益和不良贷款率。

本案例通过对我国商业银行调整信贷结构的分析，使读者认识到一方面商业银行需要理清与政府和国有银行间的关系，建立多元的信贷结构；另一方面，银行本身也要充分遵循市场机制，配合国家产业结构调整，同时健全信贷监管制度。

二、案例内容

（一）我国商业银行信贷结构的特点

1．信贷期限结构

表现为长期信贷比重过高，短期信贷比重过低。改革开放以来，各银行根据我国国情及信贷市场需求大部分将信贷期限选择为短期，导致我国银行贷款业务短期贷款的比重一直在 50%以上。但是随着经济的发展和我国国有银行的改革上市，在追求股东最大利润的原则下，现在商业银行越来越重视长期、稳定的收益；因此，大部分银行不断调整短期资产，增加长期信贷资产，甚至有些银行不惜牺牲流动性而增加长期贷款。

根据中国人民银行的官方数据，2008 年短期贷款为 12.52 万亿元，占各项贷款的 41.26%，比 2006 年下降了 2.4%；而中长期贷款为 15.5 万亿元，占各项贷款的 51.09%，比 2006 年增加了 3.8%，其中两年内中长期贷款增长率比短期贷款增长率要高出 18.43%。这不仅反映了我国信贷市场需求的变化，同时也是银行加大信贷风险管理，提高信贷资产收益的真实写照，但银行这种不惜牺牲流动性的行为将加大银行的信贷风险。

2. 信贷所有制结构

表现为信贷配给向国有企业倾斜，而对非公有制经济的企业信贷配给相对较少，导致信贷配给在所有制上存在比例失调。改革开放以来，随着市场化改革的深入，非公有制经济取得了飞速发展，其中民营经济日益为经济增长作出巨大贡献，但民营等非公有制经济在信贷方面往往受到歧视。长期以来我国银行业在国有银行的垄断环境下成长，理所当然信贷的分配上就会向国有企业倾斜；造成这一现象的另一个原因则是，商业银行对非公有制经济主体的信用水平缺乏了解，认为将贷款分配到国有企业会减少资金的风险。

3. 信贷的行业分布

表现为工业信贷远远多于农业信贷，生产性信贷远远超过消费性信贷，传统产业信贷远远超过新兴产业信贷。2008 年以来，房地产的信贷资金过高所带来的风险逐渐显露出来，严重损害了我国商业银行信贷资金的健康发展。改革开放三十多年来，在国家信贷的大力支持下，有利于较快拉动经济增长的行业与领域发展很快，其中传统的制造业、加工业、钢铁和水泥业得到了长足的发展，同时一些资金密集型行业如房地产、IT 业、金融业等也得到了飞速发展，这些行业之所以取得如此大的成果与我国银行对这些行业的信贷倾斜不无关系。但是在看到这些成果的同时，我们也应该意识到，银行信贷政策的倾斜使一些高耗能、高污染、高重复建设、高风险的项目长期存在；同时，也应看到银行对农业的信贷支持较少，导致农业长期处于落后状态。

4. 信贷的区域特征

主要表现为区域性不平衡，东部沿海地区银行信贷资金比较集中，而中西部的信贷资金供给相对较少，尤其是一些边远地区，银行信贷供给就更少了。我国现存的信贷资金东多西少的问题，主要是我国改革开放初始的经济发展战略导致的。东部沿海地区首先获得了国家资金的支持和倾斜，经济得到了长足的发展；中部及西部地区则相反。如今，在市场经济条件下，资金的流动相对自由，因而东部因其经济发展水平较高，整体设施设备水平较高，更容易吸引自由资金的投入；相比之下，中西部地区经济发展滞后，基础设施和投资环境都比较落后，倘若没有政策上的引导，想要获得信贷资金就很困难了。

（二）我国商业银行信贷结构优化的措施

加入 WTO 以后，我国逐步放开了对金融市场的进入限制，一些国外的银行也有机会进入中国，与国有商业银行进行竞争。在这一过程中，国外的商业银行凭借雄厚的资金实力、先进的技术设备、完善的结算方式、灵活的经营机制、良好的国际信誉争夺优良客户，国有商业银行必须迅速优化信贷结构才能适应竞争日趋激烈的国内市场。

过去，商业银行一直靠大项目和大企业来扩大信贷规模，靠吃利息差等传统方式盈利，这种模式在当前经济转型的宏观环境下已经难以继续，在资本充足率、存款准备金率等更加严格的约束下，商业银行要更加节约资本。同时，近年来我国政府宏观经济目标提出，要加快转变经济发展方式。经济的转型会带动银行转型，而银行转型又将进一步促进经济转型。国有商业银行要根据产业结构的变化调整贷款投向，对高耗能、过剩的夕阳产业控制信贷供给，对新兴、高科技、绿色项目给予更多的贷款支持。

下面以浙江和上海为例，对商业银行如何调整和优化结构进行分析。

1. 浙江省案例

“十一五”期间浙江省金融系统以经济转型升级、扶持中小企业发展和加快新农村建设以及改善民生等为目标，积极贯彻落实各项信贷政策，调整和优化信贷结构，创新和提升金融服务质量，为浙江省经济发展模式的转变作出了巨大贡献。

具体来说，第一，坚持做到“有扶有控”，促进经济转型升级。“十一五”期间，浙江省力求保障大平台、大产业、大项目、大企业建设的资金供应，支持全省“十一大”重点产业转型升级，扶持龙头骨干企业和产业集群发展，推动低碳金融创新，严控“两高一剩”行业的信贷投放，支持科技创新产业的建设。截至2010年末，全省“十一大”转型升级重点产业贷款比年初新增2 232亿元，占各项贷款增量的28.9%，比2009年提高了1.6个百分点。第二，力促中小企业融资，支持中小企业发展。中国人民银行杭州支行在“十一五”期间出台了十多项中小企业金融支持政策，并联合政府有关部门发放近3亿元小企业贷款风险补偿资金，为15.6万户中小企业建立了信用档案。因而，全省中小企业融资环境明显改善，贷款比重不断提高。到2010年末，全省中小企业贷款余额达23 300亿元，占全部企业贷款余额的79.3%，同比提高了1.5个百分点；其中，小企业贷款数额占全部企业贷款的35.7%，同比提高了3个百分点。与此同时，小企业专营管理在浙江省稳步推进，中小企业金融创新产品发展到40多个品种，桥隧模式、网络融资、供应链融资、小企业集合信托债权基金以及各类抵押质押贷款等不断涌现。第三，支持新农村建设。“十一五”期间，中国人民银行杭州支行累计发放支农再贷款89亿元，办理再贴现业务21.4亿元，联合有关部门发放农业贷款风险补偿资金8 212万元。截至2010年第三季度末，浙江省全省涉农贷款总额达17 250亿元，同比增长24.5%，高于全部贷款增速4.7个百分点。在扩大贷款规模的同时，浙江省还通过金融创新，推出了农房改造贷款、农房抵押、农户信用贷款、林权抵押、海域使用权抵押贷款等新产品，较好地解决了农村抵押担保难的问题。

2010年12月，中央经济工作会议在北京召开。会议要求，2011年将实施稳健的货币政策，按照总体稳健、调节有度、结构优化的要求，把好流动性总闸门，把信贷资金更多投向实体经济特别是“三农”和中小企业，力求经济平稳较快的发展。同时，会议明确表示，要把稳定价格总水平放在更加突出的位置。为此，中国工商银行明确要求，对于可能引发通货膨胀的行业的信贷投放，严格控制；严堵境外“热钱”流入；严格执行差别化住房信贷政策，抑制投资投机性需求；严格控制“两高”行业和产能过剩行业贷款；保持信贷总量的合理增长与均衡投放，通过提高贷款周转速度和服务质量来满足市场的多样化融资需求和实体经济发展的需要；推进信贷结构大调整，进一步加强全行信贷政策与国家宏观调控政策、产业政策、区域政策的配合。中国农业银行则按照中央宏观经济政策，主动适应经济结构战略性的调整，加快信贷结构调整步伐，积极寻找新的业务增长点，支持战略性新兴产业发展，加大“三农”和中小企业服务力度，支持内需型企业发展。

2. 上海市案例

2011年以来，上海银行业围绕“十二五”规划所提出的“创新驱动、转型发展”的主题，一方面规避通货膨胀风险，切实支持实体经济发展，同时加大对战略性新兴产业和高新技术产业的支持力度，提高对先进制造业、重大项目建设及节能减排环保等领域的投入；另一方面力保小企业贷款不低于全部贷款平均增速，涉农贷款增量占比不低于上年；并且逐步退出高能耗、高污染和产能过剩行业领域，有效控制产能过剩行业的信贷投放。通过对业务结构的积极调整和业务内容的严格审核，上海银行业有效控制了信贷总量的增长，在优化行业信贷结构的同时，也配合了上海市经济结构的调整，使经济转型取得了良好的结果。

具体来说，2011年，上海市银行业机构根据中国人民银行六次提高存款准备金率、三次调高利率的货币政策基调，有效监督了信贷的发放，实施了适当紧缩的货币政策。截至8月末，全市金融机构本外币各项贷款总额为36 783.96亿元，同比增长11.47%，比年初增加2 844.86亿元，同比少增766.44亿元。1—8月贷款走势呈回落趋稳态势。从贷款的行业投向来看，上海银行业及金融机构积极转向，支持实体经济。截至8月末，全市银行业机构对制造业、电力燃气及水的生产和供应业这两大类贷款较年初分别增加497.76亿元和111.64亿元，比上年同期分别增加325.61亿元和72.37亿元，对批发和零售业、住宿和餐饮业这两大类行业贷款分别较年初增长1 071.59亿元和38.66亿元，比上年同期分别多增764.49亿元和16.23亿元。

同时，在国家宏观经济政策和上海市人民政府的大力号召下，上海市银行业进一步加大了对战略性新兴产业、高新技术产业的支持力度。根据上海市银监局的监测数据，截至8月末，在沪19家中资银行机构对上海市科委2008年至2010年6月认定的2 539家高新技术企业的信贷投放总量较年初增加251.17亿元，同比多增151.8亿元。此举体现了上海市银行业及金融机构对战略性新兴产业、高新技术产业信贷支持的决心和实际行动。同时，银行业及金融机构对生物医药、成套设备、石油化工、精品钢材、汽车制造、信息制造六大重点工业信贷投放量保持平稳增长。截至8月末，在沪19家中资银行六大重点工业信贷总量较年初增加299.55亿元，同比多增155.13亿元，增长19.07%，高于全部贷款增速9.69个百分点。根据国家银监会2011年下发的《关于支持商业银行进一步改进小企业金融服务的通知》以及上海银监局下发的《关于进一步支持小企业金融服务的通知》，上海市银行业及金融机构进一步推动商业银行支持和改进小企业金融服务。截至8月末，在沪银行机构小企业贷款余额为6 580.42亿元，较年初增加594.12亿元，增速为9.92%，快于各项贷款增速1.54个百分点。

从涉农领域来看，2011年上海市银行机构积极响应国家对扶持“三农”的号召，高度重视涉农贷款，加大对涉农贷款的投放力度，实现了保证贷款增量占比不低于上年的目标。截至9月末，在沪银行机构的涉农贷款余额达到了1 248.12亿元，较年初增加215.08亿元，占各项贷款新增量的7.13%。

从环保领域来看，上海市银行及金融机构通过优化调整信贷结构，实现了对绿色低碳行业的扶持和对节能减排环保等领域投入的加大；通过对产能过剩行业的信贷数额的严格监控，有效实现了对传统“两高一剩”贷款的科学盘整，达到了逐步退出、推动产业结构优化升级的目标。截至 8 月末，在沪 19 家中资银行机构对污水、垃圾处理等环保项目、节能减排以及核能、太阳能、现代生物质能、风能为代表的新能源开发利用等绿色低碳行业的贷款总量比年初增加 228.47 亿元，同比多增 41.97 亿元；与此同时，8 月末全市银行业机构钢铁、水泥、平板玻璃、煤化工、多晶硅、风电设备等六大产能过剩行业贷款比年初减少 28.16 亿元，有 19 家中资机构逐步退出了水泥、焦炭、酒精、味精、造纸、玻璃、医药原料药和中间体制造、印染、铁合金、纯碱烧碱、皮革、棉纺加工和毛纺织十三个“两高一剩”行业，其中对于酒精行业的信贷已于两年前全部退出。

三、使用说明

商业银行调整优化信贷结构是近年来被热议的一个话题，本案例主要配合有关信贷、投资、乘数效应等方面的经济学理论，希望通过案例的讨论，使读者能够理解商业银行调整优化信贷结构的意义所在。

思考题

1. 我国商业银行信贷结构优化调整的依据是什么？这样做的意义是什么？

2. 根据政府经济工作会议的内容，谈谈对信贷倾向农业和新兴产业以及绿色产业的认识。

参考文献

1. 郭中伟. 浅析我国商业银行的信贷结构. 人力资源管理，2009 (10)

2. 高锦飞. 浅析我国商业银行信贷结构调整优化问题与对策. 财经界，2010 (12)

3. 王弓箭. 我国商业银行信贷结构调整和优化研究. 郑州大学硕士学位论文，2006

4. 马翠莲. 调整信贷结构助推经济转型　上海银行业“有保有压”支持实体经济发展. 上海金融报，2011-11-01

5. 黄鑫. 调整信贷结构　促进经济转型. 经济日报，2011-03-11

6. 沈杭. 浙江：着力优化信贷结构　促进经济转型升级. 金融时报，2011-02-15

7. 张若钦，王刚，季泽军. “后危机时期”的我国货币政策. 学术交流，2011 (5)

案例 42

跨境资本流动与中国政府的监管：热钱的流入与流出

一、概要

2002 年，我国国际收支平衡表净误差与遗漏项在连续 12 年为负后，首次变为正数，这一现象引发了国内对外国资本流入中国的热议，“热钱流入”这一概念渐渐浮出水面。伴随着中国经济持续高速增长，境外资本对人民币汇率升值预期不断增强，大量的境外资本通过各种渠道涌入中国市场。本案例讨论热钱流入中国的主要渠道，并对中国目前的热钱规模及危害进行分析，最后介绍中国政府对热钱流入的态度和监管办法。通过本案例，希望读者能够了解热钱涌入中国市场的经济学含义，并引发对这一现象的深入认识和思考。

二、案例内容

（一）热钱的定义

热钱，又称游资，是投机性短期资金，其特点是追求高回报而在市场上迅速流动。国际上对热钱的定义存在一定分歧，《新帕尔格雷夫货币金融大辞典》中将热钱定义为在固定汇率政策下，资金持有者出于对货币预期贬值或升值的投机心理，或者受国际利差收益明显高于外汇风险的刺激，在国际间掀起的大规模短期资本流动；American Hertage 的《英语词典》将热钱定义为：其持有者迅速地从一种投资形式转换为另一种投资形式，以取得国际汇率变化的好处，或获得短期投资收益高的货币；杰格迪什·汉达在《货币经济学》(2000) 中，将热钱解释为：在国家之间流动的，对汇率预期变化、利率波动、安全和兑换性安排极为敏感的资金。无论如何，热钱与正当投资的最大区别是热钱的根本目的在于投机盈利，而不是投资于产业。热钱投机的对象包括股票、黄金及其他贵金属、期货、货币、房产，也包括一些农产品。

用简易的数学公式表示热钱，即：

热钱＝一国（或地区）外汇储备增加量－外商直接投资金额－贸易顺差金额

从2001年至2010年十年间，流入中国的热钱平均为每年250亿美元，相当于中国同期外汇储备的9%。

（二）热钱流入中国的原因以及渠道

在我国外汇管理制度之下，进入国内的资本为我国的经济建设、技术进步以及人才培养等多个方面作出了巨大贡献。这一类资金主要包括外商直接投资（FDI）、劳动报酬和无偿捐助等，易于统计和监管。然而，境外也有些资本利用我国的政策漏洞，进入我国市场进行炒作。

热钱流入主要有三个原因。一是，改革开放以来，我国经济保持了较快的增长，国外市场对人民币升值的预期一直很强烈。事实上，人民币对美元的汇率在短短几年间，经历了从“8”到“7”的时代，很快又进入了“6”的时代，并有向“5”的时代迈进的趋势。此外，中国的股市、楼市和农产品市场，都缺乏健全的监管政策，很容易被炒作。二是，以美国为代表的国家，多次要求中国实行灵活的汇率政策，煽动国外热钱涌向中国。三是，目前西方国家正经历金融危机，利率相对于中国较为低下，这时大量的投机资本就会进入中国市场，以期牟取利率差所带来的效益。

从理论上来说，热钱涌入我国的渠道很多，包括：(1) 虚假的贸易信贷，即国内企业与国外的投资者可联手通过虚高报价、预收货款、伪造供货合同等方式，把境外的资金引入国内。在这一渠道中，由于关联交易具有很好的隐蔽性，交易双方配合默契，一般难以被识破，所以该渠道是热钱流入的最主要渠道之一。(2) 外商投资进行增资扩股。外商投资企业在原有注册资金基础上，以“扩大生产规模”、“增加投资项目”等理由申请增资，资金进来后实则游走他处套利；在结汇套利以后要撤出时，只需另寻借口撤销原项目合同，这样热钱的进出都很容易。(3) 货币流转与转换。有句顺口溜可以形象地说明此渠道：“港币不可兑换，人民币可兑换，两地一流窜，一样可兑换”，即通过不同地区间进行汇款等货币转换方式进行跨地区操作，从而使大量热钱“自由进出”。(4) 地下钱庄。地下钱庄是外资进出最为快捷的方式。假设你在香港或者境外某地把钱打到当地某个指定的账户，被确认后，内地的地下钱庄会帮你开户，把你的外币转成人民币。根本不需要有外币进来。(5) 此外，货柜车夹带现金以及赡家款等都是热钱的流通渠道。货柜车夹带现金，主要集中在珠三角地区的来料加工企业。企业以发员工工资等名义，通过货柜车夹带港币进出粤港两地，很多企业都有十部左右的货柜车，而一部车一天跑一两趟粤港很普遍，每趟夹带50万港元（即便被海关查出也能以发工资名义解释），长期下来所夹带的现金数量也非常庞大；而赡家款本意是指海外华侨向国内的亲友寄钱，起初这种方式是为了补贴国内亲友的生活，但近年来，这一数额激增，大量从国外寄回来的钱被用来炒房炒股，也成为热钱。

（三）进入中国的热钱规模及危害

要了解中国国内的热钱规模，首先要明确测定热钱规模的方法。根据2010年国家外汇管理局发布的《2010年中国跨境资金流动监测报告》中所采用的方法，热钱规模＝外汇储备增量－贸易顺差－直接投资净流入－境外投资收益－境外上市融资，在这一统计方法下，2010年中国年度累计流入热钱数额为591亿美元，其中四个季度数额分别为流入

439 亿美元、流出 616 亿美元、流出 138 亿美元和流入 906 亿美元。从 2003—2010 年累计热钱流动规模看，报告的结果为 3 490 亿美元，其中除了 2006 年流出 322 亿美元外，其余年份均为流入，并于 2008 年达到波峰。

热钱的流入与流出，对一个国家的经济发展有着非常大的危害。历史上热钱对于一个国家造成冲击的例子不胜枚举。20 世纪 60 年代到 80 年代末，日元升值压力增大，在日元升值预期的驱动下，国际热钱迅速涌入日本。由于监管政策不力，日本国内股票市场和楼市投机严重，资产价格暴涨，房地产和股票市场泡沫化严重。1987—1991 年间，日本住宅用地价平均上涨了 95%，仅东京地区的综合地价就上涨了 162%，东京地价总值相当于美国全国的地价总值。随后，随着日本实行紧缩的货币政策，热钱退出日本市场，同时造成日本以房地产为代表的金融泡沫瞬间破灭，日本经济陷入长期衰退。而 1997 年的亚洲金融危机，国际热钱从泰国撤出，导致泰铢急剧贬值，给泰国的经济带来了致命的打击。

在现阶段的中国，热钱涌入带来的最直接的危害无疑表现在股市的上蹿下跳、楼市的价格飙升和生活用品尤其是农产品价格暴涨等问题上。热钱流入会推动资产价格上涨，首先因为资本具有趋利的性质，热钱会流向价格上涨较快的资产领域，如房地产、股市等，这样的投机行为将导致资产市场产生泡沫；其次，由于我国实行结售汇制度，热钱的流入会迫使人民币基础货币投放增加，在现实生活中表现为流通的货币量增加，带来潜在的通货膨胀压力，容易造成物价的上涨。等热钱撤出的时候，之前被爆炒的资产价格会大幅下降，资产泡沫破灭。以房地产市场为例，据有关方面统计，我国房地产市场实际利用外资已占到全国利用外资总额的 20%以上，在上海市 2004 年和 2005 年商品住宅销售额中，国际热钱购买的比例已分别占到约 33%和 40%。而且，国际热钱主要集中在高端市场，使房地产市场供应出现结构性矛盾，造成我国房地产的价格偏高，有些城市某些楼盘的价格甚至高得离谱。

同时，热钱的大量流入，在市场经济条件下，会迫使本国货币升值，在一定程度上抑制了试图用调低汇率来鼓励出口的汇率政策。热钱流入会加大人民币升值压力，带来外汇储备的“虚增”，进一步放大了人民币升值的压力。2005 年汇率改革后，人民币币值不断走高正说明了这点。截至 2009 年底，中国的外汇储备接近 2.4 万亿美元，也就是说，每当人民币升值 1%时，中国就要损失 240 亿美元。而人民币升值带来的压力，还体现在企业出口优势的降低，很多出口型企业在面对人民币升值的压力时，不得不选择破产。

再者，为了控制货币供应量，我国央行一般要使用对冲的货币政策操作模式，在购买外汇和投放基础货币的同时，相应减少信用贷款的数额，这样就压缩了货币政策的操作空间。

（四）应对热钱流入的措施和成效

根据一般的国际经验，当一国的经济处于高速发展时期，往往都避免不了热钱流入、外汇规模膨胀和本币升值压力等问题。在正常的时期，一国政府也不会采取措施完全禁止热钱的流入。控制热钱危害的关键在于减轻人民币升值的压力以保持汇率上的竞争力，将短期投机资本转变为长期资本，从而达到避免经济体遭受热钱冲击的目的。

针对热钱的流入，在不同的时期不同国家的政府都会采取相应的措施减少其危害。20世纪60—70年代，德国也面临着德国马克升值、国际游资涌入的压力。然而，德国采取了比较成功的货币政策组合，在1972—1996年间，德国马克对美元仅升值了1.09倍，德国国内物价水平维持稳定，经济平稳增长。德国的成功经验主要有两点，第一，选择了“浮动汇率＋资本自由流动＋独立的货币政策”的组合，将汇率交给市场供给自由决定，而致力于抑制国内的通货膨胀；第二，德国成功借助了欧洲货币联动机制，当市场预期德国马克对美元升值的时候，欧洲货币体系内的其他货币也往往处于预期升值的状态，像英镑、意大利里拉等货币相对于德国马克，可能升值压力更大，更容易吸引热钱的流入。正是欧洲货币联动机制，帮助德国马克分担了热钱流入的负面影响。

有些国家像巴西和韩国，则通过建立跨境短期资本流动监测体系，来控制热钱的流入和跨境资本的异动。巴西在强制结售汇管理体制下形成了以中央银行信息系统为技术平台，以外汇兑换合同登记为核心，以外资电子注册系统为补充，与税务和外贸信息系统联网的监测系统；韩国则将央行的外汇系统与韩国金融监督院的审慎监管和韩国国际金融中心的预警系统相结合，联合组成了完整的跨境资本流动监测和预警体系。

此外，还有一些国家，通过临时实施的对境外资本流入的限制来控制热钱流入。例如智利政府，对于企业从国外借来的资金，强制其将20%存入中央银行，存期为一年，在1992年这一比例曾上升到30%。该举措的目的在于将外资的投资时间强行限制在一年以上，否则就要付出代价。再比如马来西亚政府，曾经采取直接限制流入国内资本的规模这一方法，大大降低了热钱的流入。

中国在对待热钱流入问题上，关键就是要减轻人民币升值的压力。中国政府曾明确表示，中国绝对不会迫于外界压力而使人民币升值，国际上越是对人民币热炒，人民币就越不可能升值。当大量热钱流入中国后，国家外汇管理局积极采取措施，制定了一套“有堵有疏”的政策。2004年发布的《个人财产对外转移售付汇管理暂行办法》为合法资产转移至海外敞开了大门；同年11月，央行又进一步放宽了自费留学换汇；2005年1月15日起，根据《金融机构外汇存款准备金管理规定》，金融机构的外汇存款准备金率统一调整为3%，当时中国的外币存款额高达1 510.69亿美元，也就是说此举将冻结15.1亿美元的外汇存款；2005年4月1日起，国家外汇管理局又出台政策，对我国境内外资银行的中长期外债总量进行限制，并对短期外债的指标进行较以往更加严格的核定。

2009年金融危机以后，美国一直实行“弱势美元”政策，欧洲各国也饱受债务危机的困扰，欧美经济一蹶不振。而以中国为代表的“金砖国家”新兴市场经济的发展较为强劲，这吸引了国际上投机资本向亚洲和拉丁美洲一些国家聚集。

2010年，在美国量化宽松的货币政策影响下，境外资金大量流入，引起了我国央行和外汇管理局的高度重视。一方面，外汇管理局对违规办理外汇业务的银行、企业和个人进行了通报批评和处罚；另一方面，外汇管理局又发布了《关于加强外汇业务管理有关问题的通知》，旨在进一步打击隐藏在跨境资金中的热钱。该《通知》通过完善银行结售汇综合头寸管理，增加对银行按收付实现制计算的头寸余额实行下限管理，以及调整出口收结汇联网核查管理政策等手段，收紧了对出口收汇的限制。《通知》指出，要加强外商投资企业境外出资管理，进一步明确实际缴款人与境外投资者不一致情况下的审核要求；加强境外上市募集资金调回结汇的真实性审核，严格支付结汇要求。《通知》还加大了对违规银行的处罚力度。对违反外汇管理规定导致违规资金流入的银行，外汇局依法予以罚款、停止经营相关业务、通报批评等处罚，并追究负有直接责任的高级管理人员相关责任。

为加强对热钱等违法违规资金流动的监测预警，2010 年国家外汇管理局开发了外汇非现场检查系统，并在全国正式推广。该系统的运用，增强了外汇管理部门深入挖掘违法违规资金流动线索的能力，为提高打击外汇违法违规活动的精确性、主动性和有效性发挥了重要作用。外汇非现场检查系统的覆盖面广，涵盖了银行、非银行金融机构、企业、个人等各类涉汇主体，能够监测到经常项目和资本项目下几乎所有的外汇交易信息；同时，其具有非常强大的信息搜索功能，能够从大量复杂的外汇交易数据中筛选出可疑和违规交易，并勾画出可疑和违规交易主体资金运作的整体轨迹，从而迅速、准确地锁定违法违规主体及其具体违法违规行为，基本实现了外汇监管全方位、违法违规均锁定以及对案件查处的精确指导。

2011 年以来相对于 2010 年，热钱流入的压力并没有减少。2011 年上半年，共查处各类外汇违法违规案件 1 865 件，涉案金额超过 160 亿美元，较上年同期分别增长 26.2%和 26.9%；共处行政罚没款 2.6 亿元人民币，而 2010 年全年罚没款总额为 2.43 亿元人民币；2011 年下半年，中国外汇收支仍面临较大的净流入压力，外汇管理局把减缓银行结售汇顺差过快增长摆在更加突出的位置，加快转变外汇管理理念和方式，继续严厉打击热钱等违法违规资金和跨境套利资金流入以及违规收结汇，以防范和打击热钱流入、稳步推进进出口核销制度改革为重点，促进国民经济平稳较快发展；同时，采取积极措施，鼓励和便利购付汇，抑制市场主体套利性跨境资产运作，减缓结售汇顺差过快增长；对合法合规的外汇资金流动，继续给予政策便利。

目前，我国热钱流入的压力仍然很大。尽管有关管理部门不断打击，但是事实上很多热钱还是可以从贸易渠道或者通过其他渠道进入，甚至现在中国在国外的一些侨民汇过来的款都带有热钱的性质。中国人民银行有关数据显示，2011 年 10 月份我国新增外汇占款达到 5 190 亿元，创 30 个月来新高。巨额的外汇占款进一步加大了国内货币的投放量，增加了物价持续上涨的压力。

中国社会科学院世界经济与政治研究所研究员张明认为，在经历了 2011 年年中欧洲债务危机后，新兴市场再度成为国际游资流动的主要目的地，而 10 月份美联储第二轮量化宽松货币政策的开启，让游资涌入的脚步明显提速，这直接成为 10 月份我国外汇占款激增的重要原因。

三、使用说明

在中国目前经济快速增长的环境下，热钱流入是不可避免的。本案例对热钱及其相关概念进行了介绍，同时分析了主要国家在处理热钱问题时的具体做法。案例配合热钱、投资以及货币政策相关的经济学理论使用，旨在引领读者对热钱流入我国的现象进行深入的认识和思考。

思考题

1. 何为热钱？热钱流入对一个国家经济有什么影响？
2. 联系我国经济环境，分析目前我国应对热钱流入的措施。

参考文献

1. 王朝阳，史运昌. 热钱流入的规模、效应及对策研究. 吉林金融研究，2011（1）
2. 吴洁仑. 热钱流入对我国的影响及对策. 经济前沿，2008（11）
3. 王毅. 我国热钱流入规模及影响因素的分析与思考. 金融发展评论，2011（5）
4. 外汇局：严打跨境资金违规流动 对“热钱”流入保持高压. 中国经济网，2011-11-21
5. 李丹丹. 外汇局出台新规 严厉打击热钱违规流入. 上海证券报，2010-11-10
6. 凶猛热钱是如何进入中国的. 网易财经. http://money.163.com
7. 热钱加速流入中国. 现代金报，2010-11-28

案例 43

财政政策和货币政策的尴尬：需求管理的政策失效了吗？

一、概要

财政政策和货币政策都属于需求管理的政策，都属于凯恩斯主义的理论范畴。在1998年初，面临亚洲金融危机，中国经济出现较大下滑。人们忧心忡忡，经济学家急忙从各种教科书中寻找药方，于是他们想到了挽回20世纪30年代美国经济大萧条的英雄。中国经济界开始大谈罗斯福新政和凯恩斯主义。然而，有人认为经过两年的政策实施，中国的经济状况并没有预期的那么好，凯恩斯主义在中国的神通没有在美国那样大。有人戏称，凯恩斯在中国"水土不服"。那么中国宏观调控的效果如何呢？特别是在2007年面对美国次贷危机引发的全球金融、经济危机，基于凯恩斯主义理论基础上的中国宏观调控效果究竟如何？中国未来促进经济增长的措施又将如何？凯恩斯主义在中国还会有效吗？通过这一章的知识点和案例的学习，读者将对凯恩斯主义获得一个全面的认识和理解。

二、案例内容

（一）凯恩斯主义

凯恩斯主义是建立在凯恩斯《就业、利息和货币通论》思想基础上的经济理论，主张国家采用扩张性的经济政策，通过增加需求促进经济增长，即扩大政府支出，实行财政赤字，刺激经济，维持繁荣。凯恩斯主义的核心在于扩大需求，通过扩大政府的需求来实现经济的增长。

凯恩斯主义的辉煌，来源于其较好地解救了20世纪30年代美国因有效需求不足而引起的经济大萧条。当时，以农产品价格下跌为起点，不管是欧洲、美洲还是澳大利亚，农业衰退导致了金融的崩溃，而金融的崩溃又进一步恶化了农业。尤其在美国，一股投机热导致大量资金从欧洲抽回，随后在1929年发生了令人恐慌的华尔街股市暴跌。资本的短缺，在所有工业化国家中，都带来了出口和国内消费的锐减；市场的衰退影响了生产流通的各个方面，造成了大量的失业。根据1932年的统计数据，美国有1 370万失业人口，同期德国的失业人口是560万，英国为280万。

1929—1933年资本主义世界大危机是资本主义有史以来最严重的一次危机，与以往的历次危机相比，它的持续时间长达5年，实际上造成了长期萧条的局面。同时，这次危机所造成的生产下降、失业增加，都是以往的危机所难以相比的。1932年，整个资本主义世界的工业生产比1920年下降了三分之一以上；在五年时间里，整个资本主义世界总失业人数由1 000万增加到3 000万，加上半失业人数共达4 000万～5 000万人，其中美国的失业率接近25%。这次危机使整个资本主义世界的工业生产倒退到1908—1900年的水平，英国甚至倒退到1897年。

面对这场空前的大危机，主张市场自我调节的自由主义学派一筹莫展，市场经济自发机制造成了生产过剩、供过于求的痼疾。而英国经济学家约翰·梅纳德·凯恩斯提出了一系列有关市场有效需求不足和政府干预经济的理论。他认为，在市场需求不足的情况下，政府有义务提高居民的购买能力，刺激消费；同时，当企业丧失投资能力的时候，政府也必须担当起投资的责任。凯恩斯认为在经济萧条时期，政府应当减少税收、增加支出，不惜以财政赤字的代价来刺激经济的膨胀。

从1929年开始，美国政府的总支出约为100亿美元，1933年增加为130亿美元，到1936年增加到150亿美元。在政府投资的带动下，民间投资也逐渐增加。经过政府三年刺激之后，国民总所得额与国民总消费额上升了50%。但150亿美元的投入仍然没有解决当时900余万人失业的困境；直到第二次世界大战期间政府投资扩大到1 030亿元，就业问题才得以缓解。在二战以后，美国经济进入了黄金时期，这说明了凯恩斯的需求管理政策对美国经济从大萧条中复苏，起到了至关重要的作用。

（二）流动性陷阱

流动性陷阱是凯恩斯提出的一种假说，指当一定时期的利率水平降低到不能再低时，人们就会产生利率上升而债券价格下降的预期，货币需求弹性就会变得无限大，即无论增加多少货币，都会被人们储存起来。发生流动性陷阱时，再宽松的货币政策也无法改变市场利率，使得货币政策失效。

经济学家曾经一度认为流动性陷阱只是一个假设，在现实生活中是不存在的。但是20世纪90年代以来，日本经济的绝大多数特征都印证了流动性陷阱的存在。事实上，在此十多年的时间内，日本经济经历了通货紧缩和流动性陷阱的恶性循环，一方面，由于通货紧缩，实际利率提高、储蓄率上升、投资减少、消费委靡，这些因素引发了流动性陷阱；另一方面，流动性陷阱又进一步恶化了通货紧缩。

（三）凯恩斯理论在中国

1997年爆发了亚洲金融危机，受其影响，1997年夏天，我国出现市场疲软，连续几次降息对刺激消费毫无成效。中国经济学家想起了凯恩斯曾经说过的话：为了刺激经济，货币政策作用不大，得靠财政政策，因为你能“用绳子拉动，却不能用绳子推动”，因此需要采取积极的财政政策，运用财政或准财政手段加大政府对公共基础设施的投资，公共性投资主要靠政府发行债券筹集资金。

从 1997 年 10 月开始，中国物价水平开始负增长，经济不景气度进一步加剧。1998 年春天，积极的财政政策的主张被政府采纳，到 1998 年下半年，扩张性财政政策已付诸实施，当年国家财政直接投资 1 000 亿元。1999 年，政府又进一步扩大了财政直接投资。为了获得充沛的投资资金，政府在 1998 年初计划发行国债 2 808.5 亿元，下半年又追加了 1 002.5亿元；1999 年初计划发行国债 3 415 亿元，后又增加 600 亿元。政府在扩大投资的同时，还努力提高居民收入以刺激消费，1999 年国家财政为增加居民收入共支出 540 亿元，使全国 8 400 万人受益。

凯恩斯理论对治理中国的通货紧缩起了一定的作用，它阻止了经济继续下滑。有关研究表明，1999 年新增国债投资拉动经济增长 2 个百分点。

但是，短期内国家经济还是没有走出不景气的阴影，失业率居高不下，物价连续 26 个月负增长，企业经济困难。凯恩斯的根本目标是扩大投资，刺激消费，恰恰在这两点上效果不佳。政府投资没有带动民间投资，而投资恰恰是拉动需求最重要的力量之一。统计资料显示，从 1991 年到 1998 年这八年间，年固定资产投资增长率分别为 23.9%、44.4%、61.8%、30.4%、17.5%、14.8%、8.8%、14.1%，1999 年 1—8 月为 10.4%。1999 年 9 月，国有及其他经济类型固定资产投资（不包括城乡集体和个体投资）增长幅度为－2.8%，其中基本建设投资增长－7.3%；10 月开始回升，但回升乏力，到 11 月，固定资产投资仅增长 5.9%。其中，基本建设投资仅增长 0.1%。

民间投资之所以没有被带动起来，最根本的原因还是投资者缺乏利润驱动，商品过剩、库存积压，企业没有投资的动力。总体来说是需求不足抑制了投资。研究表明：2000 年内需不足缺口为 1 800 亿～2 000 亿元。中国经济因此陷入了一个恶性循环，需求不足抑制了投资，投资不足又无法拉动需求，二者周而复始。

需求管理政策在中国收效甚微，这与中国的具体经济环境不无关系。最显而易见的原因就是中国收入差距过大。虽然政府投入大量精力提高居民收入，但高收入人群的消费实力已经远远超过其消费欲望，而低收入人群，即使享受到了国家刺激消费的政策，其消费能力也无法满足需求。国家统计局数据显示，1978 年我国农村居民家庭人均年收入与城镇居民家庭人均年可支配收入的差距为 209.8 元；而到 1997 年，这一差距上升到了 3 070.2元。1978 年，城乡居民储蓄年末差额仅为 99.2 亿元，到 1996 年这一差额升至 23 179.5亿元，也就是说，占全国总人口 29.1%的城镇居民拥有了全国储蓄总额的 80.1%，而占全国总人口数 70.9%的农村人口，其储蓄只占全国总额的 19.9%。低收入自然决定了低消费，农村居民的消费额与城镇居民的消费额，一直处在 1 比 3 左右。同时，在城市居民中，占人口 20%的低收入层和占人口 20%的高收入层差别也是很大的。就家庭年收入而言，后者相当于前者的 4 倍。

其次，中国的市场经济体制与美国是存在差别的。美国从建国起就开始实行市场经济，私人企业在美国非常发达，政府和企业实现了真正的相互独立；而在中国，市场经济体制还处于摸索完善的过程中，中国的公有制经济决定了大多数资金掌握在国家手中。两国之间的经济环境差异决定了凯恩斯主义在两国间实施起来效果的差异。美国的私人企业对利率是非常敏感的，仅仅 0.25%的微调，都会产生明显的市场效果，这在中国是不容易实现的；又如，美国以私有经济为基础，民间有大量资金，中国是以公有经济为主体，民间资金没有美国那么多。这就很好地解释了为什么政府投资在中国没有带动民间投资。在美国，企业以私有制为主，企业主都是自负盈亏的。而中国的企业中，吃“大锅饭”的现象还不同程度存在。并且，中国国企与银行、政府之间有着千丝万缕的联系，政府职能还没完全转变，政企不分的问题还没有解决，官员还是以追求虚的政绩为目标，对投资的效果不负责任的问题还没有根除。盲目投资、重复建设难以避免。近年来我国还出现了另外一种现象，即把扩大内需搞成简单的总量扩张，不加控制地实行货币和财政双扩张的政策，通过大量投入来换取 GDP 的增长。

（四）中国经济增长方式的转变

中国宏观经济增长的一个典型特征就是持续的高储蓄率、高投资率和低消费率。2000 年至 2003 年，中国的最终消费率分别为 61%、59.8%、58%、55%，比世界平均水平低 20%左右，与此同时，中国的投资率却比世界平均水平高出 20%左右。尤其是 2001 年以来，投资率在高位上持续上升，2004 年已经达到 43.9%，2005 年也在高位运行，而储蓄率也已达到 50%以上，储蓄存款的增长持续超出企业贷款的增长。纵观改革开放 30 多年来，这样高的投资增长率和国民储蓄率一直如影随形，从历史视野看，如此之高的储蓄和投资率，甚至远高于任何早期的高投资增长模式的国家，在世界各国中都极其少见。当前，中国经济已处于一个微妙的新的历史时期，经济增长的难度日益加大，而各种各样的风险却在不断累积。

投资、外贸和消费是拉动经济增长的“三驾马车”。中国投资和外贸多年来保持较高的增长速度，居民消费需求却相对不足，经济增长过度依赖投资和外贸。2006 年固定资产投资和出口差不多占到中国 GDP 的 80%，这是不可持续和不平衡的；2007 年初的趋势不容乐观，2 月出口比同期上升了 51.7%，也没有看出放慢的迹象。如果投资速度这样继续下去，中国经济将加剧产能过剩，最终导致通货紧缩，这样的出口增速也会面临贸易大国的保护主义风险。一旦国际需求大幅下降，或投资锐减，在城乡居民消费不足的情况下，中国经济必然会受到很大影响。

为保障国民经济持续、健康、稳定增长，避免大起大落，“十一五”规划作出了经济增长方式必须转变的重大战略决策。其中一项非常重要的内容是处理好内需与外需的关系，引导国民经济从“外需依赖型”转向“扩大内需型”；而在“扩大内需”的方向上，又要着力从“投资拉动”转向“消费拉动”。

我国的消费率偏低有许多原因，既与我国现阶段经济发展水平有关，也和消费环境不成熟有关。大致有以下几个方面的原因：

一是国民财富水平基数低，增长慢。如果仅看北京、上海、广州、深圳等城市，似乎中国国民财富与发达国家的差距已经很小，富裕程度很高。但是，实际上，2009 年全球 70 亿人口，人均 GDP 4 300 美元，而中国人均 GDP 只有 3 800 多美元；2009 年全球城市化率为 50%，就是一半人住在城市，一半住在农村，而中国的城市化率是 46%。

二是居民收入分配差距不断扩大；如前所述，中国城乡之间、城乡各自内部、地区之间居民收入差距都较大。而且改革开放 30 多年来，城乡居民收入差距呈不断扩大的趋势。

其他像社会保障体系不完善，未来不确定性因素增加，居民加大预防性储蓄及消费政策和环境不成熟，使得新兴主导消费品价格长期居高不下等，也导致我国消费率偏低。

为了扩大内需，国家从增加居民收入和缩小城乡差距等方面作出了巨大的努力。2006年中央实施了新农村建设，当年的中央一号文件明确要求，加快乡村基础设施建设。指出，在巩固人畜饮水解困成果基础上，加快农村饮水安全工程建设，优先解决高氟、高砷、苦咸、污染水及血吸虫病区的饮水安全问题。有条件的地方，发展集中式供水，提倡饮用水和其他生活用水分质供水。同时，加快农村能源建设步伐，在适宜地区积极推广沼气、秸秆气化、小水电、太阳能、风力发电等清洁能源技术。从2006年起，大幅度增加农村沼气建设投资规模，有条件的地方，加快普及户用沼气，支持养殖场建设大中型沼气池。以沼气池建设带动农村改圈、改厕、改厨。同时，完成了一批农村电网改造的续建配套工程。加强小水电开发规划和管理，扩大小水电代燃料试点规模。此外，大力加强农村公路建设，基本实现了全国所有乡镇通油（水泥）路，东、中部地区所有具备条件的建制村通油（水泥）路，西部地区基本实现了具备条件的建制村通公路。按照建管并重的原则，逐步把农村公路等公益性基础设施的管护纳入国家支持范围。这一系列举措的实质就是基于农村基础设施建设而激发农村消费。

同时，为了鼓励居民消费，国家还加强了社会保障的力度，以保证居民消费得放心、安心。“十一五”期间，我国社会保障制度建设取得突破性进展，社会保障体系基本覆盖到城乡居民。从2007年开始，我国开始城镇居民基本医疗保险试点，“一老一小”有了医疗保障。2009年，新农保起步，实现了从无到有的跨越。农民在60岁后首次享受到国家普惠式的养老保障。农民在实现“种地不交税、上学不付费、看病不太贵”后，又实现了“养老不犯愁”。2010年，《中华人民共和国社会保险法》颁布，国务院修订了《工伤保险条例》。社会保障领域的法律法规更加完善。

人力资源和社会保障部有关负责人表示，“十一五”时期，我国填补了多项社会保障制度建设的空白，成为新中国成立以来社会保障体系建设推进最快的时期，为保障和改善民生、促进经济社会和谐发展发挥了重要作用。

在健全体制的同时，我国还加大了社保的覆盖面。到2010年底，全国养老保险参保人数已达2.57亿，与2005年相比，增长46.8%；全国城镇基本医疗保险参保人数4.32亿，比2005年增长213.5%；城镇基本医疗保险加上新农合，总人数超过12.6亿人，新型农村社会养老保险人数达1.43亿人。各级社保经办机构管理服务的参保总人数已超过12.5亿人次。相比“十五”末期，城镇企业职工退休保险在2010年达到全国人均1 400元，新农合的补助标准从每人每年40元提高到120元。社保实现了质和量的双增长。

从本轮经济危机中我国政府的宏观调控可以很明显地看出，与1998—2004年长达6年的扩张性政策调控不同，2007年以来的经济危机中，我国政府采取了需求管理（凯恩斯主义政策）和供给管理（非凯恩斯主义政策主张）并重的政策组合，供给管理的政策主要是：实现结构调整、促进技术进步、促进经济增长方式的转变。

总体来看，为了避免凯恩斯主义理论和政策的弊端，在本轮调控中，政府已经逐渐由单一的凯恩斯主义的政策向综合的总供求管理相结合的政策转变，从而实现了较好的宏观调控。

三、使用说明

随着中国经济发展进入新时期，如何看待拉动经济发展的动力，变得尤为重要。这关系到能否制定正确的政策引导经济顺利实现转轨。凯恩斯主义对财政政策和货币政策以及需求管理政策的理解，在中国的实际经济环境中可能并不完全适用，而且凯恩斯主义政策主张，在20世纪70年代第二次全球经济危机后，在滞胀普遍出现后，受到诸多质疑。实际上，在中国的经济和社会发展中，各种优势和制约因素不是简单地用财政政策和货币政策就能解决的。我国长期存在的结构性矛盾才是影响经济运行的重要因素。本案例通过对相关理论和中国实践的介绍，引发读者对中国现实生活中的经济问题及有效对策寻求的关注。

思考题

1. 凯恩斯主义发挥作用的背景是什么？
2. 如何看待中国现阶段的货币政策和财政政策？

参考文献

1. 中国社会保障体系趋完善　民众幸福指数不断提升．人民日报，2011-03-16

2. 我国将加快水、气、电、路等乡村基础设施建设．新华网．http://www.xinhuanet.com

3. 流动性陷阱．MBA智库百科．http://wiki.mbalib.com

4. 赵晓．中国经济增长方式亟待转变．北方经济，2006（7）

5. 李伟．凯恩斯主义失效、需求管理政策失衡抑或金融深化后遗症．金谷地投资，2011-11-03

6. 李晓西．日本经济的“流动性陷阱”．宏观经济学案例．北京：中国人民大学出版社，2007

案例 44

1998 年以来中国的两轮经济刺激方案：有什么不同?

一、概要

改革开放以来，随着中国经济的增长，我国越来越多地参与到国际经济事务中，影响力日趋增大，同时，这也意味着我们不再像改革以前能够独善其身，全球经济的变化会影响到我国自身的经济增长。自 1992 年我国提出建立社会主义市场经济体制以来，面对国外经济形势的变化，我国共经历了两次比较严重的经济衰退，分别是受 1997 年亚洲金融危机和 2007 年美国次贷危机的冲击，亚洲金融危机重创了东南亚经济，而次贷危机对中国的实体经济也产生不小的影响。为了应对这两次危机，我国政府开始运用市场化的手段调控经济，取得了较好的成效，将经济危机的影响降到最低。本案例对 1998 年以来中国的两轮应对危机的刺激方案进行回顾。

二、案例内容

（一）亚洲金融危机与 1998—2004 年的经济刺激方案①

1997 年面临亚洲金融危机的影响，我国提出了实施积极的财政政策和稳健的货币政策这一扩张性的调控措施，一直持续到 2004 年。

1997 年 7 月 2 日，从泰国开始爆发了亚洲金融危机，危机对其他国家经济的影响很快在中国反映出来。亚洲金融危机发展的广度和深度及对我国的影响程度，比预料的更为严重。金融风暴给此时正推进改革开放和现代化建设的中国造成了强烈的冲击。例如，1997 年中国外贸出口增长的速度是 20%以上，而 1998 年，中国外贸出口的增长速度只有 0.5%，也就是零增长。同时，中国经济从 1992 年以后实行宏观调控，过热的经济得到了控制，经济增长速度逐步下降，但是到了 1998 年的时候，我国经济已经表现出失速，出

① 有关金融危机和次贷危机的内容不再详述，请读者参考案例 26。

现了通货紧缩的现象。面对这样的国内外经济发展的态势，我国政府果断地出台了积极的财政政策，即积极的财政政策和稳健的货币政策（见表44—1），同时把“扩大内需，刺激总需求”作为我国经济工作的总方针。1998年11月党中央、国务院召开全国金融工作会议，提出了加快金融体制改革，整顿金融秩序，防范金融风险的一系列重大改革措施。中共中央很快批准转发了《关于应对东南亚金融危机，保持国民经济快速健康发展的意见》。

表44—1　　1998年以来我国宏观经济政策的组合

时期	政策组合
1998—2004年	积极的财政政策和稳健的货币政策
2005—2007年	稳健的财政政策和货币政策
2008年	稳健的财政政策和从紧的货币政策
2009—2010年	积极的财政政策和适度宽松的货币政策
2011—2012年	积极的财政政策和稳健的货币政策

1. 扩大内需，刺激消费，促进经济增长

特别是加大基础设施建设投入，支撑经济持续快速增长。为此，中共中央发出了指导性文件，调整投资计划，扩大投资规模。全社会固定资产投资增长幅度由原来的10%调整到15%以上，集中力量加快了铁路、公路、通信、环保、城市、农林水利等基础设施建设。同时加大投资力度和投资领域，增加国家直属储备粮库、城乡电网、城市经济适用住房及生态环境建设的投资。在此轮的经济刺激方案中，政府完成了大量的跨省、跨区域的公共工程，包括长江三峡、京九铁路、西气东输、西电东送、青藏公路、全国各地的高速公路和机场码头等。

实施了扩张性的财政政策。财政政策是政府变动税收和支出以便影响总需求进而影响就业和国民收入的政策。经济萧条时，政府采用减税和扩大公共基础设施建设，给个人和企业多留些可支配收入，以刺激消费需求从而增加生产和就业。经全国人大常委会批准调整预算，中共中央财政发行1 000亿元十年期国债，补充和增加基础设施建设项目资金，将中央财政赤字由年初预算的460亿元扩大到960亿元。

货币政策是政府通过银行体系变动货币供给量来调节总需求的政策。在经济萧条时，增加货币供给，降低利息率，刺激私人投资，进而刺激消费，使生产和就业增加。中央银行一方面下调存款准备金，仅1998年一年就下调了5个百分点，从13%降至8%；另一方面，降低银行利率，利率一连降了九次。不仅如此，为刺激消费，1999年起央行又推出消费信贷，鼓励人们购房买车，以刺激消费需求。还加大了出口信贷力度，支持外贸企业优化出口商品结构、扩大对欧美等国家的出口。

2. 维护人民币汇率稳定，推动经济发展

在金融危机后，周边许多国家的货币对美元纷纷贬值。而中国政府坚持人民币不贬值，主要原因一是中国要担负大国责任；二是中国的出口结构不同于周边国家，出口会受影响，但无大碍；三是可迫使国内企业实行产业结构调整与升级。我国果断加大对骗汇、套汇、逃汇的打击力度，大大增加了国内外投资者对中国经济的信心，向国际社会展示了一个负责任大国的良好形象。

3. 加快金融体制改革，防范和化解金融风险

首先，我国大刀阔斧地改革金融监管体系。1998年，中央金融工委和金融机构系统党委成立，加强对金融机构党组织及干部专项管理。1998年11月8日成立中国保险监督管理委员会，把保险业监督管理职能从中国人民银行分离出来，标志着我国分业监管体制正式形成，奠定了我国银行业、保险业、证券业“分业监管、分业经营”的雏形。中央银行改革了管理体制，人民银行撤销了省级分行，跨行政区设立9个分行，有利于加强金融监管的独立性和监管力度，摆脱地方政府部门的干预。其次，改革了实行多年的贷款规模管理，逐步推行资产负债比例和风险管理，根据《贷款风险分类指导原则》，开始对银行业推行贷款5级分类方法，有利于保证商业银行坚持《巴塞尔协议》8%的核心资本充足率，减少不良资产，全面提升银行的风险意识和风险管理能力，鼓励银行投资和改善风险管理系统，以获得更强的核心竞争力，取得更高的收益。再次，改革了存款准备金制度，建立贷款呆账准备金制度，提取普通呆账准备金，并根据贷款分类的结果，提取专项呆账准备金，将商业银行的存款准备金和备付金两个账户合二为一。这使得中央政府利用货币政策进行宏观调控的工具变量更加规范化和制度化。

这一系列扩大内需的措施，为实现经济增长打下了坚实的基础。1998年第三季度国内生产总值同比增长7.6%，比第二季度快0.8个百分点，出现了五年多来由降转升的转折点，经济回升的势头进一步加快，全年实现了7.8%的增长目标，在世界经济增长下降，周边许多国家经济衰退的情况下，这是非常了不起的成就。

据国家统计局统计，在1998年我国积极的财政政策拉动经济增长的速度是1.5个百分点，1999年拉动2个百分点，2000年拉动1.7个百分点，2001年拉动了1.8个百分点。到2004年，我国总体经济状况达到一个新的水平。国内生产总值达到13.65万亿元，比上年增长9.5%；全社会固定资产投资完成7.01万亿元，增长25.8%。通过积极的财政政策和稳健的货币政策，充分发挥国债投资的带动作用，积极启动民间投资。2004年发行长期建设国债900亿元；外贸进出口总额11 548亿美元，增长35.7%。实际吸收外商直接投资606.3亿美元，增长13.3%；财政收入继续增加，金融运行保持平稳。全国财政收入2.64万亿元，增长21.4%；支出2.85万亿元，增长15.6%，财政赤字2 131亿元。在防范和化解金融风险的同时，金融对经济增长和结构调整的支持力度加大。到2004年底，全部金融机构贷款余额为18.9万亿元，增长14.4%，国家外汇储备达到6 099亿美元。年末城镇登记失业率4.2%；环境保护和资源合理开发利用取得成效，可持续发展能力增强。

总之，我国政府把扩大内需与利用外需相结合，把促进经济增长与提高经济效益、调整结构相结合，积极的财政政策与灵活的货币政策相结合，发展与改革相结合。经过这次金融危机，中国政府积累了宏观调控的宝贵经验。这使我国成功地渡过亚洲金融危机，并取得了经济的持续稳定发展。

（二）全球经济危机和新一轮（2009—2010年）经济刺激方案

到2004年我国积极的财政政策和稳健的货币政策实行了六年，对刺激总需求发挥了巨大的作用。从2005年开始我国的宏观调控进行了调整，实行了“双稳健”的政策，静

观形势。但由于1998—2004年刺激经济的政策影响，以及政策滞后的效应，到2007年我国显现出通胀的苗头。2004年以来我国经济的具体表现见图44—1和表44—2。统计表明：2005年我国CPI为1.8%，2006年为1.5%，基本稳定。但受2006年第四季度粮食涨价，以及2007年四五月份食用植物油、猪肉价格上涨的影响，2007年以来价格总水平明显提高，5、6、7三个月的CPI同比涨幅分别为3.4%、4.4%和5.6%。7月份物价涨幅创近十年来月度最高。在此背景下，央行决定2007年8月22日起再次上调金融机构存贷款利率，这已是2007年央行第4次加息，到8月份为止2007年共6次提高了存款准备金率。

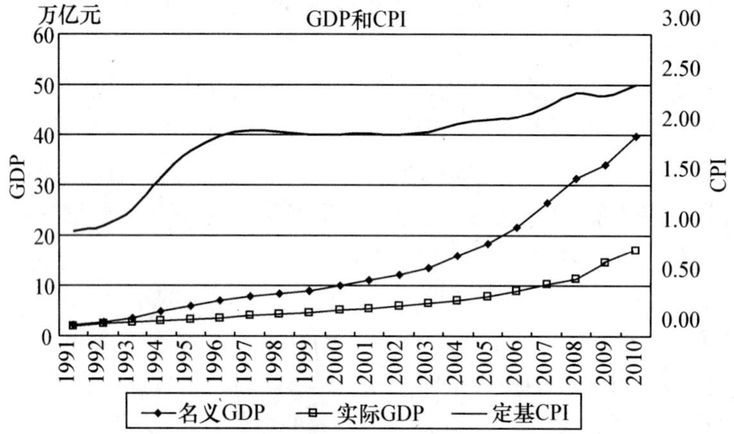

图44—1 1991年以来我国的名义GDP和实际GDP以及CPI

注：1990年为基期。

从国外来看，2007年4月2日，美国最大次级债发行商新世纪申请破产保护，标志着美国次级房贷市场危机爆发。从此，次级债券公司接二连三地损失，损失累计起来大大超过社会信心所能承受的临界点，恐慌情绪迅速蔓延，不但次级债券被抛售，其他级别债券也被抛售，问题资产被贱卖，隔夜拆借利率飙升，美元融资成本上升，利率互换成本上升，支付链条断裂，市场上流动性极其短缺，美元需求达到了白热化程度。华尔街五大投资银行中，贝尔斯登和美林证券相继被银行收购，雷曼兄弟破产倒闭，而剩下的高盛、摩根士丹利也因形势所迫转型为银行控股公司。这标志着金融危机在美国全面爆发。

在美元效应和全球金融体系、贸易体系的传导下，金融危机迅速在全球蔓延。世界上许多国家和机构投资者，由于大量持有美国的国债、股票及其他金融资产，次贷危机爆发后，遭受了巨大的损失。作为世界上最大的贸易国，受次贷危机的影响，美国进口需求减少，造成以往同美国有直接贸易关系的国家出口减少，出口企业的利润快速下降，一些出口企业甚至亏损、倒闭。进而此次金融危机向实体经济领域蔓延，形成全面的经济危机。

从2008年下半年开始，全球经济出现大幅度下滑，具体表现为房地产市场下滑，信贷市场、债券市场紧缩，股票市场剧烈波动，就业市场不景气，失业人数增多，人们的投资、融资活动减少，消费支出减少，信用卡违约增加等。

为此，2008年10月17日，温家宝总理主持召开国务院常务会议，安排部署第四季度经济工作。这次会议被认为是在当时全球金融危机下对中国经济未来走向的定调，确立了“保增长”这一宏观调控的首要任务。会议安排部署了10个方面的工作，其实质为保证“内需、外贸和投资三驾马车”。中国政府在2008年底出台了刺激经济的方案，计划2009年和2010年两年内增加4万亿元投资（中央投资1.8万亿元，带动全社会投资4万亿元），重点发展保障性安居工程、农村基础设施、铁路公路和机场等重大基础设施、医疗卫生和文化教育事业、生态环境建设、自主创新和结构调整、地震灾区灾后重建、提高城乡居民收入、实施增值税转型改革、鼓励企业技改和加大金融对经济增长的支持力度等。在政策取向上，实行积极的财政政策和适度宽松的货币政策。

在政府的宏观调控政策作用下，中国经济取得了很好的成绩（见表44—2）。

表44—2　　2003—2012年中国经济计划和实际表现

	2003年		2004年		2005年		2006年		2007年	
	计划	实际	计划	实际	计划	实际	计划	实际	计划	实际
GDP总量（亿元）	—	116 694	—	136 515	—	182 321	—	209 400	—	246 619
经济增长率（%）	7	9.1 (10)	7	9.5 (10.1)	8	9.9	8	10.7	8	11.4
新增城镇就业岗位（万个）	800	859	900	980	900	970	900	1184	>900	1 204
城镇登记失业率	4.5%	4.3%	4.7%	4.2%	4.6%	4.2%	4.6%	4.1%	<4.6%	4.0%
居民消费价格总水平	1%	1.2%	3%	3.9%	4%	1.8%	3%	1.5%	3%	4.8%
外贸进出口总额增长	7%	37.1%	8%	35.7%	15%	23%	15%	23.8%	—	23.5%
发行长期建设国债（亿元）	1 400	1 400	1 100	900	800	800	600	600	500	500
全社会固定资产投资增长率	12%	26.7%	15%	25.8%	16%	25.7%	18%	24%	20%	24.8%
全国财政预算收入（亿元）	20 501	21 691	23 570	26 356	29 255	31 628	35 423	39 344	44 065	51 304
全国财政预算支出（亿元）	23 699	24 607	26 768	28 361	32 255	33 708	38 373	40 213	46 515	49 781
广义货币供应量（M2）增长率	16%	19.6%	17%	14.6%	15%	17.6%	16%	16.9%	16%	16.7%
狭义货币供应量（M1）增长率	16%	18.7%	17%	13.6%	15%	11.8%	14%	17.5%	—	21.0%
现金投放（亿元）	1 500	2 468	<1 500	1 722	—	—	—	—	—	3 303

	2008年		2009年		2010年		2011年		2012年
	计划	实际	计划	实际	计划	实际	计划	实际	计划
GDP总量（亿元）	—	314 045	—	335 353	—	397 983	—	471 564	—
经济增长率（%）	8%	9.0%	8%	8.7%	8%	10.3%	8%	9.2%	7.5%
新增城镇就业岗位（万个）	1 000	1 113	900	1 102	900	1 168	900	1 221	900
城镇登记失业率	4.5%	4.2%	≤4.6%	4.3%	≤4.6%	4.1%	4.1%	4.6%	4.6%
居民消费价格总水平	4.8%	5.9%	4%	−0.7%	3%	3.3%	5.4%	4%	4%
外贸进出口总额增长	—	17.8%	8%	−13.9%	8%	34.7%	22.5%	10%	10%
发行长期建设国债（亿元）	300	—	—	—	—	—	—	—	—

续前表

	2008年		2009年		2010年		2011年		2012年
	计划	实际	计划	实际	计划	实际	计划	实际	计划
全社会固定资产投资增长率	—	25.5%	—	30.1%	20%	23.8%	18%	23.6%	16%
全国财政预算收入（亿元）	58 486	61 300	66 230	68 500	74 030	83 000	88 910	103 740	113 600
全国财政预算支出（亿元）	60 786	62 593	76 235	76 299.9	84 530	89 000	97 910	108 930	124 300
广义货币供应量（M2）增长率	16%	13.7%	17%	27.7%	17%	19.7%	13.6%	14%	14%
狭义货币供应量（M1）亿元	—	166 217	—	220 001	—	266 201	—	—	—
现金投放（亿元）	—	3 844	—	10 634	—	6 381	—	—	—

资料来源：根据历年“两会”相关报告等整理。

对比1998—2004年长达六年的扩大内需、刺激总需求的政策和2008年以来新一轮的扩大内需和刺激总需求的政策，有以下两方面的特点：

第一，1998—2004年的政策组合是积极的财政政策和稳健的货币政策，2009—2010年为积极的财政政策和适度宽松的货币政策。可以看到，前一轮（1998—2004年）的宏观调控主要依靠财政政策，而后一轮（2009—2010年）的调控将货币政策也逐步纳入调控的重要措施之一，由原先的“稳健”转变为“适度宽松”。这主要也是由于在2004年之前我国的金融市场改革还没有很好地推开，市场化程度还不是很高。但到后一轮调控时，我国的货币市场、金融市场和外汇市场等都有了很大改革，取得了很好成效，金融市场化程度日益提高，因而政府适时提出了适度宽松的货币政策。

第二，前一轮的宏观调控中的财政政策，主要是政策力度较大的、乘数效果明显的政府购买，其间政府实施了很多公共工程，包括：长江三峡、京九铁路、西气东输、西电东送、南水北调、青藏公（铁）路，全国各地到处建设的高速公路、车站、码头和机场等。这些都是作用力度很大的政策措施，其目标是尽可能在较短的时间内促进经济增长，从而带动就业，提高居民收入，促进经济良性循环；而后一轮的宏观调控，很明显重点放在“民生”问题上，主要是政府的“转移支付”项目，包括灾后重建以及对弱势群体、对“三农”领域、对环境保护和节能减排的诸多投资项目，总体来看本轮调控的措施主要是乘数效果较小、刺激经济作用较小的措施。当然，这一轮调控中政府也进行了较多的铁路建设，但与上一轮调控对比，本轮调控的刺激经济的力度没有上一轮那么大。这主要是由于本轮的宏观调控不是一味地追求在很短的时间内恢复经济，而是把恢复经济和结构调整紧密结合在一起，把“保增长、调结构、保民生、促稳定”结合起来。

（三）我国下一步宏观经济政策的走向

到2010年中国经济基本从金融危机的萧条阴影中走出，我国经济达到一个新的水平。GDP达到39.8万亿元，比上年增长10.3%；全社会固定资产投资27.8万亿元，比上年增长23.8%，超过预期目标3.8个百分点。两年新增4万亿元投资计划圆满完成。内需持续扩大，增长的拉动力趋向协调。扩大消费的各项政策取得积极成效，消费需求潜力进一步释放。社会消费品零售总额156 998亿元，比上年增长18.3%，超过预期目标3.3个百分点。通过积极的财政政策和适度宽松的货币政策，全年国家财政收入 8.3 万亿元，增长 21.3%，财政赤字比预算减少 500 亿元。广义货币供应量（M2）增长 19.7%，新增人民币贷款 7.95 万亿元，金融对经济增长和结构调整的支持力度加大。但在此轮刺激经济的方案下，中国又出现了通货膨胀的苗头，为此，从 2011 年开始政府又将治理通货膨胀作为重要目标。

2011 年，政府明确提出以加快转变经济发展方式为主线，实施积极的财政政策和稳健的货币政策，增强宏观调控的针对性、灵活性、有效性，加快推进经济结构调整，大力加强自主创新，切实抓好节能减排，不断深化改革开放，着力保障和改善民生，巩固和扩大应对国际金融危机冲击成果，保持经济平稳较快发展，促进社会和谐稳定。2011 年宏观经济政策的具体目标为：GDP 增长 8%左右，经济结构进一步优化；城镇新增就业 900 万人以上，城镇登记失业率在 4.6%以内；城乡居民收入稳定增长；居民消费价格总水平涨幅 4%左右；国际收支状况继续改善。

从未来中国经济的走向看，中国将继续坚持科学发展观，强调经济增长过程中的资源和环境保护，同时，将促进社会公平和平衡发展作为经济社会长期发展的目标，把代表群众利益的民生问题置于各项工作的首位。在战略上，将不断“走出去”，加强国际合作，充分利用世界市场解决中国的国内问题。

三、使用说明

1. 适用范围。本案例适用于萧条经济背景下，政府刺激经济增长的分析。主要基于凯恩斯的理论。与宏观经济学的 $IS-LM$ 模型相配合。

2. 目的。明确政府宏观调控的货币政策和财政政策的适用情况，掌握具体的财政、货币政策的实施，以及各种宏观调控政策对宏观经济的影响，认识到不同宏观政策适用的不同经济背景。

思考题

1. 从两轮刺激经济的宏观调控中，可以看出政府的目标差异，请进行分析。
2. 两轮刺激经济的宏观调控中，政府所使用的政策工具有何异同?
3. 未来在贸易领域政府应该采取何种战略?

参考文献

1.《关于应对东南亚金融危机，保持国民经济快速健康发展的意见》，1998

2. 历年“两会”期间政府公布的上年国民经济和社会发展计划和本年度国民经济和社会发展计划执行情况的报告，以及上年中央和地方财政预算和本年度中央和地方财政预算执行情况的报告

案例 45

诸葛亮与经济学中的理性预期

一、概要

预期就是从事经济活动的个人、企业等主体在决定其当前的行动以前，对未来的经济形势或经济变动所做的一种估计。理性预期是在有效地利用一切信息的前提下，对经济变量作出的在长期中平均说来最为准确的，而又与所使用的经济理论、模型相一致的预期。很显然，公众要进行预期就离不开有关的信息，这种信息不仅包括历史的统计资料，而且也包含对有关经济变量因果关系的判断等知识。理性预期学派的基本命题是：消费者和企业都在设法使其得到更多的信息，他们不仅是宏观经济政策调节的对象，而且也以自己的理性预期的经济行为影响着宏观经济政策的制定。他们对宏观政策的反应，决定着这些政策的效果。换言之，宏观政策的成功与否不仅取决于政策的制定者一方，更取决于作为市场主体的企业和消费者的行为。企业和消费者的行为是宏观政策的制定者必须充分了解并在制定政策时予以充分考虑的。三国时期杰出政治家、军事家、战略家诸葛亮有很多为后人称道的神机妙算的故事，比如空城计、草船借箭等等，这些故事或多或少地反映了一定的理性预期成分。本案例通过叙述两个关于诸葛亮的案例，让读者体会蕴涵在其中的理性预期。

二、案例内容

理性预期思想最初由美国经济学家 J. F. 穆思在《合理预期和价格变动理论》一文中提出，20 世纪 70 年代由芝加哥大学的 R. E. 卢卡斯及明尼苏达大学的 T. J. 萨金特和 N. 华莱士等人作了进一步发展，并逐渐形成理性预期学派。理性预期是新古典学派思想的重点之一。卢卡斯指出，人们在经济变动中进行预期时，总是倾向于从自身的利益出发，根据已获得的尽可能多的所有信息，作出合理而明智的并且最准确的反应。理性预期学派关心的就是公众应对政府政策的效力会产生怎样的影响，并认为政策的制定者不能无视这种影响，否则，政策的目标不仅实现不了，而且有时还会引发政府事先无法预料，事后又难以控制的局面发生。例如，1988 年中国“抢购风”的形成就主要是因为公众普遍地形成了通货膨胀的预期，这种“人人预防、人人自保”的社会心理在通胀时期，就会如大堤决口一样势不可当，于是当时制定的“价税联动方案”等价格改革措施，尚未出台就胎死腹中。这个让人记忆犹新的事件经常被中国的经济学家们用来强调公众预期的重要性，它深刻地揭示出经济政策的效果如何，除政策本身应符合经济运行的实际需要以外，还必须注意到公众对经济变动的预期及反应。

《政治经济学期刊》(JPE) 1995 年 2 月刊登的封底故事介绍了历史上最早的“理性预期者”、晋朝竹林七贤中最年轻的王戎。一次王戎在 7 岁时与朋友游玩，看到路旁李树果实累累，将树枝都压弯了。他的朋友争相摘取果实，但是唯独只有王戎无动于衷。旁人问他为何不去摘取，他回答道：“树在旁道而多子，此必苦李。”其他小朋友撷食的结果，果真应验了王戎的预期，这个故事广为人知，但是直到旅美经济学家张福让向 JPE 这本期刊建议，他们才把这个故事与理性预期串联起来。①

关于诸葛亮的一则脍炙人口的故事与理性预期有关，而且可以进一步解释新古典学派的政策含义——预测不到的政策方能奏效。这则故事就是三国时期，诸葛亮智退司马懿大军的空城计。

三国时期，诸葛亮因错用马谡而失掉战略要地——街亭，魏将司马懿乘势带领大军 15 万向诸葛亮所在的西城蜂拥而来。当时，诸葛亮身边没有大将，只有一班文官，所带领的 5 000 军队，也有一半运粮草去了，只剩 2 500 名士兵在城里。众人听到司马懿带兵前来的消息都大惊失色。诸葛亮登城楼观望后，对众人说：“大家不要惊慌，我略用计策，便可叫司马懿退兵。”

于是，诸葛亮传令，把所有的旌旗都藏起来，士兵原地不动，如果有私自外出以及大声喧哗的，立即斩首。又叫士兵把四个城门打开，每个城门上派 20 名士兵扮成百姓模样，洒水扫街。诸葛亮自己披上鹤氅，戴上高高的纶巾，领着两个小书童，带上一张琴，到城上望敌楼前凭栏坐下，燃起香，然后慢慢弹起琴来。

司马懿的先头部队到达城下，见了这种气势，都不敢轻易入城，便急忙返回报告司马懿。司马懿听后，笑着说：“这怎么可能呢?”于是便令三军停下，自己飞马前去观看。离城不远，他果然看见诸葛亮端坐在城楼上，笑容可掬，正在焚香弹琴。左边一个书童，手捧宝剑；右边也有一个书童，手里拿着拂尘。城门里外，20 多个百姓模样的人在低头洒扫，旁若无人。司马懿看后，疑惑不已，便来到中军，令后军充作前军，前军作后军撤退。他的二子司马昭说：“莫非是诸葛亮家中无兵，所以故意弄出这个样子来? 父亲您为什么要退兵呢?”司马懿说：“诸葛亮一生谨慎，不曾冒险。现在城门大开，里面必有埋伏，我军如果进去，正好中了他们的计。还是快快撤退吧!”于是各路兵马都退了回去。诸葛亮的士兵问道：“司马懿乃魏之名将，今统十五万精兵到此，见了丞相，便速退去，何也?”，他说：“兵法云，知己知彼，方可百战不殆。如果是司马昭和曹操的话，我是绝对不敢实施此计的。”②

---

① 参见胡春田、巫和懋、霍德明：《经济学》(下)，356～357 页，台北，双叶书廊有限公司，1996。

② 罗贯中：《三国演义》，北京，人民文学出版社，2002。

由这个故事，我们可以看出司马懿是根据孔明一贯的行事作风，预期空城之内必有埋伏，因而不敢进城，而诸葛亮则是充分利用对司马懿的尽可能多的信息，并拿这些信息与曹操和司马昭对比，认为“空城计”定会吓跑司马懿，但如果是曹操或司马昭，他就不会这样做。同时，诸葛亮用兵法上的“出其不意”策略，正是发挥了预期不到的政策才有效的精髓，即司马懿预期不到城内是空城。

另一则与诸葛亮有关的能反映理性预期的故事是“草船借箭”。三国时期，曹操率八十万大军想要征服东吴。孙权、刘备便打算联手伐魏。孙权手下有位大将叫周瑜，智勇双全，可是心胸狭窄，很妒忌诸葛亮的才干。因水中交战需要箭，周瑜要诸葛亮在十天内负责赶造十万支箭，哪知诸葛亮只要三天，还愿立下军令状，完不成任务甘受处罚。周瑜想，三天不可能造出十万支箭，正好利用这个机会来除掉诸葛亮。于是他一面叫军匠们不要把造箭的材料准备齐全，另一方面叫大臣鲁肃去探听诸葛亮的虚实。

鲁肃见了诸葛亮。诸葛亮说：“这件事要请你帮我的忙。希望你能借给我 20 只船，每只船上 30 个军士，船要用青布幔子遮起来，还要一千多个草靶子，排在船两边。不过，这事千万不能让你家都督知道，否则就不灵了。”鲁肃信以为真，并按诸葛亮的要求把东西准备齐全。两天过去了，不见一点动静，到第三天四更时候，诸葛亮秘密地请鲁肃一起到船上去，说是一起去取箭。诸葛亮吩咐把船用绳索连起来向对岸开去。

那天江上大雾迷漫，对面都看不见人。当船靠近曹军水寨时，诸葛亮命船一字摆开，叫士兵擂鼓呐喊。曹操以为对方来进攻，又因雾大怕中埋伏，就从旱寨派六千名弓箭手朝江中放箭，雨点般的箭纷纷射在草靶子上。过了一会儿，诸葛亮又命船掉过头来，让另一面受箭。太阳出来了，雾要散了，诸葛亮令船赶紧往回开。此时顺风顺水，曹操想追也来不及。船的两边草靶子上密密麻麻地插满了箭，每只船上至少五六千支，总共超过了十万支。鲁肃把借箭的经过告诉周瑜时，周瑜感叹地说：“诸葛亮神机妙算，我不如他。”①

在“草船借箭”中诸葛亮是运用了理性预期，在对大雾弥漫、顺风顺水等有效信息充分利用和分析的情况下，按照理性预期大获成功。《三国演义》中还有“诸葛亮借东风，火烧赤壁”的故事，都充分体现了诸葛亮理性预期的特点。

事实上，在现实的世界中，甚至是很多经济学家，很多时候只能称得上“事后诸葛亮”，从时间上讲，“事先诸葛亮”与“事后诸葛亮”的区别就在于“事先早知道”或是“事后才知道”。而现在问题是，人们一般很难做到“事先早知道”，因为这里面存在一个能够提前“预知未来”的问题。也就是说，只要人们能够准确地或比较准确地预知未来，那也就自然能够成为“事先诸葛亮”了。

以 2007 年以来的全球金融危机为例，这次金融危机几乎没有一个经济学家能够成功预测，包括何时爆发、持续多长时间等，所以也许很多人会认为经济学家一无用处。因为他们有解释经济周期的理论，却不能对经济周期作出预测，所以只有理论又有何用？经济学家可以进行辩解，在经济学的队伍里，理论经济学家本来就不大重视预测，而相对来说政府和商业机构的经济方面的专家会常常做经济预测，因为预测是他们的职业任务之一。

---

① 罗贯中：《三国演义》，北京，人民文学出版社，2002。

如果经济活动完全可以预测，就不需要市场经济了，政府可以按计划安排一切经济活动。理论经济学家关于经济周期的理论，的确让他们看起来像“事后诸葛亮”。经济学家不能消除经济周期，因为他们不能改变人的心理，不能改变经济规律。决定经济活动的因素确实很多，如技术因素、政治家的竞选、他国政策变化、大的自然灾害等等，都会带来经济活动的极大不确定性；心理因素更难把握。正因为如此，人们对专门从事预测工作的专家所犯的错误，都抱以宽容态度。但这并非说经济理论是无用的，只是不需要坚持太过严苛的标准。如果一件事情明显违反经济法则，经济学家总能预言其后果。当年米赛斯在维也纳时，总指着奥地利国家信用银行说：这家银行迟早要倒闭！它在1929年果然倒闭了。在凯恩斯之前，西方国家对国民经济的管理犹如堂吉诃德大战风车，多少有点瞎比划。但是当国民经济统计体系成熟起来后，政治家或多或少可以凭经济规律来管理经济，才带来了西方经济50年左右的大体稳定期。职业经济学家进入政府决策层，总体来看发挥了重要作用。因此，经济学家不完全是“事后诸葛亮”，只是没有诸葛亮那般神机妙算。

三、使用说明

1. 适用范围。本案例涉及新古典学派的理性预期理论以及其在历史故事和现实生活中的体现，适用于理性预期理论的总结和学习。

2. 目的。掌握理性预期理论的理论基础以及理性预期与静态预期、外推型预期、适应性预期等其他预期的区别；发掘现实生活中的理性预期事件和案例。

思考题

1. 你还能找到能体现理性预期的历史故事吗?
2. 谈谈现实中能体现理性预期的案例。

参考文献

1. 社科院研究员：经济学家为什么是“事后诸葛亮”. 中国青年报，2010-07-12
2. 胡春田，巫和懋，霍德明. 经济学（下）. 台北：双叶书廊有限公司，1996
3. 江世银. 预期理论史考察——从理性预期到孔明预期. 北京：经济科学出版社，2008
4. 景仲生. 皇帝与柠檬. 北京：北京大学出版社，2009
5. 理性预期. 百度百科. http://baike.baidu.com/view/37805.htm
6. 刘瑞. 经济预期理论研究的一个推进. 天府新论，2008 (6)
7. 罗贯中. 三国演义. 北京：华夏出版社，2007

第九部分

外部冲击与宏观经济调控

案例 46

外部冲击对宏观经济的影响：政府应如何应对？

一、概要

在宏观经济运行过程中，难免会受到公共事件、自然灾害、战争的影响。随着我国加入 WTO，国内经济与国际经济的联系日益紧密，面对“非典”、汶川地震等重大事件，政府作出了有效的应对，保证了宏观经济的稳定运行。学习本案例，可以进一步了解外部冲击对总供给和总需求的影响。

二、案例内容

（一）“非典”对中国经济的影响

2003 年初，我国广东省首先发生传染性非典型肺炎（SARS，简称“非典”）。随后，广西、山西、北京等省（区、市）也陆续发生“非典”疫情。这场突如其来的疫情灾害，严重威胁了人民群众的身体健康和生命安全，也影响了我国的经济发展、社会稳定和国际往来。

“非典”发生之时正是中国经济列车开始加速前行之时。无论是面对亚洲金融危机还是 1998 年洪灾，中国经济都从容化解了危机，实现加速发展。面对“非典”带来的冲击，中国政府和人民坚定信心、齐心合力，经受住了严峻的考验。

SARS 无情地蔓延，给我国乃至亚洲经济带来了巨大影响。鉴于“非典”的高传染性，我国各地的对外贸易、投资、居民消费都受到了不同程度的冲击。2003 年 5 月 13 日，“SARS 与亚洲经济——影响和对策”研讨会在京召开。该次会议由博鳌亚洲论坛与亚洲开发银行合作主办。会议期间，针对“非典”对于亚洲经济的影响特别是对中国的出口、投资、消费的冲击，亚洲开发银行驻中国首席经济学家汤敏先生和博鳌亚洲论坛秘书长龙永图先生展开了深入的讨论。

出口作为“三驾马车”之一，在我国近些年的经济发展中扮演着重要角色。随着“非典”的爆发，我国出口受到一定影响。为了降低“非典”给出口带来的影响，作为我国两大贸易港的上海和深圳采取了多项举措。上海海关对投资规模大、管理规范的高科技企业放宽条件，并将符合条件的大型出口企业全部纳入无纸通关行列。深圳方面，大力推动新型贸易方式，积极发挥电子商务的作用，支持企业开展网上促销、交易等工作，努力提高出口贸易履约率，以扩大出口。因此，在各方努力下，“非典”对于出口的影响得到有效控制，出口大局没有出现太大变化。

同为“三驾马车”之一的投资，在外资方面虽受到了一定影响，但国内投资持续增长。2002 年，我国实际利用外资 527 亿元，首次超越美国。2003 年第一季度我国实际使用外资为 130.7 亿元，同比增长 56.7%。但“非典”爆发后，一些跨国公司延迟或者取消原定的投资考察，当然也有一些公司仍然对在中国投资充满热情。

安利公司就是其中一家。在继续保持旺盛生产的同时，安利公司计划引进新的生产线，进一步扩充生产能力。诺基亚也在整合其在中国的 4 家生产性企业，全面提高其运营效率，新成立的公司将成为中国移动通信产业最大的制造和出口企业。美国通用汽车还削减了在欧洲等地的汽车生产能力，在中国投资组建新厂。

在“非典”疫情下，外资依然看好中国的经济增长，主要有三个方面的原因：首先就是中国巨大的市场。如果说 20 年前、10 年前，这个巨大的市场只是有潜力，那么此时这个市场已经变成一个现实的市场了，特别是在沿海一带，大量的国外商品已经能够被中国的老百姓消费了。第二是中国有一个比较好的、稳定的政治和宏观经济环境。第三，中国有比较高素质的而工资又不是很高的劳动力。“非典”的影响并没有从根本上改变中国这三个最重要的特点。因此，从长远的角度来看，这次“非典”没有对中国的投资有很大影响。

与此同时，2003 年 4 月底至 5 月初的近十天时间里，到丰台工商分局登记的普通市民累计注册公司突破 1 000 家，比上年同期增长 30%。普通市民登记注册开办公司的数量在北京城区呈上升趋势。

谈到消费，不能不谈汽车、住房、电子这些新兴的热点产品。房地产市场在 2003 年第一季度热销的情况下，4 月份的行情继续看涨。在天津，4 月份全月成交各类房屋 97.33 万平方米，同比增长 31.3%；成交额为 20.7 亿元，同比增长 30.9%。作为传统的销售旺季，深圳楼市在 4 月依旧火热。近 20 个楼盘在 4 月开盘或公开认购。

销售最为火暴的是轿车。虽然 SARS 肆虐，但是从 4 月下旬开始，买车的新高潮也来了。北京北方汽车交易市场 4 月份的汽车销量达到 3 621 辆，比 3 月份猛增 26%；北京亚运村车市 4 月份的销售量也高达 4 400 余辆。其中，10 万元以下车型销量增长最为突出。北京市统计数据显示，4 月份，全市实现社会消费品零售额 145.2 亿元，同比增长 14.6%。据测算，受突发“非典”疫情影响，全市零售额约减少 10%。

一些国际组织纷纷作出了“非典”对中国经济增速影响程度的预测，亚洲开发银行在《2003 亚洲发展展望》的中国篇中表示，受到非典型肺炎等多种因素的影响，中国经济在 2003—2004 年期间的增长速度将有所放慢，但是仍能保持较快的增长。亚洲开发银行预计，2003 年由于受到非典型肺炎等因素的影响，中国经济将增长 7.3%。但是 2004 年中国经济增速将进一步提高，有望实现 7.6%。世界银行也将 2003 年中国经济增长从原来预计的 7.5%调低到 7.3%。

其实，“非典”最多可能是个公共卫生危机，所以不能把一场公共卫生危机演变成或者把它说成是一个经济危机。它不像1997—1998年的亚洲金融危机，对亚洲一些国家的经济产生了很大的冲击。有专家指出，像一夜之间汇率大规模贬值、短期资金外逃、大批企业破产那样的冲击，才是一种根本性的冲击。而“非典”虽然对于亚洲经济造成了一定的影响，但不会造成毁灭性的破坏。

为了打赢抗“非典”这场战役，中国政府积极应对，先后拿出了35亿元资金构筑急救防疫体系，并着手建立突发公共卫生事件应急机制。同时提出一方面稳定农业生产，加快农村经济结构调整，千方百计增加农民收入；另一方面大力增收节支，合理调整财政支出结构，并且加大投资力度，调整投资结构，培育新的消费热点和经济增长点，努力促进外贸出口和利用外资，保持国民经济持续较快增长。中国政府作出的这样一些措施是全方位的，不仅仅着眼于解决目前“非典”产生的直接影响，而且从根本上来解决“非典”给我国经济可能产生的长远影响。

总之，2003年在“非典”疫情等影响下，中国经济仍然取得了较快增长，GDP增速达到9.1%，城镇登记失业率控制在了4.3%，好于年初计划。CPI控制在1.2%，略高于1%的年初计划。外贸进出口增长达到37%，远高于年初计划的7%。

（二）汶川地震对全球经济的影响

汶川地震，发生于北京时间2008年5月12日，震中位于中国四川省阿坝藏族羌族自治州汶川县境内、距四川省省会成都市西北偏西方向90公里处。根据中国地震局的数据，此次地震的面波震级达8.0Ms、矩震级达8.3Mw，地震烈度可能达到11度。破坏地区超过10万平方公里。地震波及大半个中国及多个亚洲国家和地区。北至北京，东至上海，南至中国香港、泰国、中国台湾、越南，西至巴基斯坦均有震感。截至2009年5月25日10时，共遇难69 227人，受伤374 643人，失踪17 923人。直接经济损失达8 451亿元，是中华人民共和国自成立以来影响最大的一次地震。

经济学家们也在估量这次与唐山大地震震级一样的巨大灾害会给快速发展的中国经济带来多大的负面影响。一些观点认为，由于汶川地震，市场对贷款的需求度将达到较高水平，流动性可能继续增加，因此通货膨胀的压力或许会更大。高通胀必将持续一段时间，但地震带来的经济伤害使得加息的可能性重新被估量。中央财经大学中国银行业研究中心主任郭田勇认为：“地震对GDP的影响在局部，目前改变从紧的货币政策不大可能，但加息的可能性大大减小”。

1. GDP降0.4个百分点

根据官方数据，地震灾区总人口在5 000万左右。尽管四川仅占中国GDP的4%，但农产品增加值占全国的6%左右，粮食产量占全国的5.8%，猪肉产量占全国的11%。因此，此次地震将对全国的粮食及猪肉产量造成一定的影响。中银国际发布的报告估计，此次地震可能使得2008年GDP增长率下降0.4～0.7个百分点，而考虑到四川作为农业大省的地位，此次地震可能对居民消费价格指数造成进一步压力。

对此，郭田勇表示，虽然目前有一些机构预测出此次地震对GDP增长的影响的准确数字，但他认为具体的测算还需要一段时间。郭田勇认为，西部是我国的产粮区，这次地震对局部的影响又相当大，因此对当地生产的影响也是显而易见的。但从全国范围来说，对整个 GDP 的影响还是非常小的。2008 年全年中国 GDP 实现了 9.0%的增速，这是在年初冰冻雪灾、年中汶川地震和北京奥运会等诸多重大事件下，全国人民共同努力、克服困难而实现的。

2. CPI 涨幅突破 9%

汶川地震后大家比较担心的是：地震可能会使通货膨胀问题恶化。中国 2008 年前 4 个月的居民消费价格指数（CPI）较上年同期上升 8.2%，其中 4 月份 CPI 较上年同期上升 8.5%。4 月份食品价格上涨 22.1%，增速快于 3 月份的 21.4%。四川是中国第一大猪肉生产省份和第五大粮食生产省份，地震的发生，或使已经高企的粮食价格水平再度向上推动。

在灾后重建过程中，必然会加大基础设施建设的投入，短期内可能拉动固定资产投资增长，并带来原材料等要素价格的上涨，形成新的 PPI 和 CPI 上涨因素，央行面临着巨大的调控难度。

实际数据也显示，国内的通胀压力仍旧巨大，2008 年前 4 个月的新增贷款总额已经达到了 17 943 亿元，这已经达到了年初设定的全年新增贷款不超过 3.6 万亿元目标的近 50%，市场的货币投放量还在快速增长。2008 年 4 月末，广义货币供应量（M2）余额为 42.92 万亿元，同比增长 16.94%，增幅比上年末高 0.2 个百分点，比上月末高 0.65 个百分点。

也有经济学家对此相对乐观，认为由于国家可能会采取措施平抑物价，因此不大可能出现物价明显上涨的状况。

实际上，2008 年全年的 CPI 水平控制在了 5.9%，这是一个很大的成绩。从外贸来看，全年外贸进出口总额也实现了 17.8%的增长，高于年初的计划水平。

三、使用说明

本案例适用于研究外部环境冲击对于宏观经济的影响。

思考题

1. 如何在重大公共事件面前，保证经济运行稳定?
2. 日本地震和汶川地震对我国经济乃至全球经济的影响有何异同?
3. 外生冲击对一个国家宏观经济影响的传导机制是什么?

参考文献

1. “三驾马车”暂受影响　中国经济决胜“非典”. 人民网—市场报，2003-05-16

2. 戎明迈，刘斌. 震灾引发经济运行三大焦点　强震难撼从紧政策. 南方都市报，2008-05-15

案例 47

2011 年日本地震波及全球产业链

一、概要

在高科技领域特别是电子产业中，最上游的产品和核心技术牢牢掌握在日美等发达国家手中，全球很多地区只是为日本做配套加工。所以，2011 年日本大地震虽然发生在国土面积还不到中国 4%的日本，但影响却波及到了全球各个地区。日本地震带来的经济阵痛让我们开始领略到全球一体化的影响。

二、案例内容

（一）日本地震波及全球产业链

2011 年 8.8 级的特大地震"突袭"日本，部分工厂遭受重创，这场大地震对日本电子、钢铁等产业带来了严重冲击。由于在高科技领域特别是电子产业中，最上游的产品和核心技术牢牢掌握在日本手中，全球很多其他地区只是为日本做配套加工，因此这场灾难带来的影响波及到了全球各个地区。

1. 东芝、索尼等电子企业产能下滑，内存芯片价格上涨

日本一直是全球电子产业关键零部件与主力消费电子重镇，在半导体、平板产业、电视及数码电子等领域占据重要地位。地震发生后，东芝、索尼、松下、夏普等日本企业纷纷公开了各自的初步"灾情"。

东芝是仅次于三星电子的全球 NAND 闪存巨头，全球市场占有率约 1/3。受地震影响，东芝公司关闭了三重县四日市闪存芯片厂，物流体系瘫痪，影响了产品出货，虽然之后东芝表示：除了运输和后勤上有一些影响以外，工厂"并未受到太大影响"。其合资伙伴美国 SanDisk 发言人透露，东芝绝非全身而退，公司将损失一些芯片，但是生产设施已恢复运转。

索尼是全球数码电子巨头，也是电视、笔记本等领域的著名品牌。索尼的工厂主要分布在日本东北部，距震中较近。据日本广播协会电视台报道，地震引发的大海啸至少冲走了其 12 万台 PS3、5 600 台 XBOX360。地震发生后，该公司关闭了 6 家工厂，日本市场大部分业

务活动处于暂停，关闭的工厂主要生产蓝光光盘、播放器、磁头、电池及半导体产品。

地震发生后，面板巨头夏普在界市的一座工厂自动停止运行，夏普、松下分别是全球液晶、等离子两大领域技术最强的企业，这影响了其下游市场的信心。不过由于夏普最核心的生产基地位于距离震中较远的日本中南部，影响相对有限。

而地震对韩国、中国台湾地区的 IT 企业产生了一定的正面影响。其中，三星、海力士整体实力名列韩国前两大，台湾地区则有力晶与茂德两大实力企业。微软、任天堂由于索尼受困提升了游戏机出货量，韩国、台湾地区面板业也因夏普受困获得更多机会。

2. 向新兴市场转移的可能性有多大

美国投行 Maxim Group 分析师马克·哈丁认为：地震一开始只会造成少许负面影响，但持续时间越长，负面影响就越大。但也有观点认为，全球科技供应链将会受到严重破坏，即使没有工厂被毁或受损，终端产品也会大量流入美国、新加坡、中国，或者其他可以组装的地方，影响产业布局。

从过去的例子来看，2008 年，当四川汶川地震后，深圳等地内存价格一度剧烈波动。1999 年台湾地区“9·21”大地震发生后，北京中关村电子市场上 64MB 内存条价格也曾由 600 元猛升至 1 400 元。这种类似的影响也在日本地震后出现，并且影响到全球很多国家。

日本 IT 产业链几乎每隔几年都会遭遇地震考验，地震可能成为日本 IT 核心制造业向新兴市场快速转移的动力。之前，夏普已经宣布，打算在南京设立一座第 8 代面板厂，在成都建立太阳能工厂。丰田社长丰田章男表示，虽然市场规模、人工费以及汇率等有关因素导致日本制造理论上已过盈利极限，但公司仍会维持日本制造。他说，要有一种“不能让制造业从日本消失”的使命感。

3. 日本炼油厂爆炸，化工品短期可能涨价

受地震影响，位于日本千叶县的科斯莫炼油厂发生了爆炸。千叶县附近还聚集着日本众多化工企业，如三井化学就在千叶县拥有双酚 A 装置，出光兴产公司也与三井化学在同一地区合资生产苯酚和丙酮等。业内人士由此认为，日本炼油、化工企业的停产可能对国际化工品市场产生冲击，部分产品价格可能因此上涨。

日方生产商包括旭硝子和 NOC 公司，两家的环氧丙烷总产能约 40 万吨。地震使企业生产中断，市场价将被推高。瑞银证券的分析报告指出，由于 2006 年以来我国下游聚醚行业对环氧丙烷需求不断提升，因而进口量也被拉高。2010 年该产品进口量达 36.2 万吨，占全部消费量的 25%左右，2011 年该产品供需缺口再度扩大。

除化学品供应将出现问题外，地震也影响了国际橡胶市场。2010 年日本橡胶进口约 75 万吨，日本的普利司通、横滨、住友等因运输受阻，影响橡胶采购。另外，投资者的心理作用使日本橡胶期货价格波动幅度增大；地震之后救援所用到的机械设施、工程轮胎以及日本房屋的重建都使用胶量增加，短期内提升了橡胶现货价。不过，固铂成山（山东）轮胎有限公司一位管理层表示，2011 年全球天然橡胶需求量为 1 020 万吨，实际产量为 970 万吨，市场总体供需基本平衡。但不排除一些投机者借地震之名，在较短时间内推高胶价的可能。

4. 钢企停产，需求增加

日本 5 家钢厂在东京湾的生产基地都受到了冲击，港口设施无法正常运作，东京湾里

有不少日本小型钢厂的废钢码头存储基地，也遭受影响。此外，住友金属工业位于茨城县的鹿岛钢铁厂的高炉受损，高炉已在地震后熄火停产，日本钢铁工程控股公司位于千叶的钢铁厂也发生了火灾。

TSI位于伦敦的分析师蒂姆·哈德表示，位于东京湾的5个炼钢厂都遭到了结构性的破坏，并且短期内无法恢复。日本粗钢产量仅次于中国。受益于对亚洲的稳定出口，2010年日本粗钢产量接近1.1亿吨，同比增长25%，为43年来最大增幅。中国2010年粗钢产量达到了创纪录的6.27亿吨。日本灾后重建将导致钢材需求量大增，同时日本钢厂的停产给中国钢材出口增加提供了机会。尽管中国是全球最大产钢国，但2010年中国依然从日本进口了778万吨钢材，同比增长27%，而同年中国出口到日本的钢材数量虽然同比大幅增长92%，但也仅为81万吨。

5. 整车零部件出口延迟，日企北美汽车生产减速

地震发生后，日本主要汽车制造商均有不同数量的工厂关闭，其中导致整车厂关闭的部分原因是上游零部件企业受创严重。随着航运的中断，日本汽车的出口也曾中止，这影响到了日企在正在恢复中的美国市场上的表现。美国是日本车企最大的海外市场，地震延迟了日本汽车和零部件的对美出口，使正处于恢复期的日本汽车的供应更为吃紧。

由于主流日系车企较早便在中国建立了合资企业，在中国市场销售的产品绝大多数产自中国工厂，一汽丰田、长安福特马自达等日系合资车企负责人均表示，日本地震对中国市场的销售不会造成负面影响。事实上，日系车企在华的零部件供应商绝大多数来自日本原有供应体系，这种不同于欧美车企的、独特的产业链体系决定了整车厂和零部件供应商几乎同时在中国建立了合资工厂，也使得日系车企的国产化率始终处于高位，因此受日本汇率变动以及天灾的影响并不明显。

（二）手握核心技术，值得中国借鉴

日本企业一直把核心技术和利润握在自己手里，转移出去的都是低附加值的部分。比如，对电子产业而言，由于东芝等芯片巨头部分工厂停工，造成代理企业拿货难，从而催涨全球芯片价格；对钢铁产业而言，由于日本集中生产高档钢材，地震影响了日本高档汽车板材对其他市场的出口。可以说，日本在产业规划上有着精巧的布局，这对于处在结构调整中的中国产业和企业来说，有很多值得学习和借鉴的地方。

中国社会科学院日本经济学会理事白益民对日本产业经济素有研究，著有《三井帝国在行动》、《瞄准日本财团》等。他认为，日本除了在很多领域把控着核心技术，也掌握着产业链中利润最丰厚的环节，给大部分全球其他市场的合资厂只留有组装环节的利润，这种“产业立国”的经济模式也是值得中国企业学习的地方。

1. 本土企业为“雁头”

此次地震对日本相关产业的破坏程度有多大？白益民认为，要从两方面分析。一方面，在过去二三十年间，日本的产业扩散在全球各地，GNP（国民生产总值）每年保持百分之十几的增长，单从经济上看，已经在海外打造了一个新的日本。它创造的许多GDP（国内生产总值）被统计到了包括中国在内的其他国家，尽管看上去经济增长停滞，但这只是表象。从这个角度来看，本土发生的大地震对日本经济以及重要产业不会造成特别大的影响。另一方面，日本财团构建了“雁行形态”，即以本土企业为雁头，掌握最上游的

产品和技术；其次是韩国和台湾地区，主要为日本技术做配套；最后才是大陆地区所扮的“雁尾”角色，为日本制造做组装，处于产业链的最下游。从这个角度而言，受地震破坏的日本本土产业，不可避免地要波及到下游，特别是中国大陆的一些工厂。所以综合判断，地震对其国内经济不会有根本性的影响，恢复起来也比较快。

2. 牵一发而动全身

白益民表示，日本是电子产品生产大国，此次地震对全球的电子产业肯定会有较大影响。东芝的一家芯片工厂因地震而停工，和电脑里的CPU不一样，东芝生产的芯片用于更高端的产品，比如手机、闪存、汽车的自动控制系统等。如果代理企业拿不到货，肯定会囤积惜售，对价格的影响要看工厂的破坏程度和恢复进度，如果工厂能够很快恢复运转，价格不会大涨，如果工厂停产一段时间，那么全球芯片价格肯定会涨。其他产业，如钢铁，不会对全球铁矿石市场产生太大影响，因为日本目前已经集中生产高档钢材（如汽车板材），而大量粗钢从中国采购。这次地震可能会影响日本高档汽车板材对中国的出口，而长远看日本地震重建会增加对中国粗钢的进口。

3. “去制造化”

最近几十年，日本企业一直向外扩张，把制造基地设在海外，有人认为这是“去制造化”。白益民认为，“去制造化”是个伪命题，日本向来是以“产业立国”，产业向外转移有以下几个特点。首先，核心技术和利润掌握在自己手上。日本公司的特点是以商业网络为主体，比如几家大型汽车公司都和中国建立了合资厂，留给中国企业的利润只在组装环节，其他利润最丰厚的如零部件、发动机、高端内部装饰等，牢牢掌控在日本企业手上，日本一直是以“产业立国”，这有别于美国的“金融立国”。第二，很多合资企业看似生产工厂，实则是在中国布下的销售网络，通过这种方式进入中国市场。第三，把中国的品牌也纳入了日本经济的共同体中。比如长虹、海尔等，表面上看是中国的品牌，但显示器等核心零部件都是日本的，留给中国的只是一个牌子。

目前，中国也面临一些日本在20世纪80年代遇到的问题，比如本币升值、劳动力成本上升、人口老龄化等，白益民认为，中国企业必须认清一个问题：是产业立国还是金融立国？中国应实行产业立国。中国企业目前遇到的很多问题，其实不是企业的问题，而是金融的问题、体制的问题，应该将金融和产业形成共生体，而不是掠夺体。在国有经济、民营经济之外，还应该有一个相当规模的集体经济，日本很多大财团就是集体经济，产业、商业和金融结合，“内和外战”。他认为，这些都值得中国企业学习，日本财团在日本企业对外扩张中起到了重要作用，特别是1955年日本加入关贸总协定之后，通过产业和金融资本相融合，把国内的产业整合成大集团，这是后发国家追赶先进国家的一种模式。

三、使用说明

本案例适用于研究开放经济背景下，在全球化进程中，外部的冲击（地震）如何通过一国向其他国家传播，说明各国之间通过产业链有机连接在一起，让读者能够深入理解国家之间的相互影响和依赖。

思考题

1. 简述目前国际分工的特点，分析目前的全球产业链分工是如何形成的。

2. 面对经济转型带来的机遇与挑战，国家应如何引导？企业应如何应对？

参考文献

1. 日本地震波及全球产业链：芯片价格走势难. 新浪科技时代：http://tech.sina.com.cn/it/2011-03-13/01585278287.shtml，2011-03-13

2. 杨元敏. 浅析日本地震对沿海区域外向型经济的影响. 中国集体经济，2011（12）

案例 48

从次贷危机到全面经济危机：如何应对？

一、概要

次贷危机，即次级房屋信贷危机（subprime mortgage crisis）的简称，它是由美国国内抵押贷款违约和法院拍卖房屋急剧增加所引发的金融危机。2006 年春季次贷危机在美国开始显现，从 2007 年 4 月以美国第二大次级房贷公司新世纪金融公司破产事件为标志，次贷危机由房地产市场蔓延到信贷市场，进而演变为全球性金融危机。次贷危机暴露了美国金融业监管与全球金融体系的弱点。它对全球各地银行与金融市场产生了重大的不良影响。本案例介绍了次贷危机爆发的原因、演进和影响，并对各国如何采取宏观调控政策以尽可能降低经济受到的影响进行了讨论。

二、案例内容

（一）美国次贷危机的产生

美国在“9·11”以后国内经济和老百姓的信心受到很大打击，为了恢复信心提振经济，美联储实施了扩张性的货币政策，不断降低利率，放宽贷款条件、放宽对金融的监管，从而出现很多次级贷款，这是次贷危机最根本的原因。

在美国，把消费者的信用等级分为优级、次优级和次级。房地产贷款系统里也相应分为三类：优质贷款市场、次优级贷款市场、次级贷款市场。那些能够按时付款的消费者的信用级别被定为优级，不能按时付款的消费者的信用级别被定为次级。次级贷款市场就是面向那些收入信誉程度不高的客户，其贷款利率通常比一般抵押贷款高 2%～3%。尽管美国次级贷款市场占美国整体房贷市场的比重并不大，约 7%～8%，但其利润最高、风险最大。

次贷危机是伴随着 2005—2006 年的美国房地产泡沫破灭以及次级贷款与可调整利率贷款（adjustable rate mortgage，ARM）的高违约率而开始的。危机发生的前几年，美国政府宽松的政策和金融机构竞争压力助长了高风险贷款。此外，对贷款奖励力度的增加（如轻松的头期款）以及房价长期上涨的趋势让借款人相信偿还房贷的艰苦只是暂时性的，他们能够在未来迅速地找到更有利的融资条件。然而，伴随着利率的回升，房地产价格于2006—2007年在美国许多地区开始适度下降，再融资变得更加困难。违约与法院拍卖活动急剧增加，在2007年近130万处房地产遭到法拍，比2006年增长79%。房屋价格并没有如预期般上升，同时ARM利率再创新高，从而引发了后续的金融危机。

总之，引起美国次级抵押贷款市场风暴的直接原因是美国的利率上升和住房市场持续降温。利息上升，导致还款压力增大，很多本来信用不好的客户感觉还款压力大，出现违约的可能，对银行贷款的收回造成影响。美国次级抵押贷款市场通常采用固定利率和浮动利率相结合的还款方式，即购房者在购房后头几年以固定利率偿还贷款，其后以浮动利率偿还贷款。在2006年之前的5年里，由于美国住房市场持续繁荣，加上前几年美国利率水平较低，美国的次级抵押贷款市场迅速发展。随着美国住房市场的降温，加上次级抵押贷款的还款利率大幅上升，购房者的还贷负担大为加重。同时，住房市场的持续降温也使购房者出售住房或者通过抵押住房再融资变得困难。这种局面直接导致大批次级抵押贷款的借款人不能按期偿还贷款，进而引发次贷危机。

在次贷危机中，住房的资产证券化进一步加剧了危机的发展。在美国的金融产品中，有所谓的住房抵押贷款证券（MBS）①，其价值源于抵押付款和住房价格，它使金融机构和世界各地的投资人得以投资美国房地产市场。主流银行和金融机构在先前早已借款并大量投资于住房抵押贷款证券，而截至2008年7月17日为止据报道已亏损了约4 350亿美元。对主要金融机构市场流通性与偿付能力的担忧，迫使中央银行采取行动鼓励借贷给可信赖的借款人，以修补其对商业票据市场的信心，而商业票据市场对筹措商业活动资金来说是不可分割的。政府亦对主要金融机构进行救助，承担额外大量的财政义务。

（二）次贷危机的影响

美国次贷危机2007年8月开始席卷美国、欧盟和日本等世界主要金融市场。目前次贷危机的余波与欧债危机在欧洲金融市场仍然风起云涌，给欧洲经济复苏增添了许多不确定性。次贷危机对包括中美在内的全球主要国家经济产生了巨大的影响。

次贷危机通过冲击美国经济、打击全球证券市场、拖累贸易发展、打击市场信心等多种形式，多方面影响世界经济增长。各国的许多金融机构在这次危机中“中的”，而且其中的问题也远远超过人们的预期。金融市场中的外汇、保险、银行、期货等各个市场都受到次贷危机的巨大影响，各个国家和地区紧急注资金融市场救市，但就其效果来看，不是

---

① 金融机构为了分散在发放住房抵押贷款时面临的风险，在金融产品中设计出了住房抵押贷款证券。所谓住房抵押贷款证券化，就是把金融机构发放的住房抵押贷款转化为抵押贷款证券（主要是债券），然后通过在资本市场上出售这些证券给市场投资者，以融通资金，并使住房贷款风险分散为由众多投资者承担。从本质上讲，发行住房抵押贷款证券是发放住房抵押贷款机构的一种债权转让行为，即贷款发放人把对住房贷款借款人的所有权利转让给证券投资者。住房抵押贷款证券是一种抵押担保证券（mortgage-backed security，MBS），借款人每月的还款现金流是该证券的收益来源。

很理想。外汇理财产品缩水，保险损失巨大，期货市场疲软无一不是次贷危机引起的后果。国民财富缩水，市场流动性不足，金融系统造血能力严重下降。

中美在近几年贸易关系尤为密切，美国是我国许多产品的第一大贸易伙伴国，而且我国是美国国债的第一大持有人，可以说中美经济密不可分，此次次贷危机对我国经济也造成了不小的影响。

首先，次贷危机极大地冲击了我国的出口。次贷危机导致美国经济及全球经济增长的放缓，对中国经济的影响不容忽视，而这其中最主要的是对出口的影响。2007 年，由于美国和欧洲的进口需求疲软，我国月度出口增长率已从 2007 年 2 月的 51.6%下降至 12 月的 21.7%。美国次贷危机造成我国出口增长下降，一方面将使我国经济增长在一定程度上放缓，同时，由于我国经济增长放缓，社会对劳动力的需求小于劳动力的供给，将使整个社会的就业压力增加。

其次，我国面临经济增长趋缓和严峻就业形势的双重压力。我国 CPI 在危机后已连续两个月低于 4%，2007 年 10 月和 11 月份 CPI 分别为 4.0%和 2.4%，PPI 则分别为 3.2%和 2%，经济形势非常严峻，11 月份的工业企业的利润率只有 4.9%，实体经济尤其是工业面临巨大压力。而大量的中小型加工企业倒闭，也加剧了失业的严峻形势。

最后，次贷危机加大了我国的汇率风险和资本市场风险。为应对次贷危机造成的负面影响，美国采取宽松的货币政策和弱势美元的汇率政策。美元大幅贬值给中国带来了巨大的汇率风险。中国巨大的外汇储备在美元贬值情况下，已出现较大程度的缩水。在发达国家经济放缓、我国经济持续增长、美元持续贬值和人民币升值预期不变等情况下，国际资本加速流向我国寻找避风港，这将加剧我国资本市场的风险。

（三）应对次贷危机的主要措施

从 2007 年 4 月美国次级抵押贷款危机爆发以来，次贷危机从信用危机发展到国家债务危机，从金融体系波及实体经济，从美国本土波及欧洲乃至亚洲，至今仍未出现整体向好的形势。为应对次贷危机这一重大挑战，美国政府采取了一系列的应对措施。

1. 危机之初的美国政府干预：传统政策手段

为了紧急应对危机的发生，美国政府首先采取了传统手段。主要包括：

（1）公开市场操作，注入流动性。从 8 月 9 日开始的整个 8 月份，美联储频繁使用了公开市场操作，注入和回收流动性。除通常采用的隔夜回购交易外，根据需要，还多次使用 14 日回购交易等满足市场持续流动性需求。8 月 10 日当日注入流动性更高达 350 亿美元，远远超过 10 亿美元日均交易规模。

（2）降低联邦基金基准利率。尽管面临着通胀的压力，2007 年 9 月 18 日，美联储将联邦基金基准利率由 5.25%降为 4.75%，是 2003 年 6 月以来首次降息。此后，联邦基金利率多次下调。

（3）降低贴现率。2007 年 8 月 17 日，美联储决定下调贴现率 0.5 个百分点，从 6.25%降至 5.75%，并将贴现期限由通常的隔夜暂时延长到 30 天，还可以根据需要展期。同时，贴现贷款的抵押品包括房屋抵押债券等多种资产。至 2008 年 8 月 30 日已经先后十余次降低贴现率，贴现贷款余额大幅上升，为银行业提供了大量流动性支持。

2. 美联储创新的流动性管理工具

一系列措施的采取暂时性地缓解了金融市场的流动性紧张局面。但进入 2007 年底以后，陆续披露的主要金融机构的损失超过人们预期。同时，利率政策效应并不明显，经济走向衰退的风险进一步加大。随着次贷危机向债券保险领域的扩散，市场信心再度受挫，金融市场形势进一步恶化。

随着危机的扩散和升级，美联储在 2007 年 12 月之后，相继推出了三种新的流动性管理工具。

（1）期限拍卖融资便利（term auction facility，TAF），是一种通过招标拍卖方式向合格的存款类金融机构提供贷款融资的政策工具。其融资额度固定，利率由拍卖过程决定，资金期限可长达 28 天，从而可为金融机构提供较长期限的资金。从 2007 年 12 月至 2008 年底，美联储每个月都操作 2～3 次，每次额度约 300 亿～800 亿美元。

（2）一级交易商信贷便利（primary dealer credit facility，PDCF），是一种针对投资银行等市场交易商的隔夜融资机制，目的是在紧急状况下为市场交易商提供援助来拯救濒临倒闭的公司。

（3）定期证券借贷工具（term securities lending facility，TSLF），是一种通过招标方式向市场交易商卖出高流动性国债而买入其他抵押资产的融资方式，交易商可以提供联邦机构债、住房抵押贷款支持债券以及其他一些非联邦机构债券资产。它的期限一般为 28 天，可用于改善银行等金融机构的资产负债表，从而提高金融市场的流动性，一直得到广泛使用。

美联储这些非传统工具的使用，一方面延长了流动性管理的期限，改变了以往美联储主要采用隔夜等短期政策工具的惯例，增强了流动性管理的灵活性；另一方面，流动性的操作大量通过国债、机构债、资产抵押债券等交易进行，增强了对市场利率的管理。但与此同时，美联储将监管和援助范围从商业银行扩展到了投资银行，也引起了广泛的争论。

3. 国会与总统的共识：经济刺激方案

针对 2007 年底次贷危机的加深，在美联储之外，美国政府各部门又陆续推出抵押贷款市场若干救助措施，并最终促成了总规模 1 500 亿美元的经济刺激方案的出台。

2007 年 12 月，美国财政部牵头提出了市场救援计划并经总统批准，该计划通过与贷款公司、投资者等谈判，冻结两年以内发放的浮动利率抵押贷款，以减轻房屋贷款的还贷压力。12 月 20 日，总统签署了《抵押贷款债务减免的税收豁免法案》（Mortgage Forgiveness Debt Relief Act），在对房屋所有人住房按揭贷款减免的同时进行税收豁免援助，增强他们的债务偿付能力。

2008 年 2 月美国政府联合美国银行、花旗银行、摩根大通等 6 家房贷公司推出了“生命线工程”（Project Lifeline），主要针对每月抵押贷款还款逾期 90 天以上的屋主，规定房主可以向房贷机构申请获得 30 天的缓冲期。

经过总统和国会数月的酝酿和讨论，应对危机的经济刺激方案终于达成共识。2008 年 2 月 14 日，总统布什签署了总额约为 1 680 亿美元的法案，拟通过大幅退税刺激消费和投资，刺激经济增长，以避免经济衰退。

4. 国际上的救市措施

在美国政府积极出手救市的同时，世界各国政府也纷纷响应，出台了各项措施应对这场始料未及的国际金融危机。

从2008年9月14日雷曼兄弟宣布破产，到10月中旬的仅仅一个月时间里，全球投入的救市金额累计高达近3万亿美元。从欧美等发达国家看，挽救的重心就是金融体系，因为金融作为现代经济的核心，是经济发展的“源头活水”，担负着向实体经济输送“新鲜血液”的重任，如果失去了“供血”能力，对整个经济的影响将不堪设想。在我国，“救市”的重点则主要是实体经济，因为我国金融体系本身并没有出大问题，外来的危机主要通过外需锐减等途径冲击我国的实体经济。归纳起来，全球救市的主要举措有：

（1）鼓舞公众信心。温家宝总理在纽约华尔道夫饭店面对美国经济金融界知名人士，用斩钉截铁的声音说：“在经济困难面前，信心比黄金和货币更重要。”在2009年3月的全国“两会”上，他坦言实现GDP增长8%的目标确实有难度，但同时也重申“信心比黄金更重要”，提出“心暖则经济暖”。实际上，国际上许多国家的领导人也很注意安抚公众的信心。如布什就任美国总统时，也曾反复强调，美国经济的基本面还是好的，美国的银行体系是安全的，人们应该对此持有信心。2009年1月份，奥巴马刚接任美国总统就果断出击，信心喊话。奥巴马经济团队将经济刺激计划承诺的创造就业岗位目标从300万调升至约400万，并信心十足地推出创造就业和提振经济的计划，向中产家庭提供1 000美元减税，并推出了改善数以百万计的美国家庭能效的“效能计划”。

（2）大幅放松货币政策。各国央行灵活运用各种货币政策工具，调节市场流动性，刺激信贷回暖和经济复苏。一是大幅降低利率。欧洲中央银行2009年3月5日宣布，将主导利率由此前的2%降至1.5%，为欧元启动以来的最低水平。自2008年秋季以来已累计下调主导利率2.75个百分点。日本中央银行于2008年10月31日开始降息，当天将银行间无担保隔夜拆借利率由0.5%下调至0.3%，12月份又从0.3%下调至0.1%。中国人民银行也宣布大幅降息，调整幅度也创下了近11年来之最。二是大举提供贷款。如2008年9月，日本央行连续向货币市场注入流动性，以缓解日本货币市场中各家金融机构短期资金拆借的压力。到当月末，累计支援货币市场的流动性总额已经达到了12.5万亿日元，约合1 180亿美元。2008年10月7日，俄罗斯宣布将向银行注入总额9 500亿卢布的资金。10月8日，英国政府表示英国央行将提供2 000亿英镑短期信贷额，增加各银行的资金流动性。三是巨额回购债券。英国央行2009年3月5日宣布采取“定量宽松”的货币政策，购买750亿英镑国债和企业债券。我国的货币政策也自2008年11月起果断转型，由从紧转为适度宽松，通过不断下调存款准备金率、存贷款利率，适当调减公开市场操作力度，以及引导金融机构扩大信贷投放、调整优化信贷结构等手段，保持银行体系流动性合理充裕，加大金融对经济的支持力度。近200天时间里，我国新增人民币贷款超过6万亿元，如此规模为以往信贷史所罕见。2009年5月新增人民币贷款6 645亿元。同比增长30.6%，为1998年以来首次突破30%。1—5月，人民币各项贷款增加5.84万亿元，同比多增3.72万亿元。

（3）竞相采取积极的财政政策。因为财政政策的作用更加立竿见影，所以为及早摆脱这场空前的危机，各国政府愈发频繁地使用这只“看得见的手”。一是大举出资救市。欧盟于2008年11月26日出台了总额高达2 000亿欧元的经济刺激计划，这一数额相当于欧盟国内生产总值的1.5%。日本于2008年10月30日公布了总额为26.9万亿日元的经济刺激计划后，又于12月12日宣布了一项总额约为23万亿日元的经济刺激计划。亚洲第三大经济体印度2008年12月7日宣布追加2 000亿卢比投资刺激经济增长。“金砖四国”之一的俄罗斯于2009年斥资1.5万亿卢布落实本国应对金融危机的各项措施。二是减税救市。如英国政府2008年11月24日公布了总额为200亿英镑、以减税为核心的一揽子经济刺激计划，其金额相当于英国国内生产总值的1%。此外，英国政府执行其银行拯救方案，向三大银行注资370亿英镑，将其部分国有化，以确保银行系统的健康。四是担保救市。如爱尔兰政府为本土银行存款和债务提供两年担保，以消除市场对银行系统即将崩溃的担心。澳大利亚政府为澳大利亚金融机构的所有存款提供为期3年的担保。

(4) 积极开展“联手救市”。鉴于此次危机已蔓延至全球，所以各国携手行动，共同应对。

一是联合降息。如2008年10月8日，全球6家主要央行有史以来首次联合降息。美联储、欧洲央行、英国央行、瑞士央行、加拿大央行和瑞典央行，联合宣布将基准利率均下调50个基点。此后，欧美等发达国家频繁掀起联合降息浪潮。

二是货币互换。如2008年9月18日美国与欧洲中央银行以及日本、英国、瑞士和加拿大的中央银行达成货币互换协议，为它们提供高达1 800亿美元的资金，用于缓解金融市场流动性短缺。2009年4月2日，G20伦敦金融峰会后，西方五大央行随即联合宣布又一项货币互换协议：如果需求增加，将通过这一新货币互换协议，向美联储提供相应的欧元、日元、英镑和瑞士法郎。随着金融危机不断恶化，西方央行之间也不断扩大货币互换规模，以此稳定金融市场。

三是贷款互助。如2008年10月13日，为了对全球银行体系提供流动性，美国宣布无限制提供美元给英格兰银行、欧洲中央银行以及瑞士国家银行。这项举动让这些央行可无限制借贷美元给银行。

四是共同投资。如2008年11月26日，欧盟委员会批准了一项旨在迅速提振经济的开支计划，该计划涵盖欧盟的所有27个成员国，总额达2 000亿欧元（约合2 600亿美元）。2009年3月9日，欧盟委员会宣布欧盟将在2013年之前投资1 050亿欧元支持欧盟地区的“绿色经济”，促进就业和经济增长，保持欧盟在“绿色技术”领域的世界领先地位。

五是会商改革。如2008年10月12日，欧元区15国领导人在法国巴黎举行了有史以来的首次峰会，并通过了以各国“自救”为基础的危机应对联合行动计划，为欧元区各国的救市行动勾勒出由各国政府担保银行债务和存款的统一框架。已有多个欧洲国家根据上述计划出台了本国的救市方案，总额近2万亿欧元。G20则先后于2008年11月15日在华盛顿、2009年4月2日在伦敦两次召开金融峰会，专门探讨如何在金融危机的背景下推动全球协同合作、共同抵御金融危机。

三、使用说明

本案例适用于开放经济条件下，研究资本市场的波动对宏观经济形势的影响，从总供给与总需求两方面分析影响经济增长的因素，重点关注大型开放经济中的财政政策和货币政策以及应对此次危机所采用的新型政策。

通过案例学习，了解次贷危机的来龙去脉以及金融危机形成的其他原因。掌握不同的财政政策和货币政策的结合产生的效果以及了解最新的应对危机的政策动向，结合各国的应对措施，思考有利于解决我国目前经济问题的政策措施。

思考题

1. 为何中国没有受到全球经济危机较大的影响？中国特色的宏观调控有哪些特殊作用？

2. 中国在未来融入世界经济的过程中应注意哪些问题，防范哪些风险？

参考文献

1. 湖南省统计局. 国际金融危机的冲击及各国应对措施综述. 中国经济网，2009-07-02

2. 孙磊. 美国政府在次贷危机中的干预措施. 上海证券报，2008-09-13

案例 49

欧洲债务危机触及中国经济：如何应对？

一、概要

2009 年 12 月 8 日全球三大评级公司下调希腊主权评级，2010 年起欧洲其他国家也开始陷入危机，希腊已非危机主角，整个欧盟都受到债务危机困扰。伴随德国等欧元区的龙头国都开始感受到危机的影响，因为欧元大幅下跌，加上欧洲股市暴挫，整个欧元区正面对成立 11 年以来最严峻的考验，有评论更推测欧元区最终会以解体收场。目前意大利、西班牙、爱尔兰、葡萄牙等国均受到欧洲债务危机的影响，整个欧洲经济处在阴霾的笼罩之中。

二、案例内容

欧洲债务危机，即欧洲主权债务危机。与美债危机不同，美国政府可以自主发行货币进行偿债。而欧债危机中的欧盟国家，其没有独立的货币政策，政府不能自主增发货币，从而出现债务严重时，很难自主解决，需要欧盟委员会或其他国家的救助。同时，根据欧盟条约，各国的财政赤字和主权债务率都有明确规定，如果哪个国家超过此规定，将受到制裁。

在 2008 年金融危机发生后，希腊等欧盟国家发生了主权债务危机。最初投资者认为希腊的问题可控，但后来担忧情绪扩散到比利时等此前人们认为不太会受影响的其他国家，目前欧债危机仍然笼罩着欧洲各国。

（一）欧债危机的形成

2009 年 12 月 8 日惠誉将希腊信贷评级由 A－下调至 BBB＋，前景展望为负面。2009 年 12 月 15 日希腊发售 20 亿欧元国债。12 月 16 日标准普尔将希腊的长期主权信用评级由 A－下调为 BBB＋。12 月 22 日穆迪宣布将希腊主权评级从 A1 下调到 A2，评级展望为负面。

2009 年 12 月全球三大评级公司下调希腊主权评级，希腊的债务危机随即愈演愈烈。欧洲其他国家也开始陷入危机，包括比利时这些外界认为较稳健的国家，欧元区内经济实力较强的西班牙也都预报未来三年预算赤字居高不下，希腊已非危机主角，整个欧盟都受到债务危机困扰。

2010 年 1 月 11 日穆迪警告葡萄牙若不采取有效措施控制赤字将调降该国的债信评级。2 月 4 日西班牙财政部指出，西班牙 2010 年整体公共预算赤字恐将占 GDP 的 9.8%。2 月 5 日债务危机引发市场惶恐，西班牙股市当天急跌 6%，创下 15 个月以来最大跌幅。

德国等欧元区的龙头国家也开始感受到危机的影响，因为欧元大幅下跌，加上欧洲股市暴挫，整个欧元区正面对成立 11 年以来最严峻的考验，有评论家更推测欧元区最终会以解体收场。

2010 年 2 月 4 日德国预计 2010 年预算赤字占 GDP 的 5.5%。2 月 9 日欧元空头头寸已增至 80 亿美元，创历史最高纪录。2 月 10 日巴克莱资本表示，美国银行业在希腊、爱尔兰、葡萄牙及西班牙的风险敞口达 1 760 亿美元。

欧盟成员国财政部长 10 日凌晨达成了一项总额高达 7 500 亿欧元的稳定机制，避免危机蔓延。

欧洲债务危机进程的主要阶段见表 49—1。

表 49—1　　欧洲债务危机进程

开端	2009 年 12 月全球三大评级公司下调希腊主权评级，希腊的债务危机随即愈演愈烈，但金融界认为希腊经济体系小，发生债务危机影响不会扩大。	2009 年 12 月 8 日惠誉将希腊信贷评级由 A－下调至 BBB+，前景展望为负面 2009 年 12 月 15 日希腊发售 20 亿欧元国债 2009 年 12 月 16 日标准普尔将希腊的长期主权信用评级由 A－下调为 BBB+ 2009 年 12 月 22 日穆迪宣布将希腊主权评级从 A1 下调到 A2，评级展望为负面
发展	欧洲其他国家也开始陷入危机，包括比利时这些外界认为较稳健的国家，及欧元区内经济实力较强的西班牙，都预报未来三年预算赤字居高不下，希腊已非危机主角，整个欧盟都受到债务危机困扰。	2010 年 1 月 11 日穆迪警告葡萄牙若不采取有效措施控制赤字将调降该国的债信评级 2010 年 2 月 4 日西班牙财政部指出，西班牙 2010 年整体公共预算赤字恐将占 GDP 的 9.8% 2010 年 2 月 5 日债务危机引发市场惶恐，西班牙股市当天急跌 6%，创下 15 个月以来最大跌幅
蔓延	德国等欧元区的龙头国都开始感受到危机的影响，因为欧元大幅下跌，加上欧洲股市暴挫，整个欧元区正面对成立 11 年以来最严峻的考验，有评论家更推测欧元区最终会以解体收场。	2010 年 2 月 4 日德国预计 2010 年预算赤字占 GDP 的 5.5% 2010 年 2 月 9 日欧元空头头寸已增至 80 亿美元，创历史最高纪录 2010 年 2 月 10 日巴克莱资本表示，美国银行业在希腊、爱尔兰、葡萄牙及西班牙的风险敞口达 1 760亿美元
升级	希腊财政部长称，希腊在 2010 年 5 月 19 日之前需要约 90 亿欧元资金以渡过危机。欧盟成员国财政部长 10 日凌晨达成了一项总额高达 7 500 亿欧元的稳定机制，避免危机蔓延。	2010 年 4 月 23 日希腊正式向欧盟与 IMF 申请援助 2010 年 5 月 3 日德内阁批 224 亿欧元援希计划 2010 年 5 月 10 日欧盟批准 7 500 亿欧元希腊援助计划，IMF 可能提供 2 500 亿欧元资金救助希腊

资料来源：新浪网“欧洲债务危机”(http://finance.sina.com.cn/stock/usstock/greececrisis.shtml)。

（二）欧洲主要国家的财政赤字和政府债务

随着希腊、爱尔兰、葡萄牙主权债务危机的升温，债务危机开始从欧元区外围国家向核心国家蔓延，意大利和西班牙谁将是欧债危机下一个倒掉的“多米诺骨牌”成为议论沸点。

截至2010年底，意大利公债占国内生产总值比重达119%，远高于《马斯特里赫特条约》规定的60%的上限，在欧盟各国中仅次于希腊的142.8%。此外，意大利经济增长乏力，出口增长趋势微弱，进口商品价格高涨，恶劣的经济环境使得意大利的危机雪上加霜。

西班牙也面临被卷入债务危机的风险。西班牙2010年预算赤字占国内生产总值的比例高达9.2%。尽管西班牙政府正在实施30年来规模最大的预算削减措施，同时还采取措施提高退休年龄和缩减裁员成本，但国际货币基金组织认为，西班牙为防止债务危机而采取的措施不够完整，其面临的债务风险相当巨大。

资料显示，意大利2011年第一季度经济增速为1.03%，这种缓慢的经济增长一旦遭遇财政紧缩，就可能陷入衰退。如果意大利向外界求助，就必须进行经济紧缩，因此可能陷入经济衰退和公共债务上升的双重困境。作为欧元区第三和第四大经济体，意大利和西班牙在欧洲经济中的地位至关重要，一旦出现债务违约，对市场的冲击力度远非希腊等国可比。

鉴于意大利和西班牙庞大的外债规模，有分析认为，如果两国陷入债务危机，无法从市场融资，那么欧盟其他国家将没有足够力量来援救意大利和西班牙，欧元区有可能因此分崩离析。从全球范围来看，如果欧洲主权债务危机波及核心国家，全球市场的投资方向将会逆转，资金撤出股市、商品市场，进入贵金属市场等寻求避险。这将导致资产价格明显波动，或许将引发新一轮的金融危机。

随着意大利及西班牙国债危机逼近，欧元区第二大经济体——法国也开始面临债务风险。有迹象显示，市场投资者正在做空法国主权债券，债务危机正步步紧逼。

从欧盟各国的债务率来看（即政府债务占其全国GDP的比重，见图49—1），主要国家的债务率都超过欧盟《马斯特里赫特条约》规定的60%。由此可以看出，多数欧盟国家依靠借债过日。

图49—2为欧盟各国政府的赤字率（即政府赤字与GDP的比值），欧盟《马斯特里赫特条约》的规定为3%，同样，主要国家的赤字率都远远超过此规定。

由上述可以看出，欧债危机实际上笼罩着欧盟的主要国家，如果迟迟不能解决，则会影响欧元区的稳定。

（三）欧债危机的原因[①]

欧债危机的爆发有其内在原因，也有外部影响。

首先，金融危机中政府加杠杆化使债务负担加重。次贷危机使各国政府纷纷推出刺激经济增长的宽松政策，高福利、低盈余的希腊无法通过公共财政盈余来支撑过度的举债消费。全球金融危机推动私人企业去杠杆化[②]而政府增加杠杆。希腊政府的财政原本处于一种

① 有关欧债危机原因的详细叙述，参见http://baike.baidu.com/view/3583537.htm。

② “杠杆化”指借债进行投资运营，以较少的本金获取高收益；“去杠杆化”就是一个公司或个人减少使用金融杠杆的过程。

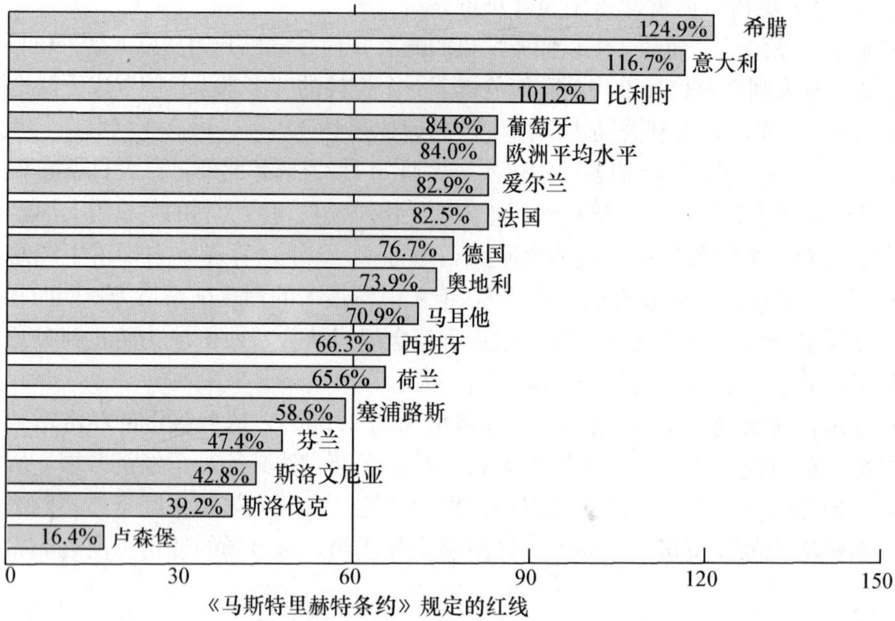

图 49—1　2010 年欧洲各国债务与 GDP 比值

资料来源：新浪网“欧洲债务危机”(http://finance.sina.com.cn/stock/usstock/greececrisis.shtml)。

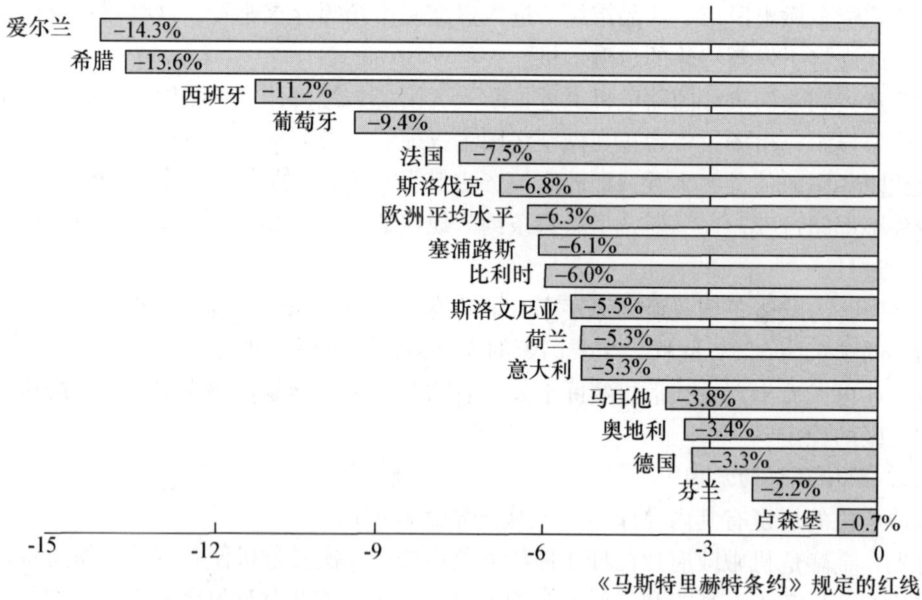

图 49—2　2009 年欧洲各国公开赤字与 GDP 比值

资料来源：新浪网“欧洲债务危机”(http://finance.sina.com.cn/stock/usstock/greececrisis.shtml)。

弱平衡的境地，由于国际宏观经济的冲击，恶化了其国家集群产业的盈利能力，公共财政现金流呈现出趋于枯竭的恶性循环，债务负担成为不能承受之重。

其次，评级机构煽风点火，助推危机蔓延。评级机构不断调低主权债务评级，助推危机进一步蔓延。全球三大评级机构不断下调希腊等国的主权评级。2011年7月末，标普已经将希腊主权评级从2009年底的A－下调到了CC级（垃圾级），意大利的评级展望也在2011年5月底被调整为负面，继而在9月份和10月初标普和穆迪又一次下调了意大利的主权债务评级。葡萄牙和西班牙也遭遇了主权评级被频繁下调的风险。评级机构对危机起到了推波助澜的作用，也可成为危机向深度发展的直接性原因。

第三，希腊等欧盟国家产业结构不平衡，表现在实体经济空心化，经济发展脆弱。同时，人口结构不平衡，逐步进入老龄化，导致了刚性的社会福利制度，而消费和福利的一个重要特点即是提高容易降低难，这也导致政府很难缩减财政支出。另外，法德等国在救援上的分歧也令危机处于胶着状态。

第四，最根本的原因是欧元区的制度缺陷，各国无法有效弥补赤字。主要表现在以下几方面：

（1）货币制度与财政制度不能统一，协调成本过高。欧元区一直以来都是世界上区域货币合作最成功的案例，然而2008年美国次贷危机的爆发使欧元区长期被隐藏的问题凸显出来。欧洲中央银行在制定和实施货币政策时，需要平衡各成员国的利益，导致利率政策调整总是比其他国家慢半拍，调整也不够到位，在统一的货币政策应对危机滞后的情况下，各国政府为了尽早走出危机，只能通过扩张性的财政政策来调节经济，许多欧元区成员国违反了《稳定与增长公约》中公共债务占GDP比重上限60%的标准，但是并没有真正意义上的惩罚措施，由此形成了负向激励机制，加强了成员国的预算赤字冲动，道德风险不断加剧。

（2）欧盟各国劳动力无法自由流动，而各国不同的公司税税率则引起资本的流动，从而造成经济的泡沫化。最初蒙代尔的最优货币区理论是以生产要素完全自由流动为前提，并以要素的自由流动来代替汇率的浮动。欧元体系只是在制度上放松了人员流动的管制，而由于语言、文化、生活习惯、社会保障等因素的存在，欧盟内部劳动力并没有完全自由流动。从各国的失业率水平来看，德国目前的失业率已经下降到7%以下，低于危机前水平，但是西班牙的失业率高达21.2%。另一方面，欧盟国家只统一了对外关税税率，并没有统一公司税税率，目前法国的公司税税率最高为34.4%，比利时为34%，意大利为31%，德国为29.8%，英国为28%，其他边缘国家及东欧国家的公司税税率普遍低于20%，这些税率较低的国家也正是劳动力比较充足的国家，资金和劳动力的结合使得这些国家的经济不断膨胀，资金主要投资在支柱性的产业，比如加工制造业、房地产业和旅游业，从而导致了国内经济的泡沫化。从欧元兑美元走势可以看出，次贷危机前的很长一段时间欧元一直处于上升通道，出口受到一定程度的打击，南欧国家本来就不发达的工业和制造业又很难吸引外资的流入，造成这些国家贸易赤字连年增加，各国通过发债弥补，同样是因为欧元的升值，欧债受到投资人的欢迎，举债成本低廉，从而形成恶性循环。

（3）欧元区设计上没有退出机制，出现问题后协商成本高。由于在欧元区建立的时候没有充分考虑退出机制，这给以后欧元区的危机处理提出了难题。目前个别成员国在遇到问题后，就只能通过欧盟内部开会讨论来解决成员国出现的问题，市场也随着一次次的讨论而跌宕起伏，也正是一次次的讨论使得危机不能得到及时解决。欧元区银行体系互相持有债务令危机牵一发而动全身，近年来欧洲银行业信贷扩张非常疯狂，致使其经营风险不断加大，其总资产与核心资本的比例甚至超过受次贷冲击的美国。

（四）欧债危机对中国的影响及启示

欧洲债务危机对中国的影响主要体现在贸易和投资方面。首先是对出口的冲击，危机导致欧元区增长下降以及欧元持续贬值。另外，为了缓解债务危机，欧洲各国收缩其财政政策，降低赤字占 GDP 的比重，缩小贸易逆差。欧盟又是中国最大的出口市场，所以中国出口情况不是很令人乐观。其次，欧洲主权债务爆发，加剧了短期资本流动的波动性。理论上，欧债危机导致全球避险情绪加重，持续刺激避险资金对于美元的需求，推升美元指数，导致海外热钱回流美国本土，A 股市场面临海外资本撤离引发的指数震荡下跌。另外，欧债危机会对我国政策制定造成一定的影响。欧债危机引发的经济动荡降低了欧洲对于大宗资源商品的需求，导致资源品价格下跌。国际资本回流美国本土与资源品需求下降导致资源品价格下跌，有利于缓解中国的输入型通胀压力与降低海外热钱推高我国资产价格泡沫的风险，最终可能促使中国利用本次机会短期出台更加严厉的货币紧缩政策以降低国内通胀率，稳定国内物价水平。

对于中国而言，中国远离欧洲债务危机现场，短期内也不可能发生主权债务危机，但是，欧洲主权债务危机还是给了我们很多启示。

（1）扩大内需，转变经济增长模式，提高国家的产业国际竞争力，增强经济的内生增长能力。近半个世纪以来欧洲金融服务业快速发展，但大量制造业外迁导致实体经济“空心化”，经济不振时无力“输血”。与之形成鲜明对照的是，有“世界工厂”之称的中国在欧债背景下，部分地区和行业也出现了问题。温州出现的“高利贷危机”就是一个例证。温州“高利贷危机”表象是高利贷，实质是实体经济“空心化”，因此政府应改革和调控从而挤压投机性资金在房地产等领域的空间，防止生产性资本抽离实体经济。同时，政府应该降低经济发展对投资和出口的依赖，提高最终消费对经济增长的贡献，这是中国经济转型的关键。

（2）警惕欧洲国家贸易保护主义抬头。金融危机爆发以来，欧美对中国发起的贸易起诉剧增。对此，中国可以在风险可控的前提下参与援助欧洲，但应该要求欧洲承诺解决中国市场经济地位，并要求欧盟和欧洲主要国家减少对中国出口高科技产品的限制。同时，我国应继续积极进行结构性调整，促进产业发展。

（3）扩大中央政府和地方政府的融资渠道，实现政府的收入和支出相匹配，不能高估外债与地方政府负债的承受能力。欧洲债务危机的本质原因就是政府的债务负担超过了自身的承受范围，从而引起违约风险。我国应尽快以立法形式加强对地方政府的预算管理，增强透明度，合理控制政府债务规模，加强风险管理。应及时对全国整体财政及债务状况作全面清查和评估，对地方政府债务规模进行限额管理和风险预警，切实从财政和金融两方面防范偿债违约风险。统计表明，2009 年我国财政赤字占 GDP 的比重低于 3%，总债务占比低于 20%，远低于国际警戒线的 60%，审慎性优于发达国家，短期不存在爆发主权债务危机的可能。但是，金融危机爆发以来我国地方政府债务迅速扩张，隐藏了不少问题，应该引起高度重视。据估算，目前我国地方投融资平台负债超过 6 万亿元，其中地方债务总余额在 4 万亿元以上，约相当于 GDP 的 16.5%、财政收入的 80.2%、地方财政收入的 174.6%。这些借贷资金大部分被使用在自偿能力比较低的基础设施和其他公共建设项目上，给地方留下了隐性赤字和债务负担，造成巨大的财政结构性风险。同时，这些资金中 80%以上都来自银行体系，一旦地方政府债务风险积聚，势必会对银行产生重大冲击。2010 年 1 月 19 日，在国务院第四次全体会议上，国务院总理温家宝把“尽快制定规范地方融资平台的措施，防范潜在财政风险”列入当年宏观政策方面重点抓好的工作之一，地方政府负债问题已被提上议事日程。

三、使用说明

本案例适用于研究开放经济条件下的货币政策和财政政策，以及在经济共同体情况下，如何应对各国不同的经济问题。了解政府债务与通货膨胀、资本资产贬值、融资成本等之间的关系。通过案例学习，了解欧债危机的形成原因、表现形式及最新发展，了解欧债危机对中国的影响，以及中国所采取的对策。

思考题

1. 目前我国的中央和地方政府债务规模数量也较大，有哪些方法能够预防债务危机的发生，或者有无办法能够降低我国政府的债务规模?

2. 反思欧盟的高福利政策是否有助于经济的发展，以及我国在福利政策方面有哪些不足。

参考文献

1. 马涛. 从欧债危机中发现中国机遇. 证券时报，2011-08-17
2. 马骏. 欧债危机恶化的可能与中国预案. 21 世纪经济报道，2011-10-03
3. 刘敏，黄深钢，姚玉洁. 欧债危机警示我们什么. 人民日报，2011-11-21
4. 岳瑞芳，任峰. 欧债危机升级对中国影响几何? 新华每日电讯，2011-10-04
5. 欧债危机对中国的影响. 中国民族证券，2010-11-08

案例 50

中国社会主义新农村建设的宏观经济理论基础

一、概要

“民以食为天”，农业是百业之首、立国之本。在我国改革开放初期，中共中央从1982年起就连续五年发布以农业、农村和农民为主题的中央一号文件，对农业发展、农村改革、农民致富作出了部署。1986年后，一号文件远离“三农”有18年之久，但这种情况在2004年得以回归。随着2004年一号文件《中共中央国务院关于促进农民增加收入若干政策的意见》的出台，之后每年的一号文件均锁定“三农”，到2012年已经是第九个一号文件了，这些文件主要定位于农业综合生产能力、新农村建设、农村基础设施建设、城乡统筹等，有力地推进了农业发展、农村建设和农民增收。

2006年的一号文件《中共中央国务院关于推进社会主义新农村建设的若干意见》，从社会主义新农村建设的总要求、目标和把握的原则等角度，将新农村建设解读为“五个五”：五个总要求、五大建设、五个坚持、五要和五不要。

二、案例内容

（一）社会主义新农村建设的提出

改革开放以来，中国经济逐渐由计划经济向市场经济体制过渡，1984年中央明确提出了建立有计划的商品经济的新体制，把商品经济向前推进了一步。为了进一步深化改革开放，1992年中央又明确提出建立社会主义市场经济体制，自此中国的市场化改革进一步加快了步伐，从消费品市场到生产资料市场再到要素市场，市场化改革按部就班。

也正是从1992年开始，中国农村劳动力开始了全国的大范围流动，农村劳动力转移、土地和资本的非农化也日益加快。到目前为止，农村劳动力、土地和资本的非农化已成为制约农村发展的障碍。2006年提出的新农村建设，也是希望通过建设一个新农村、创建一个良好的生产和生活环境，鼓励更多有作为的劳动力向农村回流，鼓励企业到农村投资，为农村发展注入活力。

新农村建设提出的另一宏观背景是，从 1998 年到 2004 年间，政府为了应对亚洲金融危机的影响，进行了大量的公共工程建设，包括长江三峡、京九铁路、西气东输、西电东送、南水北调、青藏公（铁）路，全国各地到处建设的高速公路、车站、码头和机场等，这些都主要是在各省之间、城市之间或城市内部。总之，到 2005 年中国的城市建设和城市之间、省际之间的基础设施建设已经取得了很大成绩，但是在广大的农村地区，基础设施建设、思想和文化建设等仍然落后，在基础设施方面的城乡差距也日益扩大，为此在 2006 年政府明确提出“社会主义新农村建设”，将公共财政的阳光普照整个农村。

新农村建设的另一个宏观背景是到 21 世纪初我国经济已经保持了长期的较快增长，GDP 跃上一个又一个台阶，但是我国的经济增长是建立在环境污染和资源过度使用的基础上，因此，自从 2003 年开始中央就明确提出“科学发展观”，要实现“五个统筹”，其中统筹城乡发展被置于很高的地位。这时政府的目标已不是一味地追求经济增长，而把“公平”置于越来越重要的位置，把“和谐社会”建设置于越来越重要的位置。同时，到 2006 年，我国的经济实力进一步增强，外汇储备也增加较快，中国有实力在农村地区进行较大规模的新农村建设，同时引导社会资本向农村流动。

新农村建设也为后来我国各项惠农政策的制定和实施打下了扎实的基础，为后来在金融危机背景下刺激国内消费打下了基础。这也是政府提出新农村建设的战略思考。如果没有新农村建设中的电网改造和电力设施建设及道路、水利等的建设，就不会有后来的“家电下乡”、“汽车下乡”；如果没有新农村建设中的住房建设，就不会有后来的“建材下乡”；如果没有农村的市场体系建设、消费环境的改善，农村的消费就不可能刺激起来。

新农村建设的提出还有很多社会、政治等方面的背景，比如乡村治理和乡村文明等，总体而言，新农村建设是建立在多范围、多角度基础之上的，有其深刻的背景。

（二）社会主义新农村建设的主要任务、目标和原则

社会主义新农村建设的主要任务、目标和把握的原则，可以概括成“五个五”①：

“第一个五”，党中央提出新农村建设的总要求即五句话“生产发展，生活宽裕，乡风文明，村容整洁，管理民主”。五句话是整体，不能以偏概全。所以，新农村建设绝不能等同于新村庄建设，新村庄建设是新农村建设的内容之一，新农村建设既包括“硬件”建设（即基础设施建设），也包括“软件”建设（即精神文明等）。

“第二个五”，中央明确提出要协调推进农村的经济、政治、文化、社会和党的建设“五个”方面。党的十五大报告中明确提出了社会主义初级阶段的经济、社会主义初级阶段的政治、社会主义初级阶段的文化。在党的四中全会提出构建社会主义和谐社会的伟大构想之后，提出了“四位一体”的建设，即经济建设、政治建设、文化建设和精神建设。

① 说明：节选自中央财经领导小组办公室副主任陈锡文研究员 2006 年 4 月 5 日在中国农业大学中国农村政策研究中心举办的“第四届农村发展论坛——聚焦社会主义新农村建设”的专题报告；根据报告的录音整理，未经本人审阅。

2006 年一号文件中，中央明确提出社会主义新农村建设涉及方方面面问题，涉及上百年的时间跨度，在这个过程中确保社会主义新农村建设的成功，一定要使农村的基层党组织成为坚强核心，要使他们能够真正起到在新农村建设中成为坚强的组织保障的作用。因此，明确提出，农村社会主义新农村建设要五位一体，协调五大基础。

"第三个五"，2006 年一号文件中明确提出社会主义新农村建设阶段必须要有五个坚持，即：(1) 要坚持以经济建设为中心，发展农村生产力。(2) 必须坚持农村基本经济制度不动，对这个问题有很多议论和说法，但以家庭承包为基础的、统分结合的双层经营体制，在宪法中有规定，在党的文件中也做过表述，这一体制是党的农村基本政策的基石。鉴于目前农业经营规模小，劳动生产率低，农产品竞争力不高，对双层经营制度存在各种各样的议论，作为学术探讨是可以的。中央历来强调，稳定家庭经营制度并不是稳定小规模经营，而是为了维护法律赋予农民的权利，既然合同签订了 30 年的承包期，那么 30 年之内土地的使用是农民的权利。(3) 坚持以人为本，着力解决农民最需要迫切解决的实际问题。(4) 必须坚持科学规划、因地制宜、分类指导的基本方针。新农村建设包括很多内容和很大跨度，如果没有规划，就搞乱套了。(5) 必须坚持动员一切力量参与新农村建设。第一是农民自身，要动员他们积极劳动，用自己的双手建设自己的家园，不能等天上掉馅饼，不能等着别人给你一个新农村。第二，党和国家的支持力度会比过去大，国家每年的财政收入不可能全部给农民，农民在相当长的时间内，为改变自己的家园还得辛勤劳动，但是国家要支持。第三，社会要广泛参与。

"第四个五"，一号文件明确提出工作中要做到五要五不要。在社会主义新农村建设的具体推进中，尤其对乡村基层干部，一号文件明确提出工作中要做到五要五不要，语言很浅显，含义很深刻。第一，要讲究实效，不要搞形式主义。农民饮水出行问题都不解决，修花坛、修喷泉那肯定是形式主义。第二，要量力而行，不要盲目攀比。第三，要体现特色，不要千篇一律，尤其是新村庄建设。中央说的新农村建设，一定要体现出农村的特色。有一些地方总是宣传把村庄建成像城市，至少像城市的小区，这是违背规律的。第四，要民主协商。第五，要引导扶持，不要包办代替。新农村建设过程中要培养一代新型农民，要让农民成为有知识、有文化、懂技术、会经营的人。

"第五个五"，2005 年底中央农村工作会议中温家宝总理讲话提出，新农村要开好局、起好步，至少要实现五个目标。这五个目标是使农村生产力确实得到发展；使农民生活水平确实得到提高；使农村的基础建设确实得到加强；使农村的社会事业确实得到发展；使农村的基层民主政治建设继续得到推进。

新农村建设包含内容很多，涉及农民生产生活、经济社会很多事情，而且新农村建设需要几十年甚至上百年的跨度，需要不断地去探索。

三、使用说明

本案例适用于从宏观经济学的视角认识中国政府 2004 年以来将"三农"问题置于各项工作的首位的原因，这也是未来相当长的时间内中国政府工作的重点。此外，根据一号文件内容的变化，分析宏观环境的变化对于政策制定的影响。

思考题

1. 用宏观经济学的有关理论解释目前中央提出新农村建设的原因。
2. 从经济学角度分析新农村建设对我国农村城市化和农业现代化的影响。

参考文献

1. 陈锡文. 加快社会主义新农村建设. 求是，2010（21）
2. 陈锡文. 推进社会主义新农村建设. 人民日报，2005-11-30

后 记

从第一次给本科生讲授宏观经济学，一晃十六年过去了，但那一幕依然记忆犹新；从第一次给硕士生和博士生讲授中级和高级宏观经济学，到今天也有六年多了，回忆十多年的讲授过程，深感宏观经济学对老师和学生来讲都是一门挑战性很强的课程。

因而，本人在课程讲授过程中，从课程的基础性和抽象性出发，探索了一套本科和硕士研究生层次的以应用性为导向、学生参与的，既能较好掌握课程基础理论，又能让学生分析和解决宏观经济问题的教学方法。其基本思路是：课前先介绍案例（3～5 分钟），让学生带着案例听课，课堂主要讲授基本理论和分析方法，然后通过课后做练习强化对基本理论的掌握，通过分组撰写案例报告，强化对方法的运用，通过各组的分组汇报和大家的提问互动，培养学生对本课程知识的理解和应变能力，从而达到解决实际问题的目的。

在这一过程中，逐步积累了两个方面的素材，一个是贯彻宏观经济学各个理论部分的国内外的案例，另一个是 Flash 制作的宏观经济学曲线和流程图的动画，为宏观经济学的教学提供了很大的帮助。

长期以来传统的应试式教学，养成了学生死记硬背、缺少灵活应变的特点，主要表现在：第一，对于整个理论体系缺乏融会贯通，只是孤立地记忆一个个知识要点；第二，在考试中，记忆性的内容回答得较好，但分析性的题目，特别是结合实际的内容就表现较差；第三，在宏观经济学相关分析方法的掌握和应用上，总体较差。

为此，本人负责的教学团队积极探索以应用性和可操作性为导向、以理论性和方法性为基础的宏观经济学教学体系，逐步培养学生“动手/动脑能力”：首先，对课程理论体系和知识要点，通过教师总结的流程图，形象地理解、较好地掌握；其次，对于经济学基本分析方法，结合案例，做到运用自如；第三，通过案例学习，掌握分析实际问题或现象时的“切入点”。

本教学法的主要实施过程如下：

- 每节课前 3～5 分钟介绍该部分涉及的案例背景（教师提出问题）

- 课堂中按大纲讲授理论和分析方法（学生带着案例/问题听课）
- 课末 3～5 分钟教师点评案例要点（为学生写案例报告提供提示）
- 课后学生分组撰写案例报告（设计提纲、写作等，组长负责）
- 教师在每章最后以流程图方式总结该章的理论框架和知识要点
- 教师定期组织集中汇报讨论（锻炼学生综合能力）
- 期末案例分析报告整理成册发给学生（资料积累）

在上述教学过程中，以流程图或表格形式，编辑整理了宏观经济学课程理论体系，并整理了经济学分析方法。经济学分析方法应该成为经济学教学的重要部分，但是在一些院校的教学中没有引起足够的重视。为此，本教学团队总结了主要的经济学分析的方法（工具），并穿插在课程的教授中（见表 1）。

表 1 常用的经济学分析方法

序号	方法	简介
1	再生产环节分析法	生产—流通—分配—消费
2	数量与结构分析法	分析总量、均量、边际及结构。讨论规模、速度、比例（结构）和效益
3	经济效益分析法	从投入和产出的角度，构建综合指标和单项指标
4	叙事分析方法	主体—客体—时间—地点—目的分析法
5	抽象法	抽象宏观经济活动的主体，找出相互之间的关系
6	经济体分析法	经济形式、经营方式和分配方式
7	政策分析法	背景—目标—理论依据—内容—手段（工具）—效果—不足
8	经济学派分析法	产生背景—代表人物（作）—主要观点—政策主张—理论的缺陷
9	动态分析法	静态—动态结合进行分析
10	纵横交叉分析法	纵（时间序列）横（横向截面）交叉法
11	经济学分析工具	图、表、曲线和函数分析方法（介绍条形图、柱形图、折线图、面积图等图形的使用）
12	统计分析法	平均数、标准差、方差等
13	计量模型分析法	生产模型、贸易模型、消费模型等（常用计量经济学软件）
14	文献查阅、搜集资料	现代方法和传统方法
15	掌握经济学知识的不同层次	文字描述，定性理解或掌握；表格，直观认识；流程图等图形，形象把握；曲线，直观反映；简单公式，科学把握；计量模型，科学深入掌握
16	经济学论文的撰写	图表标题、表格格式（三线表格）、参考文献、脚注排列

总之，本书是本人十几年教学成果的一个梳理，也是本教学团队的集体智慧的结晶，愿本书能够为广大读者的宏观经济学学习提供一定的帮助。

武拉平

2012 年 10 月

图书在版编目（CIP）数据

宏观经济学案例集/武拉平主编. —北京：中国人民大学出版社，2013.3
21 世纪经济学系列教材
ISBN 978-7-300-17030-5

Ⅰ.①宏… Ⅱ.①武… Ⅲ.①宏观经济学-案例-高等学校-教材 Ⅳ.①F015

中国版本图书馆 CIP 数据核字（2013）第 029036 号

21 世纪经济学系列教材
宏观经济学案例集
主　编　武拉平
副主编　郭俊芳　沙　敏　王晓蜀
Hongguan Jingjixue Anliji

出版发行	中国人民大学出版社		
社　　址	北京中关村大街 31 号	邮政编码	100080
电　　话	010－62511242（总编室）		010－62511398（质管部）
	010－82501766（邮购部）		010－62514148（门市部）
	010－62515195（发行公司）		010－62515275（盗版举报）
网　　址	http://www.crup.com.cn		
	http://www.ttrnet.com（人大教研网）		
经　　销	新华书店		
印　　刷	北京七色印务有限公司		
规　　格	185 mm×260 mm　16 开本	版　　次	2013 年 3 月第 1 版
印　　张	19.5 插页 1	印　　次	2013 年 3 月第 1 次印刷
字　　数	401 000	定　　价	35.00 元

版权所有　侵权必究　　印装差错　负责调换

教学支持说明

中国人民大学出版社经济分社与人大经济论坛（www. pinggu. org）于 2007 年结成战略合作伙伴后，一直以来都以种种方式服务、回馈广大读者。

为了更好地服务于教学一线的任课教师与广大学子，现中国人民大学出版社经济分社与人大经济论坛做出决定，凡使用中国人民大学出版社经济分社教材的读者，填写以下信息调查表后，发送电子邮件、邮寄或者传真给我们，经过认证后，我们将会向教师读者赠送人大经济论坛论坛币 200 个，向学生读者赠送人大经济论坛论坛币 50 个。

教师信息表	学生信息表
姓名： 大学： 院系： 教授课程： 联系电话： E-mail： 论坛 id： 使用教材： 论坛识别码（请抄下面的识别码）：	姓名： 所读大学： 所读院系： 所读专业： 入学年： QQ 等联系方式： E-mail： 论坛 id： 使用教材： 论坛识别码（请抄下面的识别码）：

我们的联系方式：

E-mail：gaoxiaofei11111@sina. com

邮寄地址：北京市中关村大街甲 59 号文化大厦 1506 室中国人民大学出版社经济分社，100872

传真号：010-62514775

附：人大经济论坛（www. pinggu. org）简介

人大经济论坛依托中国人民大学经济学院，于 2003 年成立，致力于推动经济学科的进步，传播优秀教育资源。目前已经发展成为国内最大的经济、管理、金融、统计类在线教育和咨询网站，也是国内最活跃和最具影响力的经济类网站：

- 拥有国内经济类教育网站最多的关注人数，注册用户以百万计，日均数十万经济相关人士访问本站。
- 是国内最丰富的经管类教育资源共享数据库和发布平台。
- 提供学术交流与讨论的平台、经管类在线辞典、数据定制和数据处理分析服务、免费的经济金融数据库、完善的经管统计类培训和教学相关软件。

论坛识别码：pinggu _ com _ 1545967 _ 4210768

教学支持说明

中国人民大学出版社经济分社与中国经济学教育科研网（www. cenet. org. cn）一直以来都有着密切的合作关系，这些年来共同为推动现代经济学在中国的传播与进步成为紧密的合作伙伴。如今为了能更好地服务于教学一线的任课教师与广大学子，双方再次合作开展向全国高校教师与学子馈赠下载积分的活动——凡使用中国人民大学出版社经济分社教材的读者，填写以下信息调查表后，发送电子邮件或者邮寄或者传真给我们，经过认证后，我们将会向教师读者赠送中国经济学教育科研网下载积分200分，向学生读者赠送下载积分50分。

教师信息表	学生信息表
姓名：	姓名：
所在院校：	所读院校：
所在院系：	所读院系：
教授课程：	所读专业：
联系电话：	入学年份：
Email：	QQ等联系方式：
下载账号：	Email：
使用教材：	下载账号：使用教材：
	联系方式：

Email：gaoxiaofei11111@sina. com

邮寄地址：北京市中关村大街甲59号文化大厦1506室中国人民大学出版社经济分社，100872

传真：010-62514775

附：中国经济学教育科研网（www. cenet. org. cn）简介

中国经济学教育科研网（简称CENET）于1998年12月由北京大学中国经济研究中心创办，现由中国经济学年会秘书处和北京大学国家发展研究院共同主办，是中国经济学年会秘书处的官方网站，同时也是国内外经济学教育科研领域信息发布的专业平台。

- 网站为经济学人、各大学经济学院（系）以及相关的科研机构、出版社提供免费的信息发布。
- 网站有经济学博客、个人建站系统、经济学资源下载系统、经济学论坛等功能强大的专业系统。
- 网站依托北京大学深厚的人文环境和中国经济学年会的号召力，聚集了内地及港澳台100多所高等院校财经专业的学生、教师和学者资源。
- 网站与国内外多所经济学教育机构、研究机构及金融机构有密切的合作关系，是目前国内经济学教学科研信息最丰富的大型门户网站。